ΠΙΝΔΑΡΟΣ

ΕΠΙΝΙΚΟΙ

edidit et in lingvam Sinicam transtvlit

Liv Haomingivs

《西方古典学研究》编辑委员会

主　编：黄　洋　（复旦大学）
　　　　高峰枫　（北京大学）

编　委：陈　恒　（上海师范大学）
　　　　李　猛　（北京大学）
　　　　刘津瑜　（美国德堡大学）
　　　　刘　玮　（中国人民大学）
　　　　穆启乐　（Fritz-Heiner Mutschler，德国德累斯顿大学）
　　　　彭小瑜　（北京大学）
　　　　吴　飞　（北京大学）
　　　　吴天岳　（北京大学）
　　　　徐向东　（浙江大学）
　　　　薛　军　（北京大学）
　　　　晏绍祥　（首都师范大学）
　　　　岳秀坤　（首都师范大学）
　　　　张　强　（东北师范大学）
　　　　张　巍　（复旦大学）

——西方古典学研究

Epinicia

竞技赛会庆胜赞歌集

Pindaros

［古希腊］品达 著
刘皓明 译

图书在版编目（CIP）数据

竞技赛会庆胜赞歌集 /（古希腊）品达著；刘皓明译. —北京：北京大学出版社，2021.1
（西方古典学研究）
ISBN 978-7-301-31788-4

Ⅰ.①竞…　Ⅱ.①品…②刘…　Ⅲ.①诗集–古希腊　Ⅳ.①I545.22

中国版本图书馆 CIP 数据核字（2020）第 202058 号

书　　　名	竞技赛会庆胜赞歌集	
	JINGJI SAIHUI QINGSHENG ZANGEJI	
著作责任者	[古希腊] 品　达（Pindaros）著　刘皓明 译	
责 任 编 辑	王晨玉	
标 准 书 号	ISBN 978-7-301-31788-4	
出 版 发 行	北京大学出版社	
地　　　址	北京市海淀区成府路 205 号　100871	
网　　　址	http://www.pup.cn　　新浪微博 @ 北京大学出版社	
电 子 邮 箱	编辑部 wsz@pup.cn　　总编室 zpup@pup.cn	
电　　　话	邮购部 010-62752015　　发行部 010-62750672	
	编辑部 010-62752025	
印 　刷　 者	北京中科印刷有限公司	
经 　销　 者	新华书店	
	730 毫米 ×1020 毫米　16 开　36.25 印张　414 千字	
	2021 年 1 月第 1 版　2024 年 10 月第 2 次印刷	
定　　　价	98.00 元	

未经许可，不得以任何方式复制或抄袭本书之部分或全部内容。
版权所有，侵权必究
举报电话：010-62752024　电子邮箱：fd@pup.cn
图书如有印装质量问题，请与出版部联系，电话：010-62756370

"西方古典学研究"总序

古典学是西方一门具有悠久传统的学问,初时是以学习和通晓古希腊文和拉丁文为基础,研读和整理古代希腊拉丁文献,阐发其大意。18世纪中后期以来,古典教育成为西方人文教育的核心,古典学逐渐发展成为以多学科的视野和方法全面而深入研究希腊罗马文明的一个现代学科,也是西方知识体系中必不可少的基础人文学科。

在我国,明末即有士人与来华传教士陆续译介希腊拉丁文献,传播西方古典知识。进入20世纪,梁启超、周作人等不遗余力地介绍希腊文明,希冀以希腊之精神改造我们的国民性。鲁迅亦曾撰《斯巴达之魂》,以此呼唤中国的武士精神。20世纪40年代,陈康开创了我国的希腊哲学研究,发出欲使欧美学者以不通汉语为憾的豪言壮语。晚年周作人专事希腊文学译介,罗念生一生献身希腊文学翻译。更晚近,张竹明和王焕生亦致力于希腊和拉丁文学译介。就国内学科分化来看,古典知识基本被分割在文学、历史、哲学这些传统学科之中。20世纪80年代初,我国世界古代史学科的开创者日知(林志纯)先生始倡建立古典学学科。时至今日,古典学作为一门学问已渐为学界所识,其在西学和人文研究中的地位日益凸显。在此背景之下,我们编辑出版这套"西方古典学研究"丛书,希冀它成为古典学学习者和研究者的一个知识与精神的园地。"古典学"一词在西文中固无歧义，但在中文中可包含多重意思。丛书取"西方古典学"之名，是为避免中文语境中的歧义。

收入本丛书的著述大体包括以下几类：一是我国学者的研究成果。近年来国内开始出现一批严肃的西方古典学研究者，尤其是立志于从事西方古典学研究的青年学子。他们具有国际学术视野，其研究往往大胆而独具见解，代表了我国西方古典学研究的前沿水平和发展方向。二是国外学者的研究论著。我们选择翻译出版在一些重要领域或是重要问题上反映国外最新研究取向的论著，希望为国内研究者和学习者提供一定的指引。三是西方古典学研习者亟需的书籍，包括一些工具书和部分不常见的英译西方古典文献汇编。对这类书，我们采取影印原著的方式予以出版。四是关系到西方古典学学科基础建设的著述，尤其是西方古典文献的汉文译注。收入这类的著述要求直接从古希腊文和拉丁文原文译出，且译者要有研究基础，在翻译的同时做研究性评注。这是一项长远的事业，非经几代人的努力不能见成效，但又是亟需的学术积累。我们希望能从细小处着手，为这一项事业添砖加瓦。无论哪一类著述，我们在收入时都将以学术品质为要，倡导严谨、踏实、审慎的学风。

我们希望，这套丛书能够引领读者走进古希腊罗马文明的世界，也盼望西方古典学研习者共同关心、浇灌这片精神的园地，使之呈现常绿的景色。

"西方古典学研究"编委会
2013 年 7 月

重印说明

趁本书第一次重印的机会，译者对全书作了一次全面修订。这些修订除了包括译者此前在网上公布的诸条勘误以外，还有三十来处全新的修订，其中涉及译文的部分大都是对个别字句的微调，目的是让译文在忠实于原文的前提下，意义更明晰、语句更顺畅。其他部分的修订主要涉及书中的"专名注释引得"部分，这部分的修订大都是为了向读者提供更精确、更详细的神话或历史背景知识而作出的补充。兹特予说明，以方便熟悉本书初版的读者查阅比对。

2024 年 9 月 10 日刘皓明识于纽约

ὁ μέγας δὲ κίνδυνος ἄναλκιν οὐ φῶτα λαμβάνει.
θανεῖν δ' οἷσιν ἀνάγκα, τά κέ τις ἀνώνυμον
γῆρας ἐν σκότῳ καθήμενος ἕψοι μάταν,
ἁπάντων καλῶν ἄμμορος;

大冒险不接纳虚弱无能之辈。

死之于他们为无可逃遁；谁要坐在

黑暗里枉然揣摩无名的老年，

在所有壮举中无份？

目 录

弁 言 vii

译本说明 ix

简要文献目录 xxiv

奥林匹亚竞技赛庆胜赞歌 3

    奥林匹亚赞歌之一　　庆叙剌古人希厄戎赛马得胜 3

    奥林匹亚赞歌之二　　庆阿克剌迦人台戎赛车得胜 17

    奥林匹亚赞歌之三　　庆阿克剌迦人台戎赛车得胜 29

    奥林匹亚赞歌之四　　庆卡马里纳人普扫米＜辂车赛得胜＞ 37

    奥林匹亚赞歌之五　　庆卡马里纳人普扫米辂车赛得胜 39

    奥林匹亚赞歌之六　　庆叙剌古人哈盖西亚辂车赛得胜 43

    奥林匹亚赞歌之七　　庆洛都人狄亚高剌拳击赛得胜 59

    奥林匹亚赞歌之八　　庆爱琴纳人阿尔基墨冬少年角抵赛得胜 73

    奥林匹亚赞歌之九　　庆俄波谐人厄法耳谟斯托角抵赛得胜 83

    奥林匹亚赞歌之十　　庆泽风向罗克洛人哈盖西达谟

                       少年拳击赛得胜 95

    奥林匹亚赞歌之十一　庆泽风向罗克洛人哈盖西达谟

                       少年拳击赛得胜 107

奥林匹亚赞歌之十二　庆希墨剌人厄耳高太累长跑赛得胜 109

奥林匹亚赞歌之十三　庆哥林多人克色诺芬
　　　　　　　　　短跑暨五项全能赛得胜 113

奥林匹亚赞歌之十四　庆俄耳库墨诺人阿索庇库
　　　　　　　　　短跑赛得胜 125

匹透竞技赛庆胜赞歌 129

匹透赞歌之一　　庆埃特纳人希厄戎赛车得胜 129

匹透赞歌之二　　庆希厄戎赛车得胜 143

匹透赞歌之三　　庆叙剌古人希厄戎辂车赛得胜 155

匹透赞歌之四　　庆居热奈人阿耳科西拉赛车得胜 169

匹透赞歌之五　　庆居热奈人阿耳科西拉赛车得胜 209

匹透赞歌之六　　庆阿克剌迦人克色诺克剌底赛车得胜 221

匹透赞歌之七　　庆雅典人墨迦克勒驷马之乘赛车得胜 227

匹透赞歌之八　　庆爱琴纳人阿里斯托墨奈角抵赛得胜 229

匹透赞歌之九　　庆居热奈人太勒西克剌底着甲赛跑得胜 239

匹透赞歌之十　　庆忒斯撒利亚人希普波克勒阿
　　　　　　　　少年双程赛跑得胜 255

匹透赞歌之十一　庆台拜人忒剌叙代俄少年短跑赛得胜 263

匹透赞歌之十二　庆阿克剌迦人米达赛笛得胜 271

涅墨亚竞技赛庆胜赞歌 275

涅墨亚赞歌之一　庆＜叙剌古人＞[埃特纳人]绪洛米俄
　　　　　　　　赛马得胜 275

涅墨亚赞歌之二	庆阿恺耳奈人提谟逨谟搏击全能赛得胜 285

涅墨亚赞歌之三　　庆爱琴纳人阿里斯托克雷达

　　　　　　　　　搏击全能赛得胜 289

涅墨亚赞歌之四　　庆爱琴纳人提马撒耳库

　　　　　　　　　<少年>角抵赛得胜 297

涅墨亚赞歌之五　　庆<爱琴纳无须少年>匹忒亚

　　　　　　　　　搏击全能赛得胜 307

涅墨亚赞歌之六　　庆爱琴纳人阿尔基米达少年角抵赛得胜 315

涅墨亚赞歌之七　　庆爱琴纳人索各奈少年五项全能赛得胜 323

涅墨亚赞歌之八　　<庆爱琴纳人戴尼双程赛跑得胜> 335

涅墨亚赞歌之九　　<庆埃特纳人绪洛米俄赛车得胜> 343

涅墨亚赞歌之十　　<庆阿耳高人忒埃俄角抵赛得胜> 351

涅墨亚赞歌之十一　<庆太涅都人阿里斯塔高刺

　　　　　　　　　选举入主公府> 365

地峡竞技赛庆胜赞歌 371

　地峡赞歌之一　　<庆台拜人赫洛都托赛车得胜> 371

　地峡赞歌之二　　<庆阿克刺迦人克色诺克刺底赛车得胜> 379

　地峡赞歌之三 + 之四　<之三>　<庆台拜人墨利斯所

　　　　　　　　　赛马暨搏击全能赛得胜> 385

　　　　　　　　<之四> 389

　地峡赞歌之五　　<庆爱琴纳人福拉基达搏击全能赛得胜> 397

　地峡赞歌之六　　<庆爱琴纳人福拉基达

　　　　　　　　　少年搏击全能赛得胜> 405

地峡赞歌之七 ＜庆台拜人斯特惹普西亚达

　　　　　　　搏击全能赛得胜＞ 413

地峡赞歌之八 ＜庆爱琴纳人克勒安得洛

　　　　　　　少年搏击全能赛得胜＞ 419

本书希腊文本异于 Snell/Maehler 校勘本处详表 432
专名注释引得 435
希汉对音谱 533
品达作品专用古代地图 541

弁　言

　　大约二十年前，曾有人问过我未来的写作计划，我回答说，我将来的写作会包括从四种不同的语言中翻译四位不同诗人的诗集。读者面前的这部古希腊诗人品达（Pindaros）的《竞技赛会庆胜赞歌集》，便是我翻译出版的第四部诗集，虽然从原作的语种上算，还未达到原定的数目。

　　除了最先翻译的里尔克《杜伊诺哀歌》，我在开始其他三部诗集的翻译之前，都曾有过深深的绝望感。荷尔德林、贺拉斯、品达，每一位都像是横亘在我面前的崇山。会产生这种感觉，不仅是因为这几位诗人的博大精深，也不全是因为原作语言本身的挑战，而更在于我对母语，对我能引为源泉、令其荷载原作内涵、以之孳乳我和我的读者的我们共同的母语，对她能否胜任需要她完成的事业，心存疑虑。同很多西方文学的中译者不同，我对当下通用的书面语——包括其句法、词汇、语义、形态等诸方面——能否与西方传统中最极致的诗歌语言相匹配，进而至于对其做到充分的覆盖，是持悲观态度的。是这种悲观的看法驱动着我通过诗歌翻译来进行语言试验。如今，在完成了四部诗集的翻译之后，我可以确信无疑的是，我的母语能够胜任；不过同时也由此确知，她之所以能胜任，恰恰是因为超越了人们通常给她划出的范围、作出的规定，无论这种范围和规定是时间上的还是空间上的，是关乎句法的还是关乎修辞的，是属于体的还是属于用的，是系乎道的还是系乎器的。由于有了这样的超越，被重新划定了范围、制定了规则的诗歌语言便成为亦古亦今的、载中载洋的、既史亦野的、式繁式简的、兼文兼语的。在汉语中锻炼出这样一种新的诗歌语言，就是我从事诗歌翻译的目的与意义所在。

自 20 世纪 90 年代中期读研究院时修习耶鲁古典系 Thomas Cole 教授的品达讲习班算起，我断断续续研读这位古希腊最伟大的竖琴诗人已有近三十年了。这些年来的研读，包括这部翻译著作，实在就是我对 Cole 教授那门课缓慢消化和吸收的过程及结果。而这一过程之缓慢、其结果可能含有的任何缺点错误，都必须归咎于我自己，同时也期盼方家学者们批评指正。

在编纂本书引得的过程中，我在 Vassar College 的学生助手和飞诺同学帮我仔细核对了引得所含词条、译名以及出处。北京大学出版社的刘方主任和本书责编王晨玉女士的热心合作与出色工作保障了本书的顺利出版。本书得到了国家出版基金"西方古典学研究（二期）"项目的支持及项目负责人——北大英语系高峰枫教授的鼓励与支持。译者在此一并向这些个人和他们所属的机构表示感谢！

刘皓明

2019 年圣诞前夕于纽约

译本说明

一、文本

读者面前的这本书是我对古希腊竖琴诗人品达（Pindaros, 约公元前 518—公元前 438）的作品《竞技赛会庆胜赞歌集》（*Epinicia*）传世全本的完整翻译。与我以往翻译里尔克、荷尔德林、贺拉斯等德语和拉丁语诗歌作品的做法一样，本书中也采用了作品原文与译文对照排印的格式。其中品达诗歌的希腊原文系译者依据诗人的数种校勘本编辑而成，文本以 1987 年面世的 Herwig Maehler 修订、原 Bruno Snell 编辑的品达诗歌全集上卷第八版中的《竞技赛会庆胜赞歌集》（*Epinicia*）文本为底本，参考了 18 世纪末以来出版的 A. Turyn（纽约：1944）、O. Schroeder（莱比锡：1908）、W. Christ（莱比锡：1869）、T. Mommsen（柏林：1864）、T. Bergk（莱比锡：1843/1878）、A. Boeckh（莱比锡：1825）、C. G. Heyne（哥廷根：1779）等人所编纂之诸校勘本并 A. B. Drachmann 编纂的古注（莱比锡：1903—1927），今人 F. Mezger（莱比锡：1880）、W. Christ（莱比锡：1896）、C. A. M. Fennell（剑桥：1893—1899）、L. R. Farnell（剑桥：1930—1932）、A. Puech（巴黎：1922—1923）等人的诗集全本拉丁、德、英、法文笺注，B. Gildersleeve（纽约：1885）、J. B. Bury（伦敦：1890）、O. Schroeder（莱比锡：1922）、E. Thummer（海德堡：1968）等人的别集笺注，E. L. Bundy（加州伯克利：1962）、B. K. Braswell（柏林：1988）、S. L. Radt（*Mnem* 4th. S. ,19 [1966]）、G. Kirkwood（加州奇科：1982）、M. M. Willcock（剑桥：1995）等人的单篇或选篇笺注，以及 C. T. Damm（柏林：1765）、J. Rumpel（莱比锡：1883）、W. J. Slater（柏林：1969）于不同时代先后编纂的品达词典。此外，译者在编辑原文时还参考了诸如 U. von Wilamowitz-Moellendorff（柏林：1922）、J. Irigoin（巴黎：1952）等学者的品达研究专著。基于这些研究，本书所附希腊原文不完全遵从 Snell/Maehler 版的文本。不算异体字和标点差别、也不算纠正底本明显误植的话，总计也有二十余处与之相异。所有这些相异之处都在书末"本书希腊文本异于 Snell/Maehler 校勘本处详表"中一一列出。在这些地方，译文相应地也以我所编辑的文本为依据，而不从 Snell/Maehler 本。此外，在 Snell/Maehler 版中，"地峡竞技庆胜赞歌"含诗九首，其中第九首也就是二人所编全部《竞技赛会庆胜赞歌集》的最后一首，是个仅有八行的残篇。译者依其他多数版本的做法，将其视为残篇而令其属于残篇辑佚（计划未来译为中文另行刊布），不收录于只含完整诗篇的本书中。故而这一点也与 Snell/Maehler 版不同，读者识之。

二、翻译

诗文的翻译是建立在译者对历代学者对作品的笺注与诠释的全面考察基础上的。诗中为数众多的有歧解的地方，译者都是在考察了诸说之后，有所取舍，再参以己见，方才下笔。对原文的诸种歧解以及译者从中取舍抉择的理由，将在译者尚在撰写中的笺注卷中予以论证说明。

在翻译哲学上，译者所遵从的翻译原则仍是在最大程度上忠实于原文，在可能的范围内尽量保留原作的意象、譬喻乃至句法。关于这种翻译哲学，译者此前曾在多处做过详尽阐述，兹不重复①。但是在译文文体的选择上，鉴于品达所使用的歌舞合唱式竖琴诗格律不可能在汉语（乃至所有现代主要西方语言）中复制或摹仿，译者决定使用一种类似于品达作品的德语译者所谓的有节奏的散文（rhythmisierte Prosa）②来翻译诗体的原文，并未试图在译文中重现原文的格律或者自行创立与之对应的格律。然而为了便于希汉对照，也为了尽量在句法上追随原文，译文仍然采用了分行排印的形式，译文的分行对应于原文建立在格律规定之上的分行，只是由于希汉句法之间的巨大差异，原文与译文各行字词的位置不可能完全一一对应。

三、文本中符号

译文以及原文中出现的若干符号意义如下：

†：表示此处古抄本文本明显败坏，而校勘编辑者未能为之订补；单剑号表示其后单字败坏，双剑号表示中间所括文字皆败

---

① 参见刘皓明《荷尔德林后期诗歌》（评注卷上）（上海：华东师范大学出版社，2009年），第139—163页；荷尔德林《荷尔德林后期诗歌集》刘皓明译（上海：华东师范大学出版社，2013年），序。

② *Pindar Siegslieder Griechisch-Deutsch*, hrsg., übersetzt u. mit einer Einführung versehen v. D. Bremer, 2. Aufl. Sammlung Tusculum. Düsseldorf/Zürich: Artemis & Winkler, 2003. S. 356.

坏；此符号在原文译文中皆出现。

{…}：花括号指所括文字虽见于古抄本，然学者定为衍文，多系古注文窜入所致；此符号在原文译文中皆出现。

[…]：方括号用法同花括号，然仅见于标题。

<…>：原文此处古抄本脱字，单尖括号中文字为品达作品校勘编辑者所补臆读；此符号在原文译文中皆出现。

<<…>>：双尖括号中文字为译者所加，以补足文意，方便读者领会诗义；此符号仅在译文中出现。

【…】：译文各页居右方的方头括号标出诗的章或/并阕的曲牌序数，依天干次序，对应于原文中希腊字母所标章阕序列。

四、专名

《竞技赛会庆胜赞歌集》中的诗文中含有包括神名、人名、地名等在内的 500 余专名。这些专名中除少数——例如雅典、宙斯、阿波罗等——为普通读者所熟知外，绝大多数对于中文世界的读者来说是陌生的；而那些中文世界读者相对熟悉些的，例如 Ἀχιλλεύς——"阿喀琉斯""阿基里斯""阿克琉斯"等，也往往并没有统一的音译名。鉴于汉语中对古希腊专名大多并无统一译法，而且即便是那些约定俗成的译名，如果按照希腊语和汉语的语音学深究起来，也并无具备完全性与一致性的语音学依据，为了将书中的音译专名规范化，方便读者用倒推的方法依据音译汉字准确还原原文，也为了让来自古希腊语的音译专名有望走向系统化和规范化，译者编纂了一篇"希汉对音谱"。在"希汉对音谱"中，出现于诗集中的专名所含的音节——对应于唯一的某个汉字，例如，ρε 用"惹"字表示、λε 用"勒"字表示、而 ρη 则用"热"字、λη 用"累"字表示等，从而避免了数音皆以同一汉字表示或者同一音在不同专名中用不同汉字表示等混乱状况。诗集中的音译专名，除了上述少数早已约定俗成且尽人皆知者外，一律严格依据这篇对音谱拟定。

为方便读者阅读，在译文中，凡音译神名、人名、音译与意译地名皆下加横线，凡意译神名及附称或将名物拟为神灵者皆用楷体，以求醒目。

阅读品达诗歌的最大难点是作品中所包含和所涉及的数量繁多的神话与历史典故。针对这一难点，译者编纂了一篇"专名注释引得"，附于译文之后。这篇引得包含 500 余个专名词条，涵盖了诗文中出现的所有神名、人名、地名等专名；每一词条下除了提供一般性的解释外，都有特别针对诗中用意的注解与说明。这些注解在详尽程度上不仅远超品达诗集校勘本后常常附有的用拉丁文简略注释的专名引得（index verborum propriorum），也远超 Slater 乃至前人编纂的诸种《品达词典》等工具书中的相关词条所含的内容。读者在阅读诗文时凡遇神名、人名、地名等专名，皆可在此"专名注释引得"中稽查而得解。

考虑到作品中所包含以及所涉及的大量古希腊及其殖民地的地名与方位对于中文世界的读者来说是陌生的，我绘制了三幅品达作品阅读专用地图，附在书末，供读者稽查。它们分别是图一：古希腊本土暨诸岛屿地图，图二：古希腊人在南意大利暨西西里殖民地地图，图三：古代环地中海地图。这三幅地图包括了除所有河流以外、除少数地理位置不详或所指过小者以外，作品中以及"专名注释引得"中所出现和所涉及的几乎所有地理方位。地图中中文地名绝大多数依据"专名注释引得"与"希汉对音谱"标注。读者在阅读诗文时，可以参照引得与地图，对于作品所涉及的地理方位获得直观的了解。

五、诗人习用词语

专名之外，一些关键词语在品达诗歌中出现频率很高。读者只有在明晓这些关键词的特殊含义的同时，再辅以"专名注释引得"，才能在不借助繁复的笺注的情况下，大致读懂每首诗的含义。以下列出诗中最常见的、有特殊含义的、对于理解品达竞技赞歌至关重要的词语：

φυά：诗人强调体质乃至先天禀赋之重要，诗集中时而具象指"体魄"（《地》6.46），时而指其功用，如"膂力"（《奥》9.100），时而用与格称其贤能之所本，转译为"生而……""天生""天分""嫡传"（《奥》2.86，《匹》8.44，《涅》1.25，《匹》8.44）等等，各处译文皆斟酌上下文而定，并无定译。诗中亦用他语表达同样的意思，如《涅》10.51 之 ἐγγενής、《涅》3.40 之 συγγενής，皆译作"与生俱来"。

χάρις：大写指拟人神明时音义兼顾译作恺丽（详见"专名注释引得"中词条），作普通名词时实兼有欢乐（"恺"）与美好（"丽"）等广泛含义，斟酌上下文译法不一，常见者有"恩荣""光荣""恩惠""酬谢""快乐"（指歌诗）等。

地啄木 ἴυγξ：禽鸟，古希腊人所行巫术俾捉而缚之于转动车轮之上，以祝不忠于情之爱人回心转意；亦可泛指巫蛊之术。

庆祝游行 κῶμος 乃至动词 κωμάζω：指竞技比赛得胜后所行庆胜游行，所咏庆胜赞歌，亦可泛指庆祝。

声名 κλέος、荣耀人的 εὐκλεής、声名斐然 κλεινός、荣 κόσνος、荣耀或荣光 κῦδος、辉煌或荣光 φάος、荣耀或荣誉 γέρας、荣誉或名声 δόξα、光辉或辉煌 ἀγλαΐα 等等形容词、动词、名词都是要么指人所行的种种壮举、特别是竞技得胜能带来和所带来的荣耀与声名，要么指庆胜咏歌以及赋诗的诗人为宣扬这些壮举以及行壮举之人——特别是竞技比赛得胜者——而为其带来的荣誉与声名。

贤能 ἀρετά：原词本可指人在任何方面所具有的优异才能，在上古文学中尤其多指武功优秀，在品达诗中则专指在竞技中显示出的运动技能与体能上的优异。

辛苦或辛劳 πόνος：专指为在竞技比赛中得胜而辛苦训练和准备，常与 δαπάνα "赀费" 并称，后者指为参与竞技比赛以及得胜所付资财费用。

债责或该欠 χρέος：诗人自谓所该欠竞技得胜者之赞颂诗歌。

智慧 σοφία：在品达诗中往往指诗艺，例如《奥》1. 116, 9. 38；《匹》1. 12, 4. 248, 6. 49；《涅》7. 23；《地》7. 18。

智者 σοφός：在品达诗中往往指诗人，例如《奥》1.9，《匹》9. 78, 10. 22，《地》8. 47。

壮举或盛举 καλά，大多中性复数，偶见中性单数 καλόν：原文形容词用作名词，本义为美，诗中则特指参与竞技比赛，尤其指参赛而能获胜。

六、诗集编纂

《竞技庆胜赞歌集》至迟自希腊化时代由学者拜占庭人阿里斯托法奈（'Αριστοφάνης ὁ Βυζάντιος，公元前约257年—公元前约185/前180年）编辑成卷时起，便依所赞颂赛会之不同而分为四卷，依次为《奥林匹亚竞技赛庆胜赞歌》（以下简称《奥》）、《匹透竞技赛庆胜赞歌》（以下简称《匹》）、《地峡竞技赛庆胜赞歌》（以下简称《地》，今存为残本）、《涅墨亚竞技赛庆胜赞歌》（以下简称《涅》）四卷，后二卷次序后世为人颠倒，故今本皆置《涅》卷于《地》卷之前。然而集中也含有一首非赛会得胜庆祝赞歌，即《涅》11，系庆祝阿里斯塔高剌赢得选举入主公府所作。而且古代学者依赛会分卷也并非无误，例如《涅》9实为庆祝西居翁地方匹透赛会（不同于在德尔嘏举行的泛希腊匹透赛会）而作，而为古人误编入为庆祝涅墨亚赛会而作的赞歌卷里。再有就是所庆祝的竞赛也并非全都是体育竞赛，例如《匹》12所庆祝的便是笛乐竞赛。因为古希腊赛会中一些赛会或者本来就是为音乐比赛而立，或者是包含音乐比赛的。

七、古希腊赛会

诗集四卷分类所分别依据的四种赛会是古希腊时代全希腊范围参加的四大赛会，历史上（即有别于神话中）分别始创于公元前776年（奥林匹亚）、公元前582年（匹透）、公元前581年（地峡）、公元前573年（涅墨亚）。四种赛会中前两种每四年举办一届，后两种每两年举办一届。奥会举办于夏至后第二个满月月份之十一至十五或十六日，匹会和涅会皆在盛夏举办，地会在今历四月举办，即春分后第八日开始。至于赛会所包括的竞赛项目，品达时代奥林匹亚赛会包含径赛、搏击赛、全能赛、车马赛四大类，且部分项目分成年组与少年组。其中径赛类中裸身（指不着盔甲）赛含短跑（στάδιον，约 200 米）、双程跑（δίαυλος，约 400 米）、长跑（δόλιχος，约 4800 米）等各项比赛，此外还有着甲赛跑（όπλίτης δρόμος，身着盔甲跑约 400 米）项目。搏击类比赛含拳击（πυγμαχία）、角抵（πάλαισμα）、搏击全能（παγκράτιον，拳击＋角抵）三项比赛；五项全能赛（πέναθλον）含投掷飞碟（δίσκον，或石质或者铜质）、投掷飞铤（άκοντα，今俗称"标枪"）、跳远（άλμα）、角抵（πάλην，今俗称"摔跤"）、短跑赛（ποδωκείην 或 στάδιον）等五项比赛。车赛类依车乘类型分为骡车或称四轮辂车赛（άπήνη）、驷马之乘赛（άρμα τέθριππος）或简称赛车（άρμα），还有裸骑（指无鞍）赛马（κέλης）等。古人视赛车为诸项竞技比赛之冠，以其非富贵者不能为且尤宜于观赏故也。古代学者在将赞歌依照诸赛会分门别类后，于各集中为各篇排序时大多将赛车赛马赞歌置于首位，而后才是搏击赛跑等田径类竞赛赞歌。运动竞技外，一些赛会还有音乐比赛，集中即包含一首为吹笛赛获胜而赋的赞歌。各赛会奖品分别为：奥会为野橄榄枝冠，以羊毛织带为束带；匹会为月桂枝冠；涅会原本用橄榄枝冠，公元前 490 年马拉松之战后，改为西芹冠；地会原本用杉树枝冠，品达时代改为风干后的西芹叶冠。

古希腊人热爱竞技赛会。四大泛希腊赛会之外，品达诗中还提到众多古今地方赛会，计有（依拼音排列）[①]：

---

① 以下列表取自 Friedrich Mezger, *Pindars Siegeslieder* (Leipzig：1880), S. 3-6. 表中地名人名等专名，除附原文者外，皆见书后"专名注释引得"。

阿尔卡突俄赛会：在墨迦剌，赛珀罗之子；《地》8.67。

阿耳高赛会：赛赫剌，亦称百牲赛，为其以百牛向赫剌献祭，奖品为铜干与桃金娘冠；《奥》7.83；9.88；13.107；《涅》10.23。

阿耳卡狄亚赛会：在吕凯昂山脚，帕耳剌西亚[Παρρασία]地区：《奥》9.95，赛吕凯昂山宙斯：《涅》10.48，奖品为三足鼎；在克雷陶耳赛珀耳色丰奈：《涅》10.47；在太各阿赛雅典娜：《涅》10.47；《奥》7.83；13.107。

埃特纳赛会：希厄戎所立；《奥》13.111。

爱琴纳赛会：赛埃亚哥、赫剌或阿波罗；《奥》7.86；《匹》9.99；《涅》5.41。

奥林庇亚：在居热奈；《匹》9.101。

包奥提亚赛会：在台拜；《奥》7.84。

逮罗赛会：赛阿波罗；《地》1.4。

俄耳库墨诺赛会：在包奥提亚，赛米内阿；《地》1.56。

厄琉西赛会：赛哥热 Κόρη（＝珀耳色丰奈）与逮美底耳；《奥》9.99；13.110；《地》1.57。

厄庇道洛赛会：《涅》3.84；5.52；《地》8.68。

福拉刻赛会：为纪念特洛伊亚战争首位阵亡之希腊人、福拉刻王普娄太西拉而设；《地》1.59。

丐娅赛会：在居热奈；《匹》9.102。

哥林多赛会：见"贺尔牢提亚赛会"；《奥》9.86；《涅》4.88。

贺尔牢提娅赛会：在哥林多，执火炬赛跑赛贺尔牢提亚雅典娜；《奥》13.40。

赫剌克勒子嗣赛会：《奥》7.84；9.98；《地》1.55；参见"台拜"

暨"马拉松"赛会。

赫剌赛会：在爱琴纳；《匹》8.79；《涅》10.23。

居热奈赛会：有帕拉庙赛会、地母赛会和奥林庇亚赛会，未婚女子可参与；《匹》9.253。

克勒奥乃赛会：《涅》4.17；10.42。

克雷陶耳赛会：《涅》10.47；参见"阿耳卡狄亚赛会"。

兰诺岛赛会：阿耳戈之航舟子参与，奖品为衣裳与叶冠；《匹》4.253。

洛都岛赛会：赛特累波勒谟；《奥》7.80。

吕凯昂赛会：《奥》9.96；13.108；《涅》10.48。参见"阿耳卡狄亚赛会"。

马拉松赛会：赛赫剌克勒氏，奖品为银觞；《奥》9.89；13.110；《匹》8.79

米内阿赛会：在厄耳库墨诺；《地》1.56

墨迦剌赛会：有赛阿提卡英雄狄俄克累 Διοκλῆς 赛会、阿尔卡突俄赛会、匹透赛会、涅墨亚赛会；《奥》7.86；13.109；《匹》8.78；《涅》3.84。

尼所山赛会：尼所系墨迦剌王，代指墨迦剌赛会；《匹》9.91；《涅》5.46

欧包亚赛会：《奥》13.112；《地》1.57。

珀尔拉纳赛会：《奥》7.86；9.98；13.109；《涅》10.44；参见"亚该亚赛会"。

帕耳剌西亚赛会：《奥》9.95；参见"阿耳卡狄亚赛会"。

帕拉庙赛会：《匹》9.98；参见"居热奈赛会"。

台拜赛会：《奥》7.84; 13.107；《涅》4.19；《地》4.85 f.。每年在艾勒克特里剌城门前纪念赫剌克勒与墨迦剌诸子；在普鲁提德 Προιτίδες 门唵菲特茹翁墓前举行者，纪念赫剌克勒之子暨伊俄拉俄之子，奖品为铜器：《涅》4.20。

太各阿赛会：《涅》10.47。参见"阿耳卡狄亚赛会"。

翁珂斯托赛会：在其地波塞冬庙旁举行；《地》1.33; 3.37。

西居翁赛会：《奥》13.109；《涅》9.1, 51 f.；10.43；《地》3.44。本为赛阿得剌斯托而设，奖品为银瓴及叶冠。

叙剌古赛会：《奥》13.111。

雅典赛会：春季举行，奖品为彩陶壶（《涅》10.35）；《奥》7.82; 9.88; 13.38；《涅》2.23; 4.19; 10.33；《地》2.19; 3.43。

亚该亚赛会：在珀尔拉纳，品达时代获胜奖品为羊毛大氅；《涅》10.47。

伊俄拉俄赛会：《奥》9.98；《地》1.55；参见"台拜赛会"。

八、汉译用词

古希腊时代与中国的上古时代在时间上高度吻合，早已为西方古典学家所注意。① 如果以这种时代上的对应为框架，把古希腊竖琴诗第一人品达的生卒时间（约公元前 518 年—公元前 438 年）嵌入其中，那么我们便会发现，这位古希腊大诗人在世的时候正好相当于中国的春秋末期（结束于公元前 476 年）和战国初期（开

---

① „Zeitlich verläuft die griechische Überlieferung ungefähr parallel der chinesischen, die, wenn auch in Spuren ins 2. Jahrtausend v. Chr. zurückreichend, doch erst mit dem 6. Jahrd. v. Chr. voll einsetzt. " Eduard Schwyzer, *Griechische Grammatik*, 1. Bd., 6. Aufl. München: C. H. Beck, 1953/1990. S. 4.

始于公元前 475 年）。在译文中，为了体现作品的时代感，译者有意使用了一些先秦直至西汉时期上古文献中的词语，为了保持文风的古奥，也用了个别西汉以后的上古中古之交的词汇，其中突出的主要有以下这些：

榜枻长楫：刘向《说苑·善说》："榜枻越人，拥楫而歌。"对译：δολιχήρετμος。

襞积：司马相如《子虚赋》："襞积褰绉。"翻译：πτυχά。

刍牧：《左传·昭公六年》："禁刍牧采樵。"翻译：ποιμαίνω。

吹呴呼吸：《庄子·外篇·刻意》："吹呴呼吸，吐故纳新。"翻译：πνέω。

燔祭：《诗·大雅·生民》："取萧祭脂，取羝以軷，载燔载烈，以兴嗣岁。""燔炙之臭"：同篇："上帝居歆，胡臭亶时。"翻译 θυσία、θύω、κνίσα（κνισάεις）、ἔμπυρα 等。

祼与祼奠：《诗·大雅·文王》："殷士肤敏，祼将于京。"翻译：动词 σπένδω 以及名词 σπονδά 与 λοιβά；σπονδοφόρος 译作"行祼奠者"，指宣告在奥林匹亚等赛会已行祼奠 σπονδαί 达成太平协约之道人。

徽音：《诗·大雅·思齐》："大姒嗣徽音，则百斯男。"对译：ἀκοά ἀδεῖα。

俊乂济济：《书·皋陶谟》："九德咸事，俊乂在官。"对译：εὐάνωρ 或 εὔανδρος。

格与来格：《诗·大雅·抑》："神之格思，不可度思，矧可射思。"译：νίσομαι，唯当所谓为神明时。

莅止或莅临：《诗·小雅·采芑》："方叔莅止，其车三千。"

译：παρίσαμι，唯当所谓为神明时。

列缺：司马相如《大人赋》："贯列缺之倒景兮，涉丰隆之滂沛。"翻译：στεροπά。

路门：《周礼·考工记·匠人》："路门不容乘车之五个。"翻译：πρόθυρον。

路寝：《诗·鲁颂·閟宫》："松桷有舄，路寝孔硕。"翻译：θάλαμος 或 μέγαρον.

膂力与膂力方刚：《诗·小雅·北山》："旅力方刚，经营四方"。译文中含"膂力""筋膂"等字的地方翻译原文：名词：σθένος、βία、ἀλκά、ἰσχύς 等，形容词：περισθενής、εὐρυσθενής、εὐρυβίας、καρτερός、κραταιός 等。

厐厐：《诗·小雅·车攻》："四牡厐厐，驾言徂东。"亦用《小雅·六月》之"既佶且闲"，翻译 κρατήσιππος、εὔιππος 等。

遒人：《书·胤征》："每岁孟春，遒人以木铎徇于路。"翻译 κάρυξ，当其意谓广宣于众时。

荣卫：《素问·热论》："五藏已伤，六府不通，荣卫不行。"和合"治疗"翻译：ὑγιηρός。

式廓：《诗·大雅·皇矣》："上帝耆之，憎其式廓。""式廓广袤"翻译 εὐρύχορος；"统辖式廓"翻译 εὐρυμέδων、εὐρὺ ἀνάσσων。

象胥：《周礼·秋官·司寇》："象胥掌蛮夷闽貉戎狄之国，使掌传王之言而谕说焉，以和亲之。"翻译：ἑρμανεύς。

燕寝：《周礼·天官·女御》："女御掌御叙于王之燕寝。"翻译：θάλαμος，当其指卧室时。

奕奕：《诗·小雅·车攻》："驾彼四牡，四牡奕奕。"谓马时

译 φαίδιμος、καλλίπωλος 等。

寅畏：《书·无逸》："严恭寅畏，天命自度。"翻译：αἰδώς 当其谓敬畏神明或与敬神相关时。形容词 αἰδοῖος、动词 ὀπίζομαι 指相对神明时亦往往用此。

灶突："突"字如《淮南子·修务训》："孔子无黔突。"翻译：ἑστία，作神明时见引得。

譖言：《诗·小雅·雨无正》："听言则答，譖言则退。"翻译：μέμοφομαι、βρέμω。

朕舌：《诗·大雅·抑》："莫扪朕舌，言不可逝矣。"翻译：μοι γλῶσσα，或无 μοι，然实指诗人时。

执讯：《左传·文公十七年》："郑子家使执讯而与之书。"翻译：ἄγγελος 或 κᾶρυξ，当后者不指公宣于众时。另外，σκυτάλα 系斯巴达人用以传递密码讯息之杖，以斜缠其上的皮条上所书文字错位来隐藏讯息内容，诗人借譬诗神所命，译作"妙撒们的执讯之杖"。

屯云：《列子·周穆王》："望之若屯云焉。"翻译：νεφέλα。

仔肩：《诗·周颂·敬之》："佛时仔肩，示我显德行。"翻译：ἄχθος。

简要文献目录

一、翻译所据校勘本

Bergk, Theodor. *Pindari carmina*. In: *Poetae Lyrici Graeci*. vol. I. Leipzig: 1878[4].

Boeckh, August. *Pindari carmina quae supersunt, cum deperditorum fragmentis selectis*. 2 voll. Leipzig: 1925[2].

Christ, Wilhelm von. *Pindari carmina cum deperditorum fragmentis selectis*. Leipzig: 1897[2].

Heyne, Christian Gottlob. *Pindari carmina et fragmentis*. rev. G. H. Schaefer. 3 voll. Leipzig: 1817/1773.

Mommsen, Carl Johannes Tycho. *Pindari carmina*. Berlin: 1864.

Schroeder, Otto. *Pindari carmina cum fragmentis selectis*. Leipzig: 1930[3].

Snell, Bruno et Maehler, Herwig. *Carmina cum fragmentis*. 2 voll. Leipzig: 1987-1989.

Turyn, Alexander. *Pindari carmina cum fragmentis*. New York: 1944.

二、翻译所参考笺注

a. 古注

Drachmann, Anders Björn. ed. *Scholia vetera in Pindari Carmina*. 3 voll. Leipzig: 1903-1927.

b. 近现代全集笺注

Christ, Wilhelm von. *Pindari carmina prolegomenis et commentariis instructa*. Leipzig: 1896.

Farnell, L. R.: *The Works of Pindar. A Commentary*. Amsterdam: 1965/1931. 徒注。

Fennell, C. A. M. *The Nemean and Isthmian Odes*. Cambridge: 1899.

——. *The Olympian and Pythian Odes*. Cambridge: 1893.

Mezger, Friedrich. *Pindars Siegeslieder*. Leipzig: 1880. 徒注。

Puech, Aimé. *Pindare: 1. Olympiques; 2. Pythiques; 3. Néméennes; 4. Isthmiques/Fragments*. 4 voll. Paris: 1922-1923. 含翻译。

c. 分卷笺注

Bury, J. B. *The Nemean Odes*. London: 1890.

——. *The Isthmian Odes*. Amsterdam: 1965/1892.

Gildersleeve, Basil L. *The Olympian and Pythian Odes*. New York: 1885.

Schroeder, Otto. *Pindars Pythien*. Leipzig: 1922.

Thummer, Erich. *Pindar: die Isthmischen Gedichte*. 2 voll. Heidelberg: 1968.

d. 选注及单篇笺注

Braswell, Bruce Karl. *A Commentary on the Fourth Pythian Ode of Pindar.* Berlin: 1988.

———. *A Commentary on Pindar Nemean Nine.* Berlin: 1998.

Brown, Christopher G. "The Hyperboreans and Nemesis in Pindar's 'Tenth Pythian.'" *Phoenix* 46. 2 (1992): 95-107.

Bundy, Elroy. *Studia Pindarica.* Berkeley, CA: 1987. 含 Ol. 11 & Is. 1.

Dickey, Eleanor and Hamilton, Richard. *New Selected Odes of Pindar.* Bryn Mawr, PA: 1991. 含 Ol. 1, 3, 6, 7, 11, 12, 14; Py. 1, 2, 3, 6, 8, 9, 10, 11, 12; Ne. 2, 7 & 8.

Erbse, Hartmut. „Pindars Dritte Nemeische Ode. "*Hermes* 97, Bd. , H. 3 (1969): 272-91.

Finglass, P. J. *Pindar. Pythian Eleven.* Cambridge: 2007.

———. "νῦν and νυν in Pindar. " *Mnem.* 4th. ser. 60 (2007): 269-73.

Gerber, Douglas E. "Pindar, Nemean Six: A Commentary. " *Harvard Studies in Class. Philology* 99 (1999): 33-91.

———. *Pindar's Olympian One.* Toronto: 1982.

Jurenka, Hugo. „Pindars Sechstes Nemeisches Siegeslied. " *Philologus* 58 (1899): 348-61.

Kirkwood, Gordon. *Selections from Pindar: Edited with an Introduction and Commentary.* Chico, CA: 1982. 含 Ol. 1, 2, 6, 7, 11, 12, 14; Py. 1, 2, 4, 8, 9, 10; Ne. 1, 7; Is. 1, 6; Fragments: Hy. 1; Pa. 6; Di. fr. 75, 76, 77, 94a, 108, 109-110, 123, 124a, b, 129: 1-10, 131b, 133, 141, 169.

Lloyd-Jones, Hugh. "Modern Interpretation of Pindar: The Second

Pythian and Seventh Nemean Odes. " *The Journal of Hellenic Studies* 93 (1973): 109-37.

Radt, R. L. „Pindars Erste Nemeische Ode. Versuch einer Interpretation. " *Mnem.* 4[th.] ser. 19 (1966): 148-74.

Seymour, Thomas D. *Selected Odes of Pindar*. Boston: 1889.

Verdenius, W. J. *Commentaries on Pindar*. 2 voll. vol. 1: Ol. 3, 7, 12, 14. vol. 2: Ol. 1, 10, 11; Ne. 11; Is. 2. Leiden: 1987.

——. "Pindar's Second Isthmian Ode: A Commentary. " *Mnem.* 4th. ser. 35 (1982): 1-37.

——. "Pindar's Eleventh Nemean Ode: A Commentary. " *Illinois Class. Studies* 7. 1 (1982): 16-40.

——. "Pindar's Fourteenth Olympian Ode: A Commentary. " *Mnem.* 4[th.] 32. 1 (1979): 12-38.

Mühll, Peter von der. „Kleine Bemerkungen zu Pindars Olympien. " *Museum Helveticum* 11. 1 (1954): 52-56.

Willcock, M. M. *Pindar. Victory Odes.* 含 Ol. 2, 7, 11; Ne. 4; Is. 3, 4, & 7. Cambridge: 1995.

三、品达词典

Damm, C. T. *Novum lexicon Graecum; etymologicum et reale, cui pro basi substratae sunt, concordantiae et elucidationes Homericae et Pindaricae.* Berlin/London: 1765/1824.

Rumpel, Johannes. *Lexicon Pindaricum.* Leipzig/Hildesheim: 1883/1961.

Slater, William J. *Lexicon to Pindar.* Berlin: 1969.

四、文本、风格与全面研究

Bowra, Cecil Maurice. *Pindar*. Oxford: 1964.

Diels, H. „Die Olympionikenliste aus Oxyrhynchos. " *Hermes* 36. 1 (1901): 72-80.

Dornseiff, Franz. *Pindars Stil*. Berlin: 1921.

Irigoin, Jean. *Histoire du texte de Pindare*. Paris: 1952.

Wilamowitz-Moellendorff, Ulrich von. *Pindaros*. Berlin: 1922.

五、现代西方语言译本

Bremer, Dieter. *Siegeslieder*. Griechisch-deutsch. Düsseldorf: 2003^2.

Dornseiff, Franz. *Pindars Dichtungen*. Leipzig: 1965^2.

六、地图集

Kierpert, Heinrich. *Formae orbis antiqui*. Roma: 1996.

ΕΠΙΝΙΚΟΙ ΟΛΥΜΠΙΟΝΙΚΑΙΣ.

Α'.

ΙΕΡΩΝΙ ΣΥΡΑΚΟΣΙΩΙ

ΚΕΛΗΤΙ.

Ἄριστον μὲν ὕδωρ, ὁ δὲ χρυσὸς αἰθόμενον πῦρ   *Στρ. α'.*
ἅτε διαπρέπει νυκτὶ μεγάνορος ἔξοχα πλούτου·
εἰ δ' ἄεθλα γαρύεν
ἔλδεαι, φίλον ἦτορ,
μηκέτ' ἀελίου σκόπει   5
ἄλλο θαλπνότερον ἐν ἁμέρᾳ φαεν-
    νὸν ἄστρον ἐρήμας δι' αἰθέρος,
μηδ' Ὀλυμπίας ἀγῶνα φέρτερον αὐδάσομεν·
ὅθεν ὁ πολύφατος ὕμνος ἀμφιβάλλεται
σοφῶν μητίεσσι, κελαδεῖν
Κρόνου παῖδ' ἐς ἀφνεὰν ἱκομένους   10
μάκαιραν Ἱέρωνος ἑστίαν,

θεμιστεῖον ὃς ἀμφέπει σκᾶπτον ἐν πολυμήλῳ   *Ἀντ. α'.*

奥林匹亚竞技赛庆胜赞歌

奥林匹亚赞歌之一

庆叙刺古人希厄戎

赛马得胜

至贵为水，而黄金仿佛夜间吐火，　　　　　　　　　　【正转甲】
炜煌远超令人心骄的财富；
可你若要歌咏
竞赛，我的亲心！
便勿瞻彼横贯　　　　　　　　　　　　　　　　　　　　5
落寞的太清、白日里炽热过于
　　　　太阳的别个明星！
我们也毋宣扬美妙过于奥林匹亚的赛会！
自其中，广为人道的颂歌罩住了
智者们的奇思，令其走向
希厄戎富赡的蒙福灶突，　　　　　　　　　　　　　　10
以引吭高歌克洛诺之子：

他挥舞生杀予夺的权杖于盛产羝羊的　　　　　　　　【反转甲】

Σικελίᾳ δρέπων μὲν κορυφὰς ἀρετᾶν ἄπο πασᾶν,
ἀγλαΐζεται δὲ καί
μουσικᾶς ἐν ἀώτῳ, 15
οἷα παίζομεν φίλαν
ἄνδρες ἀμφὶ θαμὰ τράπεζαν. ἀλλὰ Δω-
   ρίαν ἀπὸ φόρμιγγα πασσάλου
λάμβαν', εἴ τί τοι Πίσας τε καὶ Φερενίκου χάρις
νόον ὑπὸ γλυκυτάταις ἔθηκε φροντίσιν,
ὅτε παρ' Ἀλφεῷ σύτο δέμας 20
ἀκέντητον ἐν δρόμοισι παρέχων,
κράτει δὲ προσέμειξε δεσπόταν,

Συρακόσιον ἱπποχάρ- *Ἐπ. α'.*
   μαν βασιλῆα · λάμπει δέ οἱ κλέος
ἐν εὐάνορι Λυδοῦ Πέλοπος ἀποικίᾳ ·
τοῦ μεγασθενὴς ἐράσσατο Γαιάοχος 25
Ποσειδάν, ἐπεί νιν καθαροῦ λέβη-
   τος ἔξελε Κλωθώ,
ἐλέφαντι φαίδιμον ὦμον κεκαδμένον.
ἦ θαύματα πολλά, καί πού τι καὶ βροτῶν
φάτις ὑπὲρ τὸν ἀλαθῆ λόγον 28 b
δεδαιδαλμένοι ψεύδεσι ποικίλοις
   ἐξαπατῶντι μῦθοι.

西西里，自万物之中撷取贤能的上品，

并以乐中的

菁华自娱，　　　　　　　　　　　　　　　　　15

一如我辈众人常

在友人席上所奏者。就请

　　　　自挂钉上摘下多里亚

颂琴！若庇撒及得胜有何妙事

能将《我》心置于最甜蜜的思绪之下，

《那便是》在驰骋于阿尔斐俄河畔时，献其身　　20

于赛道而无需鞭策的它

以膂力载达其主、

叙剌古以马为乐的　　　　　　　　　　　【副歌甲】

　　　　君王；他的声名照耀于

吕狄亚人珀罗俊乂济济的定居地——

他乃系孔武有力的掣地君　　　　　　　　　25

波塞冬所爱之人，既然纺娘把为有象牙臂膀而与众不同的他

自洁净的鼎中抢出。

奇异之事孔繁，这样那样便有人间的

传说逾越了真相，　　　　　　　　　　　28 b

镶嵌了刺绣般诳谎的

　　　　故事骗人；

Χάρις δ', ἅπερ ἅπαντα τεύχει τὰ μείλιχα θνατοῖς,   *Στρ. β'.*
ἐπιφέροισα τιμὰν καὶ ἄπιστον ἐμήσατο πιστόν   31
ἔμμεναι τὸ πολλάκις·
ἁμέραι δ' ἐπίλοιποι
μάρτυρες σοφώτατοι.
ἔστι δ' ἀνδρὶ φάμεν ἐοικὸς ἀμφὶ δαι-
     μόνων καλά· μείων γὰρ αἰτία.   35
υἱὲ Ταντάλου, σὲ δ' ἀντία προτέρων φθέγξομαι,
ὁπότ' ἐκάλεσε πατὴρ τὸν εὐνομώτατον
ἐς ἔρανον φίλαν τε Σίπυλον,
ἀμοιβαῖα θεοῖσι δεῖπνα παρέχων,
τότ' Ἀγλαοτρίαιναν ἁρπάσαι,   40

δαμέντα φρένας ἱμέρῳ, χρυσέαισί τ' ἀν' ἵπποις   *Ἀντ. β'.*
ὕπατον εὐρυτίμου ποτὶ δῶμα Διὸς μεταβᾶσαι·
ἔνθα δευτέρῳ χρόνῳ
ἦλθε καὶ Γανυμήδης
Ζηνὶ τωὖτ' ἐπὶ χρέος.   45
ὡς δ' ἄφαντος ἔπελες, οὐδὲ ματρὶ πολ-
     λὰ μαιόμενοι φῶτες ἄγαγον,
ἔννεπε κρυφᾷ τις αὐτίκα φθονερῶν γειτόνων,
ὕδατος ὅτι τε πυρὶ ζέοισαν εἰς ἀκμάν
μαχαίρᾳ τάμον κατὰ μέλη,
τραπέζαισί τ' ἀμφὶ δεύτατα κρεῶν   50

恺丽，她给凡人成就所有喜乐， 　　　　　　　　　　　【正转乙】
赐予尊荣且每每把不可信的 　　　　　　　　　　　　　　31
改造为可信；
来日方为
最明智的见证。
语涉神明，人宜美言；
　　　因为罪责要轻些。 　　　　　　　　　　　　　　　35
探塔罗之子！你！我将一反前人来叙说，
当你父招邀 << 诸神 >> 到友好的西衰罗
赴最合法的宴会，
为了回众神的席，
那时心为欲望所降、 　　　　　　　　　　　　　　　　40

手执锃亮三叉戟的神将你劫去，金骏 　　　　　　　【反转乙】
载你登上广尊的宙斯至高的宫殿；
在其中日后
迦内美逯也会来就
宙斯供同样的使唤。 　　　　　　　　　　　　　　　45
在你不见之后，众人虽多方搜寻，却
　　　没能将你带回给母亲，
登时便有嫉妒的邻居暗中说：
他们在火上将为屠刀
肢解了的你煮到水沸，
再在几案两侧将你 　　　　　　　　　　　　　　　　50

σέθεν διεδάσαντο καὶ φάγον.

ἐμοὶ δ' ἄπορα γαστρίμαρ-　　　　　　　　　　　　　　*Ἐπ. β'.*
　　γον μακάρων τιν' εἰπεῖν· ἀφίσταμαι·
ἀκέρδεια λέλογχεν θαμινὰ κακαγόρους.
εἰ δὲ δή τιν' ἄνδρα θνατὸν Ὀλύμπου σκοποί
ἐτίμασαν, ἦν Τάνταλος οὗτος· ἀ-
　　λὰ γὰρ καταπέψαι　　　　　　　　　　　　　　　55
μέγαν ὄλβον οὐκ ἐδυνάσθη, κόρῳ δ' ἕλεν
ἄταν ὑπέροπλον, ἄν τοι πατὴρ ὕπερ
κρέμασε καρτερὸν αὐτῷ λίθον,　　　　　　　　　　　57 b
τὸν αἰεὶ μενοινῶν κεφαλᾶς βαλεῖν
　　εὐφροσύνας ἀλᾶται.

ἔχει δ' ἀπάλαμον βίον τοῦτον ἐμπεδόμοχθον　　　*Στρ. γ'.*
μετὰ τριῶν τέταρτον πόνον, ἀθανάτους ὅτι κλέψαις　　60
ἁλίκεσσι συμπόταις
νέκταρ ἀμβροσίαν τε
δῶκεν, οἷσιν ἄφθιτον
θέν νιν. εἰ δὲ θεὸν ἀνήρ τις ἔλπεταί
　　⟨τι⟩ λαθέμεν ἔρδων, ἁμαρτάνει.
τοὔνεκα προῆκαν υἱὸν ἀθάνατοί ⟨οἱ⟩ πάλιν　　　　　65
μετὰ τὸ ταχύποτμον αὖτις ἀνέρων ἔθνος.
πρὸς εὐάνθεμον δ' ὅτε φυάν

分脔、饕餮。

在我,称哪位享受洪福的 　　　　　　　　　　　　【副歌乙】
　　　神为馋獠则行不通;我要回避;
亏损密集落在口发谰言之徒的身上。
若**奥林波**的守护者们尊敬过哪个
有死的凡人,那便是这位**探塔罗**;可是
　　　因为他无力 　　　　　　　　　　　　　　　55
消化洪福,因餍足
而招致傲慢的愆殃,父将之
悬在他顶上:置一块巨石于其上, 　　　　　　　　57 b
他因永远亟欲其不落于头上
　　　而与快乐相违。

他这般无可奈何,过着永痛的生活, 　　　　　　　【正转丙】
连同那三苦,此为其四,因为他欺骗了不死的神明, 　60
把他得以长生
不死的琼浆和玉馔
给了同龄的
同席。若有人希冀做下＜什么＞
　　　却不被神察觉,则谬矣。
因此不死者们将他儿径直发还＜给他＞, 　　　　　　65
令其重新回到短命人类一族。
而当他身体将近青春华年时,

λάχναι νιν μέλαν γένειον ἔρεφον,
ἕτοιμον ἀνεφρόντισεν γάμον

Πισάτα παρὰ πατρὸς εὔδοξον Ἱπποδάμειαν   *Ἀντ. γ'.*
σχεθέμεν. ἐγγὺς ἐλθὼν πολιᾶς ἁλὸς οἶος ἐν ὄρφνᾳ   71
ἄπυεν βαρύκτυπον
Εὐτρίαιναν· ὁ δ' αὐτῷ
πὰρ ποδὶ σχεδὸν φάνη.
τῷ μὲν εἶπε· 'Φίλια δῶρα Κυπρίας
    ἄγ' εἴ τι, Ποσείδαον, ἐς χάριν   75
τέλλεται, πέδασον ἔγχος Οἰνομάου χάλκεον,
ἐμὲ δ' ἐπὶ ταχυτάτων πόρευσον ἁρμάτων
ἐς Ἆλιν, κράτει δὲ πέλασον.
ἐπεὶ τρεῖς τε καὶ δέκ' ἄνδρας ὀλέσαις
μναστῆρας ἀναβάλλεται γάμον   80

θυγατρός. ὁ μέγας δὲ κίν-   *Ἐπ. γ'.*
    δυνος ἄναλκιν οὐ φῶτα λαμβάνει.
θανεῖν δ' οἷσιν ἀνάγκα, τά κέ τις ἀνώνυμον
γῆρας ἐν σκότῳ καθήμενος ἕψοι μάταν,
ἁπάντων καλῶν ἄμμορος; ἀλλ' ἐμοὶ
    μὲν οὗτος ἄεθλος
ὑποκείσεται· τὺ δὲ πρᾶξιν φίλαν δίδοι.'   85
ὣς ἔννεπεν· οὐδ' ἀκράντοις ἐφάψατο

毛发变黑，覆盖了腮颊，

他熟虑了触手可得的婚姻，

欲聘其父是庇撒人的有令名的 【反转丙】

希普波达梅娅。他走近泛白沫的海，在黑暗中 71

呼叫震耳欲聋的

持烈烈三叉戟之神，后者便出现

在他脚边。

他向他讲："若居普洛女神的

　　　喜人赠礼，波塞冬！ 75

能算什么恩惠，就请缚住喔诺马俄的铜矛，

载我以最快的车乘

到艾利，让我获得力量！

既然他杀了十又三位求婚的

男子以拖延女儿的 80

婚事。大冒险不 【副歌丙】

　　　接纳虚弱无能之辈。

死之于他们为无可逃遁；谁要坐在

黑暗里枉然揣摩无名的老年，

在所有壮举中无份？

　　　然而这场竞赛

就匍匐于我面前；你就赐予喜人的成就吧！" 85

如是其言，他却并未白费

ἔπεσι. τὸν μὲν ἀγάλλων θεός 86 b
ἔδωκεν δίφρον τε χρύσεον πτεροῖ-
    σίν τ' ἀκάμαντας ἵππους.

ἕλεν δ' Οἰνομάου βίαν παρθένον τε σύνευνον· *Στρ. δ'.*
ἔτεκε λαγέτας ἓξ ἀρεταῖσι μεμαότας υἱούς.
νῦν δ' ἐν αἱμακουρίαις 90
ἀγλααῖσι μέμικται,
Ἀλφεοῦ πόρῳ κλιθείς,
τύμβον ἀμφίπολον ἔχων πολυξενω-
    τάτῳ παρὰ βωμῷ· τὸ δὲ κλέος
τηλόθεν δέδορκε τᾶν Ὀλυμπιάδων ἐν δρόμοις
Πέλοπος, ἵνα ταχυτὰς ποδῶν ἐρίζεται 95
ἀκμαί τ' ἰσχύος θρασύπονοι·
ὁ νικῶν δὲ λοιπὸν ἀμφὶ βίοτον
ἔχει μελιτόεσσαν εὐδίαν

ἀέθλων γ' ἕνεκεν· τὸ δ' αἰεὶ παράμερον ἐσλόν *Ἀντ. δ'.*
ὕπατον ἔρχεται παντὶ βροτῶν. ἐμὲ δὲ στεφανῶσαι 100
κεῖνον ἱππίῳ νόμῳ
Αἰοληΐδι μολπᾷ
χρή· πέποιθα δὲ ξένον
μή τιν' ἀμφότερα καλῶν τε ἴδριν †ἅ-
    μα καὶ δύναμιν κυριώτερον

空话。神壮之，86 b
给了他金舆和不知
　　　疲倦的生翅骏骧。

他胜了喔诺马俄的膂力，赢得处女身的伴侣；　　【正转丁】
生下六个渴望建功以作民尹的儿子。
如今他早已化在　　　　　　　　　　　　　　　　90
华丽的祭奠里，
依阿尔斐俄河津偃卧，
拥有一座立于广纳宾客的祭台旁的
　　　访客频顾的冢墓。名声自远方
闪耀于珀罗的奥林匹亚
赛道，那里竞争的是足捷、　　　　　　　　　　　95
是在辛苦中勇猛力量的巅峰；
胜者在余生
赖竞赛而享受蜜甜的

艳阳晴空，每日都有高贵之事　　　　　　　　【反转丁】
降临到每一位有死的凡人。我应给　　　　　　　100
其人用马术曲
伴以埃俄利歌舞
佩戴花冠；我确信没有
哪个东道主既熟谙壮举†同时
　　　具有比今世之人

τῶν γε νῦν κλυταῖσι δαιδαλωσέμεν ὕμνων πτυχαῖς. 105

θεὸς ἐπίτροπος ἐὼν τεαῖσι μήδεται

ἔχων τοῦτο κᾶδος, Ἱέρων,

μερίμναισιν· εἰ δὲ μὴ ταχὺ λίποι,

ἔτι γλυκυτέραν κεν ἔλπομαι

σὺν ἅρματι θοῷ κλεΐ-　　　　　　　　　　　　'Επ. δ'.

　　ξειν ἐπίκουρον εὑρὼν ὁδὸν λόγων 110

παρ' εὐδείελον ἐλθὼν Κρόνιον. ἐμοὶ μὲν ὦν

Μοῖσα καρτερώτατον βέλος ἀλκᾷ τρέφει·

†ἄλλοισι δ' ἄλλοι μεγάλοι· τὸ δ' ἔ-

　　σχατον κορυφοῦται

βασιλεῦσι. μηκέτι πάπταινε πόρσιον.

εἴη σέ τε τοῦτον ὕψοῦ χρόνον πατεῖν, 115

ἐμέ τε τοσσάδε νικαφόροις 115 b

ὁμιλεῖν πρόφαντον σοφίᾳ καθ' Ἑλ-

　　λανας ἐόντα παντᾷ.

更高权威的能力可用颂歌的辉煌襞积来装饰。　　　　　　　105
神是你的庇护，希厄戎！
他荷你的仔肩，
为你的抱负操心；若他不速去，
我希望借疾驰的赛车

将咏颂更甜美的 << 成就 >>，　　　　　　　　　　【副歌丁】
　　　　在来到向阳的克洛诺山之际，　　　　　　　　110
找到有助于诗语的道路。妙撒无疑
为我看护着力量最强的飞矢；
各人†各有其伟大；于君王
　　　而言，顶点会
脱颖而出。无须眺望更远。
愿你在有生之年高蹈！　　　　　　　　　　　　　　115
我则愿在同样的日子里与得胜者　　　　　　　　　　115 b
为伴，凭智慧为全
　　　希腊人到处瞻望！

ΟΛΥΜΠ. Β'.

ΘΗΡΩΝΙ ΑΚΡΑΓΑΝΤΙΝΩΙ

ΑΡΜΑΤΙ.

Ἀναξιφόρμιγγες ὕμνοι,   *Στρ. α'.*
τίνα θεόν, τίν' ἥρωα, τίνα δ' ἄνδρα κελαδήσομεν ;
ἤτοι Πίσα μὲν Διός · Ὀλυμπιάδα
    δ' ἔστασεν Ἡρακλέης
ἀκρόθινα πολέμου ·
Θήρωνα δὲ τετραορίας ἕνεκα νικαφόρου   5
γεγωνητέον, ὅπι δίκαιον ξένων,
    ἔρεισμ' Ἀκράγαντος,
εὐωνύμων τε πατέρων ἄωτον ὀρθόπολιν ·

καμόντες οἳ πολλὰ θυμῷ   *Ἀντ. α'.*
ἱερὸν ἔσχον οἴκημα ποταμοῦ, Σικελίας τ' ἔσαν
ὀφθαλμός, αἰὼν δ' ἔφεπε μόρσιμος,
    πλοῦτόν τε καὶ χάριν ἄγων   10
γνησίαις ἐπ' ἀρεταῖς.
ἀλλ' ὦ Κρόνιε παῖ Ῥέας, ἕδος Ὀλύμπου νέμων
ἀέθλων τε κορυφὰν πόρον τ' Ἀλφεοῦ,
    ἰανθεὶς ἀοιδαῖς

奥林匹亚赞歌之二

庆阿克剌迦人台戎

赛车得胜

主宰颂琴的颂歌！　　　　　　　　　　　　　　　【正转甲】
哪位神明、哪位英雄、哪个男子我们将歌咏？
定然是宙斯的庇撒；再则是作为战争的
　　　　最佳缴获、赫剌克勒立下的
奥林匹亚竞技赛会；
再有就是台戎凭得胜的驷马之乘　　　　　　　　　　　　5
应得称颂，他因尊客而称义，
　　　　是阿克剌迦的干城、
又是有令名的诸父中拱卫城邦的精英；

他们那些人内心饱受困苦，　　　　　　　　　　　【反转甲】
占据了濑河的神圣家园，乃是西西里之
睛；应运的时刻随后到来，
　　　　并且在嫡传的贤能上带来　　　　　　　　　　10
财富与恩荣。
可是，哦惹娅所生克洛诺之子！你看守着奥林波的栖处、
竞赛之冠和阿尔斐俄河的渡头，
　　　　因暖心的歌诗

εὔφρων ἄρουραν ἔτι πατρίαν σφίσιν κόμισον

λοιπῷ γένει. τῶν δὲ πεπραγμένων   *Ἐπ. α'.*
ἐν δίκᾳ τε καὶ παρὰ δίκαν ἀποίητον οὐδ' ἄν   16
Χρόνος ὁ πάντων πατὴρ
    δύναιτο θέμεν ἔργων τέλος ·
λάθα δὲ πότμῳ σὺν εὐδαίμονι γένοιτ' ἄν.
ἐσλῶν γὰρ ὑπὸ χαρμάτων πῆμα θνᾴσκει
παλίγκοτον δαμασθέν,   20

ὅταν θεοῦ Μοῖρα πέμπῃ   *Στρ. β'.*
ἀνεκὰς ὄλβον ὑψηλόν. ἕπεται δὲ λόγος εὐθρόνοις
Κάδμοιο κούραις, ἔπαθον αἳ μεγάλα ·
    πένθος δὲ πίτνει βαρύ
κρεσσόνων πρὸς ἀγαθῶν.
ζώει μὲν ἐν Ὀλυμπίοις ἀποθανοῖσα βρόμῳ   25
κεραυνοῦ τανυέθειρα Σεμέλα, φιλεῖ
    δέ μιν Παλλὰς αἰεί
καὶ Ζεὺς πατήρ, μάλα φιλεῖ δὲ παῖς ὁ κισσοφόρος ·

λέγοντι δ' ἐν καὶ θαλάσσᾳ   *Ἀντ. β'.*
μετὰ κόραισι Νηρῆος ἁλίαις βίοτον ἄφθιτον
Ἰνοῖ τετάχθαι τὸν ὅλον ἀμφὶ χρόνον.
    ἤτοι βροτῶν γε κέκριται   30

快乐的你请将庄园传给他们作为未来

族裔的祖产！所行的事中， 【副歌甲】
无论守义抑或背义，就连 16
时间这万有之父
　　都不能变已成者为未就；
而是定会有带来幸运的遗忘。
因为在高尚的欢喜的威力之下，恶意的
伤害被驯服帖而死光， 20

每当神女司命朝上 【正转乙】
带福禧到高处的时候。此语适用于<u>卡得谟</u>
精美宝座上的闺女们，她们遭了大难；
　　沉重的悲恸突降
于更大的吉利面前。
为雷霆的轰鸣击毙后，长发飘飘的<u>色墨累</u> 25
活在<u>奥林波</u>山上的众神
　　中间，<u>帕拉</u>永远爱她，
父<u>宙斯</u>及其戴常青藤的儿子也都爱她；

又有传说云，甚至在海里， 【反转乙】
在<u>奈柔</u>的海中女儿们中间，<u>伊瑙</u>被赐予了
永远都不会消逝的生命。
　　有死的凡人那里 30

πεῖρας οὔ τι θανάτου,
οὐδ' ἡσύχιμον ἀμέραν ὁπότε παῖδ' ἀελίου
ἀτειρεῖ σὺν ἀγαθῷ τελευτάσομεν·
    ῥοαὶ δ' ἄλλοτ' ἄλλαι
εὐθυμιᾶν τε μέτα καὶ πόνων ἐς ἄνδρας ἔβαν.

οὕτω δὲ Μοῖρ', ἅ τε πατρώϊον   Ἐπ. β'.
τῶνδ' ἔχει τὸν εὔφρονα πότμον, θεόρτῳ σὺν ὄλβῳ   36
ἐπί τι καὶ πῆμ' ἄγει,
    παλιντράπελον ἄλλῳ χρόνῳ·
ἐξ οὗπερ ἔκτεινε Λᾶον μόριμος υἱός
συναντόμενος, ἐν δὲ Πυθῶνι χρησθέν
παλαίφατον τέλεσσεν.   40

ἰδοῖσα δ' ὀξεῖ' Ἐρινύς   Στρ. γ'.
ἔπεφνέ οἱ σὺν ἀλλαλοφονίᾳ γένος ἀρήϊον·
λείφθη δὲ Θέρσανδρος ἐριπέντι Πολυ-
    νείκει, νέοις ἐν ἀέθλοις
ἐν μάχαις τε πολέμου
τιμώμενος, Ἀδραστιδᾶν θάλος ἀρωγὸν δόμοις·   45
ὅθεν σπέρματος ἔχοντα ῥίζαν πρέπει
    τὸν Αἰνησιδάμου
ἐγκωμίων τε μελέων λύραν τε τυγχανέμεν.

的确没有划定什么死限，

也没有预定我们何时在某个平静的白天，那太阳之子，

会带着未遭戕害的吉善了结；

   各时各有

川流带着欢快也连同苦难流向人们。

司命便是这样，她有 【副歌乙】

他们家祖传的吉命，因有神明的祝福， 36

在日后遭逢某个

   厄难时能时来运转；

故而应运而生的儿子在遭遇斗殴时

弑了莱俄，应验了

匹透昔日发布的谶语。 40

而眼尖的厄里内看着， 【正转丙】

用相互杀戮灭了这善战的氏族；

波吕聂刻既已殒殁，忒耳桑得洛便成为遗孤；

   他在少年时的竞赛中，

也在战争的格斗里，

得到尊敬，是个有助于阿得剌斯托后裔家族的子嗣； 45

由此而具有了种族之根，他，

   埃奈西达谟之子，宜乎

得享欢庆和琴曲。

'Ολυμπία μὲν γὰρ αὐτός   'Αντ. γ'.
γέρας ἔδεκτο, Πυθῶνι δ' ὁμόκλαρον ἐς ἀδελφεόν
'Ισθμοῖ τε κοιναὶ Χάριτες ἄνθεα τε-
    θρίππων δυωδεκαδρόμων   50
ἄγαγον ˙τὸ δὲ τυχεῖν
πειρώμενον ἀγωνίας δυσφρονᾶν παραλύει.
ὁ μὰν πλοῦτος ἀρεταῖς δεδαιδαλμένος
    φέρει τῶν τε καὶ τῶν
καιρὸν βαθεῖαν ὑπέχων μέριμναν †ἀγροτέραν,

ἀστὴρ ἀρίζηλος, ἐτυμώτατον   'Επ. γ'.
ἀνδρὶ φέγγος˙ εἰ δέ νιν ἔχων τις οἶδεν τὸ μέλλον,   56
ὅτι θανόντων μὲν ἐν-
    θάδ' αὐτίκ' ἀπάλαμνοι φρένες
ποινὰς ἔτεισαν — τὰ δ' ἐν τᾷδε Διὸς ἀρχᾷ
ἀλιτρὰ κατὰ γᾶς δικάζει τις ἐχθρᾷ
λόγον φράσαις ἀνάγκᾳ˙   60

ἴσαις δὲ νύκτεσσιν αἰεί,   Στρ. δ'.
ἴσαις δ' ἀμέραις ἅλιον ἔχοντες, ἀπονέστερον
ἐσλοὶ δέκονται βίοτον, οὐ χθόνα τα-
    ράσσοντες ἐν χερὸς ἀκμᾷ
οὐδὲ πόντιον ὕδωρ
κενεὰν παρὰ δίαιταν, ἀλλὰ παρὰ μὲν τιμίοις   65

因为在奥林匹亚他本人 【反转丙】

获奖，在匹透则与兄弟共享，

而地峡有共同的恺丽带来

   骊马之乘竞奔十二赛程的   50

花环。努力竞赛

获得成功可纾解心忧。

财富点缀以贤能确可

   带来这样那样的

时机，助长†狂烈深刻的野心；

这是荧亮夺目的星，于此人是 【副歌丙】

真光；倘若拥有它的人知晓将来之事，   56

知道死者中那些

   无法无天的灵魂迳在阳间

缴纳惩罚；在宙斯此处的国度里

作恶者则有一位在地下迫于敌对的

必然口发谶语予以判罚；   60

在等同的夜里， 【正转丁】

在等同的白日，永远有太阳，高尚之士

赢得了更无忧愁的生活，不以

   手臂之力搅扰土地，

也不搅扰海水，

以谋无谓的生计，而在为神祇   65

θεῶν οἵτινες ἔχαιρον εὐορκίαις
    ἄδακρυν νέμονται
αἰῶνα, τοὶ δ' ἀπροσόρατον ὀκχέοντι πόνον.

ὅσοι δ' ἐτόλμασαν ἐστρὶς   *Ἀντ. δ'.*
ἑκατέρωθι μείναντες ἀπὸ πάμπαν ἀδίκων ἔχειν
ψυχάν, ἔτειλαν Διὸς ὁδὸν παρὰ Κρό-
    νου τύρσιν · ἔνθα μακάρων   70
νᾶσον ὠκεανίδες
αὖραι περιπνέοισιν · ἄνθεμα δὲ χρυσοῦ φλέγει,
τὰ μὲν χερσόθεν ἀπ' ἀγλαῶν δενδρέων,
    ὕδωρ δ' ἄλλα φέρβει,
ὅρμοισι τῶν χέρας ἀναπλέκοντι καὶ στεφάνους

βουλαῖς ἐν ὀρθαῖσι Ῥαδαμάνθυος,   *Ἐπ. δ'.*
ὃν πατὴρ ἔχει μέγας ἑτοῖμον αὐτῷ πάρεδρον,   76
πόσις ὁ πάντων Ῥέας
    ὑπέρτατον ἐχοίσας θρόνον.
Πηλεύς τε καὶ Κάδμος ἐν τοῖσιν ἀλέγονται ·
Ἀχιλλέα τ' ἔνεικ', ἐπεὶ Ζηνὸς ἦτορ
λιταῖς ἔπεισε, μάτηρ ·   80

ὃς Ἕκτορα σφᾶλε, Τροίας   *Στρ. ε'.*
ἄμαχον ἀστραβῆ κίονα, Κύκνον τε θανάτῳ πόρεν,

所尊崇者们那里，他们以守誓为乐，
　　　　度过无泪的
一生；另一些则忍受惨不堪睹的苦难。

他们那些人在两界　　　　　　　　　　　　【反转丁】
挨过三遭，有勇气让灵魂全然远离
不义，走完通往克洛诺楼观的
　　　　宙斯大道；那里有福人　　　　　　　70
岛为汪洋上的风
四面吹拂；黄金之花炽燃，
有的 << 发 >> 自陆地上蓊郁的树木间，
　　　　有的则受水滋养；
他们双手为花环缠绕，还缠着叶冠，

遵从剌达曼吐的良谋，　　　　　　　　　【副歌丁】
大力的父，拥有至高宝座的惹娅的夫君，　　76
留他在自己
　　　　身边应手可用。
培琉和卡得谟列数于这些人中间；
它也接纳了阿喀尔琉，在宙斯的心
为其母以祈请说服之后；　　　　　　　　　80

他扳倒了贺克陶耳，特洛伊亚　　　　　　【正转戊】
不可战胜的坚稳支柱，还把居克诺交与死亡，

Ἀοῦς τε παῖδ' Αἰθίοπα. πολλά μοι ὑπ'
    ἀγκῶνος ὠκέα βέλη
ἔνδον ἐντὶ φαρέτρας
φωνάεντα συνετοῖσιν· ἐς δὲ τὸ πᾶν ἑρμανέων   85
χατίζει. σοφὸς ὁ πολλὰ εἰδὼς φυᾷ·
    μαθόντες δὲ λάβροι
παγγλωσσίᾳ κόρακες ὣς ἄκραντα γαρυέτων

Διὸς πρὸς ὄρνιχα θεῖον·   Ἀντ. ε'.
ἔπεχε νῦν σκοπῷ τόξον, ἄγε θυμέ· τίνα βάλλομεν
ἐκ μαλθακᾶς αὖτε φρενὸς εὐκλέας ὀ-
    ϊστοὺς ἱέντες; ἐπί τοι   90
Ἀκράγαντι τανύσαις
αὐδάσομαι ἐνόρκιον λόγον ἀλαθεῖ νόῳ,
τεκεῖν μή τιν' ἑκατόν γε ἐτέων πόλιν
    φίλοις ἄνδρα μᾶλλον
εὐεργέταν πραπίσιν ἀφθονέστερόν τε χέρα

Θήρωνος. ἀλλ' αἶνον ἐπέβα κόρος   Ἐπ. ε'.
οὐ δίκᾳ συναντόμενος, ἀλλὰ μάργων ὑπ' ἀνδρῶν,   96
τὸ λαλαγῆσαι θέλον
    κρυφὸν τιθέμεν ἐσλῶν καλοῖς
ἔργοις· ἐπεὶ ψάμμος ἀριθμὸν περιπέφευγεν,
καὶ κεῖνος ὅσα χάρματ' ἄλλοις ἔθηκεν,

以及焦颜国的晨曦之子。——在我

　　　臂下多有飞矢

在箭筒里

对善解的人发语；对大众则需有　　　　　　　85

象胥。智者生而多知；

　　　褊躁者学知而

靠夸夸其谈，一如乌鸦徒然聒噪

于宙斯的神禽面前；　　　　　　　　　　　【反转戊】

现在就将弓瞄准鹄的！来吧我的心！我们自柔软的

心中射出荣耀人的

　　　箭矢又会击中什么？　　　　　　　　90

对准了阿克剌迦，

我们要真心宣告一个誓言：

这百年之城不会生出

　　　在心里对朋友

比台戎更乐施大度的人和更不吝啬的

手。而有种未伴以义的贪心　　　　　　【副歌戊】

遮住了赞美，然而是无节制的人所为，　　　96

<< 其 >> 喋喋不休是要将乌云

　　　罩在高尚之士的

壮举上；既然沙粒难数，

而此人为他人创造了多少快乐，

τίς ἂν φράσαι δύναιτο; 100

ΟΛΥΜΠ. Γ'.

ΘΗΡΩΝΙ ΑΚΡΑΓΑΝΤΙΝΩΙ

ΑΡΜΑΤΙ.

Τυνδαρίδαις τε φιλοξείνοις ἁδεῖν Στρ. α'
 καλλιπλοκάμῳ θ' Ἑλένᾳ
κλεινὰν Ἀκράγαντα γεραίρων εὔχομαι,
Θήρωνος Ὀλυμπιονίκαν
 ὕμνον ὀρθώσαις, ἀκαμαντοπόδων
ἵππων ἄωτον. Μοῖσα δ' οὕτω ποι παρέ-
 στα μοι νεοσίγαλον εὑρόντι τρόπον
Δωρίῳ φωνὰν ἐναρμόξαι πεδίλῳ 5

ἀγλαόκωμον · ἐπεὶ χαίταισι μὲν Ἀντ. α'
 ζευχθέντες ἔπι στέφανοι
πράσσοντί με τοῦτο θεόδματον χρέος,
φόρμιγγά τε ποικιλόγαρυν
 καὶ βοὰν αὐλῶν ἐπέων τε θέσιν
Αἰνησιδάμου παιδὶ συμμεῖξαι πρετόν-

谁又能够叙说? 100

奥林匹亚赞歌之三
庆阿克剌迦人台戎
赛车得胜

好客的廷达惹俄兄弟和生着美丽 【正转甲】
　　　发卷的海伦
我愿我能取悦他们,以此来荣耀阿克剌迦,
因为我竖起了台戎的奥林匹亚
　　　得胜颂歌,这蹄走不倦的
骏马的菁华。既已如此,妙撒便莅临
　　　寻觅崭新风格的我,
好让给庆祝带来异彩的乐音调寄多里亚 5

节拍,既然发上 【反转甲】
　　　所扎的叶冠
向我索要这笔神筑的债责,
好为埃奈西达谟之子
　　　妥帖混合音调多样的颂琴与
芦笛的锐音和字辞的措置;

τως, ἅ τε Πίσα με γεγωνεῖν· τᾶς ἄπο
θεόμοροι νίσοντ᾽ ἐπ᾽ ἀνθρώπους ἀοιδαί,   10

ᾧ τινι κραίνων ἐφετμὰς Ἡρακλέος προτέρας   Ἐπ. α'.
ἀτρεκὴς Ἑλλανοδίκας γλεφάρων Αἰ-
 τωλὸς ἀνὴρ ὑψόθεν
ἀμφὶ κόμαισι βάλῃ
 γλαυκόχροα κόσμον ἐλαίας, τάν ποτε
Ἴστρου ἀπὸ σκιαρᾶν
 παγᾶν ἔνεικεν Ἀμφιτρυωνιάδας,
μνᾶμα τῶν Οὐλυμπίᾳ κάλλιστον ἀέθλων,   15

δᾶμον Ὑπερβορέων πείσαις Ἀπόλ-   Στρ. β'.
 λωνος θεράποντα λόγῳ·
πιστὰ φρονέων Διὸς αἴτει πανδόκῳ
ἄλσει σκιαρόν τε φύτευμα
 ξυνὸν ἀνθρώποις στέφανόν τ᾽ ἀρετᾶν.
ἤδη γὰρ αὐτῷ, πατρὶ μὲν βωμῶν ἁγι-
 σθέντων, διχόμηνις ὅλον χρυσάρματος
ἑσπέρας ὀφθαλμὸν ἀντέφλεξε Μήνα,   20

καὶ μεγάλων ἀέθλων ἁγνὰν κρίσιν   Ἀντ. β'.
 καὶ πενταετηρίδ᾽ ἁμᾶ
θῆκε ζαθέοις ἐπὶ κρημνοῖς Ἀλφεοῦ·

　　　　而庇撒也命我扬声，自它那里
这些神定的歌诗来格于人间。　　　　　　　　　　　10

为了荣耀他，应了赫剌克勒的古老敕令，　　【副歌甲】
严格的希腊裁判，那个
　　　　埃陶利人，会将灰绿色的橄榄之荣
从上扣在《他》
　　　　眼睑以上的发上；那是
唵菲特茹翁之子昔日
　　　　自伊斯特洛河多荫的清泉带来的，
作为奥林匹亚竞技赛会的最美纪念，　　　　　　15

在他用言辞说服了阿波罗的　　　　　　　【正转乙】
　　　　仆随朔外人之国以后；
心怀忠信，他须为接纳所有人的宙斯《将有》的圣林
求得一株多荫之树，好为人类
　　　　所共有而用为贤能的叶冠。
因为在将献给父的祭坛分别为圣之后，
　　　　中月之夕御金乘的月神
便照耀在他睁大的眼前，　　　　　　　　　　　20

同时他立下大奖赛的圣洁裁判　　　　　　【反转乙】
　　　　和四年一度的节日
于神圣的阿尔斐俄河干。

ἀλλ' οὐ καλὰ δένδρε' ἔθαλλεν
    χῶρος ἐν βάσσαις Κρονίου Πέλοπος.
τούτων ἔδοξεν γυμνὸς αὐτῷ κᾶπος ὀ-
    ξείαις ὑπακουέμεν αὐγαῖς ἀελίου.
δὴ τότ' ἐς γαῖαν πορεύεν θυμὸς ὥρμα   25

Ἰστρίαν νιν· ἔνθα Λατοῦς ἱπποσόα θυγάτηρ   *Ἐπ. β'.*
δέξατ' ἐλθόντ' Ἀρκαδίας ἀπὸ δειρᾶν
    καὶ πολυγνάμπτων μυχῶν,
εὖτέ μιν ἀγγελίαις
    Εὐρυσθέος ἔντυ' ἀνάγκα πατρόθεν
χρυσόκερων ἔλαφον
    θήλειαν ἄξονθ', ἅν ποτε Ταϋγέτα
ἀντιθεῖσ' Ὀρθωσίας ἔγραψεν ἱεράν.   30

τὰν μεθέπων ἴδε καὶ κείναν χθόνα   *Στρ. γ'.*
    πνοιαῖς ὄπιθεν Βορέα
ψυχροῦ· τόθι δένδρεα θάμβαινε σταθείς.
τῶν νιν γλυκὺς ἵμερος ἔσχεν
    δωδεκάγναμπτον περὶ τέρμα δρόμου
ἵππων φυτεῦσαι. καί νυν ἐς ταύταν ἑορ-
    τὰν ἵλαος ἀντιθέοισιν νίσεται
σὺν βαθυζώνοιο διδύμοις παισὶ Λήδας.   35

可是在克洛诺之子的溪谷里,

　　　珀罗的土地不生曼妙的树木。

他看到它们童童的园圃

　　　任由日头毒射。

于是那时他的心驱使他行至　　　　　　　　　　　　　25

伊斯特洛河之服:在那里累陶御马的女儿　　　　【副歌乙】

接待了来自阿耳卡狄亚溪壑

　　　和婉转深谷的他,

那时遵从欧茹斯拓的

　　　消息,来自父的驱迫令他

带来生金角的

　　　牝鹿——塔宇各底曾将它

镌为圣祭抵给俄耳透西娅。　　　　　　　　　　　30

追逐她时他看到凛冽的　　　　　　　　　　　【正转丙】

　　　风玻惹亚后面的那片

土地,便站在那里,惊异于这些树木。

对它们的甜蜜渴望抓住了

　　　他,想要环绕有十二条弯道的

赛马场界种植它们。如今吉祥的

　　　他也来格于此筵,

连同扎深褶腰带的累达的俜神孪生双子。　　　35

τοῖς γὰρ ἐπέτραπεν Οὔλυμπόνδ' ἰὼν   *Ἀντ. γ'.*
    θαητὸν ἀγῶνα νέμειν
ἀνδρῶν τ' ἀρετᾶς πέρι καὶ ῥιμφαρμάτου
διφρηλασίας. ἐμὲ δ' ὦν πᾳ
    θυμὸς ὀτρύνει φάμεν Ἐμμενίδαις
Θήρωνί τ' ἐλθεῖν κῦδος εὐίππων διδόν-
    των Τυνδαριδᾶν, ὅτι πλείσταισι βροτῶν
ξεινίαις αὐτοὺς ἐποίχονται τραπέζαις,   40

εὐσεβεῖ γνώμᾳ φυλάσσοντες μακάρων τελετάς.   *Ἐπ. γ'.*
εἰ δ' ἀριστεύει μὲν ὕδωρ, κτεάνων δε
    χρυσὸς αἰδοιέστατος,
νῦν δὲ πρὸς ἐσχατιὰν
    Θήρων ἀρεταῖσιν ἱκάνων ἅπτεται
οἴκοθεν Ἡρακλέος
    σταλᾶν. τὸ πόρσω δ' ἐστὶ σοφοῖς ἄβατον
κἀσόφοις. οὔ μιν διώξω· κεινὸς εἴην.   45

因为他来到奥林波山以后，　　　　　　　　　　【反转丙】
　　　委托他们掌管
壮观的赛会，且兼董人类与疾速舆车的
贤能。而我，我心激励我
　　　叙说畜庞庞骏马的廷达惹俄双子
赐予的荣耀降临于阴墨尼达氏族
　　　和台戎，因为有死的凡人中
他们以享筵最敬他们，　　　　　　　　　　　　　　　　40

出于虔敬之心坚守这蒙福者们的仪式。　　【副歌丙】
若水为极贵，则黄金
　　　于财富中乃是至尊，
可如今台戎自家乡
　　　仰仗贤能前来，朝着地极拥抱
赫剌克勒的
　　　石柱。再往前走则无论智者或不智者皆
无计抵达。我将不求及之，若我是伊。　　　　　　　45

ΟΛΥΜΠ. Δ'.

ΨΑΥΜΙΔΙ ΚΑΜΑΡΙΝΑΙΩΙ

<ΑΠΗΝΗΙ.>

Ἐλατὴρ ὑπέρτατε βροντᾶς ἀκαμαντόποδος   *Στρ.*
    Ζεῦ · τεαὶ γὰρ Ὧραι
ὑπὸ ποικιλοφόρμιγγος ἀοιδᾶς ἑλισσόμεναί μ' ἔπεμψαν
ὑψηλοτάτων μάρτυρ' ἀέθλων ·
ξείνων δ' εὖ πρασσόντων
ἔσαναν αὐτίκ' ἀγγελίαν ποτὶ γλυκεῖαν ἐσλοί ·   5
ἀλλὰ Κρόνου παῖ, ὃς Αἴτναν ἔχεις
ἶπον ἀνεμόεσσαν ἑκατογκεφάλα
    Τυφῶνος ὀβρίμου,
Οὐλυμπιονίκαν
δέξαι Χαρίτων θ' ἕκατι τόνδε κῶμον,

χρονιώτατον φάος εὐρυσθενέων ἀρετᾶν.   *Ἀντ.*
    Ψαύμιος γὰρ ἵκει
ὀχέων, ὃς ἐλαίᾳ στεφανωθεὶς Πισάτιδι, κῦδος ὄρσαι   11
σπεύδει Καμαρίνᾳ. θεὸς εὔφρων
εἴη λοιπαῖς εὐχαῖς ·
ἐπεί νιν αἰνέω, μάλα μὲν τροφαῖς ἑτοῖμον ἵππων,

奥林匹亚赞歌之四

庆卡马里纳人普扫米

<辂车赛得胜>

驾驭蹄走不倦的雷霆的至高无上的御夫　　　　　　　　　　【正转】
　　　宙斯！因为
伴以多调颂琴的歌诗而胡旋的你女儿时辰派遣我来
作至高奖赏的见证。
友人运昌之时，
贵人忽然雀跃于甜美的讯息；　　　　　　　　　　　　　　　　5
然而克洛诺之子啊！你统治埃特纳，
——对暴烈的百首图菲的多兴
　　　风飘的镇压，——
欢迎依赖恺丽的
奥林匹亚得胜者的这场庆祝游行吧！

欢迎这有广大力量的贤能的最新荣光！　　　　　　　　　　【反转】
　　　因为它来了，自普扫米
辂车 << 得胜而来 >>，头缠庇撒橄榄枝叶，在卡马里纳急切　　11
激发荣光。愿神善待
<< 他 >> 将来的祈告；
既然我赞颂他，这位对围马十分殷勤、

χαίροντά τε ξενίαις πανδόκοις, 15
καὶ πρὸς Ἡσυχίαν φιλόπολιν καθαρᾷ
    γνώμᾳ τετραμμένον.
οὐ ψεύδεϊ τέγξω
λόγον · διάπειρά τοι βροτῶν ἔλεγχος ·

ἅπερ Κλυμένοιο παῖδα   *Ἐπ.*
Λαμνιάδων γυναικῶν ἔλυσεν ἐξ ἀτιμίας. 20
χαλκέοισι δ᾽ ἐν ἔντεσι νικῶν δρόμον 22
ἔειπεν Ὑψιπυλείᾳ μετὰ στέφανον ἰών ·
'οὗτος ἐγὼ ταχυτᾶτι ·
χεῖρες δὲ καὶ ἦτορ ἴσον. φύονται δὲ καὶ νέοις 25
ἐν ἀνδράσιν πολιαί
θαμάκι παρὰ τὸν ἁλικίας ἐοικότα χρόνον.'

ΟΛΥΜΠ. Ε'.

ΨΑΥΜΙΔΙ ΚΑΜΑΡΙΝΑΙΩΙ

ΑΠΗΝΗΙ.

Ὑψηλᾶν ἀρετᾶν καὶ στεφάνων ἄωτον γλυκύν   *Στρ. α'.*
τῶν Οὐλυμπίᾳ, Ὠκεανοῦ θύγατερ, καρδίᾳ γελανεῖ

且以欢迎八方宾客为乐、 15
并将纯洁的心思转向护城的
　　　太平之人。
我将不会以谎言润湿
歌辞；坚忍方是有死凡人的考验。

是它将<u>克吕墨诺</u>之子 **【副歌】**
自<u>兰诺</u>妇人们的耻笑中解脱。 20
身着铜甲既已胜了比赛， 22
他遂朝叶冠边跑边对<u>旭普西衾雷娅</u>说：
"我之迅捷如是，
手与心同。虽青年亦常 25
反其年龄之常
生出白发。"

奥林匹亚赞歌之五

庆卡马里纳人普扫米
辂车赛得胜

作为<u>奥林匹亚</u>赛会上高耸的贤能和叶冠的 **【正转甲】**
甜美菁华，汪洋之女！请怀欢快之心

ἀκαμαντόποδός τ' ἀπήνας δέκευ Ψαύμιός τε δῶρα ·

ὃς τὰν σὰν πόλιν αὔξων, Καμάρινα, λαοτρόφον,   Ἀντ. α'.
βωμοὺς ἓξ διδύμους ἐγέραρεν ἑορταῖς θεῶν μεγίσταις   5
ὑπὸ βουθυσίαις ἀέθλων τε πεμπαμέροις ἁμίλλαις,

ἵπποις ἡμιόνοις τε μοναμπυκίᾳ τε. τὶν δὲ κῦδος ἁβρόν   Ἐπ. α'.
νικάσας ἀνέθηκε, καὶ ὃν πατέρ' Ἄ-
κρων' ἐκάρυξε καὶ τὰν νέοικον ἕδραν.

ἵκων δ' Οἰνομάου καὶ Πέλοπος παρ' εὐηράτων   Στρ. β'.
σταθμῶν, ὦ πολιάοχε Παλλάς, ἀείδει μὲν ἄλσος ἁγνόν   10
τὸ τεὸν ποταμόν τε Ὤανον ἐγχωρίαν τε λίμναν

καὶ σεμνοὺς ὀχετούς, Ἵππαρις οἷσιν ἄρδει στρατόν   Ἀντ. β'.
κολλᾷ τε σταδίων θαλάμων ταχέως ὑψίγυιον ἄλσος,
ὑπ' ἀμαχανίας ἄγων ἐς φάος τόνδε δᾶμον ἀστῶν ·

αἰεὶ δ' ἀμφ' ἀρεταῖσι πόνος δαπάνα τε μάρναται πρὸς   Ἐπ. β'.
    ἔργον   15
κινδύνῳ κεκαλυμμένον · εὖ δὲ τυχόν-
    τες σοφοὶ καὶ πολίταις ἔδοξαν ἔμμεν.

Σωτὴρ ὑψινεφὲς Ζεῦ, Κρόνιόν τε ναίων λόφον   Στρ. γ'.

接纳普扫米蹄走不倦的辂车的这份馈赠！

他使你孳乳人类的城邦，卡马里纳！兴旺；　　　　　　【反转甲】
在诸神的节日里用最出色的牺牲　　　　　　　　　　　　　　5
和持续五日的多匹或马或骡以及单匹骑乘的竞技赛会

向六座双位祭坛礼拜。他因获胜　　　　　　　　　　【副歌甲】
而向你献上辉煌的荣耀，还让其父
　　　阿克戎和新造的居处得受宣扬。

他来自喔诺马俄和珀罗的可爱　　　　　　　　　　　【正转乙】
居处，哦卫城的帕拉！他歌咏你纯洁的庙宇、　　　　　　10
奥阿诺河与乡间之湖，

还有宏伟的沟洫，希普帕里河由此为民灌溉，　　　　【反转乙】
还迅速粘合坚稳矗立的室庐的有长梁的森林，
运载诸城斯民脱离匮乏进入昭明；

事关贤能，苦练与赀费永远朝着被危险　　　　　　　【副歌乙】
　　　包藏的　　　　　　　　　　　　　　　　　　　　　15
成就而战；就连邦民们
　　　也觉得，走好运的人们都有智慧。

云间救难的宙斯！居于克洛诺山，　　　　　　　　　【正转丙】

τιμῶν τ' ' Ἀλφεὸν εὐρὺ ῥέοντα Ἰδαῖόν τε σεμνὸν ἄντρον,
ἱκέτας σέθεν ἔρχομαι Λυδίοις ἀπύων ἐν αὐλοῖς,

αἰτήσων πόλιν εὐανορίαισι τάνδε κλυταῖς *Ἀντ. γ'*.
δαιδάλλειν, σέ τ', Ὀλυμπιόνικε, Ποσειδανίοισιν ἵπποις 20
ἐπιτερπόμενον φέρειν γῆρας εὔθυμον, ἐς τελευτάν,

υἱῶν, Ψαῦμι, παρισταμένων. ὑγίεντα δ' εἴ τις *Ἐπ. γ'*.
 ὄλβον ἄρδει,
ἐξαρκέων κτεάτεσσι καὶ εὐλογίαν
 προστιθείς, μὴ ματεύσῃ θεὸς γενέσθαι.

ΟΛΥΜΠ. ϛ'.

ΑΓΗΣΙΑΙ ΣΥΡΑΚΟΥΣΙΩΙ

ΑΠΗΝΗΙ.

Χρυσέας ὑποστάσαντες εὐ- *Στρ. α'*.
 τειχεῖ προθύρῳ θαλάμου
κίονας ὡς ὅτε θαητὸν μέγαρον
πάξομεν · ἀρχομένου δ' ἔργου πρόσωπον
χρὴ θέμεν τηλαυγές. εἰ δ' εἴ-

也尊崇宽广流淌的阿尔斐俄河和伊达山的威严洞窟，
作为求救者我前来投你，伴着吕狄亚笛音歌咏，

我将力求以蛩声的雄武妆点　　　　　　　　　　【反转丙】
此城，并将你的老年，奥林匹亚的胜者！将你这喜爱　20
波塞冬以为神圣的骏马之人，欢乐的普扫米！带到

有众子环立于侧的善终！若有什么人浇灌　　　　【副歌丙】
　　　福禧以令其健康，
于财富大度再加
　　　得获褒辞，就愿他不求成神！

奥林匹亚赞歌之六

庆叙剌古人哈盖西亚

轺车赛得胜

如同当我们营造　　　　　　　　　　　　　　　【正转甲】
　　　奇异的洞房时，
会立支撑路寝前有精美墙壁的路门的
金柱，新作开启时也
应建造光彩远被的前脸。若有人

η μὲν Ὀλυμπιονίκας,
βωμῷ τε μαντείῳ ταμίας Διὸς ἐν Πίσᾳ, 5
συνοικιστήρ τε τᾶν κλεινᾶν Συρακοσ-
    σᾶν, τίνα κεν φύγοι ὕμνον
κεῖνος ἀνήρ, ἐπικύρσαις
    ἀφθόνων ἀστῶν ἐν ἱμερταῖς ἀοιδαῖς;

ἴστω γὰρ ἐν τούτῳ πεδί-   Ἀντ. α'.
    λῳ δαιμόνιον πόδ' ἔχων
Σωστράτου υἱός. ἀκίνδυνοι δ' ἀρεταί
οὔτε παρ' ἀνδράσιν οὔτ' ἐν ναυσὶ κοίλαις 10
τίμιαι · πολλοὶ δὲ μεμναν-
    ται, καλὸν εἴ τι ποναθῇ.
Ἁγησία, τὶν δ' αἶνος ἑτοῖμος, ὃν ἐν δίκᾳ
ἀπὸ γλώσσας Ἄδραστος μάντιν Οἰκλεί-
    δαν ποτ' ἐς Ἀμφιάρηον
φθέγξατ', ἐπεὶ κατὰ γαῖ' αὐ-
    τόν τέ νιν καὶ φαιδίμας ἵππους ἔμαρψεν.

ἑπτὰ δ' ἔπειτα πυρᾶν νε-   Ἐπ. α'.
    κρῶν τελεσθέντων Ταλαϊονίδας 15
εἶπεν ἐν Θήβαισι τοιοῦτόν τι ἔπος ·
    Ποθέω στρατιᾶς ὀφθαλμὸν ἐμᾶς
ἀμφότερον μάντιν τ' ἀγαθὸν καὶ

是奥林匹亚的胜家，

也是占卜的祭坛上宙斯在庇撒的主祭，　　　　　　　　5

还是声名斐然的叙剌古人殖民的

　　　参与者，那这样的人能逃避

何种颂歌？既然他在喜人的

　　　诗歌里遇到了毫不妒嫉的邦民？

因为就让索斯特剌托之子　　　　　　　　　　【反转甲】

　　　知道他那为神所祐之足

适此革屦。因为无论在人间

抑或在空壳的舟中受人尊崇的成功都不能　　　　10

不涉危险——而许多人会记住，

　　　倘若任何壮举有赖辛劳得成。

哈盖西亚！对你的赞美已预备妥帖，即

自阿得剌斯托舌上关于俄伊克勒之子、

　　　卜人唵菲亚柔曾公正说出的

那番，在土地吞没了他自己

　　　和他的奕奕马匹之后。

故而后来在焚尸的七座　　　　　　　　　　　【副歌甲】

　　　薪蕴足数之后，塔拉俄之子　　　　　　15

在台拜发此言曰：

　　　"我痛失我军之目，

他既是卜师，也善于

δουρὶ μάρνασθαι. ' τὸ καί
ἀνδρὶ κώμου δεσπότᾳ πάρεστι Συρακοσίῳ.
οὔτε δύσηρις ἐὼν οὔτ' ὦν φιλόνικος ἄγαν,
καὶ μέγαν ὅρκον ὀμόσσαις τοῦτό γέ οἱ σαφέως   20
μαρτυρήσω· μελίφθογ-
    γοι δ' ἐπιτρέψοντι Μοῖσαι.

ὦ Φίντις, ἀλλὰ ζεῦξον ἤ-   *Στρ. β'.*
    δη μοι σθένος ἡμιόνων,
ᾇ τάχος, ὄφρα κελεύθῳ τ' ἐν καθαρᾷ
βάσομεν ὄκχον, ἵκωμαί τε πρὸς ἀνδρῶν
καὶ γένος· κεῖναι γὰρ ἐξ ἀλ-
    λᾶν ὁδὸν ἁγεμονεῦσαι   25
ταύταν ἐπίστανται, στεφάνους ἐν Ὀλυμπίᾳ
ἐπεὶ δέξαντο· χρὴ τοίνυν πύλας ὕ-
μνων ἀναπιτνάμεν αὐταῖς·
πρὸς Πιτάναν δὲ παρ' Εὐρώ-
    τα πόρον δεῖ σάμερον ἐλθεῖν ἐν ὥρᾳ·

ἅ τοι Ποσειδάωνι μι-   *Ἀντ. β'.*
    χθεῖσα Κρονίῳ λέγεται
παῖδα ἰόπλοκον Εὐάδναν τεκέμεν.   30
κρύψε δὲ παρθενίαν ὠδῖνα κόλποις·
κυρίῳ δ' ἐν μηνὶ πέμποισ'

持矛格斗！"这
于庆胜游行之主这位<u>叙刺古</u>人亦成立。
性不好斗亦不过于好胜，
我甚至发大誓将要为他就此也清楚   20
作证。声音曼妙的
<u>妙撒</u>们将会准许。

哦<u>贲提</u>！就即刻   【正转乙】
　　　给我膂力方刚的骡子鞴轭！
好让我在光洁的路上全速
驰骋，让我来到族人
面前，因为它们晓得
　　　如何先于所有其他的路   25
而引领此道，既然它们在<u>奥林匹亚</u>
夺冠。故而应该为它们
　　　打开颂歌的门扉：
今日须在良辰前来<u>欧娄塔河</u>
　　　渡旁的<u>庇塔娜</u>；

她据说与<u>克洛诺</u>之子   【反转乙】
　　　<u>波塞冬</u>相交，
生下有紫罗兰色头发的孩儿<u>欧阿得娜</u>。   30
她把闺女身份的临盆掩藏在襞积里，
弥月时便派

ἀμφιπόλους ἐκέλευσεν
ἥρωι πορσαίνειν δόμεν Εἰλατίδᾳ βρέφος,
ὃς ἀνδρῶν Ἀρκάδων ἄνασσε Φαισά-
   νᾳ, λάχε τ' Ἀλφεὸν οἰκεῖν·
ἔνθα τραφεῖσ' ὑπ' Ἀπόλλω-
   νι γλυκείας πρῶτον ἔψαυσ' Ἀφροδίτας.   35

οὐδ' ἔλαθ' Αἴπυτον ἐν παν-   Ἐπ. β'.
   τὶ χρόνῳ κλέπτοισα θεοῖο γόνον.
ἀλλ' ὁ μὲν Πυθῶνάδ', ἐν θυμῷ πιέσαις
   χόλον οὐ φατὸν ὀξείᾳ μελέτᾳ,
ᾤχετ' ἰὼν μαντευσόμενος ταύ-
   τας περ' ἀτλάτου πάθας.
ἁ δὲ φοινικόκροκον ζώναν καταθηκαμένα
κάλπιδά τ' ἀργυρέαν λόχμας ὑπὸ κυανέας   40
τίκτε θεόφρονα κοῦρον. τᾷ μὲν ὁ χρυσοκόμας
πραΰμητίν τ' Ἐλείθυι-
   αν παρέστασ' ἔν τε Μοίρας·

ἦλθεν δ' ὑπὸ σπλάγχνων ὑπ' ὠ-   Στρ. γ'.
   δίνεσσ' ἐραταῖς Ἴαμος
ἐς φάος αὐτίκα. τὸν μὲν κνιζομένα
λεῖπε χαμαί· δύο δὲ γλαυκῶπες αὐτόν   45
δαιμόνων βουλαῖσιν ἐθρέ-

　　　　侍女将此婴送与

英雄厄拉托之子照料——

他在费撒纳统治阿耳卡狄亚人，

　　　　掷骰决定定居于阿尔斐俄河畔；

在那里她受到哺育，顺从了阿波罗

　　　　从而初次触到甜美的阿芙洛狄底。　　　　　　35

在她藏匿了神之子期间，　　　　　　　　【副歌乙】

　　　　却始终并未逃过埃哀托的注意。

然而朝着匹透，心中压抑着

　　　　不可言说的怒火，在极度的决绝中，

他去了，走去的他将

　　　　就那不可忍受的痛苦问卜。

而她将绯红的腰带

放在深青灌木丛下的银壶上，　　　　　　　　　　40

生下有天神心思的儿子。生金发的神

将柔语相谏的厄雷退娅

　　　　和司命置于她身旁，

伊阿谟自分娩的　　　　　　　　　　　　【正转丙】

　　　　喜痛中骤然

来到天光里。饱受痛楚的她将他

留在地上。两条眼睛闪烁的　　　　　　　　　　　　45

长虫依神明的旨意

ψαντο δράκοντες ἀμεμφεῖ
ἰῷ μελισσᾶν καδόμενοι. βασιλεὺς δ'ἐπεί
πετραέσσας ἐλαύνων ἵκετ' ἐκ Πυ-
 θῶνος, ἅπαντας ἐν οἴκῳ
εἴρετο παῖδα, τὸν Εὐά-
 δνα τέκοι· Φοίβου γὰρ αὐτὸν φᾶ γεγάκειν

πατρός, περὶ θνατῶν δ' ἔσεσθαι μάντιν ἐπιχθονίοις   *Ἀντ. γ'.*
ἔξοχον, οὐδέ ποτ' ἐκλείψειν γενεάν.   51
ὡς ἄρα μάνυε. τοὶ δ' οὔτ' ὦν ἀκοῦσαι
οὔτ' ἰδεῖν εὔχοντο πεμπταῖ-
 ον γεγενημένον. ἀλλ' ἐν
κέκρυπτο γὰρ σχοίνῳ βατιᾷ τ' ἐν ἀπειρίτῳ,
ἴων ξανθαῖσι καὶ παμπορφύροις ἀ-
 κτῖσι βεβρεγμένος ἁβρὸν   55
σῶμα· τὸ καὶ κατεφάμι-
 ξεν καλεῖσθαί νιν χρόνῳ σύμπαντι μάτηρ

τοῦτ' ὄνυμ' ἀθάνατον. τερ-   *Ἐπ. γ'.*
 πνᾶς δ' ἐπεὶ χρυσοστεφάνοιο λάβεν
καρπὸν Ἥβας, Ἀλφεῷ μέσσῳ καταβαὶς
 ἐκάλεσσε Ποσειδᾶν' εὐρυβίαν,
ὃν πρόγονον, καὶ τοξοφόρον Δά-
 λου θεοδμάτας σκοπόν,

抚养他，
用无毒的汁液哺之。王自嶙峋的
匹透驱车

　　　到来后，向家中
所有子女打听欧阿得娜所生：

　　　因为她说孩子的父亲是

蟠玻，说他将是地上活人中最出色的卜师，超越　　【反转丙】
凡人之外，说他将永远不会辜负族裔。　　　　　　　51
这是他的预言。可他们起誓
既没听过也没见过这五天

　　　大的孩子，而他
其实被藏匿于不可深入的蒲苇丛中，
罗兰的金黄和纯紫的

　　　光线笼罩着他柔嫩的　　　　　　　　　　　　55
身体。他母亲

　　　永远舍他

以不死的名字相称。在采撷了　　　　　　　　　　【副歌丙】

　　　头戴金冠的
欢乐青春的果实之后，他沿阿尔斐俄河中流

　　　走下，去呼唤广辖的波塞冬，
他的先祖，和神筑的逮罗

　　　岛上荷弓的守护神。

αἰτέων λαοτρόφον τιμάν τιν' ἑᾷ κεφαλᾷ,   60
νυκτὸς ὑπαίθριος. ἀντεφθέγξατο δ'ἀρτιεπής
πατρία ὄσσα, μετάλλασέν τέ νιν. ' Ὄρσο, τέκνον,
δεῦρο πάγκοινον ἐς χώ-
    ραν ἴμεν φάμας ὄπισθεν. '

ἵκοντο δ' ὑψηλοῖο πέ-   Στρ. δ'.
    τραν ἀλίβατον Κρονίου
ἔνθα οἱ ὤπασε θησαυρὸν δίδυμον   65
μαντοσύνας, τόκα μὲν φωνὰν ἀκούειν
ψευδέων ἄγνωτον, εὖτ' ἂν
    δὲ θρασυμάχανος ἐλθών
Ἡρακλέης, σεμνὸν θάλος Ἀλκαϊδᾶν, πατρί
ἑορτάν τε κτίσῃ πλειστόμβροτον τε-
    θμόν τε μέγιστον ἀέθλων,
Ζηνὸς ἐπ' ἀκροτάτῳ βω-
    μῷ τότ' αὖ χρηστήριον θέσθαι κέλευσεν.   70

ἐξ οὗ πολύκλειτον καθ' Ἕλ-   Ἀντ. δ'.
    λανας γένος Ἰαμιδᾶν·
ὄλβος ἄμ' ἕσπετο· τιμῶντες δ' ἀρετάς
ἐς φανερὰν ὁδὸν ἔρχονται· τεκμαίρει
χρῆμ' ἕκαστον· μῶμος ἐξ ἄλ-
    λων κρέμαται φθονεόντων

夜空下，他请求在他头上佩戴牧养人民的　　　　　　　　60
尊荣。父亲清晰的声音
找到他，答曰："起来快去，吾儿！
跟着我的声音进入
　　　那片朝所有人开放的国度！"

他们来到高高的　　　　　　　　　　　　　　【正转丁】
　　　克洛诺陡峭的崖上，
在那里，他赐予他占卜的双重　　　　　　　　　　　65
宝藏：一为能听到不识谎言的
声音，另一为当谋略
　　　大胆的赫剌克勒、
阿尔凯俄氏族威严的后嗣到来，并给其父
设立了人众熙攘的祭祀节日和竞技赛会的制度时，
将在宙斯最高的祭坛上
　　　令人置下预言的圣所。　　　　　　　　70

自那时起伊阿谟氏族　　　　　　　　　　　【反转丁】
　　　便闻名全希腊。
同时福禧接踵而至，尊崇贤能的人们
走上光朗大道。行动
见证着每个人。来自妒嫉的
　　　他人有一种责难

τοῖς, οἷς ποτε πρώτοις περὶ δωδέκατον δρόμον 75
ἐλαυνόντεσσιν αἰδοία ποτιστά-
    ξῃ Χάρις εὐκλέα μορφάν.
εἰ δ᾽ ἐτύμως ὑπὸ Κυλλά-
    νας ὄρος, Ἁγησία, μάτρωες ἄνδρες

ναιετάοντες ἐδώρη-   Ἐπ. δ'.
    σαν θεῶν κάρυκα λιταῖς θυσίαις
πολλὰ δὴ πολλαῖσιν Ἑρμᾶν εὐσεβέως,
    ὃς ἀγῶνας ἔχει μοῖράν τ᾽ ἀέθλων,
Ἀρκαδίαν τ᾽ εὐάνορα τιμᾷ·
    κεῖνος, ὦ παῖ Σωστράτου, 80
σὺν βαρυδούπῳ πατρὶ κραίνει σέθεν εὐτυχίαν.
δόξαν ἔχω τιν᾽ ἐπὶ γλώσσᾳ λιγυρᾶς ἀκόνας,
ἅ μ᾽ ἐθέλοντα προσέρπει καλλιρόαισι πνοαῖς.
ματρομάτωρ ἐμὰ Στυμ-
    φαλίς, εὐανθὴς Μετώπα,

πλάξιππον ἃ Θήβαν ἔτι-   Στρ. ε'.
    κτεν, τᾶς ἐρατεινὸν ὕδωρ 85
πίομαι, ἀνδράσιν αἰχματαῖσι πλέκων
ποικίλον ὕμνον. ὄτρυνον νῦν ἑταίρους,
Αἰνέα, πρῶτον μὲν Ἥραν
Παρθενίαν κελαδῆσαι,

悬在他们头上，那时在绕第十二轮的跑道上 75
驾车领先者，受人尊崇的
  恺丽将辉煌的美貌播洒于他们身上。
如果居住在居尔累奈
  山下的诸舅，哈盖西亚！

真的常怀着虔敬 【副歌丁】
  给众神的执讯
贺耳美奉献许多用于祈求的牺牲，
  那乃是他管辖有奖竞技赛会的应得之分，
他也敬重俊乂济济的阿耳卡狄亚。
  他，哦索斯特刺托之子！ 80
同轰雷的父一起成就了你的幸运。
我在发锐音的砥石之舌上有任何名声，
乃是《 因 》它以优美扇动的风飚偷袭了情愿的我。
鲜花掩映的墨陶帕是我来自
  斯潼蒂罗的外祖母，

她生下御马的台巴， 【正转戊】
  我现在就要饮着她那喜人的 85
水，一边编织多彩的颂歌给
操矛的男儿们。现在就催促同伴们吧！
埃涅阿！先歌咏处女赫剌，
再去了解那古久的羞辱：包奥提亚

γνῶναί τ' ἔπειτ', ἀρχαῖον ὄνειδος ἀλαθέσιν
λόγοις εἰ φεύγομεν, Βοιωτίαν ὗν.
    ἐσσὶ γὰρ ἄγγελος ὀρθός,   90
ἠϋκόμων σκυτάλα Μοι-
    σᾶν, γλυκὺς κρατὴρ ἀγαφθέγκτων ἀοιδᾶν·

εἶπον δὲ μεμνᾶσθαι Συρα-   *Ἀντ. ε'.*
    κοσσᾶν τε καὶ Ὀρτυγίας·
τὰν Ἱέρων καθαρῷ σκάπτῳ διέπων,
ἄρτια μηδόμενος, φοινικόπεζαν
ἀμφέπει Δάματρα λευκίπ-
    που τε θυγατρὸς ἑορτάν   95
καὶ Ζηνὸς Αἰτναίου κράτος. ἀδύλογοι δέ νιν
λύραι μολπαί τε γινώσκοντι. μὴ θράσ-
    σοι χρόνος ὄλβον ἐφέρπων,
σὺν δὲ φιλοφροσύναις εὐ-
    ηράτοις Ἁγησία δέξαιτο κῶμον

οἴκοθεν οἴκαδ' ἀπὸ Στυμ-   *Ἐπ. ε'.*
    φαλίων τειχέων ποτινισόμενον,
ματέρ' εὐμήλοιο λείποντ' Ἀρκαδίας.
    ἀγαθαὶ δὲ πέλοντ' ἐν χειμερίᾳ   100
νυκτὶ θοᾶς ἐκ ναὸς ἀπεσκίμ-
    φθαι δύ' ἄγκυραι. θεός

豪猪——我们是否在实话中逃脱了它。

　　　　因为你是正确无误的信使，　　　　　　　　　90
是美发飘飘的妙撒们的执讯之杖，
　　　　高调诗歌的甜美酒瓺；

我说要回忆　　　　　　　　　　　　　　　　【反转戊】
　　　　叙剌古人和俄耳图癸亚，
她由希厄戎执纯洁的权杖董理；
他依从便宜，供奉
有嫩红之足的逮美底耳，过她
　　　　乘白马的女儿的节日，　　　　　　　　95
还祭拜埃特纳山宙斯的威力。声音甜美的
颂琴伴以舞蹈答谢他。毋让偷偷
　　　　流逝的时光搅扰这份福禧！
愿他带着可爱的友好表示，
　　　　欢迎哈盖西亚自斯潼蒂罗的城垣出发、

离了多羊的　　　　　　　　　　　　　　　　【副歌戊】
　　　　阿耳卡狄亚母邦、
从一家到一家而来的庆胜游行！
　　　　在风暴之夜自快舟中　　　　　　　　　100
抛下两只锚
　　　　是好的。愿那些人

τῶνδε κείνων τε κλυτὰν αἶσαν παρέχοι φιλέων.
δέσποτα ποντόμεδον, εὐθὺν δὲ πλόον καμάτων
ἐκτὸς ἐόντα δίδοι, χρυσαλακάτοιο πόσις
Ἀμφιτρίτας, ἐμῶν δ' ὕ-
μνων ἄεξ' εὐτερπὲς ἄνθος. 105

ΟΛΥΜΠ. Ζ'.

ΔΙΑΓΟΡΑΙ ΡΟΔΙΩΙ

ΠΥΚΤΗΙ.

Φιάλαν ὡς εἴ τις ἀφνειᾶς ἀπὸ χειρὸς ἑλών　　　　　*Στρ. α'.*
ἔνδον ἀμπέλου καχλάζοισαν δρόσῳ
δωρήσεται
νεανίᾳ γαμβρῷ προπίνων
　　οἴκοθεν οἴκαδε, πάγχρυσον, κορυφὰν κτεάνων,
συμποσίου τε χάριν κᾶ-
　　δός τε τιμάσαις ἑόν, ἐν δὲ φίλων　　　　　5
παρεόντων θῆκέ νιν ζαλωτὸν ὁμόφρονος εὐνᾶς.

καὶ ἐγὼ νέκταρ χυτόν, Μοισᾶν δόσιν, ἀεθλοφόροις　　*Ἀντ. α'.*
ἀνδράσιν πέμπων, γλυκὺν καρπὸν φρενός,

和这些人的神为所爱者们预备下光荣的命运！
海中的霸主啊！请赐给没有艰难的
正直航程！执金纺杆的唵菲特里底的
夫君！就让我们颂歌的
　　　喜人花朵怒放！　　　　　　　　　　　　　　105

奥林匹亚赞歌之七

庆洛都人狄亚高剌
拳击赛得胜

犹如觞为人以富赡之手举起，　　　　　　　　【正转甲】
——在其中葡萄甘露聚沫，——
他将它赍赐
给年轻的女婿，先饮为敬，
　　一家家下来，举着那纯金的、家财之首，
为了筵饮，也为荣耀
　　他的姻娅，在到场的　　　　　　　　　　　5
亲人中间令他因其同心的床笫而为人嫉妒；

同样我也把斟酌的琼浆，妙撒的恩赐，发送给　　【反转甲】
捧奖的男子们，我心智的甜美果子，

ἱλάσκομαι,
Ὀλυμπίᾳ Πυθοῖ τε νικων-
τεσσιν· ὁ δ' ὄλβιος, ὃν φᾶμαι κατέχωντ' ἀγαθαί· 10
ἄλλοτε δ' ἄλλον ἐποπτεύ-
ει Χάρις ζωθάλμιος ἁδυμελεῖ
θαμὰ μὲν φόρμιγγι παμφώνοισί τ' ἐν ἔντεσιν αὐλῶν.

καί νυν ὑπ' ἀμφοτέρων σὺν   Ἐπ. α'.
Διαγόρᾳ κατέβαν, τὰν ποντίαν
ὑμνέων, παῖδ' Ἀφροδίτας
Ἀελίοιό τε νύμφαν, Ῥόδον,
εὐθυμάχαν ὄφρα πελώριον ἄνδρα παρ' Ἀλ-
φειῷ στεφανωσάμενον   15
αἰνέσω πυγμᾶς ἄποινα
καὶ παρὰ Κασταλίᾳ, πα-
τέρα τε Δαμάγητον ἁδόντα Δίκᾳ,
Ἀσίας εὐρυχόρου τρίπολιν νᾶσον πέλας
ἐμβόλῳ ναίοντας Ἀργείᾳ σὺν αἰχμᾷ.

ἐθελήσω τοῖσιν ἐξ ἀρχᾶς ἀπὸ Τλαπολέμου   Στρ. β'.
ξυνὸν ἀγγέλλων διορθῶσαι λόγον,   21
Ἡρακλέος
εὐρυσθενεῖ γέννᾳ. τὸ μὲν γὰρ
πατρόθεν ἐκ Διὸς εὔχονται· τὸ δ' Ἀμυντορίδαι

我祈求赐福给

在<u>奥林匹亚</u>和<u>匹透</u>得胜的

  他们：为美名所附者，其福矣！   10

各人往往在各异之际

  受到让生命绽放的恺丽

以音调娱人的颂琴和律吕完全的笛乐看觑。

如今伴以这二者，我同   【副歌甲】

  <u>狄亚高剌</u>一起走来，歌咏着

<u>阿芙洛狄底</u>之女、

  日神的海中姹女<u>洛都</u>，

好让我叙述那位在<u>阿尔斐俄</u>

  河畔和<u>卡斯塔利亚</u>泉边   15

得佩枝冠的巨人正大斗士，以为他

拳击比赛的报酬，也叙述

  他为正义所喜的父亲<u>达马盖托</u>，

他一家人同<u>阿耳高</u>的执铤兵团一起居住在

邻近式廓广袤的<u>亚细亚</u>之喙的三城之岛。

我愿向他们，<u>赫剌克勒</u>   【正转乙】

力量广大的后裔，宣告，要将尽人皆晓的神话 21

从一开始、自<u>特累波勒谟</u>时起，

便摆正。因为他们

  信誓旦旦称父系来自<u>宙斯</u>，母系<u>阿闵陶耳氏</u>

ματρόθεν Ἀστυδαμείας.
    ἀμφὶ δ' ἀνθρώπων φρασὶν ἀμπλακίαι
ἀναρίθμητοι κρέμανται · τοῦτο δ' ἀμάχανον εὑρεῖν,   25

ὅτι νῦν ἐν καὶ τελευτᾷ φέρτατον ἀνδρὶ τυχεῖν.   *Ἀντ. β'.*
καὶ γὰρ Ἀλκμήνας κασίγνητον νόθον
σκάπτῳ θενών
σκληρᾶς ἐλαίας ἔκτανεν Τί-
    ρυνθι Λικύμνιον ἐλθόντ' ἐκ θαλάμων Μιδέας
τᾶσδέ ποτε χθονὸς οἰκι-
    στὴρ χολωθείς. αἱ δὲ φρενῶν ταραχαί   30
παρέπλαγξαν καὶ σοφόν. μαντεύσατο δ' ἐς θεὸν ἐλθών.

τῷ μὲν ὁ χρυσοκόμας εὐ-   *Ἐπ. β'.*
    ώδεος ἐξ ἀδύτου ναῶν πλόον
εἶπε Λερναίας ἀπ' ἀκτᾶς
    εὐθὺν ἐς ἀμφιθάλασσον νομόν,
ἔνθα ποτὲ βρέχε θεῶν βασιλεὺς ὁ μέγας
    χρυσέαις νιφάδεσσι πόλιν,
ἁνίχ' Ἀφαίστου τέχναισιν   35
χαλκελάτῳ πελέκει πα-
    τέρος Ἀθαναία κορυφὰν κατ' ἄκραν
ἀνορούσαισ' ἀλάλαξεν ὑπερμάκει βοᾷ.
Οὐρανὸς δ' ἔφριξέ νιν καὶ Γαῖα μάτηρ.

则来自阿斯图达梅娅。
　　　人心周围漂浮着
无数谬误：难得寻知的是　　　　　　　　　　　　25

当下和结局时人能遭遇者究竟何为上佳。　　　【反转乙】
因为阿尔克美奈的庶生兄弟，
来自米德娅燕寝的
利昆尼俄，那时在提围
　　　为那位定居于其地者激怒之下
以坚硬的无花果
　　　木杖棒杀。心中的昏乱　　　　　　　　　30
令智者亦迷失。他却来访神求卜。

在那里自芳香的　　　　　　　　　　　　　　【副歌乙】
　　　庙里，生金发的神命 << 其 >>
自勒耳奈岸礁直航
　　　至一处四面环海的牧场，
那里众神的大王
　　　曾下金雪花于其城上，
那时仰仗赫费斯托的工艺　　　　　　　　　　35
雅典娜手执
　　　铜钺大喝一声
跳下其父的颅顶。
天与地母皆为之觳觫。

τότε καὶ φαυσίμβροτος δαίμων Ὑπεριονίδας　　　　*Στρ. γ'.*
μέλλον ἔντειλεν φυλάξασθαι χρέος　　　　　　　　40
παισὶν φίλοις,
ὡς ἂν θεᾷ πρῶτοι κτίσαιεν
　　　βωμὸν ἐναργέα, καὶ σεμνὰν θυσίαν θέμενοι
πατρί τε θυμὸν ἰάναι-
　　　εν κόρᾳ τ' ἐγχειβρόμῳ. ἐν δ' ἀρετάν
ἔβαλεν καὶ χάρματ' ἀνθρώποισι προμαθέος αἰδώς·

ἐπὶ μὰν βαίνει τι καὶ λάθας ἀτέκμαρτα νέφος,　　　*Ἀντ. γ'.*
καὶ παρέλκει πραγμάτων ὀρθὰν ὁδόν　　　　　　46
ἔξω φρενῶν.
καὶ τοὶ γὰρ αἰθοίσας ἔχοντες
　　　σπέρμ' ἀνέβαν φλογὸς οὔ· τεῦξαν δ' ἀπύροις ἱεροῖς
ἄλσος ἐν ἀκροπόλει. κεί-
　　　νοις ὁ μὲν ξανθὰν ἀγαγὼν νεφέλαν
πολὺν ὗσε χρυσόν· αὐτὰ δέ σφισιν ὤπασε τέχναν　　50

πᾶσαν ἐπιχθονίων Γλαυκ-　　　　　　　　　　　*Ἐπ. γ'.*
　　　ῶπις ἀριστοπόνοις χερσὶ κρατεῖν.
ἔργα δὲ ζωοῖσιν ἑρπόν-
　　　τεσσί θ' ὁμοῖα κέλευθοι φέρον·
ἦν δὲ κλέος βαθύ. δαέντι δὲ καὶ σοφία
　　　μείζων ἄδολος τελέθει.

那时给有死者带来光明的神，<u>旭珀里翁</u>之子， 【正转丙】
命他的亲生子女要留心 40
未来的职责，
好能首先为这位女神
　　　设立远眺可见的祭坛，并在他们行庄严的
禋祀时，愉悦父及其
　　　以矛激发霹雳的闺女之心。对远见的
敬畏能予人贤能与快乐；

然而遗忘的乌云笼罩，令万物晦暗不明， 【反转丙】
颠覆其正道使 46
偏离理智。
因为他们登上时并无炽燃的
　　　火种，没有！而是在戍楼里以不用火的
祭祀立起一座神殿。他
　　　给他们带来黄云，
下起滂沱的金雨；而那位闪眼的女神亲自 50

赐予他们全部技艺 【副歌丙】
　　　以使其能凭成就奇功的双手超越地上众人。
街衢皆置造像
　　　委蛇如生。
其声名深刻。对于解人，虽更优的
　　　智慧亦不用巧诈。

φαντὶ δ' ἀνθρώπων παλαιαὶ
ῥήϲιεϲ, οὔπω, ὅτε χθό-
να δατέοντο Ζεύς τε καὶ ἀθάνατοι, 55
φανερὰν ἐν πελάγει Ῥόδον ἔμμεν ποντίῳ,
ἁλμυροῖς δ' ἐν βένθεσιν νᾶσον κεκρύφθαι.

ἀπεόντος δ' οὔτις ἔνδειξεν λάχος Ἀελίου· Στρ. δ'.
καί ῥά μιν χώρας ἀ<u>κ</u>λάρωτον λίπον,
ἁγνὸν θεόν. 60
μνασθέντι δὲ Ζεὺς ἄμπαλον μέλ-
λεν θέμεν. ἀλλά νιν οὐκ εἴασεν · ἐπεὶ πολιᾶς
εἶπέ τιν' αὐτὸς ὁρᾶν ἔν-
δον θαλάσσας αὐξομέναν πεδόθεν
πολύβοσκον γαῖαν ἀνθρώποισι καὶ εὔφρονα μήλοις.

ἐκέλευσεν δ' αὐτίκα χρυσάμπυκα μὲν Λάχεσιν Ἀντ. δ'.
χεῖρας ἀντεῖναι, θεῶν δ' ὅρκον μέγαν 65
μὴ παρφάμεν,
ἀλλὰ Κρόνου σὺν παιδὶ νεῦσαι,
φα<u>ε</u>ννὸν ἐς αἰθέρα μιν πεμφθεῖσαν ἑᾷ κεφαλᾷ
ἐξοπίσω γέρας ἔσσε-
σθαι. τελεύταθεν δὲ λόγων κορυφαί
ἐν ἀλαθείᾳ πετοῖσαι · βλάστε μὲν ἐξ ἁλὸς ὑγρᾶς

人类有古说

云：当宙斯和不死的

　　　诸神分封大地时，　　　　　　　　　　　55

洛都岛在溟海之中尚不可见，

而是深藏于咸水之渊。

无人标记给不在场的日神的那份，　　　　【正转丁】

结果他们便未留与他——那位纯洁的神——

土地的份额。　　　　　　　　　　　　　　60

宙斯意欲为被人想起的他

　　　重新投骰。而他却不之许，在他自己

说看见苍海中自海底

　　　长出某方可让

人畜皆喜的肥沃多产的土地之后。

他即刻便请头扎金箍的司骰　　　　　　　【反转丁】

抬手，凭神誓　　　　　　　　　　　　　65

切勿言谎，

而是与克洛诺之子一同颔首，

　　　让《无论何时》升至晶莹太清的她日后

成为他头上的荣耀。

　　　落在真理上的此语的

主旨应验了：岛自咸涩的水中

νᾶσος, ἔχει τέ μιν ὀξει-　　　　　　　　　　　　'Επ. δ'.
　　ἂν ὁ γενέθλιος ἀκτίνων πατήρ,　　　　　　70
πῦρ πνεόντων ἀρχὸς ἵππων·
　　ἔνθα Ῥόδῳ ποτὲ μιχθεὶς τέκεν
ἑπτὰ σοφώτατα νοήματ' ἐπὶ προτέρων
　　ἀνδρῶν παραδεξαμένους
παῖδας, ὧς εἷς μὲν Κάμιρον
πρεσβύτατόν τε Ἰάλυ-
　　σον ἔτεκεν Λίνδον τ'· ἀπάτερθε δ' ἔχον
διὰ γαῖαν τρίχα δασσάμενοι πατρωΐαν　　　75
ἀστέων μοίρας, κέκληνται δέ σφιν ἕδραι.

τόθι λύτρον συμφορᾶς οἰκτρᾶς γλυκὺ Τλαπολέμῳ　　　Στρ. ε'.
ἵσταται Τιρυνθίων ἀρχαγέτᾳ,
ὥσπερ θεῷ,
μήλων τε κνισάεσσα πομπὰ
　　καὶ κρίσις ἀμφ' ἀέθλοις. τῶν ἄνθεσι Διαγόρας　　80
ἐστεφανώσατο δίς, κλει-
　　νᾷ τ' ἐν Ἰσθμῷ τετράκις εὐτυχέων,
Νεμέᾳ τ' ἄλλαν ἐπ' ἄλλᾳ, καὶ κρανααῖς ἐν Ἀθάναις.

ὅ τ' ἐν Ἄργει χαλκὸς ἔγνω νιν, τά τ' ἐν Ἀρκαδίᾳ　　　'Αντ. ε'.
ἔργα καὶ Θήβαις, ἀγῶνές τ' ἔννομοι
Βοιωτίων,　　　　　　　　　　　　　　　　　　85

生出，诞生万道锐利 　　　　　　　　　　　　　　【副歌丁】

　　　　霞光的父拥有了她， 　　　　　　　　　　　70

这位吐火骏骧之主；

　　　　在那里他曾与洛都相交生下

七个继承了他的头脑、

　　　　于先民中

最智慧的子女，其中一个生下

最长的卡米洛和伊阿吕所

　　　　还有林都；他们将全部

祖传的土地分为三份，分别各自拥有 　　　　　　75

一部分城邑，这些居处各依他们而得名。

在那里对可悯不幸的甜蜜回报 　　　　　　　　【正转戊】

为提国人首领特累波勒谟建立，

一如对神，

还有散发牛羊燔炙之臭的

　　　　游行以及竞赛的裁判。其中狄亚高剌两度 　　80

得佩花编的冠冕，又在

　　　　著名的地峡四次成功，

而在涅墨亚则一次接着一次，还在荦确的雅典。

在阿耳高，铜盾见识了他，在阿耳卡狄亚 　　　【反转戊】

和台拜则是铜器，再有是包奥提亚人民的

　　　　法定赛会， 　　　　　　　　　　　　　　85

Πέλλανά τ᾽ · Αἴγινα τε νικῶνθ᾽
　　ἑξάκις · ἐν Μεγάροισίν τ᾽ οὐχ ἕτερον λιθίνα
ψᾶφος ἔχει λόγον. ἀλλ᾽ ὦ
　　Ζεῦ πάτερ, νώτοισιν Ἀταβυρίου
μεδέων, τίμα μὲν ὕμνου τεθμὸν Ὀλυμπιονίκαν,

ἄνδρα τε πὺξ ἀρετὰν εὑ-　　　　　　　　　　*Ἐπ. ε΄.*
　　ρόντα. δίδοι τέ οἱ αἰδοίαν χάριν
καὶ ποτ᾽ ἀστῶν καὶ ποτὶ ξεί-
　　νων. ἐπεὶ ὕβριος ἐχθρὰν ὁδὸν　　　　　　　90
εὐθυπορεῖ, σάφα δαεὶς ἅ τε οἱ πατέρων
　　ὀρθαὶ φρένες ἐξ ἀγαθῶν
ἔχρεον. μὴ κρύπτε κοινόν
σπέρμ᾽ ἀπὸ Καλλιάνακτος ·
　　Ἐρατιδᾶν τοι σὺν χαρίτεσσιν ἔχει
θαλίας καὶ πόλις · ἐν δὲ μιᾷ μοίρᾳ χρόνου
ἄλλοτ᾽ ἀλλοῖαι διαιθύσσοισιν αὖραι.　　　　　95

和珀尔拉纳；在爱琴纳也 << 见识了 >>

　　　他六次得胜；在墨迦剌，石碑

所载并无异文。然而，哦，父

　　　宙斯！你统治阿塔布里昂

山脊，请荣耀奥林匹亚得胜者的颂歌制度，

并及此位以拳得拥　　　　　　　　　　　　　　【副歌戊】

　　　贤能之人！请给予他令人寅畏的恩赐，

在同邦人也在异邦人眼前！

　　　既然他走了一条与傲慢　　　　　　　　　90

为敌的道路，因为他清楚知道

　　　正直之心关于其高贵父祖们

所预言者为何。勿要隐藏

来自卡尔利亚纳的共有种子！

　　　每逢厄剌提家族的这些光彩，

城邦也过节；而在每一时刻里，

都有各式各样的风变换着朝各方吹拂。　　　　　95

ΟΛΥΜΠ. Η'.

ΑΛΚΙΜΕΔΟΝΤΙ ΑΙΓΙΝΗΤΗΙ
ΠΑΙΔΙ ΠΑΛΑΙΣΤΗΙ.

Μᾶτερ ὦ χρυσοστεφάνων ἀέθλων, Οὐλυμπία,   *Στρ. α'.*
δέσποιν' ἀλαθείας, ἵνα μάντιες ἄνδρες
ἐμπύροις τεκμαιρόμενοι παραπειρῶν-
    ται Διὸς ἀργικεραύνου,
εἴ τιν' ἔχει λόγον ἀνθρώπων πέρι
μαιομένων μεγάλαν   5
ἀρετὰν θυμῷ λαβεῖν,
τῶν δὲ μόχθων ἀμπνοάν.

ἄνεται δὲ πρὸς χάριν εὐσεβίας ἀνδρῶν λιταῖς ·   *Ἀντ. α'.*
ἀλλ' ὦ Πίσας εὔδενδρον ἐπ' Ἀλφεῷ ἄλσος,
τόνδε κῶμον καὶ στεφαναφορίαν δέ-
    ξαι. μέγα τοι κλέος αἰεί,   10
ᾧτινι σὸν γέρας ἕσπετ' ἀγλαόν.
ἄλλα δ' ἐπ' ἄλλον ἔβαν
ἀγαθῶν, πολλαὶ δ' ὁδοί
σὺν θεοῖς εὐπραγίας.

奥林匹亚赞歌之八

庆爱琴纳人阿尔基墨冬

少年角抵赛得胜

哦金冠竞赛之母，<u>奥林匹亚</u>！　　　　　　　　　　【正转甲】
真理的女主！在那里占卜术士们
解兆断事，凭燔祭求验于闪耀
　　　霹雳的<u>宙斯</u>，
看他是否知道关于
心中渴望赢得的伟大贤能　　　　　　　　　　　　　　5
——自辛勤中所获的喘息——
那些人有何预言。

人们的祷告得遂其愿以酬答他们的虔敬。　　　　　　　【反转甲】
可是，哦，<u>阿尔斐俄河畔庇撒葱茏的圣地</u>！
就迎接这场庆胜游行和叶冠佩戴
　　　习俗吧！声名永远很大，　　　　　　　　　　　10
属你的辉煌荣耀会随之而来。
各样的幸运降临
于各人；有众神襄助，
发达之道孔多。

Τιμόσθενες, ὔμμε δ' ἐκλάρωσεν πότμος   *Ἐπ. α'.*
Ζηνὶ γενεθλίῳ· ὅς σε μὲν Νεμέᾳ πρόφατον,   16
Ἀλκιμέδοντα δὲ πὰρ Κρόνου λόφῳ
θῆκεν Ὀλυμπιονίκαν.
ἦν δ' ἐσορᾶν καλός, ἔργῳ τ' οὐ κατὰ εἶδος ἐλέγχων
ἐξένεπε κρατέων
          πάλᾳ δολιχήρετμον Αἴγιναν πάτραν·   20
ἔνθα σώτειρα Διὸς ξενίου
πάρεδρος ἀσκεῖται Θέμις

ἔξοχ' ἀνθρώπων. ὅ τι γὰρ πολὺ καὶ πολλᾷ ῥέπῃ,   *Στρ. β'.*
ὀρθᾷ διακρῖναι φρενὶ μὴ παρὰ καιρὸν
δυσπαλές· τεθμὸς δέ τις ἀθανάτων καὶ
          τάνδ' ἁλιερκέα χώραν   25
παντοδαποῖσιν ὑπέστασε ξένοις
κίονα δαιμονίαν —
ὁ δ' ἐπαντέλλων χρόνος
τοῦτο πράσσων μὴ κάμοι —

Δωριεῖ λαῷ ταμιευομέναν ἐξ Αἰακοῦ·   *Ἀντ. β'.*
τὸν παῖς ὁ Λατοῦς εὐρυμέδων τε Ποσειδάν,   31
Ἰλίῳ μέλλοντες ἐπὶ στέφανον τεῦ-
          ξαι, καλέσαντο συνεργόν
τείχεος, ἦν ὅτι νιν πεπρωμένον

提谟斯忒奈！命运分派给你们 　　　　　　　　　　【副歌甲】
宙斯为始祖，他使你闻名于涅墨亚， 　　　　　　　　　　　16
又令阿尔基墨冬在克洛诺山丘旁
成为奥林匹亚的胜者。
他看去俊美，在功业上亦不辱没其相貌，
因在角抵赛中优胜
　　　　而为榜桡长楫的父邦爱琴纳扬名， 　　　　　　　　20
在那里与好客宙斯
并坐的救世成命合受供奉

于人间为最。因为有的事剧烈反复摇摆， 　　　　　　　【正转乙】
在正直的心中裁判而勿违时机
便难于掌控。不死者中便有律条
　　　　为各样的异乡人 　　　　　　　　　　　　　　　　25
置下这片环海的领土
作为神明的支柱，
——愿在未来兴起的时间里
也莫倦于为此！——

她自埃亚哥时起便为多洛人董理。 　　　　　　　　　　【反转乙】
他被累陶之子和统辖式廓的波塞冬 　　　　　　　　　　　31
——当他们要在伊利昂筑建
　　　　城堞时——唤来作筑墙的
工匠，因为它注定

ὀρνυμένων πολέμων
πτολιπόρθοις ἐν μάχαις 35
λάβρον ἀμπνεῦσαι κα<u>π</u>νόν.

γλαυκοὶ δὲ <u>δ</u>ράκοντες, ἐπεὶ κτίσθη νέον, *Ἐπ. β'.*
πύργον ἐσαλλόμενοι τρεῖς, οἱ δύο μὲν κάπετον,
αὖθι δ' ἀτυζόμενοι ψυχὰς βάλον,
εἷς δ' ἐνόρουσε βοάσαις. 40
ἔννεπε δ' ἀντίον ὁρμαίνων τέρας εὐθὺς Ἀπόλλων·
' Πέργαμος ἀμφὶ τεαῖς,
 ἥρως, χερὸς ἐργασίαις ἁλίσκεται·
ὡς ἐμοὶ φάσμα λέγει Κρονίδα
πεμφθὲν βαρυγδούπου Διός·

οὐκ ἄτερ παίδων σέθεν, ἀλλ' ἅμα <u>π</u>ρώτοις ἄρξεται *Στρ. γ'.*
καὶ τερτάτοις.' ὡς ἦρα θεὸς σάφα εἴπαις 46
Ξάνθον ἤπειγεν καὶ Ἀμαζόνας εὐΐπ-
 πους καὶ ἐς Ἴστρον ἐλαύνων.
Ὀρσο<u>τ</u>ρίαινα δ' ἐπ' Ἰσθμῷ ποντίᾳ
ἅρμα θοὸν τάνυεν,
ἀποπέμπων Αἰακόν 50
δεῦρ' ἀν' ἵπποις χρυσέαις

καὶ Κορίνθου δειράδ' ἐποψόμενος δαιτικλυτάν. *Ἀντ. γ'.*

要在所发动的战争中
毁灭城池的战斗里 35
吐出滚滚浓烟。

有三条目闪寒光的蛇，在其甫成之后， 【副歌乙】
便冲向戍楼，两条见壕堑
而大惧，在此丢了性命，
另一条大叫一声跃身而登。 40
沉思中阿波罗登时发出逆兆：
"珀耳迦谟将由于你——
　　　　英雄！——的手所建的工事而遭破。
克洛诺之子的虚灵自霹雳震天的
宙斯处发来，这般对我说；

并非没有你自己的子嗣，而是它要与第一代和第三代人 【正转丙】
相始终。"神所明谕如是， 46
在他匆匆来至克赞突河，至畜圉
　　　　既佶且闲骏骧的亚马逊人处、直至伊斯特洛河之后。
舞三叉戟之神在滨海的地峡
引导迅疾的戎车，
驾金骏 50
将埃亚哥载来，

来看护哥林多以筵席著称的山脊。 【反转丙】

τερπνὸν δ' ἐν ἀνθρώποις ἴσον ἔσσεται οὐδέν.
εἰ δ' ἐγὼ Μελησία ἐξ ἀγενείων
  κῦδος ἀνέδραμον ὕμνῳ,
μὴ βαλέτω με λίθῳ τραχεῖ φθόνος·   55
καὶ Νεμέᾳ γὰρ ὁμῶς
ἐρέω ταύταν χάριν,
τὰν δ' ἔπειτ' ἀνδρῶν μάχας

ἐκ παγκρατίου. τὸ διδάξασθαι δέ τοι   *Επ. γ'.*
εἰδότι ῥᾴτερον· ἄγνωμον δὲ τὸ μὴ προμαθεῖν·   60
κουφότεραι γὰρ ἀπειράτων φρένες.
κεῖνα δὲ κεῖνος ἂν εἴποι
ἔργα περαίτερον ἄλλων, τίς τρόπος ἄνδρα προβάσει
ἐξ ἱερῶν ἀέθλων
  μέλλοντα ποθεινοτάταν δόξαν φέρειν.
νῦν μὲν αὐτῷ γέρας Ἀλκιμέδων   65
νίκαν τριακοστὰν ἑλών·

ὃς τύχᾳ μὲν δαίμονος, ἀνορέας δ' οὐκ ἀμπλακών   *Στρ. δ'.*
ἐν τέτρασιν παίδων ἀπεθήκατο γυίοις
νόστον ἔχθιστον καὶ ἀτιμοτέραν γλῶσ-
  σαν καὶ ἐπίκρυφον οἶμον,
πατρὶ δὲ πατρὸς ἐνέπνευσεν μένος   70
γήραος ἀντίπαλον·

人类没有快乐会均布。
若我凭颂歌重蹈了<u>墨累西亚</u>因教练
　　　　无髭少年们而得的荣耀，
就让嫉妒毋投我以粗砺的石头，　　　　　　　　　　55
因为我将会同样称赞
<u>涅墨亚</u>同样的辉煌，
后来那场男子角抵赛

格斗的胜利。会的人教来　　　　　　　　　【副歌丙】
诚更轻易，不能先知先觉则为愚，　　　　　　　60
因为无经验者的心思更轻浮。
愿他说起那些成功远超
他人：说何种方法能令人
自神圣的竞赛中
　　　　带回最渴望的名声。
如今<u>阿尔基墨冬</u>为他获得了　　　　　　　　　65
第三十回胜利的荣誉，

他赖神赐的运气而不缺勇敢，　　　　　　　【正转丁】
将可憎的还乡和更损尊严的饶舌
与幽蔽的路挡在
　　　　其他少年们的四副身体里，
把与年迈相搏的膂力　　　　　　　　　　　　70
吹嘘到父亲的父亲身上。

Ἀΐδα τοι λάθεται
ἄρμενα πράξαις ἀνήρ.

ἀλλ' ἐμὲ χρὴ μναμοσύναν ἀνεγείροντα φράσαι   *Ἀντ. δ'.*
χειρῶν ἄωτον Βλεψιάδαις ἐπίνικον,   75
ἕκτος οἷς ἤδη στέφανος περίκειται
    φυλλοφόρων ἀπ' ἀγώνων.
ἔστι δὲ καί τι θανόντεσσιν μέρος
κἂν νόμον ἐρδόμενων ·
κατακρύπτει δ' οὐ κόνις
συγγόνων κεδνὰν χάριν.   80

Ἑρμᾶ δὲ θυγατρὸς ἀκούσαις Ἰφίων   *Ἐπ. δ'.*
Ἀγγελίας, ἐνέποι κεν Καλλιμάχῳ λιπαρόν
κόσμον Ὀλυμπίᾳ, ὅν σφι Ζεὺς γένει
ὤπασεν. ἐσλὰ δ' ἐπ' ἐσλοῖς
ἔργα θέλοι δόμεν, ὀξείας δὲ νόσους ἀπαλάλκοι.   85
εὔχομαι ἀμφὶ καλῶν
    μοίρᾳ νέμεσιν διχόβουλον μὴ θέμεν ·
ἀλλ' ἀπήμαντον ἄγων βίοτον
αὐτούς τ' ἀέξοι καὶ πόλιν.

人享旺运时，

诚会忘记哈伊逮。

而我则当唤醒那个记忆，　　　　　　　　　　　【反转丁】

替卜勒普西亚氏族宣讲其双拳比赛胜利的菁华：　　　　75

自授予叶冠的竞赛会上他们已然

　　　　赢得第六顶。

依据礼法也当献给

已逝者些什么，

埃土掩埋不了

族人所珍惜的恩荣。　　　　　　　　　　　　　　　80

伊菲翁听从了贺耳美之女　　　　　　　　　　【副歌丁】

耗音，要给卡尔利马库讲述奥林匹亚

膏橄榄油的荣誉，那是宙斯赐予他们

家族的。愿他创立大功，

好上加好！愿他祛除剧烈的病痛！　　　　　　　　85

我祈愿他勿要以应得的

　　　　壮举为代价接受可疑的配额；

而是要过上无痛的生活，

令自己也令城邦发达！

ΟΛΥΜΠ. Θ'.

ΕΦΑΡΜΟΣΤΩΙ ΟΠΟΥΝΤΙΩΙ ΠΑΛΑΙΣΤΗΙ.

Τὸ μὲν Ἀρχιλόχου μέλος   *Στρ. α'.*
φωνᾶεν Ὀλυμπίᾳ,
     καλλίνικος ὁ τριπλόος κεχλαδώς,
ἄρκεσε Κρόνιον παρ' ὄχθον ἁγεμονεῦσαι
κωμάζοντι φίλοις Ἐφαρμόστῳ σὺν ἑταίροις·
ἀλλὰ νῦν ἑκαταβόλων Μοισᾶν ἀπὸ τόξων   5
Δία τε φοινικοστερόπαν σεμνόν τ' ἐπίνειμαι
ἀκρωτήριον Ἄλιδος
τοιοῖσδε βέλεσσιν,
τὸ δή ποτε Λυδὸς ἥρως Πέλοψ
ἐξάρατο κάλλιστον ἕδνον Ἱπποδαμείας·   10

πτερόεντα δ' ἵει γλυκύν   *Ἀντ. α'.*
Πυθῶνάδ' ὀϊστόν· οὔτοι χαμαιπετέων λόγων ἐφάψεαι,
ἀνδρὸς ἀμφὶ παλαίσμασιν φόρμιγγ' ἐλελίζων
κλεινᾶς ἐξ Ὀπόεντος· αἰνήσαις ἓ καὶ υἱόν,
ἂν Θέμις θυγάτηρ τέ οἱ σώτειρα λέλογχεν   15
μεγαλόδοξος Εὐνομία. θάλλει δ' ἀρεταῖσιν

奥林匹亚赞歌之九

庆俄波谐人厄法耳谟斯托

角抵赛得胜

阿耳喀罗库 【正转甲】

在奥林匹亚所发的

　　　　曲调，三度倾声的《庆胜曲》，

曾足以在克洛诺山旁为庆胜的

厄法耳谟斯托暨其友爱的同伴们用作主歌；

而今自妙撒远射的弓上， 5

愿其以如许飞矢遍燎投掷红烈霹雳的

宙斯和艾利的

威严高峰！

那时吕狄亚英雄珀罗曾

赢得它作为希普波达梅娅最美的嫁妆。 10

朝匹透射出 【反转甲】

甜美的插翅飞矢吧！歌词落地时你必抓它不住，

当你为了荣耀这个来自著名的俄波谐的

男子的角抵赛、抖动琴 << 弦 >> 赞美她并及其子的时候；

她乃是成命和她女儿、声名显赫的 15

救世主良治所分得的。她盛产贤能

σόν τε, Κασταλία, πάρα
Ἀλφεοῦ τε ῥέεθρον·
ὅθεν στεφάνων ἄωτοι κλυτάν
Λοκρῶν ἐπαείροντι ματέρ' ἀγλαόδενδρον. 20

ἐγὼ δέ τοι φίλαν πόλιν   *Ἐπ. α'.*
μαλεραῖς ἐπιφλέγων ἀοιδαῖς,
καὶ ἀγάνορος ἵππου
θᾶσσον καὶ ναὸς ὑποπτέρου παντᾷ
ἀγγελίαν πέμψω ταύταν, 25
εἰ σύν τινι μοιριδίῳ παλάμᾳ
ἐξαίρετον Χαρίτων νέμομαι κᾶπον·
κεῖναι γὰρ ὤπασαν τὰ τέρπν'· ἀγαθοὶ
    δὲ καὶ σοφοὶ κατὰ δαίμον' ἄνδρες

ἐγένοντ'· ἐπεὶ ἀντίον   *Στρ. β'.*
πῶς ἂν τριόδοντος Ἡ-
ρακλέης σκύταλον τίναξε χερσίν, 30
ἀνίκ' ἀμφὶ Πύλον σταθεὶς ἤρειδε Ποσειδάν,
ἤρειδεν δέ μιν ἀργυρέῳ τόξῳ πολεμίζων
Φοῖβος, οὐδ' Ἀΐδας ἀκινήταν ἔχε ῥάβδον,
βρότεα σώμαθ' ᾇ κατάγει κοίλαν πρὸς ἄγυιαν
θνᾳσκόντων; ἀπό μοι λόγον 35
τοῦτον, στόμα, ῥῖψον·

于你、卡斯塔利亚！和

阿尔斐俄河之畔，

自那里每副叶冠的菁华皆赞美

罗克洛族人树木葱茏的母亲直至其蛩声。　　　　　　　　20

要知道我用火烈的歌诗点亮了　　　　　　　　【副歌甲】

这座友爱的城邦，

将到处发送

比起起骏马和插翅

之舟更迅捷的此讯，

倘若藉某只命定之手　　　　　　　　　　　　　　　　25

我能栽培恺丽精选的园圃，

因为她们全都赐予快乐，而高贵

　　　且智慧的人应神运

而生，否则面对　　　　　　　　　　　　　　【正转乙】

三叉戟，赫剌

　　　克勒如何手中挥舞大棒，　　　　　　　　　　　30

当波塞冬挺身捍卫匹罗、逼迫他时？

蟠玻又如何在手执银弓 << 与之 >> 作战时，

力能压之？哈伊逮也没有静止不动的杖，

人死之后有死的身体如何为它引导下降到

空洞的衢巷？口啊，为我　　　　　　　　　　　　　35

丢弃这句话！

ἐπεὶ τό γε λοιδορῆσαι θεούς
ἐχθρὰ σοφία, καὶ τὸ καυχᾶσθαι παρὰ καιρόν

μανίαισιν ὑποκρέκει.   *Ἀντ. β'.*
μὴ νῦν λαλάγει τὰ τοι-
    αῦτ᾽ · ἔα πόλεμον μάχαν τε πᾶσαν   40
χωρὶς ἀθανάτων· φέροις δὲ Πρωτογενείας
ἄστει γλῶσσαν, ἵν᾽ αἰολοβρέντα Διὸς αἴσᾳ
Πύρρα Δευκαλίων τε Παρνασσοῦ καταβάντε
δόμον ἔθεντο πρῶτον, ἄτερ δ᾽ εὐνᾶς ὁμόδαμον
κτισσάσθαν λίθινον γόνον·   45
λαοὶ δ᾽ ὀνύμασθεν.
ἔγειρ᾽ ἐπέων σφιν οἶμον λιγύν,
αἴνει δὲ παλαιὸν μὲν οἶνον, ἄνθεα δ᾽ ὕμνων

νεωτέρων. λέγοντι μάν   *Ἐπ. β'.*
χθόνα μὲν κατακλύσαι μέλαιναν   50
ὕδατος σθένος, ἀλλά
Ζηνὸς τέχναις ἀνάπωτιν ἐξαίφνας
ἄντλον ἑλεῖν. κείνων δ᾽ ἔσαν
χαλκάσπιδες ὑμέτεροι πρόγονοι
ἀρχᾶθεν, Ἰαπετιονίδος φύτλας   55
κοῦροι κορᾶν καὶ φερτάτων Κρονιδᾶν,
    ἐγχώριοι βασιλῆες αἰεί,

因为讪谤神明乃是

可憎的智慧，不合时宜地夸耀

则是与疯癫为伍。　　　　　　　　　　　　　【反转乙】

而今就勿聒噪这些！

　　　这些与不死天神无关的　　　　　　　　　　40

战争与所有争斗！愿你贷舌与

普娄托各聂娅之城！在那里依照挥舞闪光雷霆的宙斯的敕令，

匹耳剌和笃卡利翁走下帕耳纳斯所山

建起第一所室庐，在床笫之外生成了

石头里迸出同属一族的子嗣，　　　　　　　　45

他们名之曰"人"。

为他们唤起清澈的歌咏之道吧！

夸赞古酒！以及更新近的

颂歌菁华！据说真　　　　　　　　　　　　【副歌乙】

有洪水的强大淹没了　　　　　　　　　　　　50

黑土地，然而

借助宙斯的技艺落潮遽然

排泄了洪水。那些人中就有

你们古时执铜干的

先人，伊阿珀托种的　　　　　　　　　　　　55

闺女们和超绝的克洛诺诸位后裔，

　　　他们一直是那片乡土的君主，

πρὶν Ὀλύμπιος ἀγεμών   Στρ. γ'.
θύγατρ' ἀπὸ γᾶς Ἐπει-
    ῶν Ὀπόεντος ἀναρπάσαις, ἕκαλος
μίχθη Μαιναλίαισιν ἐν δειραῖς, καὶ ἔνεικεν
Λοκρῷ, μὴ καθέλοι μιν αἰὼν πότμον ἐφάψαις   60
ὀρφανὸν γενεᾶς. ἔχεν δὲ σπέρμα μέγιστον
ἄλοχος, εὐφράνθη τε ἰδὼν ἥρως θετὸν υἱόν,
μάτρωος δ' ἐκάλεσσέ νιν
ἰσώνυμον ἔμμεν,
ὑπέρφατον ἄνδρα μορφᾷ τε καί   65
ἔργοισι. πόλιν δ' ὤπασεν λαόν τε διαιτᾶν.

ἀφίκοντο δέ οἱ ξένοι   Ἀντ. γ'.
ἔκ τ' Ἄργεος ἔκ τε Θη-
    βᾶν, οἱ δ' Ἀρκάδες, οἱ δὲ καὶ Πισᾶται·
υἱὸν δ' Ἄκτορος ἐξόχως τίμασεν ἐποίκων
Αἰγίνας τε Μενοίτιον. τοῦ παῖς ἅμ' Ἀτρείδαις   70
Τεύθραντος πεδίον μολὼν ἔστα σὺν Ἀχιλλεῖ
μόνος, ὅτ' ἀλκάεντας Δαναοὺς τρέψαις ἁλίαισιν
πρύμναις Τήλεφος ἔμβαλεν·
ὥστ' ἔμφρονι δεῖξαι
μαθεῖν Πατρόκλου βιατὰν νόον·   75
ἐξ οὗ Θέτιος †γόνος οὐλίῳ μιν ἐν Ἄρει

直到奥林波的统帅　　　　　　　　　　　　　　【正转丙】
自厄佩俄人的土地上
　　　攫去俄波谐之女，在麦纳利翁山
的涧谷中与之相交不受打扰，<<事毕>>再携之
给了罗克洛，以免他的生命因拴在被剥夺了子嗣的厄运上　　60
而遭遇毁灭。其妻怀了最强大的
种，这位英雄睹其嗣子而喜，
遂以与其外祖相同
的名字称之，
他成为一个无以言喻的男子，无论仪表　　　　　　　65
抑或功业。他遂赐之城邦领导人民。

异乡人来投靠他，　　　　　　　　　　　　　　【反转丙】
有来自阿耳高的，也有来自
　　　台拜的，有阿耳卡狄亚人，也有庇撒人，
定居者中他尤为敬重阿克陶耳
与爱琴娜之子墨挪提俄。其子　　　　　　　　　　70
与阿特柔之子同时来到条忑剌的平原后，唯他与阿喀尔琉
站住了脚，那时底勒弗在海中的舰艋上
击退了勇敢的达纳俄之民，
以示与善解之人俾其
得识帕特洛克罗强大的精神。　　　　　　　　　　75
自兹起忒提之†子要求他永远不要

παραγορεῖτο μή ποτε　　　　　　　　　　　　　　　'Επ. γ'.
σφετέρας ἄτερθε παξιοῦσθαι
δαμασιμβρότου αἰχμᾶς.
εἴην εὑρησιεπὴς ἀναγεῖσθαι　　　　　　　　　　　80
πρόσφορος ἐν Μοισᾶν δίφρῳ·
τόλμα δὲ καὶ ἀμφιλαφὴς δύναμις
ἕσποιτο. προξενίᾳ δ' ἀρετᾷ τ' ἦλθον
τιμάορος Ἰσθμίαισι Λαμπρομάχου
　　μίτραις, ὅτ' ἀμφότεροι κράτησαν

μίαν ἔργον ἀν' ἁμέραν.　　　　　　　　　　　　Στρ. δ'.
ἄλλαι δὲ δύ' ἐν Κορίν-
　　θου πύλαις ἐγένοντ' ἔπειτα χάρμαι,　　　　86
ταὶ δὲ καὶ Νεμέας Ἐφαρμόστῳ κατὰ κόλπον·
Ἄργει τ' ἔσχεθε κῦδος ἀνδρῶν, παῖς δ' ἐν Ἀθάναις,
οἷον δ' ἐν Μαραθῶνι συλαθεὶς ἀγενείων
μένεν ἀγῶνα πρεσβυτέρων ἀμφ' ἀργυρίδεσσιν·　90
φῶτας δ' ὀξυρεπεῖ δόλῳ
ἀπτωτὶ δαμάσσαις
διήρχετο κύκλον ὅσσᾳ βοᾷ,
ὡραῖος ἐὼν καὶ καλὸς κάλλιστά τε ῥέξαις.

τὰ δὲ Παρρασίῳ στρατῷ　　　　　　　　　　　'Αντ. δ'.
θαυμαστὸς ἐὼν φάνη

在致命的战斗中　　　　　　　　　　　　　　　　　　　【副歌丙】
脱离自己杀人无数的
戈矛而身陷战阵。
——愿我联辞摘藻，咏叙不辍，　　　　　　　　　　　　　　80
配乘妙撒之舆！
让勇敢与茁壮的力能
相随！我为善待异乡人之谊和为贤能之故前来，
以敬重兰普洛马库于地峡 << 所获的 >>
　　　冠冕，当此二人

在同一天里得胜的时候。　　　　　　　　　　　　　　　【正转丁】
厥后另有两项成功诞生于
　　　哥林多城门，　　　　　　　　　　　　　　　　　　86
还有一些是厄法耳谟斯托在涅墨亚平谷里所得；
他还在阿耳高获得男子的荣耀，少年时则在雅典，
他自无髭的少年 << 选手 >> 中被擢拔之后，在马拉松
等待他的是何样的与年长于 << 他 >> 的男子们争夺银杯的竞赛！　90
凭着快闪的巧术制服了
众人却不曾跌倒，
他在多么响的叫好声中徇围观之众绕场一周！
——风华正茂，洵美且都，又作成盛举。

而对于帕耳剌西亚人　　　　　　　　　　　　　　　　　【反转丁】
他又在吕凯昂山的

Ζηνὸς ἀμφὶ πανάγυριν Λυκαίου, 96
καὶ ψυχρᾶν ὁπότ' εὐδιανὸν φάρμακον αὐρᾶν
Πελλάνα φέρε· σύνδικος δ' αὐτῷ Ἰολάου
τύμβος ἐνναλία τ' Ἐλευσὶς ἀγλαΐαισιν.
τὸ δὲ φυᾷ κράτιστον ἅπαν· πολλοὶ δὲ διδακταῖς 100
ἀνθρώπων ἀρεταῖς κλέος
ὤρουσαν ἀρέσθαι·
ἄνευ δὲ θεοῦ, σεσιγαμένον
οὐ σκαιότερον χρῆμ' ἕκαστον· ἐντὶ γὰρ ἄλλαι

ὁδῶν ὁδοὶ περαίτεραι, **Ἐπ. δ'.**
μία δ' οὐχ ἅπαντας ἄμμε θρέψει 106
μελέτα· σοφίαι μὲν
αἰπειναί· τοῦτο δὲ προσφέρων ἄεθλον,
ὄρθιον ὤρυσαι θαρσέων,
τόνδ' ἀνέρα δαιμονίᾳ γεγάμεν 110
εὔχειρα, δεξιόγυιον, ὁρῶντ' ἀλκάν,
Αἶαν, τεόν τ' ἐν δαιτί, Ἰλιάδα,
    νικῶν ἐπεστεφάνωσε βωμόν.

宙斯赛神会上大显神通， 96
那时在<u>珀尔拉纳</u>他摘得抵御
寒风的暖方，<u>伊俄拉俄</u>之冢
和海边的<u>厄琉西</u>见证了他的辉煌。
其膂力全都最强，人中有很多 100
乃凭习得的贤能
努力获取声名；
凡无神助的举作，对其
沉默不赞便并非狭邪，因为另有

比道路更远达的道路， 【副歌丁】
并非只有一门心思充满我们 106
所有人；智慧
高不可攀，给予此奖时，
请满怀信心地高喊：
此人赖神恩典，天生 110
手臂敏捷、肢体灵活、目光坚毅；
<u>埃亚</u>！庆功宴上得胜的<u>俄伊琉</u>之子
　　将叶冠放在了你的祭坛之上！

ΟΛΥΜΠ. Ι'.

ΑΓΗΣΙΔΑΜΩΙ ΛΟΚΡΩΙ ΕΠΙΖΕΦΥΡΙΩΙ
ΠΑΙΔΙ ΠΥΚΤΗΙ.

Τὸν Ὀλυμπιονίκαν ἀνάγνωτέ μοι　　　　　　　　　*Στρ. α'.*
Ἀρχεστράτου παῖδα, πόθι φρενός
ἐμᾶς γέγραπται · γλυκὺ γὰρ αὐτῷ μέλος ὀφείλων
　　　ἐπιλέλαθ᾽ · ὦ Μοῖσ᾽, ἀλλὰ σὺ καὶ θυγάτηρ
Ἀλάθεια Διός, ὀρθᾷ χερί
ἐρύκετον ψευδέων　　　　　　　　　　　　　　　5
ἐνιπὰν ἀλιτόξενον.

ἕκαθεν γὰρ ἐπελθὼν ὁ μέλλων χρόνος　　　　　　*Ἀντ. α'.*
ἐμὸν κατᾴσχυνε βαθὺ χρέος.
ὅμως δὲ λῦσαι δυνατὸς ὀξεῖαν ἐπιμομφὰν
　　　τόκος †θνατῶν · νῦν ψᾶφον ἑλισσομέναν
ὁπᾷ κῦμα κατακλύσσει ῥέον,　　　　　　　　　　10
ὁπᾷ τε κοινὸν λόγον
φίλαν τείσομεν ἐς χάριν.

νέμει γὰρ Ἀτρέκεια πόλιν Λοκρῶν Ζεφυρίων,　　　*Ἐπ. α'.*
μέλει τέ σφισι Καλλιόπα

奥林匹亚赞歌之十

庆泽风向罗克洛人哈盖西达谟

少年拳击赛得胜

你们请看奥林匹亚的胜者 【正转甲】
阿耳柯斯特剌托之子在我心中
铭刻于何处！因为我已遗忘该他一首甜美的
　　　歌曲，哦妙撒！可是你和宙斯之
女真理，请以矫正之手
制止 << 对我 >> 5
背友撒谎的斥责！

因为将临的日期自远而来， 【反转甲】
令我为积深的该欠蒙羞。
然而偿还†有死者们的本息能解除
　　　激烈的责难。如今流淌的波浪
怎样淹没翻滚的石子， 10
我就将怎样支付总共的赞辞
作为令人喜爱的酬谢。

因为诚信守护着泽风向罗克洛人之城， 【副歌甲】
卡尔利俄培和披铜的

καὶ χάκλεος Ἄρης. τράπε δὲ Κύ-
κνεια μάχα καὶ ὑπέρβιον   15
Ἡρακλέα· πύκτας δ' ἐν Ὀλυμπιάδι νικῶν
Ἴλᾳ φερέτω χάριν
Ἁγησίδαμος, ὡς
Ἀχιλεῖ Πάτροκλος.
θάξαις δέ κε φύντ' ἀρετᾷ ποτί   20
πελώριον ὁρμᾶσαι κλέος ἀ-
νὴρ θεοῦ σὺν παλάμαις.

ἄπονον δ' ἔλαβον χάρμα παῦροί τινες,   Στρ. β'.
ἔργων πρὸ πάντων βιότῳ φάος.
ἀγῶνα δ' ἐξαίρετον ἀεῖσαι θέμιτες ὦρσαν
       Διός, ὃν ἀρχαίῳ σάματι πὰρ Πέλοπος
† βωμῷ ἑξάριθμον ἐκτίσσατο,   25
ἐπεὶ Ποσειδάνιον
πέφνε Κτέατον ἀμύμονα,

πέφνε δ' Εὔρυτον, ὡς Αὐγέαν λάτριον   Ἀντ. β'.
ἀέκονθ' ἑκὼν μισθὸν ὑπέρβιον
πράσσοιτο, λόχμαισι δὲ δοκεύσαις ὑπὸ Κλεωνᾶν
       δάμασε καὶ κείνους Ἡρακλέης ἐφ' ὁδῷ,   30
ὅτι πρόσθε ποτὲ Τιρύνθιον
ἔπερσαν αὐτῷ στρατόν

阿瑞为他们所重。就连膂力超人的

  赫剌克勒也曾为 15

居克诺之战驱退。且令在奥林匹亚得胜的

拳击手哈盖西达谟

向伊拉致谢！一如

帕特洛克罗之于阿喀尔琉。

人们磨砺天生禀赋贤能者， 20

定是要激励他仰赖

  神手奔向显赫的声名。

很少有人得到不劳而获的成功快乐， 【正转乙】

生命中高于所有成就的光。

宙斯的成命激励这个在珀罗

  †古墓旁立下为数为六的祭坛者

去庆祝最出色的赛会； 25

在杀死了

波塞冬之子无瑕的克太阿托、

杀死了欧茹托之后，赫剌克勒好乐意 【反转乙】

挣膂力过人的敖各阿不情愿给的

奴役的工钱，在克勒奥乃城下的

  树丛中伏击，竟制服了路上的这二人， 30

因为克勒奥乃的傲慢儿子

此前曾击溃了

μυχοῖς ἥμενον Ἄλιδος

Μολίονες ὑπερφίαλοι. καὶ μὰν ξεναπάτας   *Ἐπ. β'.*
Ἐπειῶν βασιλεὺς ὄπιθεν   35
οὐ πολλὸν ἴδε πατρίδα πολυ-
    κτέανον ὑπὸ στερεῷ πυρί
πλαγαῖς τε σιδάρου βαθὺν εἰς ὀχετὸν ἄτας
ἵζοισαν ἑὰν πόλιν.
νεῖκος δὲ κρεσσόνων
ἀποθέσθ' ἄπορον.   40
καὶ κεῖνος ἀβουλίᾳ ὕστατος
ἁλώσιος ἀντάσαις θάνατον
    αἰπὺν οὐκ ἐξέφυγεν.

ὁ δ' ἄρ' ἐν Πίσᾳ ἔλσαις ὅλον τε στρατόν   *Στρ. γ'.*
λᾴαν τε πᾶσαν Διὸς ἄλκιμος
υἱὸς σταθμᾶτο ζάθεον ἄλσος πατρὶ μεγίστῳ·
    περὶ δὲ πάξαις Ἄλτιν μὲν ὅγ' ἐν καθαρῷ   45
διέκρινε, τὸ δὲ κύκλῳ πέδον
ἔθηκε δόρπου λύσιν,
τιμάσαις πόρον Ἀλφεοῦ

μετὰ δώδεκ' ἀνάκτων θεῶν· καὶ πάγον   *Ἀντ. γ'.*
Κρόνου προσεφθέγξατο· πρόσθε γάρ   50

他来自<u>提闰</u>的位于<u>艾利</u>

平谷的军队。而欺侮异乡人的 　　　　　　　　　　【副歌乙】
<u>厄佩俄人之王</u>此后 　　　　　　　　　　　　　　35
不久便看到资产丰饶的
　　　父邦在凶残的火与铁的
打击之下——他的城——陷入
毁灭的深渊。
与更强者相争
则无处脱身。 　　　　　　　　　　　　　　　　　40
连他这 << 幸存至 >> 最后的出于失策
临被俘时也未能
　　　逃脱严峻的死亡。

<u>宙斯的勇敢儿子在庇撒</u> 　　　　　　　　　　【正转丙】
聚集了全部军队和缴获，
为他伟大的父亲划出圣地：
　　　他将<u>阿尔提区</u>圈起，在空地 　　　　　　45
标出它，周边的地面
被他设为晚餐休憩地，
以崇祀<u>阿尔斐俄河</u>津，

并及十二位君王般的神。他称之 　　　　　　【反转丙】
为<u>克洛诺之丘</u>，因为此前 　　　　　　　　　　50

νώνυμνος, ἃς Οἰνόμαος ἆρχε, βρέχετο πολλᾷ
    νιφάδι. ταῦτα δ'   ἐν πρωτογόνῳ τελετᾷ
παρέσταν μὲν ἄρα Μοῖραι σχεδὸν
ὅ τ'   ἐξελέγχων μόνος
ἀλάθειαν ἐτήτυμον

Χρόνος. τὸ δὲ σαφανὲς ἰὼν πόρσω κατέφρασεν,   *Ἐπ. γ'.*
ὁπᾷ τὰν πολέμοιο δόσιν   56
ἀκρόθινα διελὼν ἔθυε καὶ
    πενταετηρίδ' ὅπως ἄρα
ἔστασεν ἑορτὰν σὺν Ὀλυμπιάδι πρώτᾳ
νικαφορίαισί τε·
τίς δὴ ποταίνιον   60
ἔλαχε στέφανον
χείρεσσι ποσίν τε καὶ ἅρματι,
ἀγώνιον ἐν δόξᾳ θέμενος
    εὖχος, ἔργῳ καθελών;

στάδιον μὲν ἀρίστευσεν, εὐθὺν τόνον   *Στρ. δ'.*
ποσσὶ τρέχων, παῖς ὁ Λικυμνίου   65
Οἰωνός· ἷκεν δὲ Μιδέαθεν στρατὸν ἐλαύνων·
    ὁ δὲ πάλᾳ κυδαίνων Ἔχεμος Τεγέαν·
Δόρυκλος δ' ἔφερε πυγμᾶς τέλος,
Τίρυνθα ναίων πόλιν·

它在喔诺马俄统治时无名，为大雪
　　　所覆。在这最初定下的节庆里，
自有司命莅止，
唯时间
能证明真确的

真理。它向前行进清楚宣布：　　　　　　　　　【副歌丙】
他如何将战争赠礼中　　　　　　　　　　　　　56
最精美的分出，献为
　　　禋祀，又如何设立
四年一度的节庆连同第一场奥林匹亚
赛会的胜利；
谁凭双手、　　　　　　　　　　　　　　　　　60
捷足和车乘
获得了新鲜的叶冠，
在既已矢志于载誉、
　　　摘得此赛之奖于实功之后？

足跑直线的利昆尼俄　　　　　　　　　　　　【正转丁】
之子喔奥诺在短跑赛中　　　　　　　　　　　　65
胜出，他麾师自米德阿前来；
　　　而在角抵赛中为太各阿扬威的则是厄柯谟；
都茹克罗摘走了拳击奖，
他住在提闰城；

ἀν' ἵπποισι δὲ τέτρασιν

ἀπὸ Μαντινέας Σᾶμος ὁ Ἁλιροθίου·   *Ἀντ. δ'.*
ἄκοντι Φράστωρ ἔλασε σκοπόν·   71
μᾶκος δὲ Νικεὺς ἔδικε πέτρῳ χέρα κυκλώσαις
    ὑπὲρ ἁπάντων, καὶ συμμαχία θόρυβον
παραίθυξε μέγαν· ἐν δ' ἕσπερον
ἔφλεξεν εὐώπιδος
σελάνας ἐρατὸν φάος.   75

ἀείδετο δὲ πὰν τέμενος τερπναῖσι θαλίαις   *Ἐπ. δ'.*
τὸν ἐγκώμιον ἀμφὶ τρόπον.
ἀρχαῖς δὲ προτέραις ἑπόμενοι
    καί νυν ἐπωνυμίαν χάριν
νίκας ἀγερώχου κελαδησόμεθα βρονταν
καὶ πυρπάλαμον βέλος   80
ὀρσικτύπου Διός,
ἐν ἅπαντι κράτει
αἴθωνα κεραυνὸν ἀραρότα·
χλιδῶσα δὲ μολπὰ πρὸς κάλαμον
    ἀντιάξει μελέων,

τὰ παρ' εὐκλέϊ Δίρκᾳ χρόνῳ μὲν φάνεν·   *Στρ. ε'.*
ἀλλ' ὧτε παῖς ἐξ ἀλόχου πατρί   86

在驷马之乘的比赛中则是

来自曼提涅亚的撒谟,哈利洛谛俄之子;   【反转丁】
在飞铤赛中芙刺斯陶耳击中靶标;   71
尼考甩手投石,远超
　　　众人,而盟友们发出了
巨大的呐喊声;《那时》娱目之
月的可爱
光芒正点亮黄昏。   75

全圣地皆回荡着喜乐节日里   【副歌丁】
庆胜调式的歌声。
如今追溯着古昔的肇始,
　　　我们将歌咏
高傲胜利所命名的谢歌,轰鸣的
宙斯的雷霆   80
和射火的飞铤,
具备所有威力的
喷火的霹雳。
将有高昂的舞乐
　　　应笛声而起,

它们在著名的狄耳刻泉畔得以在时光中展示,   【正转戊】
然而就像已然走到青春背面的   86

ποθεινὸς ἵκοντι νεότατος τὸ πάλιν ἤδη,
    μάλα δέ οἱ θερμαίνει φιλότατι νόον·
ἐπεὶ πλοῦτος ὁ λαχὼν ποιμένα
ἐπακτὸν ἀλλότριον
θνᾴσκοντι στυγερώτατος·　　　　　　　　　　　　90

καὶ ὅταν καλὰ ἔρξαις ἀοιδᾶς ἄτερ,　　　　　'Ἀντ. ε'.
'Ἀγησίδαμ', εἰς Ἀίδα σταθμὸν
ἀνὴρ ἵκηται, κενεὰ πνεύσαις ἔπορε μόχθῳ
    βραχύ τι τερπνόν. τὶν δ' ἀδυεπής τε λύρα
γλυκύς τ' αὐλὸς ἀναπάσσει χάριν·
τρέφοντι δ' εὐρὺ κλέος　　　　　　　　　　　　95
κόραι Πιερίδες Διός.

ἐγὼ δὲ συνεφαπτόμενος σπουδᾷ, κλυτὸν ἔθνος　'Ἐπ. ε'.
Λοκρῶν ἀμφέπεσον, μέλιτι
εὐάνορα πόλιν καταβρέχων·
    παῖδ' ἐρατὸν ⟨δ'⟩ Ἀρχεστράτου
αἴνησα, τὸν εἶδον κρατέοντα χερὸς ἀλκᾷ　　　　100
βωμὸν παρ' Ὀλύμπιον
κεῖνον κατὰ χρόνον
ἰδέᾳ τε καλόν
ὥρᾳ τε κεκραμένον, ἅ ποτε
ἀναιδέα Γανυμήδει θάνατον

父亲渴望妻子所能生的孩子,
　　　会以爱极度温暖他的心,
既然财富落入异处来的外姓
猎财者 << 手中 >>
于垂死之人最是可恶;—— 90

同样,成就了盛举而无歌曲 << 咏赞 >>,　　【反转戊】
哈盖西达谟!若人一时来到
安息地哈伊迭,他便空怀抱负,<< 付出的 >> 辛劳
　　　仅克获取短暂的快乐。而音调喜人的雅琴
和甜美的笛声则会将光荣洒在你身上,
有宙斯的闺女庇厄洛诸女 95
看护,你将声名远播。

我亟于援手相助,拥抱　　　　　　　　　　【副歌戊】
罗克洛人著名的氏族,以蜂蜜
膏此俊乂济济之邦,
　　　阿耳柯斯特剌托可爱的儿子
我已咏赞,他我看到凭双拳的勇毅 100
在奥林匹亚祭坛旁
胜出,那时貌既
美矣且正值
华年,——它曾经
藉居普洛出生的女神之力从迦内美迭身上

ἆλκε σὺν Κυπρογενεῖ. 105

ΟΛΥΜΠ. ΙΑ'.

ΑΓΗΣΙΔΑΜΩΙ ΛΟΚΡΩΙ ΕΠΙΖΕΦΥΡΙΩΙ ΠΑΙΔΙ ΠΥΚΤΗΙ.

Ἔστιν ἀνθρώποις ἀνέμων ὅτε πλεῖστα   *Στρ.*
χρῆσις· ἔστιν δ' οὐρανίων ὑδάτων,
ὀμβρίων παίδων νεφέλας·
εἰ δὲ σὺν πόνῳ τις εὖ πράσσοι, μελιγάρυες ὕμνοι
ὑστέρων ἀρχὰ λόγων   5
τέλλεται καὶ πιστὸν ὅρκιον μεγάλαις ἀρεταῖς·

ἀφθόνητος δ' αἶνος Ὀλυμπιονίκαις   *Ἀντ.*
οὗτος ἄγκειται. τὰ μὲν ἁμετέρα
γλῶσσα ποιμαίνειν ἐθέλει,
ἐκ θεοῦ δ' ἀνὴρ σοφαῖς ἀνθεῖ πραπίδεσσιν ὁμοίως.   10
ἴσθι νῦν, Ἀρχεστράτου
παῖ, τεᾶς, Ἁγησίδαμε, πυγμαχίας ἕνεκεν

κόσμον ἐπὶ στεφάνῳ χρυσέας ἐλαίας   *Ἐπ.*

驱退无情的死亡。 105

奥林匹亚赞歌之十一

庆泽风向罗克洛人哈盖西达谟
少年拳击赛得胜

人类时而最需要 【正转】
风、时而 << 最需要 >> 上天的雨水，
那屯云的儿女。
若有人靠辛劳发达，音调甜美的颂歌，
他日后赞辞的开端， 5
便可算作对伟大贤能的可信赖的承诺：

这类不遭嫉恨的赞美之词便为<u>奥林匹亚</u>的 【反转】
得胜者们寄存。我们的舌
爱刍牧它们，
人自神那里也同样绽放智慧的心力。
如今要知道，<u>阿耳柯斯特剌托</u> 10
之子！因了你——<u>哈盖西达谟</u>！——的拳击赛，

我将歌咏黄金橄榄所编的 【副歌】

ἀδυμελῆ κελαδήσω,
Ζεφυρίων Λοκρῶν γενεὰν ἀλέγων.   15
ἔνθα συγκωμάξατ᾽ · ἐγγυάσομαι
ὔμμιν, ὦ Μοῖσαι, φυγόξεινον στρατόν
μηδ᾽ ἀπείρατον καλῶν
ἀκρόσοφόν τε καὶ αἰχματὰν ἀφίξε-
   σθαι. τὸ γὰρ ἐμφυὲς οὔτ᾽ αἴθων ἀλώπηξ
οὔτ᾽ ἐρίβρομοι λέοντες διαλλάξαιντο ἦθος.   20

ΟΛΥΜΠ. ΙΒ'.

ΕΡΓΟΤΕΛΕΙ ΙΜΕΡΑΙΩΙ

ΔΟΛΙΧΟΔΡΟΜΩΙ.

Λίσσομαι, παῖ Ζηνὸς Ἐλευθερίου,   Στρ.
Ἱμέραν εὐρυσθενέ᾽ ἀμφιπόλει, σώτειρα Τύχα.
τὶν γὰρ ἐν πόντῳ κυβερνῶνται θοαί
νᾶες, ἐν χέρσῳ τε λαιψησοὶ πόλεμοι
κἀγοραὶ βουλαφόροι. αἵ γε μὲν ἀνδρῶν   5
πόλλ᾽ ἄνω, τὰ δ᾽ αὖ κάτω
ψεύδη μεταμώνια τάμνοισαι κυλίνδοντ᾽ ἐλπίδες·   6 a

枝冠之上所加声调甜美的彩饰，
为了看觑泽风向罗克洛氏族。 15
你们共欢同庆吧！我要向你们保证，
哦妙撒！在那里 << 你们 >> 将遇到的
是既不回避异乡人也非未曾见识壮举的人民，
既智慧高妙且执铤尚武。
　　　因为火红的狐狸和长吼的狻猊
并不会改变它们与生俱来的习性。 20

奥林匹亚赞歌之十二

庆希墨剌人厄耳高太累

长跑赛得胜

我祈求，解放者宙斯之女！ 【正转】
请警卫希墨剌好让她力量广大，救难的机运！
因为海上快舟由你
掌舵，以及陆上突如其来的战争
和合议的集会。人所多怀的 5
期望颠簸着涌起
又跌落，一路犁割随风的伪言； 6 a

σύμβολον δ' οὔ πώ τις ἐπιχθονίων　　　　　　　　　**Ἀντ.**
πιστὸν ἀμφὶ πράξιος ἐσσομένας εὗρεν θεόθεν,
τῶν δὲ μελλόντων τετύφλωνται φραδαί·
πολλὰ δ' ἀνθρώποις παρὰ γνώμαν ἔπεσεν,　　　　　10
ἔμπαλιν μὲν τέρψιος, οἱ δ' ἀνιαραῖς
ἀντικύρσαντες ζάλαις
ἐσλὸν βαθὺ πήματος ἐν μικρῷ πεδάμειψαν χρόνῳ.　　12 a

υἱὲ Φιλάνορος, ἤτοι καὶ τεά κεν　　　　　　　　　**Ἐπ.**
ἐνδομάχας ἅτ' ἀλέκτωρ, συγγόνῳ παρ' ἑστίᾳ
ἀκλεὴς τιμὰ κατεφυλλορόησε(ν) ποδῶν,　　　　　15
εἰ μὴ στάσις ἀντιάνειρα Κνωσίας σ' ἄμερσε πάτρας.
νῦν δ' Ὀλυμπίᾳ στεφανωσάμενος
καὶ δὶς ἐκ Πυθῶνος Ἰσθμοῖ τ', Ἐργότελες,
θερμὰ Νυμφᾶν λουτρὰ βαστάζεις, ὁμι-
　　λέων παρ' οἰκείαις ἀρούραις.

事关将来，可靠的符契地上 【反转】
迄今尚无人自神明那里找到，
对未来的感知始终翳昧。
很多事落定与人的期望相悖， 10
与快乐相反，而遭遇了
恼人浪涛的人们，
瞬间易深福为灾难。 12 a

菲拉瑙耳之子！连你那捷足之名， 【副歌】
就像窝里斗的公鸡，也会在祖传的灶突旁
没有光彩地陨叶， 15
若非让人彼此为敌的内讧剥夺了你克瑙所的父国。
可如今在奥林匹亚得佩叶冠，
还两度各在匹透和地峡得胜，厄耳高太累！
你光大了姹女们的温汤浴场，
　　既然到了家乡的地面！

ΟΛΥΜΠ. ΙΓ'.

ΞΕΝΟΦΩΝΤΙ ΚΟΡΙΝΘΙΩΙ
ΣΤΑΔΙΟΔΡΟΜΩΙ ΚΑΙ ΠΕΝΤΑΘΛΩΙ.

Τρισολυμπιονίκαν   *Στρ. α'.*
ἐπαινέων οἶκον ἥμερον ἀστοῖς,
ξένοισι δὲ θεράποντα, γνώσομαι
τὰν ὀλβίαν Κόρινθον, Ἰσθμίου
πρόθυρον Ποτειδᾶνος, ἀγλαόκουρον·   5
ἐν τᾷ γὰρ Εὐνομία ναίει κασι-
    γνήτα τε, βάθρον πολίων ἀσφαλές,
Δίκα καὶ ὁμότροφος Εἰ-
    ρήνα, τάμι' ἀνδράσι πλούτου,
χρύσεαι παῖδες εὐβούλου Θέμιτος ·

ἐθέλοντι δ' ἀλέξειν   *Ἀντ. α'.*
Ὕβριν, Κόρου ματέρα θρασύμυθον.   10
ἔχω καλά τε φράσαι, τόλμα τέ μοι
εὐθεῖα γλῶσσαν ὀρνύει λέγειν.
ἄμαχον δὲ κρύψαι τὸ συγγενὲς ἦθος,
ὔμμιν δέ, παῖδες Ἀλάτα, πολλὰ μὲν
    νικαφόρον ἀγλαΐαν ὤπασαν

奥林匹亚赞歌之十三

庆哥林多人克色诺芬
短跑暨五项全能赛得胜

为赞美 【正转甲】
三度在奥林匹亚获胜、温柔且
照顾邦民与异乡人的家族，我将见识
繁荣的哥林多，地峡
波塞冬的门户，那座少年洵美之邦。 5
因为良治居于其中，
  并其姊妹，城邦的坚实基础，
正义与一同孳乳的
  太平，董理人之财富者，
从谏的忒弥的黄金子女：

她们愿意阻止 【反转甲】
傲慢和贪婪的谰言之母。 10
我能宣扬盛举，鲠直的勇气
鼓动朕舌讲述。
因为要隐藏与生俱来的本性并无胜算，
她们常赐给你们——阿拉塔的子孙！
  ——辉煌的胜利，

ἄκραις ἀρεταῖς ὑπερελ-
 θόντων ἱεροῖς ἐν ἀέθλοις,   15
πολλὰ δ' ἐν καρδίαις ἀνδρῶν ἔβαλον

Ὧραι πολυάνθεμοι ἀρ-   Ἐπ. α'.
 χαῖα σοφίσμαθ' · ἅπαν δ' εὑρόντος ἔργον.
ταὶ Διωνύσου πόθεν ἐξέφανεν
σὺν βοηλάτᾳ χάριτες διθυράμβῳ ;
τίς γὰρ ἱππείοις ἐν ἔντεσσιν μέτρα,   20
ἢ θεῶν ναοῖσιν οἰωνῶν βασιλέα δίδυμον
ἐπέθηκ' ; ἐν δὲ Μοῖσ' ἀδύπνοος,
ἐν δ' Ἄρης ἀνθεῖ νέων οὐλίαις αἰχμαῖσιν ἀνδρῶν.

ὕπατ' εὐρὺ ἀνάσσων   Στρ. β'.
Ὀλυμπίας, ἀφθόνητος ἔπεσσιν   25
γένοιο χρόνον ἅπαντα, Ζεῦ πάτερ,
καὶ τόνδε λαὸν ἀβλαβῆ νέμων
Ξενοφῶντος εὔθυνε δαίμονος οὖρον ·
δέξαι τέ οἱ στεφάνων ἐγκώμιον
 τεθμόν, τὸν ἄγει πεδίων ἐκ Πίσας,
πενταέθλῳ ἅμα σταδίου
 νικῶν δρόμον · ἀντεβόλησεν   30
τῶν ἀνὴρ θνατὸς οὔπω τις πρότερον.

当你们在神圣的竞赛中

　　　凭至高的贤能超越时；　　　　　　　　　　　15

而芳华纷披的时辰则常将自古以来的

发明投放于男子们的　　　　　　　　　　【副歌甲】

　　　心中——一切巧工皆属初创者。

那些<u>狄俄内所</u>的快乐自何处

同牵牛的酒神颂歌一同出现？

因为谁在马辔里放入衔镳？　　　　　　　　　　20

或把猛禽的双王安置于

神庙？其中一边是呼气甜美的<u>妙撒</u>，

一边是<u>阿瑞</u>，皆绽放于少年们致命的锋镝中间？

统辖式廊、于<u>奥林匹亚</u>　　　　　　　　【正转乙】

为至高的父宙斯！愿你无论何时　　　　　　　　25

皆勿吝与歌词！

你看觑<u>克色诺芬</u>的族人

无恙，维导引神明之风直进！

自他手中接受他自<u>庇撒</u>平原

　　　带来的 << 佩戴 >> 叶冠庆胜游行的习俗！

既然他在五项全能赛的同时

　　　获胜于短跑赛道，这些赛项此前　　　　　　30

有死的凡人尚无人参预过。

δύο δ' αὐτὸν ἔρεψαν   Ἀντ. β'.

πλόκοι σελίνων ἐν Ἰσθμιάδεσσιν

φανέντα · Νεμεά τ' οὐκ ἀντιξοεῖ ·

πατρὸς δὲ Θεσσαλοῖ' ἐπ' Ἀλφεοῦ   35

ῥεέθροισιν αἴγλα ποδῶν ἀνάκειται,

Πυθοῖ τ' ἔχει σταδίου τιμὰν διαύ-

  λου θ' ἁλίῳ ἀμφ' ἑνί, μηνός τέ οἱ

τωὐτοῦ κρανααῖς ἐν Ἀθά-

  ναισι τρία ἔργα ποδαρκὴς

ἁμέρα θῆκε κάλλιστ' ἀμφὶ κόμαις,

Ἑλλώτια δ' ἑπτάκις · ἐν   Ἐπ. β'.

  δ' ἀμφιάλοισι Ποτειδᾶνος τεθμοῖσιν   40

Πτοιοδώρῳ σὺν πατρὶ μακρότεραι

Τερψίᾳ θ' ἕψοντ' Ἐριτίμῳ τ' ἀοιδαί ·

ὅσσα τ' ἐν Δελφοῖσιν ἀριστεύσατε,

ἠδὲ χόρτοις ἐν λέοντος, δηρίομαι πολέσιν

περὶ πλήθει καλῶν · ὡς μὰν σαφὲς   45

οὐκ ἂν εἰδείην λέγειν ποντιᾶν ψάφων ἀριθμόν.

ἕπεται δ' ἐν ἑκάστῳ   Στρ. γ'.

μέτρον · νοῆσαι δὲ καιρὸς ἄριστος.

ἐγὼ δὲ ἴδιος ἐν κοινῷ σταλείς

μῆτίν τε γαρύων παλαιγόνων   50

两副欧芹编就的 　　　　　　　　　　　　　　　　　　　【反转乙】

辫环佩戴在现身于地峡赛事的

他身上，涅墨亚亦未戗此纹理；

其父忒斯撒罗捷足的光彩 　　　　　　　　　　　　　　　　35

寄存于阿尔斐俄河畔，

一日之内在匹透他赢得了短跑

　　　和双程赛跑，又于同一月中

捷足的那日在荦确的雅典将三项

最壮美的嘉奖都戴在发上，

贺尔牢提娅赛会上则有七次； 　　　　　　　　　　　　　【副歌乙】

　　　关于两面滨海的波塞冬节， 　　　　　　　　　　　　40

连同其父普煮俄多洛，

追随太耳普西亚和厄里提谟的歌要更冗长；

无论你在得尔翻以及

狻猊的坰牧得胜多少次，我都会力争针对这些众多盛举

如数匹配，因为我无法 　　　　　　　　　　　　　　　　45

清楚说出海沙的数目。

万事万物中均有个 　　　　　　　　　　　　　　　　　　【正转丙】

节度，遵之便为良机。

我作为私人而为公事受遭，

歌咏古人的巧思 　　　　　　　　　　　　　　　　　　　50

πόλεμόν τ' ἐν ἡρωίαις ἀρεταῖσιν
οὐ ψεύσομ' ἀμφὶ Κορίνθῳ, Σίσυφον
  μὲν πυκνότατον παλάμαις ὡς θεόν,
καὶ τὰν πατρὸς ἀντία Μή-
  δειαν θεμέναν γάμον αὐτᾷ,
ναῒ σώτειραν Ἀργοῖ καὶ προπόλοις·

τὰ δὲ καί ποτ' ἐν ἀλκᾷ   *Ἀντ. γ'.*
πρὸ Δαρδάνου τειχέων ἐδόκησαν   56
ἐπ' ἀμφότερα μαχᾶν τάμνειν τέλος,
τοὶ μὲν γένει φίλῳ σὺν Ἀτρέος
Ἑλέναν κομίζοντες, οἱ δ' ἀπὸ πάμπαν
εἴργοντες· ἐκ Λυκίας δὲ Γλαῦκον ἐλ-
  θόντα τρόμεον Δαναοί. τοῖσι μέν   60
ἐξεύχετ' ἐν ἄστεϊ Πει-
  ράνας σφετέρου πατρὸς ἀρχάν
καὶ βαθὺν κλᾶρον ἔμμεν καὶ μέγαρον·

ὃς τᾶς ὀφιώδεος υἱ-   *Ἐπ. γ'.*
  όν ποτε Γοργόνος ἦ πόλλ' ἀμφὶ κρουνοῖς
Πάγασον ζεῦξαι ποθέων ἔπαθεν,
πρίν γέ οἱ χρυσάμπυκα κούρα χαλινόν   65
Παλλὰς ἤνεγκ', ἐξ ὀνείρου δ' αὐτίκα
ἦν ὕπαρ, φώνασε δ'· 'Εὕδεις Αἰολίδα βασιλεῦ;

并展示英雄贤能的战争,

事关哥林多我将不打诳语：西叙弗

　　　　手段巧诈犹如神明,

忤逆父意的美狄娅

　　　　自行出嫁,成为

阿耳戈之舟及其舟子们的救主;

此外他们曾在达耳达诺的　　　　　　　　　　【反转丙】

城堞前鏖战时被看作　　　　　　　　　　　　　56

能在各方决出战斗的结果,

他们有人伙同阿特柔友好的后嗣一起

意图带回海伦,有人却

全然反对,因为达纳俄之民战栗于来

　　　　自吕基亚的格劳哥。向那些人　　　　60

他夸耀在佩剌奈泉畔之城的自己祖先的国度,

夸其田庄富饶、厅堂广大;

他为欲给蛇样的　　　　　　　　　　　　【副歌丙】

　　　　高耳戈之子培迦所

鞴轭而曾在泉边饱受苦楚,

直到戴金发箍的处女帕拉　　　　　　　　　　65

给他带来衔镳,梦幻猝然间

变作光天化日,她于是说道:"你睡了吗,埃俄罗后裔的王?

ἄγε φίλτρον τόδ᾽ ἵππειον δέκευ,
καὶ Δαμαίῳ μιν θύων ταῦρον ἀργᾶεντα πατρὶ δεῖξον. '

κυάναιγις ἐν ὄρφνᾳ   *Στρ. δ'.*
κνώσσοντί οἱ παρθένος τόσα εἰπεῖν   71
ἔδοξον· ἀνὰ δ᾽ ἔπαλτ᾽ ὀρθῷ ποδί.
παρκείμενον δὲ συλλαβὼν τέρας,
ἐπιχώριον μάντιν ἄσμενος εὗρεν,
δεῖξέν τε Κοιρανίδᾳ πᾶσαν τελευ-
  τὰν πράγματος, ὥς τ᾽ ἀνὰ βωμῷ θεᾶς   75
κοιτάξατο νύκτ᾽ ἀπὸ κεί-
  νου χρήσιος, ὥς τέ οἱ αὐτά
Ζηνὸς ἐγχεικεραύνου παῖς ἔπορεν

δαμασίφρονα χρυσόν.   *Ἀντ. δ'.*
ἐνυπνίῳ δ᾽ ᾇ τάχιστα πιθέσθαι
κελήσατό μιν, ὅταν δ᾽ εὐρυσθενεῖ   80
καρταίποδ᾽ ἀναρύῃ Γαιαόχῳ,
θέμεν Ἱππίᾳ βωμὸν εὐθὺς Ἀθάνᾳ.
τελεῖ δὲ θεῶν δύναμις καὶ τὰν παρ᾽ ὅρ-
  κον καὶ παρὰ ἐλπίδα κούφαν κτίσιν.
ἤτοι καὶ ὁ καρτερὸς ὁρ-
  μαίνων ἕλε Βελλεροφόντας,
φάρμακον πραῢ τείνων ἀμφὶ γένυι,   85

来，拿上这镇马的符契！
给汝父驯马者献上白牛为燔祭时即出示之！"

擐黑胸甲的处女　　　　　　　　　　　　　【正转丁】
在黑暗中向那睡眠之人　　　　　　　　　　　　71
显现时说出这番话；他跳起来，双脚站定。
还打量了卧在一旁的奇兽，
欢喜中他找来国中的卜师，
并示此寇剌诺之子以此事
　　　之全部结果，说他如何夜里　　　　　75
依从此人所示而眠于
　　　女神祭坛，掷雷霆的
宙斯此女又如何亲赐他

驯服脾性的黄金。　　　　　　　　　　　　【反转丁】
他命他作速
依从所梦，无论他何时　　　　　　　　　　　80
给广力的掣地君奉献健蹄的牺牲，
都要当即为骑手雅典娜建筑祭坛。
神的能力纵然逆人誓言逆人愿望
　　　创事建功亦甚容易。
虽是膂力方刚的贝尔勒洛丰塔，
　　　努力一番也果然抓住了
那匹生翼的马儿，推入一丸令其驯服的　　85

ἵππον πτερόεντ᾽ · ἀναβαὶς δ᾽   *Ἐπ. δ′.*
    εὐθὺς ἐνόπλια χαλκωθεὶς ἔπαιζεν.
σὺν δὲ κείνῳ καί ποτ᾽ Ἀμαζονίδων
αἰθέρος ψυχρῶν ἀπὸ κόλπων ἐρήμου
τοξόταν βάλλων γυναικεῖον στρατόν
καὶ Χίμαιρον πῦρ πνέοισαν καὶ Σολύμους ἔπεφνεν.   90
διασωπάσομαί οἱ μόρον ἐγώ ·
τὸν δ᾽ ἐν Οὐλύμπῳ φάτναι Ζηνὸς ἀρχαῖαι δέκονται.

ἐμὲ δ᾽ εὐθὺν ἀκόντων   *Στρ. ε′.*
ἱέντα ῥόμβον παρὰ σκοπὸν οὐ χρή
τὰ πολλὰ βέλεα καρτύνειν χεροῖν.   95
Μοίσαις γὰρ ἀγλαοθρόνοις ἑκών
Ὀλιγαιθίδαισίν τ᾽ ἔβαν ἐπίκουρος.
Ἰσθμοῖ τά τ᾽ ἐν Νεμέᾳ παύρῳ ἔπει
    θήσω φανέρ᾽ ἀθρό᾽, ἀλαθής τέ μοι
ἔξορκος ἐπέσσεται ἑξηκοντάκι δὴ ἀμφοτέρωθεν
ἁδύγλωσσος βοὰ κάρυκος ἐσλοῦ.   100

τὰ δ᾽ Ὀλυμπίᾳ αὐτῶν   *Ἀντ. ε′.*
ἔοικεν ἤδη πάροιθε λελέχθαι ·
τά τ᾽ ἐσσόμενα τότ᾽ ἂν φαίην σαφές.
νῦν δ᾽ ἔλπομαι μέν, ἐν θεῷ γε μάν
τέλος · εἰ δὲ δαίμων γενέθλιος ἕρποι,   105

良剂于其颔间，他披挂铜甲 　　　　　　　　　　　　　　　　　　　　　　【副歌丁】
　　　　一跃而骑，舞动一番。
同它一起，那时他便自落寞太清的
寒冷之澳射杀了亚马逊部的
女子弓箭军，
还击毙了喷火的喀麦剌和所吕谟人。　　　　　　　　　　　　　　　　　90
《至于》他的结局我将缄口不言，
而它则为奥林波山上宙斯的万古马厩收养。

我直投出旋转的　　　　　　　　　　　　　　　　　　　　　　　　　【正转戊】
飞铤，双手
所掷这许多投枪不应脱靶。　　　　　　　　　　　　　　　　　　　　95
因为我愿前来襄助御座辉煌的众妙撒
和俄利丐谛得家族。
地峡和涅墨亚的赛事我将简言
　　　　而令其赅明，我真实不妄的
誓词将会是来自两地口舌蜜甜的
贤良遒人的六十次喝报。　　　　　　　　　　　　　　　　　　　　 100

那些在奥林匹亚所获的，　　　　　　　　　　　　　　　　　　　　【反转戊】
我相信先前已曾说过，
那些未来的，届时愿我能一一详叙。
如今我满怀希望，成事实赖于
神，若其氏族的神祇能自在进行，　　　　　　　　　　　　　　　　 105

Δὶ τοῦτ᾽ Ἐνυαλίῳ τ᾽ ἐκδώσομεν
    πράσσειν. τὰ δ᾽ ὑπ᾽ ὀφρύϊ Παρνασσίᾳ
ἕξ· Ἄργεί θ᾽ ὅσσα καὶ ἐν
    Θήβαις· ὅσα τ᾽ Ἀρκάσιν †ἀνάσων
μαρτυρήσει Λυκαίου βωμὸς ἄναξ·

Πέλλανά τε καὶ Σικυὼν   *Ἐπ. ε'.*
    καὶ Μέγαρ᾽ Αἰακιδᾶν τ᾽ εὐερκὲς ἄλσος
ἅ τ᾽ Ἐλευσὶς καὶ λιπαρὰ Μαραθών   110
ταί θ᾽ ὑπ᾽ Αἴτνας ὑψιλόφου καλλίπλουτοι
πόλιες ἅ τ᾽ Εὔβοια· καὶ πᾶσαν κάτα
Ἑλλάδ᾽ εὑρήσεις ἐρευνῶν μάσσον᾽ ἢ ὡς ἰδέμεν.
ἄγε κούφοισιν ἐκνεῦσον ποσίν·
Ζεῦ τέλει᾽, αἰδῶ δίδοι καὶ τύχαν τερπνῶν γλυκεῖαν.   115

ΟΛΥΜΠ. ΙΔ'.

ΑΣΩΠΙΧΩΙ ΟΡΧΟΜΕΝΙΩΙ

ΣΤΑΔΙΕΙ.

Καφισίων ὑδάτων   *Στρ. α'.*
λαχοῖσαι αἵτε ναίετε καλλίπωλον ἕδραν,
ὦ λιπαρᾶς ἀοίδιμοι βασίλειαι

我们便将其付与宙斯和战神去

　　　完成。在帕耳纳斯所山眉之下

有六次之多！在阿耳高，还有

　　　台拜，何其多也！同样多的将有在阿耳卡狄亚人中间

†君临的吕凯昂山的祭坛作证！

珀尔拉纳、西居翁、　　　　　　　　　　　　【副歌戊】

　　　墨迦剌，还有埃亚哥子孙们有围栏圈好的圣地；

厄琉西还有熠熠的马拉松，　　　　　　　　　　　　110

以及在有尖顶高耸的埃特纳山脚下富饶美丽的

那些城邦，再算上欧包亚，并及全

希腊，你若寻找，将发现比所能看到的更多。

来吧！用灵活的双脚 << 踩水 >> 游出去，

成大功的宙斯！请你赐予寅畏和快乐的甜美福运！　　115

奥林匹亚赞歌之十四

庆俄耳库墨诺人阿索庇库

短跑赛得胜

投骰得拥卡菲所　　　　　　　　　　　　　　【甲】

河水，你们居于骏马奕奕的栖所，

闻名于歌中的女王们！光彩熠熠的

Χάριτες Ἐρχομενοῦ, παλαιγόνων Μινυᾶν ἐπίσκοποι,
κλῦτ', ἐπεὶ εὔχομαι· σὺν γὰρ ὑμῖν τά ⟨τε⟩ τερπνὰ καί   5
τὰ γλυκέ' ἄνεται πάντα βροτοῖς,
εἰ σοφός, εἰ καλός, εἴ τις ἀγλαὸς ἀνήρ.
οὐδὲ γὰρ θεοὶ σεμνᾶν Χαρίτων ἄτερ
κοιρανέοντι χοροὺς
          οὔτε δαῖτας· ἀλλὰ πάντων ταμίαι
ἔργων ἐν οὐρανῷ, χρυσότοξον θέμεναι πάρα   10
Πύθιον Ἀπόλλωνα θρόνους,
αἰέναον σέβοντι πατρὸς Ὀλυμπίοιο τιμάν.

⟨ὦ⟩ πότνι' Ἀγλαΐα   *Στρ. β'.*
φιλησίμολπέ τ' Εὐφροσύνα, θεῶν κρατίστου
παῖδες, ἐπακοοῖτε νῦν, Θαλία τε   15
ἐρασίμολπε, ἰδοῖσα τόνδε κῶμον ἐπ' εὐμενεῖ τύχᾳ
κοῦφα βιβῶντα· Λυδῷ γὰρ Ἀσώπιχον ἐν τρόπῳ
ἐν μελέταις τ' ἀείδων ἔμολον,
οὕνεκ' Ὀλυμπιόνικος ἁ Μινύεια
σεῦ ἕκατι. μελαντειχέα νῦν δόμον   20
Φερσεφόνας ἔλθ', Ἀ-
          χοῖ, πατρὶ κλυτὰν φέροισ' ἀγγελίαν,
Κλεοδάμῳ ὄφρ' ἰδοῖσ', υἱὸν εἴπῃς ὅτι οἱ νέαν
κόλποις παρ' εὐδόξοις Πίσας
ἐστεφάνωσε κυδίμων ἀέθλων πτεροῖσι χαίταν.

厄耳库墨诺的恺丽！米内阿古老氏族的扞卫！
请听我说，既然我在祈祷：因有你们，所有快乐和　　　　5
甜美便都为有死的凡人备好，
若是有人智慧、英俊且出色。
因为倘若没有令人寅畏的恺丽，诸神亦
指挥不了
　　　　舞蹈和筵席，她们实为天上
万事的总管；其御座设在匹透　　　　　　　　　　　10
执金弓的阿波罗身旁，
尊崇着奥林波山之父永不流逝的威严。

< 哦 >，女主耀彩！　　　　　　　　　　　　　　　【乙】
好歌诗的欢娱！众神之中最强者的
女儿们！请聆听！还有爱　　　　　　　　　　　　15
歌诗的兴旺！你目睹他在神所惠赐的机运之际
轻盈走来的这场庆胜游行；因为在诸多创作中间，
我依吕狄亚曲式为咏诵阿索庇库而来；
而米内阿人之邦多亏了你
才在奥林匹亚得胜。如今请到斐耳色丰奈的　　　　20
黑壁之宅，回声们！
　　　　并给其父带上增光的消息，
好在你得见克勒俄达谟时，会
在庇撒声名斐然的溪谷里，
将致人显赫的竞赛插羽之冠戴在年轻的发上！

ΠΥΘΙΟΝΙΚΑΙΣ.

Α'.

ΙΕΡΩΝΙ ΑΙΤΝΑΙΩΙ

ΑΡΜΑΤΙ.

Χρυσέα φόρμιγξ, Ἀπόλλωνος καὶ ἰοπλοκάμων   **Στρ. α'.**
σύνδικον Μοισᾶν κτέανον· τᾶς ἀκούει
    μὲν βάσις ἀγλαΐας ἀρχά,
πείθονται δ' ἀοιδοὶ σάμασιν
ἁγησιχόρων ὁπόταν προοιμίων
    ἀμβολὰς τεύχῃς ἐλελιζομένα.
καὶ τὸν αἰχματὰν κεραυνὸν σβεννύεις   5
αἰενάου πυρός. εὕδει δ' ἀνὰ σκά-
    πτῳ Διὸς αἰετός, ὠκεῖ-
    αν πτέρυγ' ἀμφοτέρωθεν χαλάξαις,

ἀρχὸς οἰωνῶν, κελαινῶπιν δ' ἐπί οἱ νεφέλαν   **Ἀντ. α'.**
ἀγκύλῳ κρατί, γλεφάρων ἁδὺ κλάϊ-
    θρον, κατέχευας· ὁ δὲ κνώσσων
ὑγρὸν νῶτον αἰωρεῖ, τεαῖς

匹透竞技赛庆胜赞歌

匹透赞歌之一

庆埃特纳人希厄戎

赛车得胜

金颂琴！阿波罗与生紫罗兰色头发的　　　　　　　　【正转甲】
妙撒们共有的合法财产！舞步
　　　　这耀彩的起始听从着你，
歌者依合音符，
每当你令人心悸奏响前引舞蹈
　　　　序曲的引章时。
虽是火焰长燃的执矛武士般的雷霆　　　　　　　　　　5
你亦能熄灭。宙斯之雕那
　　　　百鸟之冠眠于权杖上头，
　　　　迅疾的翅翼

在两侧垂下：你将乌头的云霭，——　　　　　　　【反转甲】
眼睑的甜美锁钥——，洒在它弯曲的首上，
　　　　睡眠中它水一般的
背部起伏，既已为

ῥιπαῖσι κατασχόμενος. καὶ γὰρ βια-
τὰς Ἄρης, τραχεῖαν ἄνευθε λιπὼν   10
ἐγχέων ἀκμάν, ἰαίνει καρδίαν
κώματι, κῆλα δὲ καὶ δαιμόνων θέλ-
γει φρένας ἀμφί τε Λατοί-
δα σοφίᾳ βαθυκόλπων τε Μοισᾶν.

ὅσσα δὲ μὴ πεφίληκε Ζεύς, ἀτύζονται βοὰν   Ἐπ. α'.
Πιερίδων ἀΐοντα, γᾶν τε καὶ πόν-
τον κατ' ἀμαιμάκετον,
ὅς τ' ἐν αἰνᾷ Ταρτάρῳ κεῖται, θεῶν πολέμιος,   15
Τυφὼς ἑκατοντακάρανος· τόν ποτε
Κιλίκιον θρέψεν πολυώνυμον ἄντρον· νῦν γε μὰν
ταί θ' ὑπὲρ Κύμας ἁλιερκέες ὄχθαι
Σικελία τ' αὐτοῦ πιέζει
στέρνα λαχνάεντα· κίων δ' οὐρανία συνέχει,
νιφόεσσ' Αἴτνα, πάνετες χιόνος ὀξείας τιθήνα·   20

τᾶς ἐρεύγονται μὲν ἀπλάτου πυρὸς ἁγνόταται   Στρ. β'.
ἐκ μυχῶν παγαί· ποταμοὶ δ' ἁμέραισιν
μὲν προχέοντι ῥόον καπνοῦ
αἴθων'· ἀλλ' ἐν ὄρφναισιν πέτρας
φοίνισσα κυλινδομένα φλὸξ ἐς βαθεῖ-
αν φέρει πόντου πλάκα σὺν πατάγῳ.

你的促响俘获。因为连强壮的　　　　　　　　　　　　10
　　　阿瑞亦远离了矛枪的粗暴
锋刃，在酣眠中，心都
融化，琴柱倚仗累陶之子
　　　和身着深褶长袍的妙撒的智慧，
　　　连众神之心都迷惑。

至于那些宙斯所不曾宠爱的，他们闻庇厄洛诸女的　　【副歌甲】
奏鸣而恐慌，在陆上也在
　　　不可抗拒的海里；
还有他，躺在悲惨的塔耳塔洛的　　　　　　　　　　15
百首图弗，众神之敌，基利基亚人
多所歌颂的洞窟曾养育他，而如今却被远到
居马、为海环绕的岩礁
和西西里簇挤着他
　　　多毛的胸膛；而那座天柱，
积雪的埃特纳，镇压住≪他≫，终年凛冽的雪的乳母；　20

从它最深处呕出不可接近之火的最属神的　　　　　【正转乙】
泉流：河川在白昼
　　　倾泻冒烟的炽燃之
流；然而在暗夜里，岩石
为绯红的翻滚火焰在溅落声中
　　　裹携落入浩海深处。

κεῖνο δ' Ἁφαίστοιο κρουνοὺς ἑρπετόν 25
δεινοτάτους ἀναπέμπει· τέρας μὲν
　　θαυμάσιον προσιδέσθαι,
　　θαῦμα δὲ καὶ παρεόντων ἀκοῦσαι,

οἷον Αἴτνας ἐν μελαμφύλλοις δέδεται κορυφαῖς　　*Ἀντ. β'.*
καὶ πέδῳ, στρωμνὰ δὲ χαράσσοισ' ἅπαν νῶ-
　　τον ποτικεκλιμένον κεντεῖ.
εἴη, Ζεῦ, τὶν εἴη ἀνδάμειν,
ὃς τοῦτ' ἐφέπεις ὄρος, εὐκάρποιο γαί-
　　ας μέτωπον, τοῦ μὲν ἐπωνυμίαν 30
κλεινὸς οἰκιστὴρ ἐκύδανεν πόλιν
γείτονα, Πυθιάδος δ' ἐν δρόμῳ κά-
　　ρυξ ἀνέειπέ νιν ἀγγέλ-
　　λων Ἱέρωνος ὑπὲρ καλλινίκου

ἅρμασι. ναυσιφορήτοις δ' ἀνδράσι πρῶτα χάρις　　*Ἐπ. β'.*
ἐς πλόον ἀρχομένοις πομπαῖον ἐλθεῖν
　　οὖρον· ἐοικότα γάρ
καὶ τελευτᾷ φερτέρου νόστου τυχεῖν. ὁ δὲ λόγος 35
ταύταις ἐπὶ συντυχίαις δόξαν φέρει
λοιπὸν ἔσσεσθαι στεφάνοισί ν⟨ιν⟩ ἵπποις τε κλυτάν
καὶ σὺν εὐφώνοις θαλίαις ὀνυμαστάν.
Λύκιε καὶ Δάλοι' ἀνάσσων

赫费斯托的这头委蛇怪兽发上来   25
最恐怖的喷泉；一个看去
　　　令人惊异的奇景，就连
　　　在场的人听来也是奇事：

它是如何被束缚在埃特纳生着魃黑茂叶的山峰之间　【反转乙】
以及原上，能刻出沟壑的床茵刺破它
　　　卧压其上的整个后背。
愿此，宙斯！取悦于你！
你光顾此山，多产的大地的
　　　这副头面，以之命名的   30
毗邻城邦因其著名的缔造者得致
显赫，在匹透赛会的跑道上
　　　遒人在替赛车得胜的
　　　希厄戎报信时

宣布了它。于舟行者而言，最先的恩惠　　【副歌乙】
是有伴随的顺风前来，为启航者
　　　助行；因为很可能
就在完成后还会遇到一个更华丽的返航。此谚   35
所含的信念是：在有这般巧合时，
未来它将因花冠和骏马闻达，
并将伴随乐调优美的节庆著称。
在逯罗作主的吕基亚

Φοῖβε Παρνασσοῦ τε κράναν Κασταλίαν φιλέων,
ἐθελήσαις ταῦτα νόῳ τιθέμεν εὔανδρόν τε χώραν. 40

ἐκ θεῶν γὰρ μαχαναὶ πᾶσαι βροτέαις ἀρεταῖς, *Στρ. γ'.*
καὶ σοφοὶ καὶ χερσὶ βιαταὶ περίγλωσ-
σοί τ' ἔφυν. ἄνδρα δ' ἐγὼ κεῖνον
αἰνῆσαι μενοινῶν ἔλπομαι
μὴ χαλκοπάραον ἄκονθ' ὡσείτ' ἀγῶ-
νος βαλεῖν ἔξω παλάμᾳ δονέων,
μακρὰ δὲ ῥίψαις ἀμεύσασθ' ἀντίους. 45
εἰ γὰρ ὁ πᾶς χρόνος ὄλβον μὲν οὕτω
καὶ κτεάνων δόσιν εὐθύ-
νοι, καμάτων δ' ἐπίλασιν παράσχοι ·

ἦ κεν ἀμνάσειεν, οἵαις ἐν πολέμοισι μάχαις *Ἀντ. γ'.*
τλάμονι ψυχᾷ παρέμειν', ἁνίχ' εὑρί-
σκοντο θεῶν παλάμαις τιμάν
οἵαν οὔτις Ἑλλάνων δρέπει
πλούτου στεφάνωμ' ἀγέρωχον. νῦν γε μὰν
τὰν Φιλοκτήταο δίκαν ἐφέπων 50
ἐστρατεύθη · σὺν δ' ἀνάγκᾳ μιν φίλον
καί τις ἐὼν μεγαλάνωρ ἔσανεν.
φαντὶ δὲ Λαμνόθεν ἕλκει
τειρόμενον μεταβάσοντας ἐλθεῖν

　　　　皤玻！你爱帕耳纳斯所的卡斯塔利亚之泉！
愿你在心中成就这些，并令此邦人才隽茂！　　　　　　　　　40

因为有死者的贤能，其所有巧妙皆来自神明，　　　　【正转丙】
无论智慧、臂力抑或
　　　　口才。我亟于
述说此人，唯望
我仿佛手挥包铜飞铤，不会
　　　　将其抛出赛场，
而是掷出后远超对手。　　　　　　　　　　　　　　　　45
因为假若所有来日皆要如今日
　　　　直引福禧和属产之馈，
　　　　就愿其予人对辛劳的遗忘！

就愿他真地不忘，战争中他在如许的战斗里　　　　　【反转丙】
凭着隐忍的灵魂坚守，那时他们
　　　　自神的掌中赢得尊荣，
赢得希腊人里无人采撷过的、
高贵的财富之冠！现如今他学
　　　　菲罗克底底的模样，　　　　　　　　　　　　50
领兵作战，为势所挟，
有人虽是骄傲却乞怜于他，待之如友。
　　　　人云自兰诺，俾神的
　　　　众英雄转移了因伤

ἥροας ἀντιθέους Ποίαντος υἱὸν τοξόταν·   *Ἐπ. γ'.*
ὃς Πριάμοιο πόλιν πέρσεν, τελεύτα-
    σέν τε πόνους Δαναοῖς,
ἀσθενεῖ μὲν χρωτὶ βαίνων, ἀλλὰ μοιρίδιον ἦν.   55
οὕτω δ' Ἱέρωνι θεὸς ὀρθωτὴρ πέλοι
τὸν προσέρποντα χρόνον, ὧν ἔραται και-
    ρὸν διδούς.
Μοῖσα, καὶ πὰρ Δεινομένει κελαδῆσαι
πίθεό μοι ποινὰν τεθρίππων·
    χάρμα δ' οὐκ ἀλλότριον νικαφορία πατέρος.
ἄγ' ἔπειτ' Αἴτνας βασιλεῖ φίλιον ἐξεύρωμεν ὕμνον·   60

τῷ πόλιν κείναν θεοδμάτῳ σὺν ἐλευθερίᾳ   *Στρ. δ'.*
Ὑλλίδος στάθμας Ἱέρων ἐν νόμοις ἔ-
    κτισσε· θέλοντι δὲ Παμφύλου
καὶ μὰν Ἡρακλειδᾶν ἔκγονοι
ὄχθαις ὕπο Ταϋγέτου ναίοντες αἰ-
    εὶ μένειν τεθμοῖσιν ἐν Αἰγιμιοῦ
Δωριεῖς. ἔσχον δ' Ἀμύκλας ὄλβιοι   65
Πινδόθεν ὀρνύμενοι, λευκοπώλων
    Τυνδαριδᾶν βαθύδοξοι
    γείτονες, ὧν κλέος ἄνθησεν αἰχμᾶς.

Ζεῦ τέλει', αἰεὶ δὲ τοιαύταν Ἀμένα παρ' ὕδωρ   *Ἀντ. δ'.*

赢弱的弓箭手泊亚之子，　　　　　　　　　　　　　　　　【副歌丙】

他灭了普里阿谟的城邦，为

　　　　达纳俄之民终结了此难，

虽其行走时体格虚弱，然而这是命分如此。　　　　　　　55

愿养正的神随委蛇的时光

待希厄戎亦如是，赐予他之所欲

　　　　以时机。

妙撒！连戴诺墨奈的这次也请你依从我，

高歌《他》驷马之乘的酬报！

　　　　父亲的胜利并非外人之喜。

那么来！就让我们为埃特纳王觅得可爱的颂歌；　　　　60

希厄戎依循旭尔罗的法统为他　　　　　　　　　　　　　【正转丁】

立下那座城，连同神筑的

　　　　自由；番福罗和

赫剌克勒之子的后裔、

居住在塔宇各托山脚下的

　　　　多洛人乐意永远待在

埃癸米俄的治下。自品都山兴起的蒙福之族，　　　　　65

骑白马的廷达惹俄双子声名远播的近邻，

　　　　获得阿缪克莱，

　　　　他们锋镝的名声绽放。

成事的宙斯！在阿墨纳河畔永远　　　　　　　　　　　　【反转丁】

αἶσαν ἀστοῖς καὶ βασιλεῦσιν διακρί-
    νειν ἔτυμον λόγον ἀνθρώπων.
σύν τοι τίν κεν ἁγητὴρ ἀνήρ,
υἱῷ τ' ἐπιτελλόμενος, δᾶμον γεραί-
    ρων τράποι σύμφωνον ἐς ἡσυχίαν.   70
λίσσομαι νεῦσον, Κρονίων, ἥμερον
ὄφρα κατ' οἶκον ὁ Φοίνιξ ὁ Τυρσα-
    νῶν τ' ἀλαλατὸς ἔχῃ, ναυ-
    σίστονον ὕβριν ἰδὼν τὰν πρὸ Κύμας,

οἷα Συρακοσίων ἀρχῷ δαμασθέντες πάθον,   Ἐπ. δ'.
ὠκυπόρων ἀπὸ ναῶν ὅ σφιν ἐν πόν-
    τῳ βάλεθ' ἁλικίαν,
Ἑλλάδ' ἐξέλκων βαρείας δουλίας. ἀρέομαι   75
πὰρ μὲν Σαλαμῖνος Ἀθαναίων χάριν
μισθόν, ἐν Σπάρτᾳ δ' ⟨ἀπὸ⟩ τᾶν πρὸ Κιθαιρῶ-
    νος μαχᾶν,
ταῖσι Μήδειοι κάμον ἀγκυλότοξοι,
παρὰ δὲ τὰν εὔυδρον ἀκτὰν
    Ἱμέρα παίδεσσιν ὕμνον Δεινομένεος τελέσαις,
τὸν ἐδέξαντ' ἀμφ' ἀρετᾷ, πολεμίων ἀνδρῶν καμόντων.   80

καιρὸν εἰ φθέγξαιο, πολλῶν πείρατα συντανύσαις   Στρ. ε'.
ἐν βραχεῖ, μείων ἕπεται μῶμος ἀνθρώ-

让人类的真言给邦民和君王

　　　裁定他们这样的命分！
有你祝福，就愿那人作为向导——
且他教子有方——荣耀其子民，引之

　　　步入和谐的太平！　　　　　　　　　　　70
我祈求，克洛诺之子啊！你能首肯，好让蟠尼刻人
和图耳撒诺人的杀声待在家中不响，

　　　眼看着在居马前，

　　　傲慢给《他们的》舰船带来哀鸣、

他们被叙剌古人的首领征服后所遭受的这般劫难；　【副歌丁】
从迅捷行驶的舰上他将他们的

　　　青年抛入海里，
从而解脱了希腊沉重的奴役。我将　　　　　　　　75
自撒拉米，作为薪酬，获取雅典人
的恩赐，在斯巴达则〈缘于〉基汰戎山前、

　　　带弯弓的
美戴俄人在其中大受其苦的那些场战役；
而在希墨剌河水流潺潺的岸边，

　　　则是在为他的诸子完成戴诺墨涅的颂歌之后《获得》，
——这是他们凭贤能所获的，既然敌人大受其苦。　　80

若你叙说合度，短时间内总括了　　　　　　　　【正转戊】
繁多绺索，则鲜有人责难，

πων· ἀπὸ γὰρ κόρος ἀμβλύνει
αἰανὴς ταχείας ἐλπίδας,
ἀστῶν δ' ἀκοὰ κρύφιον θυμὸν βαρύ-
    νει μάλιστ' ἐσλοῖσιν ἐπ' ἀλλοτρίοις.
ἀλλ' ὅμως, κρέσσον γὰρ οἰκτιρμοῦ φθόνος,   85
μὴ παρίει καλά. νώμα δικαίῳ
    πηδαλίῳ στρατόν· ἀψευ-
    δεῖ δὲ πρὸς ἄκμονι χάλκευε γλῶσσαν.

εἴ τι καὶ φλαῦρον παραιθύσσει, μέγα τοι φέρεται   Ἀντ. ε'.
πὰρ σέθεν. πολλῶν ταμίας ἐσσί· πολλοὶ
    μάρτυρες ἀμφοτέροις πιστοί.
εὐανθεῖ δ' ἐν ὀργᾷ παρμένων,
εἴπερ τι φιλεῖς ἀκοὰν ἁδεῖαν αἰ-
    εὶ κλύειν, μὴ κάμνε λίαν δαπάναις·   90
ἐξίει δ' ὥσπερ κυβερνάτας ἀνήρ
ἱστίον ἀνεμόεν. μὴ δολωθῇς,
    ὦ φίλε, κέρδεσιν ἐντραπέ-
    λοις· ὀπιθόμβροτον αὔχημα δόξας

οἶον ἀποιχομένων ἀνδρῶν δίαιταν μανύει   Ἐπ. ε'.
καὶ λογίοις καὶ ἀοιδοῖς. οὐ φθίνει Κροί-
    σου φιλόφρων ἀρετά.
τὸν δὲ ταύρῳ χαλκέῳ καυτῆρα νηλέα νόον   95

　　　　因为长久的满足能令
急切的希望迟钝，
邦人所闻会令隐秘的内心
　　　　沉重，尤当事关他人成功之时。
然而，因为嫉妒也好于怜悯，　　　　　　　　85
就勿错过壮举！以均正的舵楫
　　　　引导人民！在无谎的
　　　　砧上锻炼铜舌！

若有何哪怕琐屑溅出，于你则实为　　　【反转戊】
重大。你乃是诸务的监护，众位
　　　　证人取信于两造。
若你坚持繁茂的性情，
真地一直爱听
　　　　徽音，就莫为花费过于苦恼！　　　90
就像掌舵人一样松开
风帆！切毋，哦朋友！
　　　　为诡诈多变的赢利所骗！
　　　　步人踵后的对名声的

吹嘘既为史家也为诗人展露已逝者的　　【副歌戊】
处世之道。克鲁所与人为善的
　　　　贤能不会消泯。
而可憎的传说则四面纠缠着心地残忍的　　　　95

ἐχθρὰ Φάλαριν κατέχει παντᾷ φάτις,

οὐδέ μιν φόρμιγγες ὑπωρόφιαι κοινανίαν.

μαλθακὰν παίδων ὀάροισι δέκονται.

τὸ δὲ παθεῖν εὖ πρῶτον ἀέθλων ·

    εὖ δ' ἀκούειν δευτέρα μοῖρ' · ἀμφοτέροισι δ' ἀνήρ

ὃς ἂν ἐγκύρσῃ καὶ ἕλῃ, στέφανον ὕψιστον δέδεκται.   100

ΠΥΘΙΟΝ. Β'.

ΙΕΡΩΝΙ

ΑΡΜΑΤΙ.

Μεγαλοπόλιες ὦ Συράκοσαι, βαθυπολέμου   *Στρ. α'.*

τέμενος Ἄρεος, ἀνδρῶν ἵππων τε σιδαροχαρ-

    μᾶν δαιμόνιαι τροφοί,

ὔμμιν τόδε τᾶν λιπαρᾶν ἀπὸ Θηβᾶν φέρων

μέλος ἔρχομαι ἀγγελίαν τετραορίας ἐλελίχθονος,

εὐάρματος Ἱέρων ἐν ᾇ κρατέων   5

τηλαυγέσιν ἀνέδησεν Ὀρτυγίαν στεφάνοις,

ποταμίας ἕδος Ἀρτέμιδος, ἇς οὐκ ἄτερ

κείνας ἀγαναῖσιν ἐν χερσὶ ποικιλα-

    νίους ἐδάμασσε πώλους.

<u>法拉里</u>,他那个铜牛状的鼎镬;
屋顶之下的颂琴不接纳
他作男童之声的温柔伙伴。
得享竞赛奖品为上,
　　　次等的福分是享有令誉,人若得遇
二者之一且能抓住,便是获得了最高的冠冕。　　　　　　100

匹透赞歌之二

庆希厄戎

赛车得胜

哦,重镇<u>叙剌古</u>!深陷战争的　　　　　　　　　　【正转甲】
<u>阿瑞</u>的圣地!披铁甲作战的人与马的
　　　神赐的养育者!
我来自熠熠的<u>台拜</u>,带给
你们此乐,震地殷殷的驷马之乘的消息:
有华车的<u>希厄戎</u>御之得胜,　　　　　　　　　　　　　5
将光彩远耀的叶冠加于<u>俄耳图癸亚</u>,
河上<u>阿耳太米</u>的居所,并非无其襄助
他以温和的手驯服了那些鞴
　　　绣辔的马驹。

ἐπὶ γὰρ ἰοχέαιρα παρθένος χερὶ διδύμᾳ   '*Αντ. α'*.
ὅ τ' ἐναγώνιος Ἑρμᾶς αἰγλᾷεντα τίθησι κόσ-
    μον, ξεστὸν ὅταν δίφρον   10
ἔν θ' ἅρματα πεισιχάλινα καταζευγνύῃ
σθένος ἵππιον, ὀρσοτρίαιναν εὐρυβίαν καλέων θεόν.
ἄλλοις δέ τις ἐτέλεσσεν ἄλλος ἀνήρ
εὐαχέα βασιλεῦσιν ὕμνον ἄποιν' ἀρετᾶς.
κελαδέοντι μὲν ἀμφὶ Κινύραν πολλάκις   15
φᾶμαι Κυπρίων, τὸν ὁ χρυσοχαῖτα προ-
    φρόνως ἐφίλησ' Ἀπόλλων,

ἱερέα κτίλον Ἀφροδίτας· ἄγει δὲ χάρις   '*Επ. α'*.
    φίλων ποί τινος ἀντὶ ἔργων ὀπιζομένα·
σὲ δ', ὦ Δεινομένειε παῖ, Ζεφυρία πρὸ δόμων
Λοκρὶς παρθένος ἀπύει,
    πολεμίων καμάτων ἐξ ἀμαχάνων
διὰ τεὰν δύναμιν δρακεῖσ' ἀσφαλές·   20
θεῶν δ' ἐφετμαῖς Ἰξίονα φαντὶ ταῦτα βροτοῖς
λέγειν ἐν πτερόεντι τροχῷ
παντᾷ κυλινδόμενον·
τὸν εὐεργέταν ἀγαναῖς
    ἀμοιβαῖς ἐποιχομένους τίνεσθαι.

ἔμαθε δὲ σαφές. εὐμενέσσι γὰρ παρὰ Κρονίδαις   *Στρ. β'*.

因为这位射箭的处女以双手连同主持赛会的<u>贺耳美</u>　　　　【反转甲】
将璀璨的辔靱
　　　放上，每当他将马的　　　　　　　　　　　　　　10
膂力轭于刨光的舆箱和服从鞿羁的
车乘上、同时呼唤着挥舞三叉戟的法力广大之神的时候。
各有人给各自的君王作成
美声的颂歌以为贤能的回报：
关于<u>基内刺</u>，<u>居普洛</u>人的言词　　　　　　　　　　15
多次清越地响起；金发
　　　<u>阿波罗</u>乐意爱他，

他是<u>阿芙洛狄底</u>顺从的祭司；表达尊敬的感激作引导，　【副歌甲】
　　　以酬报待人友爱的成就；
而你！哦，<u>戴诺墨奈</u>之子！泽风向
<u>罗克洛</u>人的处女在家门口庆祝，
　　　在令人不知所措的战争苦役之后，
因了你的力量，她目光显得泰然自若。　　　　　　　　20
为神所命，据说<u>伊克西翁</u>在插羽的
轮上四处滚动时
对有死者们这样说道：
"前去祭神的人们要以柔和的
　　　酬谢去报答恩主！"

他牢记之。因为他既在仁慈的<u>克洛诺</u>子女那里　　　【正转乙】

γλυκὺν ἑλὼν βίοτον, μακρὸν οὐχ ὑπέμεινεν ὄλ-
    βον, μαινομέναις φρασίν 26
Ἥρας ὅτ' ἐράσσατο, τὰν Διὸς εὐναὶ λάχον
πολυγαθέες· ἀλλά νιν ὕβρις εἰς ἀυάταν ὑπεράφανον
ὦρσεν· τάχα δὲ παθὼν ἐοικότ' ἀνήρ
ἐξαίρετον ἕλε μόχθον. αἱ δύο δ' ἀμπλακίαι 30
φερέπονοι τελέθοντι· τὸ μὲν ἥρως ὅτι
ἐμφύλιον αἷμα πρώτιστος οὐκ ἄτερ
    τέχνας ἐπέμειξε θνατοῖς,

ὅτι τε μεγαλοκευθέεσσιν ἔν ποτε θαλάμοις   Ἀντ. β'.
Διὸς ἄκοιτιν ἐπειρᾶτο. χρὴ δὲ κατ' αὐτὸν αἰ-
    εὶ παντὸς ὁρᾶν μέτρον.
εὐναὶ δὲ παράτροποι ἐς κακότατ' ἀθρόαν 35
ἔβαλον· ποτὶ καὶ τὸν ἵκοντ'· ἐπεὶ
    νεφέλᾳ παρελέξατο
ψεῦδος γλυκὺ μεθέπων ἄϊδρις ἀνήρ·
εἶδος γὰρ ὑπεροχωτάτᾳ πρέπεν Οὐρανιᾶν
θυγατέρι Κρόνου· ἄντε δόλον αὐτῷ θέσαν
Ζηνὸς παλάμαι, καλὸν πῆμα. τὸν δὲ τε-
    τράκναμον ἔπραξε δεσμόν 40

ἑὸν ὄλεθρον ὅγ'· ἐν δ' ἀφύκτοισι γυιοπέδαις   Ἐπ. β'.
    πεσὼν τὰν πολύκοινον ἀνδέξατ' ἀγγελίαν.

获得了甜美的生活，却耐不住长久的
　　　福禧，当癫狂的心智 26
令他爱上属于宙斯的多有快乐的卧榻所赢得
的赫剌时。然而狂妄鼓动着他走向傲慢的
惩罚：此人很快便遭受了应得的祸殃，
得捱非同寻常的苦役。招致苦役的 30
罪有两宗：因为他是第一个
并非不借诡计将亲戚的蠓血
　　　玷污凡人的英雄；

还因为他曾在广可容纳的燕寝内 【反转乙】
企图诱奸宙斯的配偶。永远应
　　　量己以度物。
乱伦的床榻将人抛入彻底的 35
悲惨，虽是它找上的他：既然
　　　他与云同卧，
这个盲目之人，追逐着甜美的假象；
因为它的形状酷似众天神女中那个最高贵的，
克洛诺之女；他遭遇的这个诱饵是
宙斯一手给他造就的，一个美丽的祸殃。这
　　　导致了四辐的捆绑， 40

他自己的毁灭；身陷无处可逃的缧绁的 【副歌乙】
　　　他领教了众所公有的消息。

ἄνευ οἱ Χαρίτων τέκεν γόνον ὑπερφίαλον
μόνα καὶ μόνον οὔτ' ἐν ἀν-
  δράσι γερασφόρον οὔτ' ἐν θεῶν νόμοις·
τὸν ὀνύμαζε τράφοισα Κένταυρον, ὃς
ἵπποισι Μαγνητίδεσσιν ἐμείγνυτ' ἐν Παλίου   45
σφυροῖς, ἐκ δ' ἐγένοντο στρατὸς
θαυμαστός, ἀμφοτέροις
ὁμοῖοι τοκεῦσι, τὰ μα-
  τρόθεν μὲν κάτω, τὰ δ' ὕπερθε πατρός.

θεὸς ἅπαν ἐπὶ ἐλπίδεσσι τέκμαρ ἀνύεται,   *Στρ. γ'.*
θεός, ὃ καὶ πτερόεντ' αἰετὸν κίχε, καὶ θαλασ-
  σαῖον παραμείβεται   50
δελφῖνα, καὶ ὑψιφρόνων τιν' ἔκαμψε βροτῶν,
ἑτέροισι δὲ κῦδος ἀγήραον παρέδωκ'· ἐμὲ δὲ χρεὼν
φεύγειν δάκος ἀδινὸν κακαγοριᾶν.
εἶδον γὰρ ἑκὰς ἐὼν τὰ πόλλ' ἐν ἀμαχανίᾳ
ψογερὸν Ἀρχίλοχον βαρυλόγοις ἔχθεσιν   55
πιαινόμενον· τὸ πλουτεῖν δὲ σὺν τύχᾳ
  πότμου σοφίας ἄριστον.

τὺ δὲ σάφα νιν ἔχεις ἐλευθέρᾳ φρενὶ πεπαρεῖν,   *Ἀντ. γ'.*
πρύτανι κύριε πολλᾶν μὲν εὐστεφάνων ἀγυι-
  ᾶν καὶ στρατοῦ. εἰ δέ τις

没有恺丽的祝福他生下倨傲的子嗣,
母子皆独一无双,
　　　既不受人尊敬也不合乎神规。
其生母称他为肯弢洛,他
在培利昂山脚下与莽奈西亚的马　　　　　　　　　45
相交,由此生出奇异的
一族,像
其双亲:下身
　　　像母,上身像父。

神能如愿成就人一切目的,　　　　　　　　　【正转丙】
神能赶上生羽之雕,亦能
　　　快过海中　　　　　　　　　　　　　　50
海豚,还能击垮任何心气高傲的凡人,
再赐予其余的人不老的名望;我则须
避免对恶语使用暴烈毒螫。
因为我看到虽是很久前好讪谤的阿耳喀罗库
往往在无计可施时食恶语的　　　　　　　　　55
仇恨而肥;为富而智慧
　　　乃为上上运。

你显然能示之以大度之心,　　　　　　　　　【反转丙】
你这拥有许多为城环围的
　　　街衢和人民的权威君主!若有人

ἤδη κτεάτεσσί τε καὶ περὶ τιμᾷ λέγει
ἕτερόν τιν' ἀν' Ἑλλάδα τῶν πάροιθε γενέσθαι ὑπέρτερον,　　　60
χαύνᾳ πραπίδι παλαιμονεῖ κενεά.
εὐανθέα δ' ἀναβάσομαι στόλον ἀμφ' ἀρετᾷ
κελαδέων. νεοτάτι μὲν ἀρήγει θράσος
δεινῶν πολέμων· ὅθεν φαμὶ καὶ σὲ τὰν
　　　ἀπείρονα δόξαν εὑρεῖν,

τὰ μὲν ἐν ἱπποσόαισιν ἄνδρεσσι μαρνάμενον,　　　Ἐπ. γ'.
　　　τὰ δ' ἐν πεζομάχαισι· βουλαὶ δὲ πρεσβύτεραι　　　65
ἀκίνδυνον ἐμοὶ ἔπος (σὲ) ποτὶ πάντα λόγον
ἐπαινεῖν παρέχοντι. χαῖ-
　　　ρε· τόδε μὲν κατὰ Φοίνισσαν ἐμπολὰν
μέλος ὑπὲρ πολιᾶς ἁλὸς πέμπεται·
τὸ Καστόρειον δ' ἐν Αἰολίδεσσι χορδαῖς θέλων
ἄθρησον χάριν ἑπτακτύπου　　　70
φόρμιγγος ἀντόμενος.
γένοι', οἷος ἐσσὶ μαθών.
　　　καλός τοι πίθων παρὰ παισίν, αἰεί

καλός. ὁ δὲ Ῥαδάμανθυς εὖ πέπραγεν, ὅτι φρενῶν　　　Στρ. δ'.
ἔλαχε καρπὸν ἀμώμητον, οὐδ' ἀπάταισι θυ-
　　　μὸν τέρπεται ἔνδοθεν,
οἷα ψιθύρων παλάμαις ἕπετ' αἰεὶ βροτῷ.　　　75

说全希腊生过何人

在财产和尊荣上比从前的人更优秀，　　　　　　　　　　60

那便是徒然与海绵样的心智角斗。

我将登上鲜花铺就的旅程好为荣耀贤能

而歌。勇毅于可怕的战争中

能辅助少年，自其中我说虽汝

　　　亦得获未尝经验的荣誉，

或战于御马之士中间，或战于　　　　　　　　　　【副歌丙】

　　　步卒之列；更年长者们的谋策　　　　　　　65

许我以无险的谀辞据所有的

记载来称赞＜你＞。保重！

　　　乐曲越过泛灰的海面

发来，有如蟠尼刻人的货货；

这首埃俄利肠弦上的卡斯陶耳之曲

就请你乐意为了七音　　　　　　　　　　　　　　70

颂琴的优美前来仔细看觑！

既已知你何所是，就愿你是他！

　　　须知在孺子面前猿猱亦美，永远

都美。剌达曼吐过得好，因为他　　　　　　　　【正转丁】

收获了心智的无咎果实，发自内心

　　　不喜阴谋诡计，

即在中伤者的手段里紧跟有死凡人的那类。　　　　75

ἄμαχον κακὸν ἀμφοτεροις διαβολιᾶν ὑποφάτιες,
ὀργαῖς ἀτενὲς ἀλωπέκων ἴκελοι.
κέρδει δὲ τί μάλα τοῦτο κερδαλέον τελέθει;
ἅτε γὰρ ἐννάλιον πόνον ἐχοίσας βαθύν
σκευᾶς ἑτέρας, ἀβάπτιστος εἶμι φελ-
λὸς ὣς ὑπὲρ ἕρκος ἅλμας. 80

ἀδύνατα δ' ἔπος ἐκβαλεῖν κραταιὸν ἐν ἀγαθοῖς *Ἀντ. δ'.*
δόλιον ἀστόν· ὅμως μὰν σαίνων ποτὶ πάντας ἄ-
ταν πάγχυ διαπλέκει.
οὔ οἱ μετέχω θράσεος. φίλον εἴη φιλεῖν·
ποτὶ δ' ἐχθρὸν ἅτ' ἐχθρὸς ἐὼν λύκοιο
δίκαν ὑποθεύσομαι,
ἄλλ' ἄλλοτε πατέων ὁδοῖς σκολιαῖς. 85
ἐν πάντα δὲ νόμον εὐθύγλωσσος ἀνὴρ προφέρει,
παρὰ τυραννίδι, χὠπόταν ὁ λάβρος στρατός,
χὤταν πόλιν οἱ σοφοὶ τηρέωντι. χρὴ
δὲ πρὸς θεὸν οὐκ ἐρίζειν,

ὃς ἀνέχει τοτὲ μὲν τὰ κείνων, τότ' αὖθ' ἑτέροις *Ἐπ. δ'.*
ἔδωκεν μέγα κῦδος. ἀλλ' οὐδὲ ταῦτα νόον
ἰαίνει φθονερῶν· στάθμας δέ τινες ἑλκόμενοι 90
περισσᾶς ἐνέπαξαν ἕλ-
κος ὀδυναρὸν ἑᾷ πρόσθε καρδίᾳ,

给中伤添油加醋者于两造皆是难以克服之恶，

其性格酷似狐狸。

可要说得利，那何样才算甚为得利？

因为正如当网缆的余部

承受海水深处的劳作时，我却漂浮

　　　不没，如同软木在咸水围场。　　　　　　　　　80

巧诈的邦人不可能在高尚者中间抛出　　　【反转丁】

权威之语，而真是在所有人面前摇尾乞怜，

　　　完全是在编织毁灭。

我没有他那样大胆。愿我爱可爱之人，

一如对仇敌我便是仇敌，学狼的

　　　做法去奔袭，

踅步于弯曲之路，时而向此时而向彼。　　　　　85

在一切法统中，直言之士却都挺出：

在君主制里，每当民众嚣譊之时，

在有智者守社稷时。不当

　　　逆神而争，

他时而扶持此辈的运道，时而又赐　　　【副歌丁】

　　　他人以洪福。而这却

燠暖不了嫉妒者的心肠；他们将准绳　　　90

抻得过长，先将痛楚的

　　　伤口插入其心里，

πρὶν ὅσα φροντίδι μητίονται τυχεῖν.
φέρειν δ' ἐλαφρῶς ἐπαυχένιον λαβόντα ζυγόν
ἀρήγει · ποτὶ κέντρον δέ τοι
λακτιζέμεν τελέθει 95
ὀλισθηρὸς οἶμος · ἀδόν-
τα δ' εἴη με τοῖς ἀγαθοῖς ὁμιλεῖν.

ΠΥΘΙΟΝ. Γ'.

ΙΕΡΩΝΙ ΣΥΡΑΚΟΣΙΩΙ

ΚΕΛΗΤΙ.

Ἤθελον Χίρωνά κε Φιλλυρίδαν, Στρ. α'.
εἰ χρεὼν τοῦθ' ἀμετέρας ἀπὸ γλώσσας
 κοινὸν εὔξασθαι ἔπος,
ζώειν τὸν ἀποιχόμενον,
Οὐρανίδα γόνον εὐρυμέδοντα Κρόνου,
 βάσσαισί τ' ἄρχειν Παλίου φῆρ' ἀγρότερον
νόον ἔχοντ' ἀνδρῶν φίλον · οἷος ἐὼν θρέψεν ποτέ 5
τέκτονα νωδυνίας
 ἥμερον γυιαρκέος Ἀσκλαπιόν,
ἥροα παντοδαπᾶν ἀλκτῆρα νούσων.

在得获他们处心积虑策划的那类事之前。

轻松负荷落在颈上的辕轭

能有裨益；而足踢马刺

则确系滑路 95

一条：维愿我

  以与高尚者交游为乐！

匹透赞歌之三

庆叙剌古人希厄戎

辂车赛得胜

我愿菲吕剌之子喀戎 【正转甲】

——倘若共同的祷词应出自

  朕舌而得祝——

那位已逝者尚生，

乌剌诺之子克洛诺统辖式廊的儿子，

  并愿他这位有人类可爱之心的

原野之兽统治培利昂山下的豀谷；像他这样的曾养育过 5

能强身健体祛病解痛的

  温柔将作、阿斯克累庇俄

那位能辟百病的英雄。

τὸν μὲν εὐίππου Φλεγύα θυγάτηρ					*Ἀντ. α'.*
πρὶν τελέσσαι ματροπόλῳ σὺν Ἐλειθυί-
    ᾳ δαμεῖσα χρυσέοις
τόξοισιν ὕπ' Ἀρτέμιδος					10
εἰς Ἀΐδα δόμον ἐν θαλάμῳ κατέβα,
    τέχναις Ἀπόλλωνος. χόλος δ' οὐκ ἀλίθιος
γίνεται παίδων Διός. ἁ δ' ἀποφλαυρίξαισά μιν
ἀμπλακίαισι φρενῶν,
    ἄλλον αἴνησεν γάμον κρύβδαν πατρός,
πρόσθεν ἀκερσεκόμᾳ μιχθεῖσα Φοίβῳ,

καὶ φέροισα σπέρμα θεοῦ καθαρόν					*Ἐπ. α'.*
οὐκ ἔμειν' ἐλθεῖν τράπεζαν νυμφίαν,					16
οὐδὲ παμφώνων ἰαχὰν ὑμεναίων, ἅλικες
οἷα παρθένοι φιλέοισιν ἑταῖραι
ἑσπερίαις ὑποκουρίζεσθ' ἀοιδαῖς · ἀλλά τοι
ἤρατο τῶν ἀπεόντων · οἷα καὶ πολλοὶ πάθον.					20
ἔστι δὲ φῦλον ἐν ἀνθρώποισι ματαιότατον,
ὅστις αἰσχύνων ἐπιχώρια παπταίνει τὰ πόρσω,
μεταμώνια θηρεύων ἀκράντοις ἐλπίσιν.

ἔσχε τοι ταύταν μεγάλαν ἀυάταν					*Στρ. β'.*
καλλιπέπλου λῆμα Κορωνίδος · ἐλθόν-
    τος γὰρ εὐνάσθη ξένου					25

牧圉庞庞骏马的芙勒圭阿的女儿 　　　　　　　　　　　【反转甲】
为阿耳太米的金弓所降，在侍母的
　　　厄雷退娅护持下
弥月诞下他之前， 　　　　　　　　　　　　　　　　10
因阿波罗之术，她在燕寝便下降
　　　至哈伊逯府上。宙斯子女的怒气
并不徒生。她出于内心的罪孽
而蔑视他，
　　　瞒着父亲许下另一宗婚事，
此前她尝与未薙发的蟠玻相交，

并怀上这位神的无垢种子； 　　　　　　　　　　　【副歌甲】
她没等合卺之宴到来， 　　　　　　　　　　　　　　16
也没等齐音的婚歌咏唱声起——她的同伴、
同龄的闺女们爱以这样的
黄昏歌咏柔语谑称；而是
欲求那些不在的：多少人所遭正是这样的灾难。 　　　20
人类中有一伙最是虚妄，
他《《们》》以本土为耻，眼盯着远方，
怀着不可能结果的希望追虚逐妄。

身着美丽长袍的哥娄妮的任性 　　　　　　　　　　【正转乙】
招致这样大的惩罚，因为她与
　　　来自阿耳卡狄亚的 　　　　　　　　　　　　25

λέκτροισιν ἀπ' Ἀρκαδίας.
οὐδ' ἔλαθε σκοπόν· ἐν δ' ἄρα μηλοδόκῳ
    Πυθῶνι τόσσαις ἄιεν ναοῦ βασιλεύς
Λοξίας, κοινᾶνι παρ' εὐθυτάτῳ γνώμαν πιθών,
πάντα ἰσάντι νόῳ·
    ψευδέων δ' οὐχ ἅπτεται, κλέπτει τέ μιν
οὐ θεὸς οὐ βροτὸς ἔργοις οὔτε βουλαῖς.   30

καὶ τότε γνοὺς Ἴσχυος Εἰλατίδα   *Ἀντ. β'.*
ξεινίαν κοίταν ἄθεμίν τε δόλον, πέμ-
    ψεν κασιγνήταν μένει
θυίοισαν ἀμαιμακέτῳ
ἐς Λακέρειαν, ἐπεὶ παρὰ Βοιβιάδος
    κρημνοῖσιν ᾤκει παρθένος· δαίμων δ' ἕτερος
ἐς κακὸν τρέψαις ἐδαμάσσατό νιν, καὶ γειτόνων   35
πολλοὶ ἐπαῦρον, ἁμᾶ
    δ' ἔφθαρεν· πολλὰν δ' ὄρει πῦρ ἐξ ἑνός
σπέρματος ἐνθορὸν ἀίστωσεν ὕλαν.

ἀλλ' ἐπεὶ τείχει θέσαν ἐν ξυλίνῳ   *Ἐπ. β'.*
σύγγονοι κούραν, σέλας δ' ἀμφέδραμεν
λάβρον Ἁφαίστου, τότ' ἔειπεν Ἀπόλλων· 'Οὐκέτι   40
τλάσομαι ψυχᾷ γένος ἁμὸν ὀλέσσαι
οἰκτροτάτῳ θανάτῳ ματρὸς βαρείᾳ σὺν πάθᾳ.'

异邦人同榻而眠。

她没能逃过斥候的注意，在受牵的

   匹透，为适在庙中的黄道之王

看到，他依最正直的报信者、他无所不知的心之所见，

说服了《自己的》判断：

   他不拥抱伪言，无论神祇抑或凡人皆不可

骗他，实事不行，策划也不行。   30

那时他知道了厄拉托之子伊斯徐   【反转乙】

那异邦人的床榻和非法的背叛，

   便派狂怒的女兄

携无以抵抗的威力

来到拉科瑞亚，在那闺女既已住在

   包比亚湖畔之后。别类的精灵

引导她步入罪恶，驯服了她：人多   35

为近邻所波及，与之

   同遭毁灭。山上有一粒火种

迸出，大火便可毁灭许多树林。

然而亲属既已将此女停在   【副歌乙】

薪积上，赫费斯托的烈焰

遂包围了她，那时阿波罗说："我心里   40

再也忍不了将我的后嗣在深

难中毁灭于其母可怜的死亡里！"

ὣς φάτο· βάματι δ' ἐν πρώτῳ κιχὼν παῖδ' ἐκ νεκροῦ
ἅρπασε· καιομένα δ' αὐτῷ διέφαινε πυρά.
καί ῥά μιν Μάγνητι φέρων πόρε Κενταύρῳ διδάξαι 45
πολυπήμονας ἀνθρώποισιν ἰᾶσθαι νόσους.

τοὺς μὲν ὦν, ὅσσοι μόλον αὐτοφύτων   *Στρ. γ'.*
ἑλκέων ξυνάονες, ἢ πολιῷ χαλκῷ μέλη τετρωμένοι
ἢ χερμάδι τηλεβόλῳ,
ἢ θερινῷ πυρὶ περθόμενοι δέμας ἢ
    χειμῶνι, λύσαις ἄλλον ἀλλοίων ἀχέων 50
ἔξαγεν, τοὺς μὲν μαλακαῖς ἐπαοιδαῖς ἀμφέπων,
τοὺς δὲ προσανέα πί-
νοντας, ἢ γυίοις περάπτων πάντοθεν
φάρμακα, τοὺς δὲ τομαῖς ἔστασεν ὀρθούς·

ἀλλὰ κέρδει καὶ σοφία δέδεται.   *Ἀντ. γ'.*
ἔτραπεν καὶ κεῖνον ἀγάνορι μισθῷ
    χρυσὸς ἐν χερσὶν φανείς 55
ἄνδρ' ἐκ θανάτου κομίσαι
ἤδη ἁλωκότα· χερσὶ δ' ἄρα Κρονίων
    ῥίψαις δι' ἀμφοῖν ἀμπνοὰν στέρνων κάθελεν
ὠκέως, αἴθων δὲ κεραυνὸς ἐνέσκιμψεν μόρον.
χρὴ τὰ ἐοικότα πὰρ
    δαιμόνων μαστευέμεν θναταῖς φρασὶν

他这样说着，便将燃烧的火苗自自身拨开，
一步跨过，自她的尸身里抢走儿子。
遂又带他去见莽奈西亚的肯弢洛，要求教他　　　　　45
治疗人类身上多生痛患的疾病。

他们中那些与自发的创口　　　　　　　　　　【正转丙】
为伴者来了，其肢体或为灰铜所残，
或为远掷的石子，
其皮肤或为暑天的炎火所伤，
　　　或为冬天，他以缓解将各人　　　　　　　　50
从各自的病患中救下，一些人他用温柔的唱咒疗治，
一些人则喝下镇痛的
　　　汤剂，他或是将药严实敷在
肢体上，另一些人他则以刳割矫正。

然而智慧为利所系。　　　　　　　　　　　　【反转丙】
手中露出的黄金以丰厚的
　　　酬资诱使他　　　　　　　　　　　　　　55
将已被掳去之人自死亡里
带回；发自克洛诺之子的双手，
　　　喷火的雷霆穿透二人的胸膛
投下死亡，登时灭了他们的生息。
凡人心里应自神明处
　　　寻求恰如其分者，

γνόντα τὸ πὰρ ποδός, οἵας εἰμὲν αἴσας. 60

μή, φίλα ψυχά, βίον ἀθάνατον   *Ἐπ. γ'.*
σπεῦδε, τὰν δ' ἔμπρακτον ἄντλει μαχανάν.
εἰ δὲ σώφρων ἄντρον ἔναι' ἔτι Χίρων, καί τί οἱ
φίλτρον ⟨ἐν⟩ θυμῷ μελιγάρυες ὕμνοι
ἁμέτεροι τίθεν, ἰατῆρά τοί κέν μιν πίθον   65
καί νυν ἐσλοῖσι παρασχεῖν ἀνδράσιν θερμᾶν νόσων
ἤ τινα Λατοΐδα κεκλημένον ἢ πατέρος.
καί κεν ἐν ναυσὶν μόλον Ἰονίαν τάμνων θάλασσαν
Ἀρέθοισαν ἐπὶ κράναν παρ' Αἰτναῖον ξένον,

ὃς Συρακόσσαισι νέμει βασιλεύς,   *Στρ. δ'.*
πραῢς ἀστοῖς, οὐ φθονέων ἀγαθοῖς, ξεί-
   νοις δὲ θαυμαστὸς πατήρ.   71
τῷ μὲν διδύμας χάριτας
εἰ κατέβαν ὑγίειαν ἄγων χρυσέαν
   κῶμόν τ' ἀέθλων Πυθίων αἴγλαν στεφάνοις,
τοὺς ἀριστεύων Φερένικος ἕλεν Κίρρᾳ ποτέ,
ἀστέρος οὐρανίου
   φαμὶ τηλαυγέστερον κείνῳ φάος   75
ἐξικόμαν κε βαθὺν πόντον περάσαις.

ἀλλ' ἐπεύξασθαι μὲν ἐγὼν ἐθέλω   *Ἀντ. δ'.*

须知足前方是命中应得。 60

切毋——我的亲心！——热衷不死的 【副歌丙】
生活！而要穷尽实际的利用！
假若明智的喀戎仍居穴中，而我们
旋律优美的颂歌＜在＞人心中能成就
什么魅惑，我会说服他 65
现在就给患热症的高贵之士寻个医师，
或是某个依累陶之子而名者，或是依其父者。
我会在舟中割裂伊奥尼亚海
作为宾客来到埃特纳的阿惹推撒泉边，

王守叙剌古， 【正转丁】
待民温和，不妒良善，待
　　异邦人如令人景仰的父亲。 71
若我抵达，
给他携来双重惠赠，黄金的
　　健康和欢庆，给匹透赛会的叶冠 ＜＜增添的＞＞ 光彩，
即那匹速冠群马的得胜于基耳剌所尝赢得者，
我要说，我会
　　作为天上光辉更远的星光 75
跨越深海前来降临他。

而我愿向神母 【反转丁】

Ματρί, τὰν κοῦραι παρ' ἐμὸν πρόθυρον σὺν
    Πανὶ μέλπονται θαμά
σεμνὰν θεὸν ἐννύχιαι.
εἰ δὲ λόγων συνέμεν κορυφάν, Ἱέρων,
    ὀρθὰν ἐπίστᾳ, μανθάνων οἶσθα προτέρων· 80
ἓν παρ' ἐσλὸν πήματα σύνδυο δαίονται βροτοῖς
ἀθάνατοι. τὰ μὲν ὦν
    οὐ δύνανται νήπιοι κόσμῳ φέρειν,
ἀλλ' ἀγαθοί, τὰ καλὰ τρέψαντες ἔξω.

τὶν δὲ μοῖρ' εὐδαιμονίας ἕπεται.   Ἐπ. δ'.
λαγέταν γάρ τοι τύραννον δέρκεται, 85
εἴ τιν' ἀνθρώπων, ὁ μέγας πότμος. αἰὼν δ' ἀσφαλής
οὐκ ἔγεντ' οὔτ' Αἰακίδᾳ παρὰ Πηλεῖ
οὔτε παρ' ἀντιθέῳ Κάδμῳ· λέγονται μὰν βροτῶν
ὄλβον ὑπέρτατον οἳ σχεῖν, οἵτε καὶ χρυσαμπύκων
μελπομενᾶν ἐν ὄρει Μοισᾶν καὶ ἐν ἑπταπύλοις 90
ἄιον Θήβαις, ὁπόθ' Ἁρμονίαν γᾶμεν βοῶπιν,
ὁ δὲ Νηρέος εὐβούλου Θέτιν παῖδα κλυτάν,

καὶ θεοὶ δαίσαντο παρ' ἀμφοτέροις,   Στρ. ε'.
καὶ Κρόνου παῖδας βασιλῆας ἴδον χρυ-
    σέαις ἐν ἕδραις, ἕδνα τε
δέξαντο· Διὸς δὲ χάριν 95

许愿，向闺女们夜间在我路门前
　　　　常同潘以歌舞
欢庆的那位可畏的女神。
若你懂得如何理解话语的正直首义，希厄戎！
　　　　我自前辈那里听说得知，　　　　　　　　　　80
伴随每一桩好事不死的天神都分给凡人
两项惨事。其中前者
　　　　蠢人不会得体地承荷，
而高尚之士却能将美事外翻。

幸运的命分跟随着你。　　　　　　　　　【副歌丁】
因为它看觑民尹君主，　　　　　　　　　　　　　85
倘若大运道看觑任何人类。坚固的寿命
并未降临埃亚哥之子培琉，
也未光顾伴神的卡得谟：然而人们说他们拥有
必死凡人的至高福禧，既然他们甚至得见
头戴金饰的妙撒在山上和在七门台拜　　　　　　　90
载歌载舞，当一个娶了牛眼的哈耳谟尼娅、
另一个娶了多谋的奈柔闻名的女儿忒提之时。

众神出席了二人的婚筵，　　　　　　　　【正转戊】
而他俩则得睹金座上克洛诺
　　　　为王的诸子，还收了
份子。多亏宙斯，　　　　　　　　　　　　　　　95

ἐκ προτέρων μεταμειψάμενοι καμάτων
 ἔστασαν ὀρθὰν καρδίαν. ἐν δ' αὖτε χρόνῳ
τὸν μὲν ὀξείαισι θύγατρες ἐρήμωσαν πάθαις
εὐφροσύνας μέρος αἱ
 τρεῖς · ἀτὰρ λευκωλένῳ γε Ζεὺς πατὴρ
ἤλυθεν ἐς λέχος ἱμερτὸν Θυώνᾳ.

τοῦ δὲ παῖς, ὄνπερ μόνον ἀθανάτα   *Ἀντ. ε'*.
τίκτεν ἐν Φθίᾳ Θέτις, ἐν πολέμῳ τό-
 ξοις ἀπὸ ψυχὰν λιπών   101
ὦρσεν πυρὶ καιόμενος
ἐκ Δαναῶν γόον. εἰ δὲ νόῳ τις ἔχει
 θνατῶν ἀλαθείας ὁδόν, χρὴ πρὸς μακάρων
τυγχάνοντ' εὖ πασχέμεν ἄλλοτε δ' ἀλλοῖαι πνοαί
ὑψιπετᾶν ἀνέμων.
 ὄλβος οὐκ ἐς μακρὸν ἀνδρῶν ἔρχεται   105
σάος, πολὺς εὖτ' ἂν ἐπιβρίσαις ἕπηται.

σμικρὸς ἐν σμικροῖς, μέγας ἐν μεγάλοις   *Ἐπ. ε'*.
ἔσσομαι, τὸν δ' ἀμφέποντ' αἰεὶ φρασίν
δαίμον' ἀσκήσω κατ' ἐμὰν θεραπεύων μαχανάν.
εἰ δέ μοι πλοῦτον θεὸς ἁβρὸν ὀρέξαι,   110
ἐλπίδ' ἔχω κλέος εὑρέσθαι κεν ὑψηλὸν πρόσω.
Νέστορα καὶ Λύκιον Σαρπηδόν', ἀνθρώπων φάτις,

自从前的困苦中转变了的

　　　这二人将心昂起。随时间

推移，三个女儿再次在剧烈的痛苦中剥夺了

<<他们中>> 一位的福分，

　　　然而父宙斯又同白臂的

吐奥娜登上渴望的床笫。

另一人之子、不死的忒提在芙谛亚　　　　　　　【反转戊】

所生的独子，在战争中

　　　命丧弓矢，　　　　　　　　　　　　　　　101

为火点燃后，他

自达纳俄之民中间激发恸声。若有凡人心中

　　　有真理之道，便应坦然

接受有福者们的机缘际会。各时吹嘘各样

高飞的风暴狂飙。

　　　人类的福禧来得不会长久　　　　　　　　105

安稳，当它因量大而重重落下时。

我将在小即小，在大则　　　　　　　　　　　【副歌戊】

大，心中尊崇始终

护佑的神明，尽我之力侍奉他。

若神将堂皇的财富交与我，　　　　　　　　　110

我就有希望日后赢得至高的声名。

涅斯陶耳和吕基亚王撒耳培冬，这些人间的传说，

ἐξ ἐπέων κελαδεννῶν, τέκτονες οἷα σοφοί
ἅρμοσαν, γινώσκομεν· ἁ δ' ἀρετὰ κλειναῖς ἀοιδαῖς
χρονία τελέθει· παύροις δὲ <u>πράξασθ</u>' εὐμορές. 115

ΠΥΘΙΟΝ. Δ'.

ΑΡΚΕΣΙΛΑΩΙ ΚΥΡΗΝΑΙΩΙ

ΑΡΜΑΤΙ.

Σάμερον μὲν χρή σε παρ' ἀνδρὶ φίλῳ   *Στρ. α'.*
στάμεν, εὐίππου βασιλῆι Κυράνας,
    ὄφρα κωμάζοντι σὺν Ἀρκεσίλᾳ,
Μοῖσα, Λατοίδαισιν ὀφειλόμενον Πυ-
    θῶνί τ' αὔξῃς οὖρον ὕμνων,
ἔνθα ποτὲ χρυσέων Διὸς αἰετῶν πάρεδρος
οὐκ ἀποδάμου Ἀπόλλωνος τυχόντος ἱέρεα   5
χρῆσεν οἰκιστῆρα Βάττον
    καρποφόρου Λιβύας, ἱερὰν
νᾶσον ὡς ἤδη λιπὼν κτίσσειεν εὐάρματον
πόλιν ἐν ἀργεννόεντι μαστῷ,

καὶ τὸ Μηδείας ἔπος ἀγκομίσαι   *Ἀντ. α'.*

乃是借助喧哗的诗句为智慧的匠作

连缀起来《后》，方为我们得知；持久的贤能存在于

名歌里，能轻易得之者却甚鲜。　　　　　　　　　115

匹透赞歌之四

庆居热奈人阿耳科西拉

赛车得胜

今日当置你于那亲爱的人、　　　　　　　　　【正转甲】

牧囿庞庞骏马的居热奈王身边，

　　　好让你同欢庆的阿耳科西拉一道，

妙撒！大扇该欠累陶子女

　　　和匹透的颂歌之风；

在那里端坐于宙斯的金雕旁、

适巧未离其乡的阿波罗的女巫　　　　　　　　　　　5

曾预言巴特托将是丰产的

　　　利比亚的定居者，以使他

在既已离弃圣岛之后，可在白亮的山上

立一座善御良车之城，

且在七又十代身上应验　　　　　　　　　　　【反转甲】

ἑβδόμᾳ καὶ σὺν δεκάτᾳ γενεᾷ Θή-
    ραιον, Αἰήτα τό ποτε ζαμενής 10
παῖς ἀπέπνευσ' ἀθανάτου στόματος, δέσ-
    ποινα Κόλχων. εἶπε δ' οὕτως
ἡμιθέοισιν Ἰάσονος αἰχματᾶο ναύταις·
'Κέκλυτε, παῖδες ὑπερθύμων τε φωτῶν καὶ θεῶν·
φαμὶ γὰρ τᾶσδ' ἐξ ἁλιπλά-
    κτου ποτὲ γᾶς Ἐπάφοιο κόραν
ἀστέων ῥίζαν φυτεύσεσθαι μελησιμβρότων 15
Διὸς ἐν Ἄμμωνος θεμέθλοις.

ἀντὶ δελφίνων δ' ἐλαχυπτερύγων ἵπ-   *Ἐπ. α'.*
    πους ἀμείψαντες θοάς,
ἁνία τ' ἀντ' ἐρετμῶν δί-
    φρους τε νωμάσοισιν ἀελλάποδας.
κεῖνος ὄρνις ἐκτελευτάσει μεγαλᾶν πολίων
ματρόπολιν Θήραν γενέσθαι, τόν ποτε
    Τριτωνίδος ἐν προχοαῖς 20
λίμνας θεῷ ἀνέρι εἰδομένῳ γαῖαν διδόντι
ξείνια πρώραθεν Εὔφαμος καταβαὶς
δέξατ' — αἰσίαν δ' ἐπί οἱ Κρονίων
    Ζεὺς πατὴρ ἔκλαγξε βροντάν —,

ἁνίκ' ἄγκυραν ποτὶ χαλκόγενυν   *Στρ. β'.*

台剌岛上美狄亚的谶语，
   那是埃艾底精神抖擞的   10
女儿、哥尔喀人的女主，
   自不死的口中所曾吐出的。她对
执矛武士伊阿宋的半神舟子们这般说道：
"听真，心气高昂的人和神的诸子！
因为我要告诉你们自海水拍击的
   这块土地，厄帕弗之女，
为人所珍的城邑之根，有朝一日将被植   15
于唵蒙 宙斯的地基界内。

人们将把短鳍的   【副歌甲】
   海豚易换为快马，
施御双辔和飙蹄的
   舆车而非桨叶。
这预兆将导致大都会中
母邦台剌的诞生，到那时
   她会为从船艏走下的欧苇谟   20
在特里陶尼湖泄水口自看去似人的
赠与土块的神手中作为赘礼
接受：克洛诺之子
   父宙斯作为吉兆给他劈了一声响雷，

恰当他们将生铜齿的锚   【正转乙】

ναῒ κριμνάντων ἐπέτοσσε, θοᾶς Ἀρ-
  γοῦς χαλινόν· δώδεκα δὲ πρότερον   25
ἀμέρας ἐξ Ὠκεανοῦ φέρομεν νώ-
  των ὕπερ γαίας ἐρήμων
ἐννάλιον δόρυ, μήδεσιν ἀνσπάσσαντες ἀμοῖς.
τουτάκι δ' οἰοπόλος δαίμων ἐπῆλθεν, φαιδίμαν
ἀνδρὸς αἰδοίου πρόσοψιν
  θηκάμενος· φιλίων δ' ἐπέων
ἄρχετο, ξείνοις ἅ τ' ἐλθόντεσσιν εὐεργέται   30
δεῖπν' ἐπαγγέλλοντι πρῶτον.

ἀλλὰ γὰρ νόστου πρόφασις γλυκεροῦ   *Ἀντ. β'.*
κώλυεν μεῖναι. φάτο δ' Εὐρύπυλος Γαι-
  αόχου παῖς ἀφθίτου Ἐννοσίδα
ἔμμεναι· γίνωσκε δ' ἐπειγομένους· ἂν
  δ' εὐθὺς ἁρπάξαις ἀρούρας
δεξιτερᾷ προτυχὸν ξένιον μάστευσε δοῦναι,   35
οὐδ' ἀπίθησέ ἱν, ἀλλ' ἥρως ἐπ' ἀκταῖσιν θορών,
χειρί οἱ χεῖρ' ἀντερείσαις
  δέξατο βώλακα δαιμονίαν.
πεύθομαι δ' αὐτὰν κατακλυσθεῖσαν ἐκ δούρατος
ἐναλίαν βᾶμεν σὺν ἅλμᾳ

ἑσπέρας ὑγρῷ πελάγει σπομέναν. ἦ   *Ἐπ. β'.*

——阿耳戈锋利的衔镳——曳起
　　　　到舟上之时；此前十二日 25
我们一直在转输海航的木舟于大地的
　　　　荒凉脊背上面，
依我的谏议将它自汪洋中拖上陆地以后。
这时有位神明独自前来，化作
一位受人敬畏之人的
　　　　光鲜模样，主动说些
惬人心意之言，一如恩主 30
给到来的异邦人供给馔食时首先要说的话。

然而甜蜜的还乡借口　　　　　　　　【反转乙】
妨碍我们停留。他自称是掣地君、
　　　　不死的地动神之子
欧茹袤罗，他看出我们在赶路，
　　　　便用右手径直抓了一抔
土，想要赐予我们作顺手的赘礼； 35
那位英雄并未不依从他，而是跳到悬崖上，
手把手接受了
　　　　来自神明的土块。
我听说此物自舟中
为向夕时的咸水冲入海里，

逐海波而流。我　　　　　　　　　　【副歌乙】

μάν νιν ὤτρυνον θαμά 40
λυσιπόνοις θεραπόντεσ-
    σιν φυλάξαι· τῶν δ' ἐλάθοντο φρένες
καί νυν ἐν τᾷδ' ἄφθιτον νάσῳ κέχυται Λιβύας
εὐρυχόρου σπέρμα πρὶν ὥρας. εἰ γὰρ οἴ-
    κοι νιν βάλε πὰρ χθόνιον
Ἀίδα στόμα, Ταίναρον εἰς ἱερὰν Εὔφαμος ἐλθών,
υἱὸς ἱππάρχου Ποσειδάωνος ἄναξ, 45
τόν ποτ' Εὐρώπα Τιτυοῦ θυγάτηρ
    τίκτε Καφισοῦ παρ' ὄχθαις,

τετράτων παίδων κ'ἐπιγεινομένων Στρ. γ'.
αἷμά οἱ κείναν λάβε σὺν Δαναοῖς εὐ-
    ρεῖαν ἄπειρον. τότε γὰρ μεγάλας
ἐξανίστανται Λακεδαίμονος Ἀργεί-
    ου τε κόλπου καὶ Μυκηνᾶν.
νῦν γε μὲν ἀλλοδαπᾶν κριτὸν εὑρήσει γυναικῶν 50
ἐν λέχεσιν γένος, οἵ κεν τάνδε σὺν τιμᾷ θεῶν
νᾶσον ἐλθόντες τέκωνται
    φῶτα κελαινεφέων πεδίων
δεσπόταν· τὸν μὲν πολυχρύσῳ ποτ' ἐν δώματι
Φοῖβος ἀμνάσει θέμισσιν

Πύθιον ναὸν καταβάντα χρόνῳ Ἀντ. γ'.

> 确乎一再提醒 40
歇了工的舟子们去守护它；
> 可他们的心思疏忽了，
现在便于此岛提前洒出式廓广袤的
利比亚的不死种子。因为假若
> 欧苕谟在家乡将其抛
在哈伊逮的地下入口，那么在来到泰纳洛圣地之后，
这位王，——围马的波塞冬之子， 45
曩时提图俄之女欧罗巴
> 在卡菲所河堤上所生——，

其后四代所生子女中的 【正转丙】
一位血胤，便会伙同达纳俄之民一起
> 占据那片广袤的大陆；因为那时他们
正自大拉科代蒙和阿耳高湾
> 以及缪刻乃的溪谷迁徙出来。
而如今他将在异族妇人们的床榻上寻觅 50
杰出的子嗣，他们将赖神的宠幸
抵达此岛，要生下
> 一位坐拥乌云笼罩下的
平原的主人：他，蟠玻在富有黄金的府第里
将借神谶提醒，当他

未来有朝一日走进 【反转丙】

ὑστέρῳ, νάεσσι πολεῖς ἀγαγεν Νεί-
λοιο πρὸς πῖον τέμενος Κρονίδα. '   56
ἦ ῥα Μηδείας ἐπέων στίχες. ἔπτα-
ξαν δ' ἀκίνητοι σιωπᾷ
ἥροες ἀντίθεοι πυκινὰν μῆτιν κλύοντες.
ὦ μάκαρ υἱὲ Πολυμνάστου, σὲ δ' ἐν τούτῳ λόγῳ
χρησμὸς ὤρθωσεν μελίσσας
Δελφίδος αὐτομάτῳ κελάδῳ·   60
ἅ σε χαίρειν ἐστρὶς αὐδάσαισα πεπρωμένον
βασιλέ' ἄμφανεν Κυράνᾳ,

δυσθρόου φωνᾶς ἀνακρινόμενον ποι-   Ἐπ. γ'.
νὰ τίς ἔσται πρὸς θεῶν.
ἦ μάλα δὴ μετὰ καὶ νῦν,
ὥτε φοινικανθέμου ἦρος ἀκμᾷ,
παισὶ τούτοις ὄγδοον θάλλει μέρος Ἀρκεσίλας·   65
τῷ μὲν Ἀπόλλων ἅ τε Πυθὼ κῦδος ἐξ
Ἀμφικτιόνων ἔπορεν
ἱπποδρομίας. ἀπὸ δ' αὐτὸν ἐγὼ Μοίσαισι δώσω
καὶ τὸ πάγχρυσον νάκος κριοῦ· μετὰ γὰρ
κεῖνο πλευσάντων Μινυᾶν, θεόπομ-
ποί σφισιν τιμαὶ φύτευθεν.

τίς γὰρ ἀρχὰ δέξατο ναυτιλίας,   Στρ. δ'.

匹透庙中的时候，要《他》以舟运载众人

　　　　到尼罗河畔克洛诺之子的富饶圣地。"　　　　　　56
这便是美狄娅的谶谣。听到

　　　　这精明的谕旨，俦神的英雄们
在沉默中戄觫不敢移动。
哦，波仑奈斯托蒙福的儿子！在这番话中，
这位德尔鳍蜜蜂的谶语

　　　　以自发的清澈声音将你揄扬；　　　　　　　　60
她向你三次致敬，称你为膺运的，
宣布你为居热奈王，

当你求卜，问对五音不全，　　　　　　　　　【副歌丙】

　　　　自神那里将有何禳解时。
再后来也就是现在，

　　　　正像在红花绽放的芳春正浓之时，
那些后嗣中的第八代阿耳科西拉盛开了；　　　　　65
阿波罗和匹透赐予他在诸邻盟部的
赛马中的荣耀。他我将献给妙撒，
连同羝羊的纯金之毛；因为为了
它，在米内阿人扬帆远航之时，

　　　　有天赐的尊贵为他们种下。

因为《他们》究竟遭遇了何样的航行之始？　　【正转丁】

τίς δε κίνδυνος κρατεροῖς ἀδάμαντος
  δῆσεν ἅλοις; θέσφατον ἦν Πελίαν   71
ἐξ ἀγαυῶν Αἰολιδᾶν θανέμεν χεί-
  ρεσσιν ἢ βουλαῖς ἀκνάμπτοις.
ἦλθε δέ οἱ κρυόεν πυκινῷ μάντευμα θυμῷ,
πὰρ μέσον ὀμφαλὸν εὐδένδροιο ῥηθὲν ματέρος
τὸν μονοκρήπιδα πάντως
  ἐν φυλακᾷ σχεθέμεν μεγάλᾳ,   75
εὖτ' ἂν αἰπεινῶν ἀπὸ σταθμῶν ἐς εὐδείελον
χθόνα μόλῃ κλειτᾶς Ἰαολκοῦ,

ξεῖνος αἴτ' ὢν ἀστός. ὁ δ' ἦρα χρόνῳ   *Ἀντ. δ'.*
ἵκετ' αἰχμαῖσιν διδύμαισιν ἀνὴρ ἔκ-
  παγλος· ἐσθὰς δ' ἀμφοτέρα μιν ἔχεν,
ἅ τε Μαγνήτων ἐπιχώριος ἁρμό-
  ζοισα θαητοῖσι γυίοις,   80
ἀμφὶ δὲ παρδαλέᾳ στέγετο φρίσσοντας ὄμβρους·
οὐδὲ κομᾶν πλόκαμοι κερθέντες ᾤχοντ' ἀγλαοί,
ἀλλ' ἅπαν νῶτον καταίθυσ-
  σον. τάχα δ' εὐθὺς ἰὼν σφετέρας
ἐστάθη γνώμας ἀταρβάκτοιο πειρώμενος
ἐν ἀγορᾷ πλήθοντος ὄχλου.   85

τὸν μὲν οὐ γίνωσκον· ὀπιζομένων δ' ἔμ-   *Ἐπ. δ'.*

何样的险难以强力的金刚钉

　　　　楔牢？依神所命，<u>珀利亚</u>要　　　　　　　　　71
死于高贵的<u>埃俄罗</u>族人手上，

　　　　或是死于其不可更改的计谋。
这令人寒颤的、在树木葱茏的地母中脐
发出的卜辞走进他精明的心里：
"要四处紧盯

　　　　足着单屦者，　　　　　　　　　　　　　　75
在他果然自高处的栖身处来到阳光绚丽的
名城<u>伊阿俄尔哥</u>的土地上时，

无论他是异邦人抑或邦民！"此人竟应时　　　　【反转丁】
而至，身携双枪令人生畏；

　　　　他身着重衣，
这身合他惊人身材的衣裳乃是

　　　　<u>莽奈西亚</u>本地装束，　　　　　　　　　　80
其上则裹以豹皮以御四溅的雨水，
锃亮的发卷未曾剪去，
而是呈波浪状披散于整个后背。

　　　　他快速且径直走来，
站在熙熙攘攘的街头，欲要验试
自己的勇敢意志。　　　　　　　　　　　　　　85

人们不认得他；这些心怀敬畏观望他的人中　　　【副歌丁】

πᾶς τις εἶπεν καὶ τόδε·
Οὔ τί πού οὗτος Ἀπόλλων,
    οὐδὲ μὰν χαλκάρματός ἐστι πόσις
Ἀφροδίτας· ἐν δὲ Νάξῳ φαντὶ θανεῖν λιπαρᾷ
Ἰφιμεδείας παῖδας, Ὦτον καὶ σέ, τολ-
    μάεις Ἐπιάλτα ἄναξ.
καὶ μὰν Τιτυὸν βέλος Ἀρτέμιδος θήρευσε κραιπνόν, 90
ἐξ ἀνικάτου φαρέτρας ὀρνύμενον,
ὄφρα τις τᾶν ἐν δυνατῷ φιλοτά-
    των ἐπιψαύειν ἔραται.'

τοὶ μὲν ἀλλάλοισιν ἀμειβόμενοι   Στρ. ε'.
γάρυον τοιαῦτ'· ἀνὰ δ' ἡμίονοι ξε-
    στᾷ τ' ἀπήνᾳ προτροπάδαν Πελίας
ἵκετο σπεύδων· πάφε δ' αὐτίκα παπτά-
    ναις ἀρίγνωτον πέδιλον   95
δεξιτερῷ μόνον ἀμφὶ ποδί. κλέπτων δὲ θυμῷ
δεῖμα προσήνεπε· 'Ποίαν γαῖαν, ὦ ξεῖν', εὔχεαι
πατρίδ' ἔμμεν; καὶ τίς ἀνθρώ-
    πων σε χαμαιγενέων πολιᾶς
ἐξανῆκεν γαστρός; ἐχθίστοισι μὴ ψεύδεσιν
καταμιάναις εἰπὲ γένναν.'   100

有人终于发言，其中说道：
"此得无<u>阿波罗</u>乎？
　　　当非乘铜车的
<u>阿芙洛狄底</u>的情夫！人云<u>伊菲墨戴娅</u>的二子死在
熠熠的<u>纳克所</u>岛上，<u>奥托</u>和你，
　　　狂妄的君王<u>厄庇亚尔底</u>！
还有<u>提图俄</u>也是遭不可战胜的箭筒中　　　　　　　　90
射出的<u>阿耳太米</u>的飞矢猎杀，
好让人只爱在可能的事物中
　　　获取最喜爱的东西。"

他们七嘴八舌彼此　　　　　　　　　　　　　　【正转戊】
这般唠呶不休，<u>珀利亚</u>连忙
　　　乘具骡的髹饰辂车
奔来，一眼看到他易于辨识的
　　　右足所登单屦，　　　　　　　　　　　　　　95
顿时深感震惊。掩饰着心中的
恐惧，他招呼道："哦异乡人！你自称你父国
是哪方土地？地生人类里的哪一个
　　　自苍老的腹中
下了你？勿以最可憎的谎言
来玷污！道出你的家世！"　　　　　　　　　　　　100

τὸν δὲ θαρσήσαις ἀγανοῖσι λόγοις   *Ἀντ. ε'.*
ὧδ' ἀμείφθη · 'Φαμὶ διδασκαλίαν Χί-
    ρωνος οἴσειν. ἀντρόθε γὰρ νέομαι
πὰρ Χαριλοῦς καὶ Φιλύρας, ἵνα Κενταύ-
    ρου με κοῦραι θρέψαν ἁγναί.
εἴκοσι δ' ἐκτελέσαις ἐνιαυτοὺς οὔτε ἔργον
οὔτ' ἔπος ἐκτράπελον κείνοισιν εἰπὼν ἱκόμαν   105
οἴκαδ', ἀρχαίαν κομίζων
    πατρὸς ἐμοῦ, βασιλευομέναν
οὐ κατ' αἶσαν, τάν ποτε Ζεὺς ὤπασεν λαγέτᾳ
Αἰόλῳ καὶ παισὶ τιμάν.

πεύθομαι γάρ νιν Πελίαν ἄθεμιν λευ-   *Ἐπ. ε'.*
    καῖς πιθήσαντα φρασίν
ἁμετέρων ἀποσυλᾶσαι βιαίως ἀρχεδικᾶν τοκέων ·   110
τοί μ', ἐπεὶ πάμπρωτον εἶδον φέγγος, ὑπερφιάλου
ἁγεμόνος δείσαντες ὕβριν, κᾶδος ὡσ-
    είτε φθιμένου δνοφερόν
ἐν δώμασι θηκάμενοι μίγα κωκυτῷ γυναικῶν,
κρύβδα πέμπον σπαργάνοις ἐν πορφυρέοις,
νυκτὶ κοινάσαντες ὁδόν, Κρονίδᾳ
    δὲ τράφεν Χίρωνι δῶκαν.   115

ἀλλὰ τούτων μὲν κεφάλαια λόγων   *Στρ. ϛ'.*

自信的他以柔和的言辞　　　　　　　　　　　　【反转戊】
这样答之曰："我说我要显出
　　　喀戎教诲有方。因为我来自
恺里克牢和菲吕剌家，出于洞窟，在其中
　　　是那肯孥洛无垢的闺女们养育了我。
过了整整二十年，
于行于言皆未曾有过令其　　　　　　　　　　　　　　105
蒙羞者，我 << 如今 >> 回到家来，
　　　以光复我父昔日
不依宙斯曾降于首领埃俄罗及其子女的命运
而被立为王的尊严。

因为我知道无法无天的珀利亚　　　　　　　　【副歌戊】
　　　顺从其暴虐之心，
将其自合法元首、我父母 << 身上 >> 粗暴剥夺；　　110
自我初见天光之日起，他们便
惧怕这位骄横霸主的凶残，就像
　　　在家中为去世者
举办一场阴郁的丧仪，混杂在妇人的嚎啕声中
他们将我裹在紫红襁褓里秘密送出，
将黧夜作了道路的同谋，把我
　　　交给克洛诺之子喀戎抚养。　　　　　　　115

可是你们懂得这些故事的　　　　　　　　　　【正转己】

ἴστε. λευκίππων δὲ δόμους πατέρων, κε-
  δνοὶ πολῖται, φράσσατέ μοι σαφέως ·
Αἴσονος γὰρ παῖς ἐπιχώριος οὐ ξεί-
  ναν ἱκάνω γαῖαν ἄλλων.
φὺρ δέ με θεῖος Ἰάσονα κικλήσκων προσαύδα. '
ὣς φάτο · τὸν μὲν ἐσελθόντ' ἔγνον ὀφθαλμοὶ πατρός ·   120
ἐκ δ' ἄρ' αὐτοῦ πομφόλυξαν
  δάκρυα γηραλέων γλεφάρων,
ἂν περὶ ψυχὰν ἐπεὶ γάθησεν, ἐξαίρετον
γόνον ἰδὼν κάλλιστον ἀνδρῶν.

καὶ κασίγνητοί σφισιν ἀμφότεροι   Ἀντ. ς'.
ἤλυθον κείνου γε κατὰ κλέος · ἐγγὺς
  μὲν Φέρης κράναν Ὑπερῇδα λιπών,   125
ἐκ δὲ Μεσσάνας Ἀμυθάν · ταχέως δ' Ἄ-
  δματος ἷκεν καὶ Μέλαμπος
εὐμενέοντες ἀνεψιόν. ἐν δαιτὸς δὲ μοίρᾳ
μειλιχίοισι λόγοις αὐτοὺς Ἰάσων δέγμενος
ξείνι' ἁρμόζοντα τεύχων
  πᾶσαν εὐφροσύναν τάνυεν
ἀθρόαις πέντε δραπὼν νύκτεσσιν ἔν θ' ἁμέραις   130
ἱερὸν εὐζοίας ἄωτον.

ἀλλ' ἐν ἕκτᾳ πάντα λόγον θέμενος σπου-   Ἐπ. ς'.

主旨！请明白指给我御白马的父辈们的

　　　屋宅，好心的邦民！

因为我是埃宋之子，是本地人，不是

　　　来到了旁人的异国。

那神兽称呼我时叫我伊阿宋。"

他这般说道；走进来时，父亲的双眼认出了他。　　　　　　120

泪水自他衰老的

　　　眼睑中涌出，

因为他看到他出色的儿子是

人中最美而心感欣悦。

他自己的两兄弟听到他的信后　　　　　　　　【反转己】

也来了；斐热离开

　　　旭珀热泉前来之后，　　　　　　　　　　　125

阿缪坦自墨斯撒纳来了；

　　　阿得美托很快也来了，还有墨兰波，

他们向从兄示好。在分内应得的筵席上

伊阿宋以蜜甜的言辞招待他们，

还给了适当的贽礼，

　　　他将欢乐不间断地延长，

享受了整整五日五夜　　　　　　　　　　　　　　130

优乐生活的神明不禁的菁华。

然而在第六日，这人字字严肃地　　　　　　【副歌己】

δαῖον ἐξ ἀρχᾶς ἀνήρ
συγγενέσιν παρεκοινᾶθ᾽·
οἱ δ᾽ ἐπέσποντ᾽. αἶψα δ᾽ ἀπὸ κλισιᾶν
ὦρτο σὺν κείνοισι· καί ῥ᾽ ἦλθον Πελία μέγαρον·
ἐσσύμενοι δ᾽ εἴσω κατέσταν· τῶν δ᾽ ἀκού-
σαις αὐτὸς ὑπαντίασεν   135
Τυροῦς ἐρασιπλοκάμου γενεά· πραῢν δ᾽ Ἰάσων
μαλθακᾷ φωνᾷ ποτιστάζων ὄαρον
βάλλετο κρηπῖδα σοφῶν ἐπέων·
' Παῖ Ποσειδᾶνος Πετραίου,

ἐντὶ μὲν θνατῶν φρένες ὠκύτεραι   Στρ. ζ'.
κέρδος αἰνῆσαι πρὸ δίκας δόλιον τρα-
χεῖαν ἑρπόντων πρὸς ἔπιβδαν ὅμως·   140
ἀλλ᾽ ἐμὲ χρὴ καὶ σὲ θεμισσαμένους ὀρ-
γὰς ὑφαίνειν λοιπὸν ὄλβον.
εἰδότι τοι ἐρέω· μία βοῦς Κρηθεῖ τε μάτηρ
καὶ θρασυμήδεϊ Σαλμωνεῖ· τρίταισιν δ᾽ ἐν γοναῖς
ἄμμες αὖ κείνων φυτευθέν-
τες σθένος ἀελίου χρύσεον
λεύσσομεν. Μοῖραι δ᾽ ἀφίσταιντ᾽, εἴ τις ἔχθρα πέλει   145
ὁμογόνοις αἰδῶ καλύψαι.

οὐ πρέπει νῷν χαλκοτόροις ξίφεσιν   Ἀντ. ζ'.

　　　　将所有事
原原本本都告诉了族人；
　　　　他们都站在他一边。自榻上他遽然
带众人冲出，来到珀利亚的路寝；
冲进来后他们站住。听到
　　　　他们后，生有可爱卷发的　　　　　　　135
图娄之子本人亲自前来迎迓；伊阿宋将柔和的
语音滴在温柔的言辞上，
落下智慧话语的基础：
　　　　"岩神波塞冬之子！

有些有死者的心更热衷　　　　　　　　　　【正转庚】
称赞逾越正义的邪愿之利，
　　　　尽管他们也会挨到难受的节后翌日；　　140
而你我皆应将受节制的
　　　　欲望织作将来之福。
我要说给能解 << 此 >> 的你听：克热拓和胆大心狂的
撒尔蒙纽之母是头母牛，作为他们第三代后裔
所生的我们将依次
　　　　瞻仰太阳的金色
威力。司命将会离场，若同室间的　　　　　145
仇恨遮蔽了孝悌。

你我二人不应以贯铜之剑、　　　　　　　【反转庚】

οὐδ' ἀκόντεσσιν μεγάλαν προγόνων τι-
      μὰν δάσασθαι. μῆλά τε γάρ τοι ἐγώ
καὶ βοῶν ξανθὰς ἀγέλας ἀφίημ' ἀ-
      γρούς τε πάντας, τοὺς ἀπούρας
ἁμετέρων τοκέων νέμεαι πλοῦτον πιαίνων·   150
κού με πονεῖ τεὸν οἶκον ταῦτα πορσύνοντ' ἄγαν·
ἀλλὰ καὶ σκᾶπτον μόναρχον
      καὶ θρόνος, ᾧ ποτε Κρηθεΐδας
ἐγκαθίζων ἱππόταις εὔθυνε λαοῖς δίκας —
τὰ μὲν ἄνευ ξυνᾶς ἀνίας

λῦσον, ἄμμιν μή τι νεώτερον ἐξ αὐ-   Ἐπ. ζ'.
      τῶν ἀναστάῃ κακόν.'   155
ὣς ἄρ' ἔειπεν, ἀκᾷ δ' ἀντ-
      αγόρευσεν καὶ Πελίας· ''Ἔσομαι
τοῖος· ἀλλ' ἤδη με γηραιὸν μέρος ἁλικίας
ἀμφιπολεῖ· σὸν δ' ἄνθος ἥβας ἄρτι κυ-
      μαίνει· δύνασαι δ' ἀφελεῖν
μᾶνιν χθονίων. κέλεται γὰρ ἑὰν ψυχὰν κομίξαι
Φρίξος ἐλθόντας πρὸς Αἰήτα θαλάμους   160
δέρμα τε κριοῦ βαθύμαλλον ἄγειν,
      τῷ ποτ' ἐκ πόντου σαώθη

ἔκ τε ματρυιᾶς ἀθέων βελέων.   Στρ. η'.

亦不应以飞铤来分割先人们的
  伟大荣誉。因为我要交给你
羊群和黄牛，并及
  你在耕种以增殖财富的
属于我父母的所有田地。 150
这些能令你家大发并不让我烦恼，
然而君王的权杖和
  克热拓之子曾坐于其上、
为御马的民族导引正义的御座，——
请将它们放手而不要带常见的

酸楚，以免让什么更诡异的恶事 【副歌庚】
  由此落到你我头上。" 155
他这般说道。而珀利亚
  柔声答曰："我会是
这样的人，然而年岁的衰老之分已
光顾了我，而你的青春花朵却
  方才绽放；你能消
地下幽灵们的激忿。因为芙里克所请求
你我去埃艾底府上将他的灵魂带回， 160
并带回生着厚毛的羝羊皮，
  靠着它他曾在海上得救，

也得免于为能发欺神灭道箭镞的继母所害。 【正转辛】

ταῦτά μοι θαυμαστὸς ὄνειρος ἰὼν φω-
    νεῖ. μεμάντευμαι δ' ἐπὶ Κασταλίᾳ,
εἰ μετάλλατόν τι · καὶ ὡς τάχος ὀτρύ-
    νει με τεύχειν ναῒ πομπάν.
τοῦτον ἄεθλον ἑκὼν τέλεσον · καί τοι μοναρχεῖν   165
καὶ βασιλευέμεν ὄμνυμι προήσειν. καρτερὸς
ὅρκος ἄμμιν μάρτυς ἔστω
    Ζεὺς ὁ γενέθλιος ἀμφοτέροις. '
σύνθεσιν ταύταν ἐπαινήσαντες οἱ μὲν κρίθεν ·
ἀτὰρ Ἰάσων αὐτὸς ἤδη

ὤρνυεν κάρυκας ἐόντα πλόον   Ἀντ. η'.
φαινέμεν παντᾷ. τάχα δὲ Κρονίδαο
    Ζηνὸς υἱοὶ τρεῖς ἀκαμαντομάχαι   171
ἦλθον Ἀλκμήνας θ' ἑλικογλεφάρου Λή-
    δας τε, δοιοὶ δ' ὑψιχαῖται
ἀνέρες, Ἐννοσίδα γένος, αἰδεσθέντες ἀλκάν,
ἔκ τε Πύλου καὶ ἀπ' ἄκρας Ταινάρου · τῶν μὲν κλέος
ἐσλὸν Εὐφάμου τ' ἐκράνθη
    σόν τε, Περικλύμεν' εὐρυβία.   175
ἐξ Ἀπόλλωνος δὲ φορμιγκτὰς ἀοιδᾶν πατὴρ
ἔμολεν, εὐαίνητος Ὀρφεύς.

πέμψε δ' Ἑρμᾶς χρυσόραπις διδύμους υἱ-   Ἐπ. η'.

这都是一个奇异的梦前来与我

　　　所言。我曾在卡斯塔利亚泉边问卜，
问是否有何事需要核查；它促我

　　　尽快备好乘舟的使团。
请甘愿完成这个任务！我就此发誓： 165
你将为君独辖！就让
你我的祖先宙斯作

　　　此誓言的强大见证！"
他们准了这个合约后便分别了，
而伊阿宋已自行

命道人到处晓谕人们行将有这样 【反转辛】
一次航行。很快克洛诺之子

　　　宙斯的三个战而不倦的儿子 171
便前来——其母分别是转眄流睛的阿尔克美奈和

　　　累达，——还有两个盘发
男儿，地震君的推崇勇毅的子嗣，
分别来自匹罗和高耸的泰纳洛；这些人的
令誉，欧苇谟和你的！横扫一切的

　　　珀里克吕墨诺！得以应验。 175
而颂琴师、咏歌之父、饱受赞誉的俄耳甫
则自阿波罗那里前来。

执金杖的贺耳美也派他的 【副歌辛】

οὓς ἐπ' ἄτρυτον πόνον,
τὸν μὲν Ἐχίονα, κεχλά-
   δοντας ἥβᾳ, τὸν δ' Ἔρυτον. ταχέες
ἀμφὶ Παγγαίου θεμέθλοις ναιετάοντες ἔβαν,   180
καὶ γὰρ ἑκὼν θυμῷ γελανεῖ θᾶσσον ἔν-
   τυνεν βασιλεὺς ἀνέμων
Ζήταν Κάλαΐν τε πατὴρ Βορέας, ἄνδρας πτεροῖσιν
νῶτα πεφρίκοντας ἄμφω πορφυρέοις.
τὸν δὲ παμπειθῆ γλυκὺν ἡμιθέοι-
   σιν πόθον ἔνδαιεν Ἥρα

ναὸς Ἀργοῦς, μή τινα λειπόμενον   Στρ. θ'.
τὰν ἀκίνδυνον παρὰ ματρὶ μένειν αἰ-
   ῶνα πέσσοντ', ἀλλ' ἐπὶ καὶ θανάτῳ   186
φάρμακον κάλλιστον ἑᾶς ἀρετᾶς ἅ-
   λιξιν εὑρέσθαι σὺν ἄλλοις.
ἐς δ' Ἰαολκὸν ἐπεὶ κατέβα ναυτᾶν ἄωτος,
λέξατο πάντας ἐπαινήσαις Ἰάσων. καί ῥά οἱ
μάντις ὀρνίχεσσι καὶ κλά-
   ροισι θεοπροτέων ἱεροῖς   190
Μόψος ἄμβασε στρατὸν πρόφρων · ἐπεὶ δ' ἐμβόλου
κρέμασαν ἀγκύρας ὕπερθεν,

χρυσέαν χείρεσσι λαβὼν φιάλαν   Ἀντ. θ'.

　　　　二子来做此无倦的苦工，
一是厄喀翁，另一是
　　　　厄茹托，他们张扬于青春。居住在
旁丐昂山脚下的《另两位》也迅速赶来，——　　　　　　180
因为心中快乐，风飙之王、
　　　　父玻惹亚
登时催促载塔和卡拉伊，二人脊背
皆有隆起的翅翼起伏。
赫剌在这些半神中间
　　　　点燃了对阿耳戈之舟的甜蜜而

能说服所有人的渴望，他们不想被剩下，　　　　　【正转壬】
待在母亲身边慢温毫无危险的
　　　　余生，而是与同龄人一起　　　　　　　　　　　　186
去冒死寻求贤能的
　　　　最美灵丹。
舟子中最优秀的来到伊阿俄尔哥后，
伊阿宋一边鼓励所有人一边点数。随后应其所命，
谟普所，这位以禽卜筮、
　　　　能凭开光的骰子预言的巫觋，　　　　　　　　　　190
欣然准许这一行人登舟。他们将锚
吊起到舰艎之上，

首领在舰艉双手捧起金觞　　　　　　　　　　　　　　【反转壬】

ἀρχὸς ἐν πρύμνᾳ πατέρ' Οὐρανιδᾶν ἐγ-
 χεικέραυνον Ζῆνα, καὶ ὠκυπόρους
κυμάτων ῥιπὰς ἀνέμους τ' ἐκάλει νύ-
 κτας τε καὶ πόντου κελεύθους   195
ἄματά τ' εὔφρονα καὶ φιλίαν νόστοιο μοῖραν·
ἐκ νεφέων δέ οἱ ἀντᾶυσε βροντᾶς αἴσιον
φθέγμα · λαμπραὶ δ' ἦλθον ἀκτῖ-
 νες στεροπᾶς ἀπορηγνύμεναι.
ἀμπνοὰν δ' ἥρωες ἔστασαν θεοῦ σάμασιν
πιθόμενοι · κάρυξε δ' αὐτοῖς   200

ἐμβαλεῖν κώπαισι τερασκόπος ἀδεί-   *Ἐπ. θ'.*
 ας ἐνίπτων ἐπίδας·
εἰρεσία δ' ὑπεχώρη-
 σεν ταχειᾶν ἐκ παλαμᾶν ἄκορος.
σὺν Νότου δ' αὔραις ἐπ' Ἀξείνου στόμα πεμπόμενοι
ἤλυθον · ἔνθ' ἁγνὸν Ποσειδάωνος ἔσ-
 σαντ' ἐνναλίου τέμενος,
φοίνισσα δὲ Θρηϊκίων ἀγέλα ταύρων ὑπᾶρχεν,   205
καὶ νεόκτιστον λίθων βωμοῖο θέναρ.
ἐς δὲ κίνδυνον βαθὺν ἱέμενοι
 δεσπόταν λίσσοντο ναῶν,

συνδρόμων κινηθμὸν ἀμαιμάκετον   *Στρ. ι'.*

呼唤乌剌诺之子、以雷霆为矛的

　　　父宙斯，<< 要求 >> 波浪的

汹涌迅捷，

　　　风云与黑夜、海路　　　　　　　　　　195

与白昼都吉利、还 << 要求 >> 还乡之运友善。

作为吉兆，霹雳自云中答应了

他，照来

　　　列缺的射线。

英雄们依此神兆，重又

纳息。先知大声吆喝他们　　　　　　　　　　200

各就桨柄，通报着　　　　　　　　　　【副歌壬】

　　　甜美的希望；

迅捷的手掌不知疲倦地自下开始鼓楫。

为诺托之风

　　　所送，他们来到不好客之海

海口，在那里立了海神

　　　波塞冬的圣地，

遂有了忐赖刻的红牛群　　　　　　　　　　205

和新修的石祭坛上的凹口。

在闯入深重的危险时，

　　　他们祈求舟船之主，

好躲避撞击来的礁石　　　　　　　　　【正转癸】

ἐκφυγεῖν πετρᾶν. δίδυμαι γὰρ ἔσαν ζω-
    αί, κυλινδέσκοντό τε κραιπνότεραι
ἢ βαρυδούπων ἀνέμων στίχες· ἀλλ' ἤ-
    δη τελευτὰν κεῖνος αὐταῖς   210
ἡμιθέων πλόος ἄγαγεν. ἐς Φᾶσιν δ' ἔπειτεν
ἤλυθον, ἔνθα κελαινώπεσσι Κόλχοισιν βίαν
μεῖξαν Αἰήτᾳ παρ' αὐτῷ.
    πότνια δ' ὀξυτάτων βελέων
ποικίλαν ἴυγγα τετράκναμον Οὐλυμπόθεν
ἐν ἀλύτῳ ζεύξαισα κύκλῳ   215

μαινάδ' ὄρνιν Κυπρογένεια φέρεν   *Ἀντ. ι'.*
πρῶτον ἀνθρώποισι λιτάς τ' ἐπαοιδὰς
    ἐκδιδάσκησεν σοφὸν Αἰσονίδαν·
ὄφρα Μηδείας τοκέων ἀφέλοιτ' αἰ-
    δῶ, ποθεινὰ δ' Ἑλλὰς αὐτάν
ἐν φρασὶ καιομέναν δονέοι μάστιγι Πειθοῦς.
καὶ τάχα πείρατ' ἀέθλων δείκνυεν πατρωΐων·   220
σὺν δ' ἐλαίῳ φαρμακώσαισ'
    ἀντίτομα στερεᾶν ὀδυνᾶν
δῶκε χρίεσθαι. καταίνησάν τε κοινὸν γάμον
γλυκὺν ἐν ἀλλάλοισι μεῖξαι.

ἀλλ' ὅτ' Αἰήτας ἀδαμάντινον ἐν μέσ-   *Ἐπ. ι'.*

无以抵御的冲击。因为它们曾是两个
　　　　活物，是比呼啸的风飘
翻滚得更疾速的阵行；然而
　　　　半神们的那次　　　　　　　　　　　　　　210
航行已然结果了它们。他们随后来到
法西河，在那里当着埃艾底本人的面
与面孔黝黑的哥尔喀人混战。
　　　　居普洛岛诞生的
能射最快箭镞的女主将多彩的地啄木
自奥林波山上首次带给人类，　　　　　　　　　215

那种能致人疯癫的鸟，　　　　　　　　　　【反转桨】
被绑在无可逃遁的四辐车轮上，她还教会
　　　　灵巧的埃宋之子祝咒之歌；
好自美狄亚心里解除她对祖先的
　　　　寅畏，而渴望中的希腊又
挥动劝谏之鞭，驱动着这位心被点燃的女子。
她很快示之以完成其父 << 所定 >> 劳役之道，　　220
给了他调以橄榄油的
　　　　医疗剧痛的
解药好去搽抹。他们还约定了彼此间
和合甜蜜的婚姻。

可是当埃艾底推压着一架金刚　　　　　　　【副歌桨】

σοῖς ἄροτρον σκίμψατο
καὶ βόας, οἳ φλόγ᾽ ἀπὸ ξαν-
   θᾶν γενύων πνέον καιομένοιο πυρός, 225
χαλκέαις δ᾽ ὁπλαῖς ἀράσσεσκον χθόν᾽ ἀμειβόμενοι ·
τοὺς ἀγαγὼν ζεύγλᾳ πέλασσεν μοῦνος. ὀρ-
   θὰς δ᾽ αὔλακας ἐντανύσαις
ἤλαυν᾽, ἀνὰ βωλακίας δ᾽ ὀρόγυιαν σχίζε νῶτον
γᾶς. ἔειπεν δ᾽ ὧδε · 'Τοῦτ᾽ ἔργον βασιλεύς,
ὅστις ἄρχει ναός, ἐμοὶ τελέσαις
   ἄφθιτον στρωμνὰν ἀγέσθω, 230

κῶας αἰγλᾶεν χρυσέῳ θυσάνῳ. '   **Στρ. ια'.**
ὣς ἄρ᾽ αὐδάσαντος ἀπὸ κρόκεον ῥί-
   ψαις Ἰάσων εἷμα θεῷ πίσυνος
εἴχετ᾽ ἔργου · πῦρ δέ νιν οὐκ ἐόλει παμ-
   φαρμάκου ξείνας ἐφετμαῖς.
σπασσάμενος δ᾽ ἄροτρον, βοέους δήσαις ἀνάγκᾳ
ἔντεσιν αὐχένας ἐμβάλλων τ᾽ ἐριπλεύρῳ φυᾷ 235
κέντρον αἰανὲς βιατὰς
   ἐξεπόνησ᾽ ἐπίτακτον ἀνὴρ
μέτρον. ἴυξεν δ᾽ ἀφωνήτῳ περ ἔμπας ἄχει
δύνασιν Αἰήτας ἀγασθείς.

　　　　犁铧和数头朴牛
到他们中间时，它们的黄口
　　　　喷出炽燃的火焰，　　　　　　　　　　225
铜蹄轮番踏地，
他一人便将它们鞴上鞍。
　　　　他绷紧着在结块的
地脊上划开丈深，犁出笔直的
畎沟。他这样说道："让那个王，那个领导此舟者，
给我做完此役后，方可带走
　　　　这张不会朽坏的床茵、　　　　　　230

有黄金绦穗光彩炫目的金羊毛！"　　　【正转癸甲】
说完这番话，<u>伊阿宋</u>抛掉
　　　　郁金色的衣裳，信赖着神明，开始
动手做工；听从擅长各样魔术的那位
　　　　女主之嘱，火焰并未令他踟蹰。
这位膂力方刚的男子抓起犁，强行将辔靷
套上牛颈，再将始终刺痛它的刺棒加在其　　235
有强壮两胁的身上，耕好约定的
里程。<u>埃艾底</u>由于
　　　　震惊于他的能力
而叫出声来，虽是
出于无声的苦楚。

πρὸς δ' ἑταῖροι καρτερὸν ἄνδρα φίλας   Ἀντ. ια'.
    ὤρεγον χεῖρας, στεφάνοισί τέ μιν ποί-
        ας ἔρεπτον, μειλιχίοις τε λόγοις   240
ἀγαπάζοντ'. αὐτίκα δ' Ἀελίου θαυ-
    μαστὸς υἱὸς δέρμα λαμπρόν
ἔννεπεν, ἔνθα νιν ἐκτάνυσαν Φρίξου μάχαιραι·
ἔλπετο δ' οὐκέτι οἱ κεῖνόν γε πράξασθαι πόνον.
κεῖτο γὰρ λόχμᾳ, δράκοντος
    δ' εἴχετο λαβροτατᾶν γενύων,
ὃς πάχει μάκει τε πεντηκόντερον ναῦν κράτει,   245
τέλεσεν ἂν πλαγαὶ σιδάρου.

μακρά μοι νεῖσθαι κατ' ἀμαξιτόν· ὥρα   Ἐπ. ια'.
    γὰρ συνάπτει καί τινα
οἶμον ἴσαμι βραχύν · πολ-
    λαῖσι δ' ἄγημαι σοφίας ἑτέροις.
κτεῖνε μὲν γλαυκῶπα τέχναις ποικιλόνωτον ὄφιν,
ὦ Ἀρκεσίλα, κλέψεν τε Μήδειαν σὺν αὐ-
    τᾷ, τὰν Πελιαοφόνον ·   250
ἔν τ' Ὠκεανοῦ πελάγεσσι μίγεν πόντῳ τ' ἐρυθρῷ
Λαμνιᾶν τ' ἔθνει γυναικῶν ἀνδροφόνων·
ἔνθα καὶ γυίων ἀέθλοις ἐπεδεί-
    ξαντο κρίσιν ἐσθᾶτο ἀμφίς,

同伴们朝这强壮的男子伸出　　　　　　　　　　　　【反转癸甲】
友情的双手，给他戴叶冠和
　　　绿枝，还用甜蜜的言辞　　　　　　　　　　　　240
关怀他。随即，日神的神奇
　　　儿子提起那泛光的
毛皮，说芙里克所的屠刀应在哪里将其展开；
希望这桩苦役不会还要他做。
因为它藏在灌木丛中，
　　　衔在长龙的贪婪之颔里，
此龙长宽超过铁锤敲打制成的　　　　　　　　　　　245
五十桨大船。

——我沿辎车旧辙长行，因时光　　　　　　　　　【副歌癸甲】
　　　催迫，我知道
有条近道；对于很多
　　　别人我是智慧的领路人。——
他用计杀死了那条眼睛明亮的花背龙，
哦阿耳科西拉！再与她本人合伙盗走了
　　　美狄娅，那个珀利亚的女凶手；　　　　　　　250
他们抵达了汪洋的水面和红海，
遇到了兰诺的弑夫女子一族，
在那里以肢体竞赛展示
　　　赢取衣裳的裁判，

καὶ συνεύνασθεν. καὶ ἐν ἀλλοδαπαῖς　　　　　　　　　　*Στρ. ιβ'.*
σπέρμ' ἀρούραις τουτάκις ὑμετέρας ἀ-
　　κτῖνος ὄλβου δέξατο μοιρίδιον　　　　　　　　　　255
ἆμαρ ἢ νύκτες· τόθι γὰρ γένος Εὐφά-
　　μου φυτευθὲν λοιπὸν αἰεί
τέλλετο· καὶ Λακεδαιμονίων μιχθέντες ἀνδρῶν
ἤθεσιν ἔν ποτε Καλλίσταν ἀπῴκησαν χρόνῳ
νᾶσον· ἔνθεν δ' ὔμμι Λατοί-
　　δας ἔπορεν Λιβύας πεδίον
σὺν θεῶν τιμαῖς ὀφέλλειν, ἄστυ χρυσοθρόνου　　　260
διανέμειν θεῖον Κυράνας

ὀρθόβουλον μῆτιν ἐφευρομένοις.　　　　　　　　　　*Ἀντ. ιβ'.*
γνῶθι νῦν τὰν Οἰδιπόδα σοφίαν· εἰ
　　γάρ τις ὄζους ὀξυτόμῳ πελέκει
ἐξερείψειεν μεγάλας δρυός, αἰσχύ-
　　νοι δέ οἱ θαητὸν εἶδος,
καὶ φθινόκαρπος ἐοῖσα διδοῖ ψᾶφον περ' αὐτᾶς,　　265
εἴ ποτε χειμέριον πῦρ ἐξίκηται λοίσθιον,
ἢ σὺν ὀρθαῖς κιόνεσσιν
　　δεσποσύναισιν ἐρειδομένα
μόχθον ἄλλοις ἀμφέπει δύστανον ἐν τείχεσιν,
ἑὸν ἐρημώσαισα χῶρον.

而且还同眠了。那时在异域的 【正转癸乙】
土壤里，命定的白日抑或是
　　　夜分接纳了你们辉煌 255
福禧的种子；因为在此所种的
　　　欧蒂谟氏族自此
永在；并且他们日后将离家出走
到昔时的至美岛，混杂于拉科代蒙人的
居处，再自那里由累陶之子
　　　赐给你们利比亚平原，
以众神的宠幸令你们增殖，统治有黄金御座的 260
居热奈的神邑，

为你们这些找到神明正谏之人。 【反转癸乙】
就学学喔狄波逮的智慧！因为
　　　若有人以利斧
批斫高大橡树的柯枝，他会令
　　　其奇异的形态蒙羞，
而它失去了荣华，便是给了自己一个投石的裁判， 265
若它最后终结于冬季的 <<炉>> 火，
或是为直立的暴君
　　　之柱所支撑，
在别人的墙垣上承受悲惨的苦役，
却让自己的故乡荒凉。

ἐσσὶ δ' ἰατὴρ ἐπικαιρότατος, Παι-   Ἐπ. ιβ'.
    ἀν τέ σοι τιμᾷ φάος.   270
χρὴ μαλακὰν χέρα προσβάλ-
    λοντα τρώμαν ἕλκεος ἀμφιπολεῖν.
ῥᾴδιον μὲν γὰρ πόλιν σεῖσαι καὶ ἀφαυροτέροις·
ἀλλ' ἐπὶ χώρας αὖτις ἕσσαι δυσπαλὲς
    δὴ γίνεται, ἐξαπίνας
εἰ μὴ θεὸς ἁγεμόνεσσι κυβερνατὴρ γένηται.
τὶν δὲ τούτων ἐξυφαίνονται χάριτες.   275
τλᾶθι τᾶς εὐδαίμονος ἀμφὶ Κυρά-
    νας θέμεν σπουδὰν ἅπασαν.

τῶν δ' Ὁμήρου καὶ τόδε συνθέμενος   Στρ. ιγ'.
ῥῆμα πόρσυν'· ἄγγελον ἐσλὸν ἔφα τι-
    μὰν μεγίσταν πράγματι παντὶ φέρειν·
αὔξεται καὶ Μοῖσα δι' ἀγγελίας ὀρ-
    θᾶς. ἐπέγνω μὲν Κυράνα
καὶ τὸ κλεεννότατον μέγαρον Βάττου δικαιᾶν   280
Δαμοφίλου πραπίδων. κεῖνος γὰρ ἐν παισὶν νέος,
ἐν δὲ βουλαῖς πρέσβυς ἐγκύρ-
    σαις ἑκατονταετεῖ βιοτᾷ,
ὀρφανίζει μὲν κακὰν γλῶσσαν φαεννᾶς ὀπός,
ἔμαθε δ' ὑβρίζοντα μισεῖν,

你是最及时的医者！虽派安　　　　　　　　　　　　【副歌癸乙】
　　　亦敬重你带来的慰藉之光。　　　　　　　　　　　　270
应将温柔的手置于
　　　创口上疗伤。
因为虽是更弱者亦易摇动城邦；
然而很难将其重新树立于
　　　<< 原 >> 地而能存活，除非
神突然成为君主们的舵手。
这些都有恩赐为你织完。　　　　　　　　　　　　　　　275
要敢于为<u>居热奈</u>的福祉
　　　付出全部努力！

在所有那些话中记住且珍惜荷马的　　　　　　　　【正转癸丙】
这句：他说高尚的信使能
　　　给万事带来莫大荣光；
就连<u>妙撒</u>也因正直的
　　　讯息得受褒奖。<u>居热奈</u>和巴特托
最为人知的宫殿都识得<u>达谟菲罗</u>　　　　　　　　　　280
心乃公正。因为在童子中间他是少年，
在谋谋上则是耆旧，
　　　得享百岁之寿。
他令恶舌茕子，分别于清澈之音，
他学会憎恶傲慢之人，

οὐκ ἐρίζων ἀντία τοῖς ἀγαθοῖς,   Ἀντ. ιγ'.
οὐδὲ μακύνων τέλος οὐδέν. ὁ γὰρ και-
    ρὸς πρὸς ἀνθρώπων βραχὺ μέτρον ἔχει.   286
εὖ νιν ἔγνωκεν· θεράπων δέ οἱ, οὐ δρά-
    στας ὀπαδεῖ. φαντὶ δ' ἔμμεν
τοῦτ' ἀνιαρότατον, καλὰ γινώσκοντ' ἀνάγκᾳ
ἐκτὸς ἔχειν πόδα. καὶ μὰν κεῖνος Ἄτλας οὐρανῷ
προσπαλαίει νῦν γε πατρῴ-
    ας ἀπὸ γᾶς ἀπό τε κτεάνων·   290
λῦσε δὲ Ζεὺς ἄφθιτος Τιτᾶνας. ἐν δὲ χρόνῳ
μεταβολαὶ λήξαντος οὔρου

ἱστίων. ἀλλ' εὔχεται οὐλομέναν νοῦ-   Ἐπ. ιγ'.
    σον διαντλήσαις ποτέ
οἶκον ἰδεῖν, ἐπ' Ἀπόλλω-
    νός τε κράνᾳ συμποσίας ἐφέπων
θυμὸν ἐκδόσθαι πρὸς ἥβαν πολλάκις, ἔν τε σοφοῖς   295
δαιδαλέαν φόρμιγγα βαστάζων πολί-
    ταις ἡσυχίᾳ θιγέμεν,
μήτ' ὦν τινι πῆμα πορών, ἀπαθὴς δ' αὐτὸς πρὸς ἀστῶν·
καί κε μυθήσαιθ', ὁποίαν, Ἀρκεσίλα,
εὗρε παγὰν ἀμβροσίων ἐπέων,
    πρόσφατον Θήβᾳ ξενωθείς.

不与高贵者争斗， 【反转癸丙】
也不拖延任何事的完成。因为于人类
　　　而言，时机仅有短程。 286
他善于辨之，与之相伴游，而非
　　　如仆役般跟随其后。人云
最可悲者乃是懂得壮举却被迫
踏足于其外。他便是<u>阿特拉</u>，此时
正与上天角力，既远
　　　父辈之土，亦远家业； 290
不朽的<u>宙斯</u>却解放了众<u>提探</u>。风
既终于减弱，帆亦有

变。而他祈求，有朝一日悲惨的 【副歌癸丙】
　　　折磨终会见底，
让他得《再》见其家，在<u>阿波罗</u>
　　　的泉流之畔张罗宴饮，
好常将心思付与青春，在智慧的 295
邦民中间手握精制的
　　　颂琴承受平安；
愿他毋加害于任何人，已亦毋遭邦人所妨！
无论他要何所叙说，<u>阿耳科西拉</u>！
他都已找到琼浆般的言泉，
　　　在他新近作客于<u>台巴</u>期间。

ΠΥΘΙΟΝ. Ε'.

ΑΡΚΕΣΙΛΑΩΙ ΚΥΡΗΝΑΙΩΙ

ΑΡΜΑΤΙ.

Ὁ πλοῦτος εὐρυσθενής,　　　　　　　　　　　　*Στρ. α'.*
ὅταν τις ἀρετᾷ κεκραμένον καθαρᾷ
βροτήσιος ἀνὴρ πότμου παραδόντος αὐτὸν ἀνάγῃ
πολύφιλον ἑπέταν.
ὦ θεόμορ' Ἀρκεσίλα,　　　　　　　　　　　　　5
σύ τοί νιν κλυτᾶς
αἰῶνος ἀκρᾶν βαθμίδων ἄπο
σὺν εὐδοξίᾳ μετανίσεαι
ἕκατι χρυσαρμάτου Κάστορος·
εὐδίαν ὃς μετὰ χειμέριον ὄμβρον τεάν　　　　10
καταιθύσσει μάκαιραν ἑστίαν.

σοφοὶ δέ τοι κάλλιον　　　　　　　　　　　　　*Ἀντ. α'.*
φέροντι καὶ τὰν θεόσδοτον δύναμιν.
σὲ δ' ἐρχόμενον ἐν δίκᾳ πολὺς ὄλβος ἀμφινέμεται·
τὸ μέν, ὅτι βασιλεύς　　　　　　　　　　　　　15
ἐσσί· μεγαλᾶν πολίων
ἔχει συγγενής

匹透赞歌之五

庆居热奈人阿耳科西拉

赛车得胜

哦财富！你法力广大，　　　　　　　　　　　　　　　【正转甲】
每当有死的凡人，
为运道所允，领回这位
为纯洁贤能所中和、广结朋友的伴侣时。
哦受神宠幸的<u>阿耳克西拉</u>！　　　　　　　　　　　　　　5
尽人皆知你将自声名斐然的
一生中最初的阶梯
——多亏御金乘的<u>卡斯陶耳</u>——
带着美誉追随它。
在严冬的风暴之后，他给你　　　　　　　　　　　　　　10
蒙福的灶突降下昫晴。

唯智者方能更胜任于　　　　　　　　　　　　　　　　【反转甲】
承受哪怕神赐的力量。
你遵正义而行，便为洪福包围；
首先，因为你乃　　　　　　　　　　　　　　　　　　　15
君王，诸大
都会的世袭之

ὀφθαλμὸς αἰδοιότατον γέρας
τεᾷ τοῦτο μειγνύμενον φρενί·
μάκαρ δὲ καὶ νῦν, κλεεννᾶς ὅτι   20
εὖχος ἤδη παρὰ Πυθιάδος ἵπποις ἑλὼν
δέδεξαι τόνδε κῶμον ἀνέρων,

Ἀπολλώνιον ἄθυρμα· τῶ σε μὴ λαθέτω,   Ἐπ. α'.
Κυράνᾳ γλυκὺν ἀμφὶ κᾶ-
    πον Ἀφροδίτας ἀειδόμενον,
παντὶ μὲν θεὸν αἴτιον ὑπερτιθέμεν,   25
φιλεῖν δὲ Κάρρωτον ἔξοχ' ἑταίρων·
ὃς οὐ τὰν Ἐπιμαθέος ἄγων
ὀψινόου θυγατέρα Πρόφασιν Βαττιδᾶν
ἀφίκετο δόμους θεμισκρεόντων·
ἀλλ' ἀρισθάρματον   30
ὕδατι Κασταλίας ξενω-
    θεὶς γέρας ἀμφέβαλε τεαῖσιν κόμαις,

ἀκηράτοις ἁνίαις   Στρ. β'.
ποδαρκέων δώδεκ' ἂν δρόμων τέμενος.
κατέκλασε γὰρ ἐντέων σθένος οὐδέν· ἀλλὰ κρέμαται
ὁπόσα χεριαρᾶν   35
τεκτόνων δαίδαλ' ἄγων
Κρισαῖον λόφον

睛，享有羼和了你的心思的
最受敬畏的尊荣；
今亦有福，因为你在著名的 20
匹透于马术已得偿
所求，获得了男子们的庆祝、

阿波罗的娱乐。故而你毋要忘记， 【副歌甲】
当你在居热奈属于阿芙洛狄底的
　　甜美园囿之畔接受赞颂时，
首先应将为因的神置于一切之上， 25
再则爱卡耳娄托胜过他人，
他没有带迟到的事后聪明之
女遁词来到仰赖神权而治的
巴特托氏族的府上，
而是将优秀车乘之奖 30
加在作客卡斯塔利亚泉
　　畔的你的发上，

——他绕圣地中的 【正转乙】
捷足场地十二圈而辔靷却完好无损。
因为没有损毁任何鞴具的刚强；而是
经克里撒之丘 35
带到山坳里
神的溪谷中将这巧手木匠所造的

ἄμειψεν ἐν κοιλόπεδον νάπος
θεοῦ· τό σφ' ἔχει κυπαρίσσινον
μέλαθρον ἀμφ' ἀνδριάντι σχεδόν,   40
Κρῆτες ὅν τοξοφόροι τέγεϊ Παρνασσίῳ
καθέσσαντο μονόδροπον φυτόν.

ἑκόντι τοίνυν πρέπει   Ἀντ. β'.
νόῳ τὸν εὐεργέταν ὑπαντιάσαι.
Ἀλεξιβιάδα, σὲ δ' ἠΰκομοι φλέγοντι Χάριτες.   45
μακάριος, ὃς ἔχεις
καὶ πεδὰ μέγαν κάματον
λόγων φερτάτων
μναμήϊ'· ἐν τεσσαράκοντα γὰρ
πετόντεσσιν ἀνιόχοις ὅλον   50
δίφρον κομίξαις ἀταρβεῖ φρενί,
ἦλθες ἤδη Λιβύας πεδίον ἐξ ἀγλαῶν
ἀέθλων καὶ πατρωΐαν πόλιν.

πόνων δ' οὔ τις ἀπόκλαρός ἐστιν οὔτ' ἔσεται·   Ἐπ. β'.
ὁ Βάττου δ' ἕπεται παλαι-
    ὸς ὄλβος ἔμπαν τὰ καὶ τὰ νέμων,   55
πύργος ἄστεος ὄμμα τε φαεννότατον
ξένοισι. κεῖνόν γε καὶ βαρύκομποι
λέοντες περὶ δείματι φύγον,

如许精致之作

悬挂起来；故而它安放

在柏木屋里神像近旁， 40

那是执弓的<u>克热底</u>人在<u>帕耳纳斯所</u>山上的

庙宇中将整棵树立成的。

因此你心里宜乎 【反转乙】

乐意欢迎你的恩公。

<u>阿勒克西比亚</u>之子！生美发的恺丽令你光彩熠熠。 45

福兮，若谁在巨大辛苦之后

有最精美的

辞章为之

记录！因为在四十名

颠越的执辔者中，<< 唯 >> 你心中 50

无畏，得保车舆完整，

如今你自辉煌的赛会里

回到<u>利比亚</u>平原和列祖之邦。

无人会拒不分担劳苦，未来犹今， 【副歌乙】

<u>巴特托</u>的古老福禧

　　　　会追着 << 你 >>，均等地赐这赐那， 55

于外邦人是城邑的高楼

和最明亮的眼目。就连长啸的

狻猊也因恐惧而避他，

γλῶσσαν ἐπεί σφιν ἀπένεικεν ὑπερποντίαν·
ὁ δ' ἀρχαγέτας ἔδωκ' Ἀπόλλων 60
θῆρας αἰνῷ φόβῳ,
ὄφρα μὴ ταμίᾳ Κυρά-
νας ἀτελὴς γένοιτο μαντεύμασιν.

ὃ καὶ βαρειᾶν νόσων   Στρ. γ'.
ἀκέσματ' ἄνδρεσσι καὶ γυναιξὶ νέμει,
πόρεν τε κίθαριν, δίδωσί τε Μοῖσαν οἷς ἂν ἐθέλῃ, 65
ἀπόλεμον ἀγαγών
ἐς πραπίδας εὐνομίαν,
μυχόν τ' ἀμφέπει
μαντήιον· τῷ Λακεδαίμονι
ἐν Ἄργει τε καὶ ζαθέᾳ Πύλῳ 70
ἔνασσεν ἀλκάεντας Ἡρακλέος
ἐκγόνους Αἰγιμιοῦ τε. τὸ δ' ἐμὸν γαρύει
ἀπὸ Σπάρτας ἐπήρατον κλέος,

ὅθεν γεγενναμένοι   Ἀντ. γ'.
ἵκοντο Θήρανδε φῶτες Αἰγεΐδαι, 75
ἐμοὶ πατέρες, οὐ θεῶν ἄτερ, ἀλλὰ Μοῖρά τις ἄγεν·
πολύθυτον ἔρανον
ἔνθεν ἀναδεξάμενοι,
Ἄπολλον, τεᾷ,

在他给了它们渡海而来的舌之后；

开拓者阿波罗将猛兽付与 60

可怕的恐怖，

好让他的谶语不会

  在居热奈的守护者身上无效。

他还赐重症的 【正转丙】

解药给男子与女子，

又配给诗琴，还赠与他愿意给的人以乐艺， 65

从而令非攻的

和谐化入心灵，

他守着

预言之谷；藉此而令

赫剌克勒和埃癸米俄的勇毅后嗣 70

定居于拉科代蒙、阿耳高和

神圣的匹罗。我所当为则是要歌咏

来自斯巴达的那令人欢喜的声名，

在那里出生的 【反转丙】

爱琴的后人——我的诸父—— 75

来自台剌，并非没有神明，而是有个司命在引导；

他们自那里

受了祭祀孔多的飨宴，

卡耳耐俄 阿波罗啊！我们

Καρνήϊ', ἐν δαιτὶ σεβίζομεν 80
Κυράνας ἀγακτιμέναν πόλιν·
ἔχοντι τὰν χαλκοχάρμαι ξένοι
Τρῶες Ἀντανορίδαι· σὺν Ἑλένᾳ γὰρ μόλον,
κα<u>π</u>νωθεῖσαν πά<u>τ</u>ραν ἐπεὶ ἴδον

ἐν Ἄρει· τὸ δ' ἐλάσιππον ἔθνος ἐνδυκέως   *Ἐπ. γ'.*
δέκονται θυσίαισιν ἄνδρες οἰχνέοντές σφε δωροφόροι, 86
τοὺς Ἀριστοτέλης ἄγαγε ναυσὶ θοαῖς
ἁλὸς βαθεῖαν κέλευθον ἀνοίγων.
κτίσεν δ' ἄλσεα μείζονα θεῶν,
εὐθύτομόν τε κατέθηκεν Ἀπολλωνίαις   90
ἀλεξιμβρότοις πεδιάδα πομπαῖς
ἔμμεν ἱππόκροτον
σκυρωτὰν ὁδόν, ἔνθα πρυ-
    μνοῖς ἀγορᾶς ἔπι δίχα κεῖται θανών·

μάκαρ μὲν ἀνδρῶν μέτα   *Στρ. δ'.*
ἔναιεν, ἥρως δ' ἔπειτα λαοσεβής.   95
ἄτερθε δὲ <u>π</u>ρὸ δωμάτων ἕτεροι λαχόντες Ἀΐδαν
βασιλέες ἱεροί
ἐντί· μεγαλᾶν δ' ἀρετᾶν
δρόσῳ μαλθακᾷ
ῥανθεισᾶν κώμων ὑπὸ χεύμασιν,   100

在你的宴席上礼拜　　　　　　　　　　　　　　　80

建造精美的居热奈城；

喜操铜兵的异邦人特洛伊亚人，

安底瑙耳的后裔，据有了它。因为他们已携海伦而来，

在目睹父国焚毁于

兵燹之后；这个御马的民族被带着贽礼　　　【副歌丙】

来到他们中间的人们伴以禋祀忠诚地接纳，　　　86

他们是阿里斯托太累以快舟打通

深海之路载来的。

他建了更大的万神圣地，

还为襄助人类的阿波罗的　　　　　　　　　　90

游行铺出笔直的

平板路，马蹄

踏之得得声响，在那里他

　　　　死后独眠于街市边际以外；

蒙福的是一直居住在　　　　　　　　　　【正转丁】

人间，而后成为民众所尊的英雄。　　　　　　95

与之隔开的是，在宫殿前尚有其他

已证哈伊遂的

圣王们，伟大贤能

为庆祝之歌的

溪流洒上轻柔的露水，　　　　　　　　　　　100

ἀκούοντί ποι χθονίᾳ φρενί,
σφὸν ὄλβον υἱῷ τε κοινὰν χάριν
ἔνδικόν τ' Ἀρκεσίλᾳ· τὸν ἐν ἀοιδᾷ νέων
πρέπει χρυσάορα Φοῖβον ἀπύειν,

ἔχοντα Πυθωνόθεν   *Ἀντ. δ'.*
τὸ καλλίνικον λυτήριον δαπανᾶν   106
μέλος χαρίεν. ἄνδρα κεῖνον ἐπαινέοντι συνετοί·
λεγόμενον ἐρέω·
κρέσσονα μὲν ἁλικίας
νόον φέρβεται   110
γλῶσσάν τε· θάρσος δὲ τανύπτερος
ἐν ὄρνιξιν αἰετὸς ἔπλετο·
ἀγωνίας δ', ἕρκος οἷον, σθένος·
ἔν τε Μοίσαισι ποτανὸς ἀπὸ ματρὸς φίλας,
πέφανταί θ' ἁρματηλάτας σοφός·   115

ὅσαι τ' εἰσὶν ἐπιχωρίων καλῶν ἔσοδοι,   *Ἐπ. δ'.*
τετόλμακε. θεός τέ οἱ
    τὸ νῦν τε πρόφρων τελεῖ δύνασιν,
καὶ τὸ λοιπὸν ὁμοῖα, Κρονίδαι μάκαρες,
διδοῖτ' ἐπ' ἔργοισιν ἀμφί τε βουλαῖς
ἔχειν, μὴ φθινοπωρὶς ἀνέμων   120
χειμερία κατὰ πνοὰ δαμαλίζοι χρόνον.

他们都自地下某处悉心聆听：
他们的福禧和他们与其子<u>阿耳克西拉</u>
共同的正当光耀。在少年们的歌中，
他宜乎称扬挎金琴的<u>皤玻</u>，

既然自<u>匹透</u>他获得了 【反转丁】
值那些花费的美妙喜人的 106
得胜之曲。聪明人皆夸赞此人，
我所言者乃人人所道：
他葆有一颗强过
同龄人的头脑 110
与口舌，还有勇毅一如
翅展宽广的雕于众禽中间；
其竞技的膂力好比壁垒；
在乐艺中自生身母亲怀里施翮高翔，
仿佛智慧的御夫； 115

那么多本土盛举的入径 【副歌丁】
他均曾尝试。能预知的神
　　如今要令他尽展所能，
而将来同样的胜利，<u>克洛诺蒙福的子女们</u>！
无论关乎功抑或在于策，你们皆会赐他
享有，毋令严冬摧毁收成的 120
呼啸风暴降服了时节。

Διός τοι νόος μέγας κυβερνᾷ
δαίμον' ἀνδρῶν φίλων.
εὔχομαί νιν Ὀλυμπίᾳ
   τοῦτο δόμεν γέρας ἔπι Βάττου γένει.

ΠΥΘΙΟΝ. ς'.

ΞΕΝΟΚΡΑΤΕΙ ΑΚΡΑΓΑΝΤΙΝΩΙ

ΑΡΜΑΤΙ.

Ἀκούσατ'· ἦ γὰρ ἑλικώπιδος Ἀφροδίτας	*Στρ. α'.*
ἄρουραν ἢ Χαρίτων	
ἀναπολίζομεν, ὀμφαλὸν ἐριβρόμου	3
χθονὸς ἐς νάϊον προσοιχόμενοι·	
Πυθιόνικος ἔνθ' ὀλβίοισιν Ἐμμενίδαις	5
ποταμίᾳ τ' Ἀκράγαντι καὶ μὰν Ξενοκράτει	
ἕτοιμος ὕμνων θησαυρὸς ἐν πολυχρύσῳ	7/8
Ἀπολλωνίᾳ τετείχισται νάπᾳ·	
τὸν οὔτε χειμέριος ὄμβρος, ἐπακτὸς ἐλθὼν	*Στρ. β'.*
ἐριβρόμου νεφέλας	10
στρατὸς ἀμείλιχος, οὔτ' ἄνεμος ἐς μυχούς	12

宙斯的伟大心思导引着

可亲可爱之人的护卫精灵。

我祈求他在奥林匹亚

  也赐予巴特托之子同样的荣耀！

匹透赞歌之六

庆阿克剌迦人克色诺克剌底

赛车得胜

听真：因为我们反复耕耘的或是转眄流睐的　　　　　　　　【甲】

  阿芙洛狄底或是恺丽的

土壤，在我们来到庙里，　　　　　　　　　　　　　　　　3

这轰鸣的大地之脐时；

在那里为享福的阴墨尼达族人也为河畔的阿克剌迦　　　　　5

和克色诺克剌底，庆祝匹透得胜的

颂歌宝库已然备好，营造　　　　　　　　　　　　　　　7/8

于富有黄金的阿波罗溪谷中；

无论是自外入侵的冬季暴风雨　　　　　　　　　　　　　　【乙】

  ——咆哮的乌云组成的　　　　　　　　　　　　　10

无以平息的大军，——还是风飙，都不会将　　　　　　　　12

ἁλὸς ἄξοισι παμφόρῳ χεράδει
τυπτόμενον. φάει δὲ πρόσωπον ἐν καθαρῷ
πατρὶ τεῷ, Θρασύβουλε, κοινάν τε γενεᾷ   15
λόγοισι θνατῶν εὔδοξον ἅρματι νίκαν   16/17
Κρισαίαις ἐνὶ πτυχαῖς ἀπαγγελεῖ.

σύ τοι σχεθών νιν ἐπὶ δεξιὰ χειρός, ὀρθὰν   *Στρ. γ'.*
    ἄγεις ἐφημοσύναν,   20
τά ποτ' ἐν οὔρεσι φαντὶ μεγαλοσθενεῖ
Φιλύρας υἱὸν ὀρφανιζομένῳ
Πηλείδᾳ παραινεῖν· μάλιστα μὲν Κρονίδαν,
βαρύοπα στεροπᾶν κεραυνῶν τε πρύτανιν,
θεῶν σέβεσθαι· ταύτας δὲ μή ποτε τιμᾶς   25/26
ἀμείρειν γονέων βίον πεπρωμένον.

ἔγεντο καὶ πρότερον Ἀντίλοχος βιατὰς   *Στρ. δ'.*
    νόημα τοῦτο φέρων,
ὃς ὑπερέφθιτο πατρός, ἐναρίμβροτον   30
ἀναμείναις στράταρχον Αἰθιόπων
Μέμνονα. Νεστόρειον γὰρ ἵππος ἅρμ' ἐπέδα
Πάριος ἐκ βελέων δαϊχθείς· ὁ δ' ἔφεπεν
κραταιὸν ἔγχος· Μεσσανίου δὲ γέροντος   34/35
δονηθεῖσα φρὴν βόασε παῖδα ὅν,

被裹挟一切的碎石击打的它驱入
海湾。在青天白日里，
忑剌叙鲍罗！其头面将以有死凡人的赞颂 15
宣布与你父及你族裔在克里撒的溪谷 16/17
共同获得的声誉斐然的赛车胜利。

你由于右手执之，而克 【丙】
　　　恪奉此训， 20
据说那时在山上菲吕拉之子
如此这般告诫培琉那已成遗孤的
膂力强大的儿子："众神中特别要敬畏
克洛诺之子，那位操闪电和雷霆的
声音低沉的君主！并且千万不要自 25/26
父亲的前定之命中剥夺此项尊荣！"

从前就连膂力方刚的安提罗库 【丁】
　　　也生而怀有此心，
他为父而死，在与焦颜国人 30
杀人如麻的军队统帅门农
对阵之时。因为马为帕里的箭镞所穿，
绊住了涅斯陶耳的戎车，他遂挥舞
强矛，那位墨斯撒纳老人 34/35
受到震慑的心灵朝他自己的儿子叫喊，

χαμαιπετὲς δ' ἄρ' ἔπος οὐκ ἀπέριψεν· αὐτοῦ   *Στρ. ε'.*
    μένων δ' ὁ θεῖος ἀνήρ
πρίατο μὲν θανάτοιο κομιδὰν πατρός,
ἐδόκησέν τε τῶν πάλαι γενεᾷ   40
ὁπλοτέροισιν ἔργον πελώριον τελέσαις
ὕπατος ἀμφὶ τοκεῦσιν ἔμμεν πρὸς ἀρετάν.
τὰ μὲν παρίκει· τῶν νῦν δὲ καὶ Θρασύβουλος   43/44
πατρῴαν μάλιστα πρὸς στάθμαν ἔβα,   45

πάτρῳ τ' ἐπερχόμενος ἀγλαΐαν ἅπασαν.   *Στρ. ϛ'.*
    νόῳ δὲ πλοῦτον ἄγει,
ἄδικον οὔθ' ὑπέροπλον ἥβαν δρέπων,
σοφίαν δ' ἐν μυχοῖσι Πιερίδων·
τίν τ', Ἐλέλιχθον, ἄρχεις ὃς ἱππιᾶν ἐσόδων,   50
μάλα ἁδόντι νόῳ, Ποσειδᾶν, προσέχεται.
γλυκεῖα δὲ φρὴν καὶ συμπόταισιν ὁμιλεῖν   52/53
μελισσᾶν ἀμείβεται τρητὸν πόνον.

可他的话没能落地，这位伴神的 　　　　　　　　　　　　　　　　【戊】
　　　人儿便长留于此，
以死赎买了父的生还；
完成这一奇功之后，在那些更年少者 　　　　　　　　　　　　　　　　40
看来，古人中唯他
待亲显其贤能最高。
俱往矣！而今人中忑剌叙鲍罗 　　　　　　　　　　　　　　　　　43/44
走得最合父辈的绳墨， 　　　　　　　　　　　　　　　　　　　　45

他各方面的光辉直逼伯父， 　　　　　　　　　　　　　　　　　　【己】
　　　心中富有，
不采不义而倨傲的青春，
而只采庇厄洛诸女低谷中的智慧；
你，地动之神！是你统治赛马的入围， 　　　　　　　　　　　　　　50
他献身于你，波塞冬！深惬汝意。
与会饮者为伴他也心思甜蜜， 　　　　　　　　　　　　　　　　52/53
更胜似蜜蜂们的窝状之工。

ΠΥΘΙΟΝ. Ζ'.

ΜΕΓΑΚΛΕΙ ΑΘΗΝΑΙΩΙ

ΤΕΘΡΙΠΠΩΙ.

Κάλλιστον αἱ μεγαλοπόλιες Ἀθᾶναι   *Στρ.*
προοίμιον Ἀλκμανιδᾶν εὐρυσθενεῖ
γενεᾷ κρηπῖδ' ἀοιδᾶν ἵπποισι βαλέσθαι.   3/4
ἐπεὶ τίνα πάτραν, τίνα οἶκον ναίων ὀνυμάξεαι   5/6
ἐπιφανέστερον
Ἑλλάδι πυθέσθαι;

πάσαισι γὰρ πολίεσι λόγος ὁμιλεῖ   *Ἀντ.*
Ἐρεχθέος ἀστῶν, Ἄπολλον, οἳ τεόν   10
δόμον Πυθῶνι δίᾳ θαητὸν ἔτευξαν.   11/12
ἄγοντι δέ με πέντε μὲν Ἰσθμοῖ νῖκαι, μία δ' ἐκπρεπής   13/14
Διὸς Ὀλυμπιάς,   15
δύο δ' ἀπὸ Κίρρας,

ὦ Μεγάκλεες,   *Ἐπ.*
ὑμαί τε καὶ προγόνων.
νέᾳ δ' εὐπραγίᾳ χαίρω τι· τὸ δ' ἄχνυμαι,
φθόνον ἀμειβόμενον τὰ καλὰ ἔργα. φαντί γε μάν

匹透赞歌之七

庆雅典人墨迦克勒

驷马之乘赛车得胜

重镇雅典是最美的序曲，　　　　　　　　　　　　【正转】
来为膂力广大的阿尔克麦翁氏族的
骏马落下赞歌的基石。　　　　　　　　　　　　　3/4
因为居<<于斯>>的你将称何处为父邦、何处为家，　5/6
<<能比它>>更辉煌
竟至于希腊闻名？

乃因所有城邦皆流行着　　　　　　　　　　　　　【反转】
厄惹绪拓子民的传说；阿波罗！他们令你　　　　　　10
在神圣匹透的殿堂显得神奇。　　　　　　　　　　　11/12
可你们和你祖先们在地峡的五次胜利，一次在宙斯的　13/14
奥林匹亚的出色胜利，　　　　　　　　　　　　　　15
两次在基耳剌，

哦墨迦克勒！　　　　　　　　　　　　　　　　　【副歌】
催促着我。
我为新近的成功欢呼不迭；也为针对
这些豪功壮举的嫉妒而感悲哀。无论如何据说

οὕτω κ' ἀνδρὶ παρμονίμαν   20
θάλλοισαν εὐδαιμονίαν τὰ καὶ τὰ φέρεσθαι.

ΠΥΘΙΟΝ. Η'.

ΑΡΙΣΤΟΜΕΝΕΙ ΑΙΓΙΝΗΤΗΙ

ΠΑΛΑΙΣΤΗΙ.

Φιλόφρον Ἡσυχία, Δίκας   *Στρ. α'.*
ὦ μεγιστόπολι θύγατερ,
βουλᾶν τε καὶ πολέμων
ἔχοισα <u>κ</u>λαῖδας ὑπερτάτας
Πυθιόνικον τιμὰν Ἀριστομένει δέκευ.   5
τὺ γὰρ τὸ μαλθακὸν ἔρξαι τε καὶ παθεῖν ὁμῶς
ἐπίστασαι καιρῷ σὺν ἀτρεκεῖ·

τὺ δ' ὁπόταν τις ἀμείλιχον   *Ἀντ. α'.*
καρδίᾳ κότον ἐνελάσῃ,
τραχεῖα δυσμενέων   10
ὑπαντιάξαισα <u>κ</u>ράτει τιθεῖς
ὕβριν ἐν ἄντλῳ, τὰν οὐδὲ Πορφυρίων μάθεν
παρ' αἶσαν ἐξερεθίζων. κέρδος δὲ φίλτατον,

如此长伴一人的兴旺幸福 20
会招致这样那样的情状。

匹透赞歌之八
庆爱琴纳人阿里斯托墨奈
角抵赛得胜

友善的和平！哦正义的 【正转甲】
能令城邦最伟大的女儿！
在谏议也在战争中
拥有至高的管钥，
欢迎阿里斯托墨奈在匹透得胜的尊荣吧！ 5
因为你懂得赐予温柔也同样懂得
在适当的时机隐忍；

你，每当有人心中 【反转甲】
种下不可平息的忿怒，
当你以强力对抗 10
敌人的顽固时，便将傲慢
置于水舱之中。波耳福里翁不汝知，
因为他招惹你逾度；赢利最可爱，

ἑκόντος εἴ τις ἐκ δόμων φέροι.

βίᾳ δὲ καὶ μεγάλαυχον ἔσφαλεν ἐν χρόνῳ. *Ἐπ. α΄.*
Τυφὼς Κίλιξ ἑκατόγκρανος οὔ μιν ἄλυξεν,   16
οὐδὲ μὰν βασιλεὺς Γιγάντων · δμᾶθεν δὲ κεραυνῷ
τόξοισί τ᾽ Ἀπόλλωνος · ὃς εὐμενεῖ νόῳ
Ξενάρκειον ἔδεκτο Κίρραθεν ἐστεφανωμένον
υἱὸν ποίᾳ Παρνασσίδι Δωριεῖ τε κώμῳ.   20

ἔπεσε δ᾽ οὐ Χαρίτων ἑκάς *Στρ. β΄.*
ἁ δικαιόπολις ἀρεταῖς
κλειναῖσιν Αἰακιδᾶν
θιγοῖσα νᾶσος · τελέαν δ᾽ ἔχει
δόξαν ἀπ᾽ ἀρχᾶς. πολλοῖσι μὲν γὰρ ἀείδεται   25
νικαφόροις ἐν ἀέθλοις θρέψαισα καὶ θοαῖς
ὑπερτάτους ἥρωας ἐν μάχαις ·

τὰ δὲ καὶ ἀνδράσιν ἐμπρέπει. *Ἀντ. β΄.*
εἰμὶ δ᾽ ἄσχολος ἀναθέμεν
πᾶσαν μακραγορίαν   30
λύρᾳ τε καὶ φθέγματι μαλθακῷ,
μὴ κόρος ἐλθὼν κνίσῃ. τὸ δ᾽ ἐν ποσί μοι τράχον
ἴτω τεὸν χρέος, ὦ παῖ, νεώτατον καλῶν,
ἐμᾷ ποτανὸν ἀμφὶ μαχανᾷ.

若有人自情愿者家中获之。

蛮力随时间的进程给虽自以为是者也带来毁灭。　　　　　【副歌甲】
基利基亚的百首图莆不曾逃过它，　　　　　　　　　　　　16
癸冈之王亦未能够；他们被霹雳
和阿波罗的弓矢降服；他在含宠的心中
接纳了来自基耳剌的多洛人的庆祝中
头缠帕耳纳斯所绿叶的克色纳耳刻之子。　　　　　　　　20

正义之城所在之岛没有跌落于　　　　　　　　　　　　【正转乙】
远离恺丽之处，
因为她接触了埃亚哥诸子
令人显赫的贤能：她从开始
就有完美的名声。因为在很多　　　　　　　　　　　　　25
竞赛胜利之际她受到歌咏，既为她哺育了在迅疾的
战斗中最出色的英雄；

又为她也因人类而显赫。　　　　　　　　　　　　　　【反转乙】
我无暇将完整的
长篇置于　　　　　　　　　　　　　　　　　　　　　　30
雅琴和柔声之上献为祭品，
免得厌倦前来恼人。就让在我脚前的
对你的该欠，哦，少年！你最新的壮举，跑步前来！
它将借我的才艺而举翩。

παλαισμάτεσσι γὰρ ἰχνεύων ματραδελφεούς   *Ἐπ. β'.*
Οὐλυμπίᾳ τε Θεόγνητον οὐ κατελέγχεις,   36
οὐδὲ Κλειτομάχοιο νίκαν Ἰσθμοῖ θρασύγυιον·
αὔξων δὲ πάτραν Μειδυλιδᾶν λόγον φέρεις,
τὸν ὅνπερ ποτ' Οἰκλέος παῖς ἐν ἑπταπύλοις ἰδὼν
υἱοὺς Θήβαις αἰνίξατο παρμένοντας αἰχμᾷ,   40

ὁπότ' ἀπ' Ἄργεος ἤλυθον   *Στρ. γ'.*
δευτέραν ὁδὸν Ἐπίγονοι.
ὧδ' εἶπε μαρναμένων·
'φυᾷ τὸ γενναῖον ἐπιπρέπει
ἐκ πατέρων παισὶ λῆμα. θαέομαι σαφές   45
δράκοντα ποικίλον αἰθᾶς Ἀλκμᾶν' ἐπ' ἀσπίδος
νωμῶντα πρῶτον ἐν Κάδμου πύλαις.

ὁ δὲ καμὼν προτέρᾳ πάθᾳ   *Ἀντ. γ'.*
νῦν ἀρείονος ἐνέχεται
ὄρνιχος ἀγγελίᾳ   50
Ἄδραστος ἥρως· τὸ δὲ οἴκοθεν
ἀντία πράξει. μόνος γὰρ ἐκ Δαναῶν στρατοῦ
θανόντος ὀστέα λέξαις υἱοῦ, τύχᾳ θεῶν
ἀφίξεται λαῷ σὺν ἀβλαβεῖ

Ἄβαντος εὐρυχόρους ἀγυιάς.' τοιαῦτα μέν   *Ἐπ. γ'.*

因为在奥林匹亚角抵的搏击中，　　　　　　　　　　【副歌乙】
你步诸舅的踵武没有辱没忒俄格奈托，　　　　　　　36
也没有辱没克雷托马库在地峡那次膂力方刚的胜利。
为了光大梅杜利氏族，你应了那句话，
即俄伊克勒之子在七门台拜看见
他们在干戈中坚定不移的诸子时所发之言，　　　　40

那时那些后生子自阿耳高前来　　　　　　　　　　【正转丙】
重蹈其先辙。
当他们鏖战时他说道：
"来自父祖的天生嫡传的
意志在其子孙身上昭显。我清楚看到　　　　　　　45
阿尔克曼第一个挥舞冒火的甲楯上
斑斓的蛇虺于卡得谟的门里。

英雄阿得剌斯托从前　　　　　　　　　　　　　　【反转丙】
遭罹厄难，
如今为更吉利的禽卜　　　　　　　　　　　　　　50
带来的消息附体；其家事
却将反向而行。因为达纳俄之民的军中仅有一人
收敛其亡子遗骨，赖神之助
将携阿巴未受伤的人民

抵达宽广的通衢。"唵菲亚柔　　　　　　　　　　【副歌丙】

ἐφθέγξατ' Ἀμφιάρηος. χαίρων δὲ καὶ αὐτός   56
Ἀλκμᾶνα στεφάνοισι βάλλω, ραίνω δὲ καὶ ὕμνῳ,
γείτων ὅτι μοι καὶ κτεάνων φύλαξ ἐμῶν
ὑπάντασεν ἰόντι γᾶς ὀμφαλὸν παρ' ἀοίδιμον,
μαντευμάτων τ' ἐφάψατο συγγόνοισι τέχναις.   60

τὺ δ', Ἑκαταβόλε, πάνδοκον   Στρ. δ'.
ναὸν εὐκλέα διανέμων
Πυθῶνος ἐν γυάλοις,
τὸ μὲν μέγιστον τόθι χαρμάτων
ὤπασας, οἴκοι δὲ πρόσθεν ἁρπαλέαν δόσιν   65
πενταεθλίου σὺν ἑορταῖς ὑμαῖς ἐπάγαγες·
ὦναξ, ἑκόντι δ' εὔχομαι νόῳ

κατὰ τιν' ἁρμονίαν βλέπειν   Ἀντ. δ'.
ἀμφ' ἕκαστον, ὅσα νέομαι.
κώμῳ μὲν ἁδυμελεῖ   70
Δίκα παρέστακε· θεῶν δ' ὄπιν
ἄφθονον αἰτέω, Ξέναρκες, ὑμετέραις τύχαις.
εἰ γάρ τις ἐσλὰ πέπαται μὴ σὺν μακρῷ πόνῳ,
πολλοῖς σοφὸς δοκεῖ πεδ' ἀφρόνων

βίον κορυσσέμεν ὀρθοβούλοισι μαχαναῖς·   Ἐπ. δ'.
τὰ δ' οὐκ ἐπ' ἀνδράσι κεῖται· δαίμων δὲ παρίσχει·   76

发出这番话。而我本人亦 56
向阿尔克曼致敬，赠以叶冠，又洒以颂歌，
因为作为我的邻居和我产业的卫士，
他到为人歌颂的大地之脐与前来的我相会，
动用了祖传的发布谶语的技艺。 60

而你，能远射的神！在匹透的溪谷 【正转丁】
司掌万人皆赴的
享有盛誉的神庙，
在那里你赐予最大的
快乐；从前连同你的节日， 65
你在家乡携来亟切攫获的五项全能赛的赠礼。
吾王！我愿在心中祈求，

唯你的律吕是瞻， 【反转丁】
无论我所行的哪一步。
在伴随甜美歌声的游行中， 70
正义苾止；凭着你们的恩赐，克色纳耳刻！
我祈求众神不怀嫉妒的宠幸。
因为若有人得获成功而无须长期的辛勤，
人多认为以正直的策略巧妙障护

生活乃是愚夫中的智者； 【副歌丁】
此非人力所及，而系神明所赐， 76

ἄλλοτ' ἄλλον ὕπερθε βάλλων, ἄλλον δ' ὑπὸ χειρῶν,
μέτρῳ καταβαίνει· Μεγάροις δ' ἔχεις γέρας,
μυχῷ τ' ἐν Μαραθῶνος, Ἥρας τ' ἀγῶν' ἐπιχώριον
νίκαις τρισσαῖς, ὦ Ἀριστόμενες, δάμασσας ἔργῳ· 80

τέτρασι δ' ἔμπετες ὑψόθεν   Στρ. ε'.
σωμάτεσσι κακὰ φρονέων,
τοῖς οὔτε νόστος ὁμῶς
ἔπαλπνος ἐν Πυθιάδι κρίθη,
οὐδὲ μολόντων πὰρ ματέρ' ἀμφὶ γέλως γλυκύς   85
ὦρσεν χάριν· κατὰ λαύρας δ' ἐχθρῶν ἀπάοροι
πτώσσοντι, συμφορᾷ δεδαγμένοι.

ὁ δὲ καλόν τι νέον λαχών   Ἀντ. ε'.
ἁβρότατος ἔπι μεγάλας
ἐξ ἐλπίδος πέταται   90
ὑποπτέροις ἀνορέαις, ἔχων
κρέσσονα πλούτου μέριμναν. ἐν δ' ὀλίγῳ βροτῶν
τὸ τερπνὸν αὔξεται· οὕτω δὲ καὶ πίτνει χαμαί,
ἀποτρόπῳ γνώμᾳ σεσεισμένον.

ἐπάμεροι· τί δέ τις; τί δ' οὔ τις; σκιᾶς ὄναρ   Ἐπ. ε'.
ἄνθρωπος. ἀλλ' ὅταν αἴγλα διόσδοτος ἔλθῃ,   96
λαμπρὸν φέγγος ἔπεστιν ἀνδρῶν καὶ μείλιχος αἰών.

他一时抛此人至高处，一时令彼人降落于手下
止于适度。你在墨迦剌获得荣誉，
又在马拉松平原，凭辛劳以三次胜利
统治了赫剌的本地赛会，哦阿里斯托墨奈！　　　　　　　80

你故意损伤，自上　　　　　　　　　　　　　　【正转戊】
扳倒四人的身体，
匹透欢乐的返乡他们
无缘同样得享，
走向母亲时也没有甜美的笑容　　　　　　　　　　　85
唤起感激；他们沿着幽巷踅步以远离
怨气，既已遭不幸所螫。

可是在伟大的辉煌之时，　　　　　　　　　　　【反转戊】
幸获新近的殊荣之后，
他乘着期望　　　　　　　　　　　　　　　　　　90
一展雄健之翅而高翔，怀抱着
超乎财富的更强野心。有死凡人的快乐
能很快增大；同样也能颠仆于地，
<< 一旦 >> 其为反转的意图震动。

朝生夕死者们！夫其为何？夫其非何？人乃　　　【副歌戊】
影之梦耳。而每当宙斯赐予的光彩到来，　　　　　　96
闪耀的光明和温柔的寿命就在人间。

Αἴγινα φίλα μᾶτερ, ἐλευθέρῳ στόλῳ
πόλιν τάνδε κόμιζε Δὶ καὶ κρέοντι σὺν Αἰακῷ
Πηλεῖ τε κἀγαθῷ Τελαμῶνι σύν τ' Ἀχιλλεῖ.   100

ΠΥΘΙΟΝ. Θ'.

ΤΕΛΕΣΙΚΡΑΤΕΙ ΚΥΡΗΝΑΙΩΙ

ΟΠΛΙΤΟΔΡΟΜΩΙ.

Ἐθέλω χαλκάσπιδα Πυθιονίκαν   *Στρ. α'.*
σὺν βαθυζώνοισιν ἀγγέλλων
Τελεσικράτη Χαρίτεσσι γεγωνεῖν
ὄλβιον ἄνδρα διωξίππου στεφάνωμα Κυράνας·
τὰν ὁ χαιτάεις ἀνεμοσφαράγων
    ἐκ Παλίου κόλπων ποτὲ Λατοΐδας   5
ἅρπασ', ἔνεικέ τε χρυσέῳ παρθένον ἀγροτέραν
δίφρῳ, τόθι νιν πολυμήλου   6 a
καὶ πολυκαρποτάτας θῆκε δέσποιναν χθονός
ῥίζαν ἀπείρου τρίταν εὐ-
    ήρατον θάλλοισαν οἰκεῖν.

ὑπέδεκτο δ' ἀργυρόπεζ' Ἀφροδίτα   *Ἀντ. α'.*

爱琴娜，亲爱的母亲！在自由的航程中
保养此城！连同宙斯和君王埃亚哥
与培琉，也连同高贵的太拉蒙和阿喀尔琉！　　　　　　100

匹透赞歌之九

庆居热奈人太勒西克剌底
着甲赛跑得胜

我愿宣布执铜干的匹透胜者，　　　　　　　　　【正转甲】
倚仗腰扎深褶绦带的诸位恺丽的襄助，
通报太勒西克剌底，
这蒙福之人，为御马的居热奈之冠；
她尝为长发飘然的累陶之子
　　　自随风唿哨的培利昂山谷中　　　　　　　　　5
掳去，以金舆载此不驯的
处女到立她为　　　　　　　　　　　　　　　　　6 a
多羊丰产之土的女王之地，
居于大陆深受人爱的
　　　第三根上，茁壮生长。

足踏银波的阿芙洛狄底接纳了　　　　　　　　　【反转甲】

Δάλιον ξεῖνον θεοδμάτων 10
ὀχέων ἐφαπτομένα χερὶ κούφᾳ·
καί σφιν ἐπὶ γλυκεραῖς εὐναῖς ἐρατὰν βάλεν αἰδῶ,
ξυνὸν ἁρμόζοισα θεῷ τε γάμον
  μιχθέντα κούρᾳ θ' Ὑψέος εὐρυβία
ὃς Λαπιθᾶν ὑπερόπλων τουτάκις ἦν βασιλεύς,
ἐξ Ὠκεανοῦ γένος ἥρως 14 a
δεύτερος· ὅν ποτε Πίνδου κλεενναῖς ἐν πτυχαῖς 15
Ναῒς εὐφρανθεῖσα Πηνει-
  οῦ λέχει Κρέοισ' ἔτικτεν,

Γαίας θυγάτηρ. ὁ δὲ τὰν εὐώλενον   *Ἐπ. α'*.
θρέψατο παῖδα Κυράναν· ἁ μὲν οὔθ' ἱ-
  στῶν παλιμβάμους ἐφίλησεν ὁδούς,
οὔτε δείπνων † οἰκουριᾶν μεθ' ἑταιρᾶν τέρψιας,
ἀλλ' ἀκόντεσσίν τε χαλκέοις 20
φασγάνῳ τε μαρναμένα κεράϊζεν ἀγρίους
θῆρας, ἦ πολλάν τε καὶ ἡσύχιον
βουσὶν εἰρήναν παρέχοισα πατρῴαις,
  τὸν δὲ σύγκοιτον γλυκὺν
παῦρον ἐπὶ γλεφάροις
ὕπνον ἀναλίσκοισα ῥέποντα πρὸς ἀῶ. 25

κίχε νιν λέοντί ποτ' εὐρυφαρέτρας   *Στρ. β'*.

那位逮罗的来宾，她巧手　　　　　　　　　　　　　10

握住其神造的车辑，

并将迷人的娇羞投于他们甜蜜的榻上，

安排了这位神与辖地广大的

　　　旭普修的闺女之间所订的合卺婚礼，

他那时是倨傲的拉庇汰人之王，

是来自汪洋的氏族中第二代的　　　　　　　　　　14 a

英雄，本人系水仙克惹喔撒、地母之女、　　　　　15

在品都山的小溪里

　　　为培聂俄的床榻

打动后所生。他养育了　　　　　　　　　　【副歌甲】

这位白臂之女居热奈；可她却

　　　不爱织机的来回滑动，

也不爱同†做家务的伙伴共餐，

而是爱操铜矛　　　　　　　　　　　　　　　　　20

与剑去格斗，去杀戮

野兽，给父亲的牛群

带来很多宁静的平安，

　　　因而很少享有拂晓前

降临于眼睑上的

睡眠，那甜美的同床伴侣。　　　　　　　　　　　25

箭筒敞阔的能遥距发威的　　　　　　　　　　【正转乙】

ὀβρίμῳ μούναν παλαίοισαν
ἄτερ ἐγχέων ἑκάεργος Ἀπόλλων.
αὐτίκα δ' ἐκ μεγάρων Χίρωνα προσήνεπε φωνᾷ·
'σεμνὸν ἄντρον, Φιλλυρίδα προλιπὼν
    θυμὸν γυναικὸς καὶ μεγάλαν δύνασιν   30
θαύμασον, οἷον ἀταρβεῖ νεῖκος ἄγει κεφαλᾷ,
μόχθου καθύπερθε νεᾶνις   31 a
ἦτορ ἔχοισα· φόβῳ δ' οὐ κεχείμανται φρένες.
τίς νιν ἀνθρώπων τέκεν; ποί-
    ας δ' ἀποσπασθεῖσα φύτλας

ὀρέων κευθμῶνας ἔχει σκιοέντων,   Ἀντ. β'.
γεύεται δ' ἀλκᾶς ἀπειράντου;   35
ὁσία κλυτὰν χέρα οἱ προσενεγκεῖν
ἦρα καὶ ἐκ λεχέων κεῖραι μελιαδέα ποίαν;'
τὸν δὲ Κένταυρος ζαμενής, ἀγανᾷ
    χλιαρὸν γελάσσαις ὀφρύϊ, μῆτιν ἑὰν
εὐθὺς ἀμείβετο· 'κρυπταὶ κλαΐδες ἐντὶ σοφᾶς
Πειθοῦς ἱερᾶν φιλοτάτων,   39 a
Φοῖβε, καὶ ἔν τε θεοῖς τοῦτο κἀνθρώποις ὁμῶς   40
αἰδέοντ', ἀμφανδὸν ἀδεί-
    ας τυχεῖν τὸ πρῶτον εὐνᾶς.

καὶ γὰρ σέ, τὸν οὐ θεμιτὸν ψεύδει θιγεῖν,   Ἐπ. β'.

阿波罗那时赶上无矛
而独自手格猛狈的她。
他登时发声召唤喀戎自室内出来道：
"离开你令人起敬的洞窟，菲吕剌之子！
　　　为那女子的精神和大能　　　　　　　　　　30
惊诧吧！能胜任如此格斗而昂首无惧，
这闺女有一颗藐视　　　　　　　　　　　　　　31 a
艰苦之心；她的方寸没有因恐惧而翻腾。
人类中是谁生了她？究竟是
　　　自哪条根上将她扯下、

而使她得此多荫之谷为藏身之地，　　　　　【反转乙】
好去品尝无边的勇气？　　　　　　　　　　　　35
神律可许人施以能令其光耀的手于其身、
采撷这朵蜜甜之花于床笫？"
对他，被激动的肯弢洛——他温柔的
　　　眉眼莞尔而笑——迳
告以其谟策曰："明智劝谏所持的
开通神圣爱情的管钥秘藏不露，　　　　　　　39 a
蟠玻！于神于人皆同以此　　　　　　　　　　40
为耻，即初次体验欢娱的
　　　床笫之事即在光天化日。

因为《 若 》接触谎言则有悖神规的你，　　　【副歌乙】

ἔτραπε μείλιχος ὀργὰ παρφάμεν τοῦ-
  τον λόγον. κούρας δ' ὁπόθεν γενεάν
ἐξερωτᾷς, ὦ ἄνα; κύριον ὃς πάντων τέλος
οἶσθα καὶ πάσας κελεύθους·   45
ὅσσα τε χθὼν ἠρινὰ φύλλ' ἀναπέμπει, χὠπόσαι
ἐν θαλάσσᾳ καὶ ποταμοῖς ψάμαθοι
κύμασιν ῥιπαῖς τ' ἀνέμων κλονέονται,
  χὤ τι μέλλει, χὠπόθεν
ἔσσεται, εὖ καθορᾷς.
εἰ δὲ χρὴ καὶ πὰρ σοφὸν ἀντιφερίξαι,   50

ἐρέω· ταύτᾳ πόσις ἵκεο βᾶσσαν   Στρ. γ'.
τάνδε, καὶ μέλλεις ὑπὲρ πόντου
Διὸς ἔξοχον ποτὶ κᾶπον ἐνεῖκαι·
ἔνθα νιν ἀρχέπολιν θήσεις, ἐπὶ λαὸν ἀγείραις
νασιώταν ὄχθον ἐς ἀμφίπεδον·
  νῦν δ' εὐρυλείμων πότνιά σοι Λιβύα   55
δέξεται εὐκλέα νύμφαν δώμασιν ἐν χρυσέοις
πρόφρων· ἵνα οἱ χθονὸς αἶσαν   56 a
αὐτίκα συντελέθειν ἔννομον δωρήσεται,
οὔτε παγκάρπων φυτῶν νά-
  ποινον οὔτ' ἀγνῶτα θηρῶν.

τόθι παῖδα τέξεται, ὃν κλυτὸς Ἑρμᾶς   Ἀντ. γ'.

是为酥软的情欲所使

   方戏出此言。你欲讨问

此女的家世奚自，哦王？你知晓万事命定的

终结、知晓一切道路；   45

土地发出几多春华、海中、

河里几多沙碛

在涌浪和旋风中掀腾、将来

   几何、将自何

来，你皆一一审察。

因为若可将我与智者并列，   50

我便说：你到这多荫之谷来   【正转丙】

作她夫君，且会将她跨海

带到宙斯最卓荦的园圃；

在那里你将立她为城邦元首，召集岛民

到平原环绕的丘山；

   那时有广袤草甸的女王利比娅   55

将在金殿欣然为你迎接声名斐然的

新娘；在那里她会登时   56 a

将划出的土地赠与她作为共享的合法产业，

它并非与出产种种果实的

   草木无缘，亦非不知有禽兽。

她将在彼生子，声名斐然的贺耳美将会   【反转丙】

εὐθρόνοις Ὥραισι καὶ Γαίᾳ 60
ἀνελὼν φίλας ὑπὸ ματέρος οἴσει.
ταὶ δ' ἐπιγουνίδιον θαησάμεναι βρέφος αὐταῖς,
νέκταρ ἐν χείλεσσι καὶ ἀμβροσίαν
    στάξοισι, θήσονταί τέ νιν ἀθάνατον,
Ζῆνα καὶ ἁγνὸν Ἀπόλλων', ἀνδράσι χάρμα φίλοις
ἄγχιστον ὀπάονα μήλων, 64 a
Ἀγρέα καὶ Νόμιον, τοῖς δ' Ἀρισταῖον καλεῖν. ' 65
ὣς ἄρ' εἰπὼν ἔντυεν τερ-
    πνὰν γάμου κραίνειν τελευτάν.

ὠκεῖα δ' ἐπειγομένων ἤδη θεῶν Ἐπ. γ'.
πρᾶξις ὁδοί τε βραχεῖαι. κεῖνο κεῖν' ἆ-
    μαρ διαίτασεν· θαλάμῳ δὲ μίγεν
ἐν πολυχρύσῳ Λιβύας · ἵνα καλλίσταν πόλιν
ἀμφέπει κλεινάν τ' ἀέθλοις. 70
καί νυν ἐν Πυθῶνί νιν ἀγαθέα Καρνειάδα
υἱὸς εὐθαλεῖ συνέμειξε τύχᾳ ·
ἔνθα νικάσαις ἀνέφανε Κυράναν,
    ἅ νιν εὔφρων δέξεται
καλλιγύναικι πάτρᾳ
δόξαν ἱμερτὰν ἀγαγόντ' ἀπὸ Δελφῶν. 75

ἀρεταὶ δ' αἰεὶ μεγάλαι πολύμυθοι · Στρ. δ'.

自他生母身下抓起他，带给 60
坐华美御座的时辰和土地。
她们稀罕自己膝头上的这个婴儿，
遂滴琼浆玉馔在他唇上，
　　　从而将使其不死，
成为宙斯和圣洁的阿波罗，于所亲爱的人们是
喜乐，羊群近不离身的伴侣， 64 a
猎人和牧童，他人则称其为阿里斯泰俄。" 65
他这般说道，
　　　遂促其完此喜婚。

既有众神催促，事成 【副歌丙】
迅速，路途不远，当日
　　　便定下此事。他们即在利比娅
多饰黄金的燕寝内合卺；她将在此拥有
最美的城邦并借竞赛扬名。 70
而今在最神圣的匹透，卡耳涅亚逮之
子让她交上了兴旺的运道；
在那里因胜利而令居热奈得以广宣，
　　　她将欣然迎接他
自得尔蟠带来
所渴望的声名到拥有美丽妇女的父国。 75

伟大的贤能总是富于传说； 【正转丁】

βαιὰ δ' ἐν μακροῖσι ποικίλλειν
ἀκοὰ σοφοῖς· ὁ δὲ καιρὸς ὁμοίως
παντὸς ἔχει κορυφάν. ἔγνον ποτὲ καὶ Ἰόλαον
οὐκ ἀτιμάσαντά νιν ἑπτάπυλοι
   Θῆβαι· τόν, Εὐρυσθῆος ἐπεὶ κεφαλάν   80
ἔπραθε φασγάνου ἀκμᾷ, κρύψαν ἔνερθ' ὑπὸ γᾶν
διφρηλάτα Ἀμφιτρύωνος   81 a
σάματι, πατροπάτωρ ἔνθα οἱ Σπαρτῶν ξένος
κεῖτο, λευκίπποισι Καδμείων μετοικήσαις ἀγυιαῖς.

τέκε οἱ καὶ Ζηνὶ μιγεῖσα δαΐφρων   *Ἀντ. δ'.*
ἐν μόναις ὠδῖσιν Ἀλκμήνα   85
διδύμων κρατησίμαχον σθένος υἱῶν.
κωφὸς ἀνήρ τις, ὃς Ἡρακλεῖ στόμα μὴ περιβάλλει,
μηδὲ Διρκαίων ὑδάτων ἀὲ μέ-
   μναται, τά νιν θρέψαντο καὶ Ἰφικλέα·
τοῖσι τέλειον ἐπ' εὐχᾷ κωμάσομαί τι παθών
ἐσλόν. Χαρίτων κελαδενναῖν   89 a
μή με λίποι καθαρὸν φέγγος. Αἰγίνᾳ τε γάρ   90
φαμὶ Νίσου τ' ἐν λόφῳ τρὶς
   δὴ πόλιν τάνδ' εὐκλεΐξαι,

σιγαλὸν ἀμαχανίαν ἔργῳ φυγών·   *Ἐπ. δ'.*
οὕνεκεν, εἰ φίλος ἀστῶν, εἴ τις ἀντά-

<<唯>>智者能自其所闻

去冗雕简；时机握有

万事万物的枢要。从前七门

台拜见识了虽伊俄拉俄

　　　亦未曾蔑视的它；他，在以剑锋　　　　　　　　　80

斩去欧茹斯拓首级之后，被人葬在地下

御车人唵菲特茹翁的　　　　　　　　　　　　　　　81 a

冢中，他祖父、龙牙种人的宾客，就

长卧于此，在他迁徙到卡得谟之民圈养白马的里巷之后。

他犀利的阿尔克美奈还同宙斯相交，　　　　　　　【反转丁】

独自在产痛中生下　　　　　　　　　　　　　　　　85

孪生双子的战无不胜的膂力。

唯蠢人方不贷其口与赫剌克勒，

也不时时记念养育了

　　　他和伊菲克勒的狄耳刻之水；

我所祈求者既已有某好事偿之，我便须向他们

咏诵欢歌；惟愿声音洪亮的恺丽　　　　　　　　　89 a

之光切勿离弃我！因为我要夸口说：　　　　　　　90

在爱琴纳和尼所之丘，借此举

　　　逃脱了无声的挣扎后，

我尝三度赞颂过的即是此城；　　　　　　　　　【副歌丁】

以此，无论为邦人之友

εἰς, τό γ' ἐν ξυνῷ πεπονᾱμένον εὖ
μὴ λόγον βλάπτων ἁλίοιο γέροντος κρυπτέτω·
κεῖνος αἰνεῖν καὶ τὸν ἐχθρόν 95
παντὶ θυμῷ σύν τε δίκᾳ καλὰ ῥέζοντ' ἔννεπεν.
πλεῖστα νικάσαντά σε καὶ τελεταῖς
ὡρίαις ἐν Παλλάδος εἶδον ἄφωνοί
 θ' ὡς ἕκασται φίλτατον
παρθενικαὶ πόσιν ἢ
υἱὸν εὔχοντ', ὦ Τελεσίκρατες, ἔμμεν, 100

ἐν Ὀλυμπίοισί τε καὶ βαθυκόλπου   *Στρ. ε'.*
Γᾶς ἀέθλοις ἔν τε καὶ πᾶσιν
ἐπιχωρίοις. ἐμὲ δ' οὖν τις ἀοιδᾶν
δίψαν ἀκειόμενον πράσσει χρέος, αὖτις ἐγεῖραι
καὶ παλαιὰν δόξαν ἑῶν προγόνων·
 οἷοι Λιβύσσας ἀμφὶ γυναικὸς ἔβαν 105
Ἴρασα πρὸς πόλιν, Ἀνταίου μετὰ καλλίκομον
μναστῆρες ἀγακλέα κούραν   106 a
τὰν μάλα πολλοὶ ἀριστῆες ἀνδρῶν αἴτεον
σύγγονοι, πολλοὶ δὲ καὶ ξεί-
 νων. ἐπεὶ θαητὸν εἶδος

ἔπλετο· χρυσοστεφάνου δέ οἱ Ἥβας   *Ἀντ. ε'.*
καρπὸν ἀνθήσαντ' ἀποδρέψαι 110

　　　　抑或为敌，就让他毋要瞵离
海中老人的箴言，埋没他为公而辛勤立下的功劳；——
他说虽仇人亦会全心全意　　　　　　　　　　　　95
且公正赞美他人得成壮举。
而且在<u>帕拉</u>应季的祭仪里，
处女们也屡屡看着你得胜，
　　　　各自无声地祈祷要当你——
哦<u>太勒西克剌底</u>！——
至亲的夫君或以你为子，　　　　　　　　　　　100

在<u>奥林庇亚</u>和有深褶的　　　　　　　　【正转戊】
地母赛会上以及所有当地的
竞赛。于是或向
疗治诗歌之渴的我索债，去重新唤起
他祖辈的古老荣光：
　　　　诸如为了那<u>利比亚</u>的女子之故　　　　105
走向伊剌撒城的那些位，此女是<u>安泰俄</u>声名远扬的
秀发闺女，男子中很多　　　　　　　　　　106 a
勇毅过人的同族人，另有很多异邦人，
都作为求爱者追求
　　　　她。既然她美貌

惊人，他们遂欲采撷她那戴金冠的　　　　【反转戊】
青春绽放出的　　　　　　　　　　　　　　110

ἔθελον. πατὴρ δὲ θυγατρὶ φυτεύων
κλεινότερον γάμον, ἄκουσεν Δαναόν ποτ' ἐν Ἄργει
οἷον εὗρεν τεσσαράκοντα καὶ ὀκ-
 τὼ παρθένοισι πρὶν μέσον ἆμαρ, ἑλεῖν
ὠκύτατον γάμον· ἔστασεν γὰρ ἅπαντα χορόν
ἐν τέρμασιν αὐτίκ' ἀγῶνος· 114 a
σὺν δ' ἀέθλοις ἐκέλευσεν διακρῖναι ποδῶν, 115
ἅντινα σχήσοι τις ἡρώ-
 ων, ὅσοι γαμβροί σφιν ἦλθον.

οὕτω δ' ἐδίδου Λίβυς ἁρμόζων κόρᾳ   *Επ. ε'.*
νυμφίον ἄνδρα· ποτὶ γραμμᾷ μὲν αὐτὰν
 στᾶσε κοσμήσαις, τέλος ἔμμεν ἄκρον,
εἶπε δ' ἐν μέσσοις ἀπάγεσθαι, ὃς ἂν πρῶτος θορών
ἀμφί οἱ ψαύσειε πέπλοις. 120
ἔνθ' Ἀλεξίδαμος, ἐπεὶ φύγε λαιψηρὸν δρόμον,
παρθένον κεδνὰν χερὶ χειρὸς ἑλών
ἆγεν ἱππευτᾶν Νομάδων δι' ὅμιλον.
 πολλὰ μὲν κεῖνοι δίκον
φύλλ' ἔπι καὶ στεφάνους·
πολλὰ δὲ πρόσθεν πτερὰ δέξατο νικᾶν. 125

果实。而其父为女儿策划了

更驰名的婚礼,他听说在阿耳高曾有个

达纳俄,他在日中亭午

  以前为四十八个闺女办下了

最快的婚礼,因为他即刻派驻兵卒驻扎

于赛场的始终地点;   114 a

通过赛跑他请人裁判,   115

让作为未婚夫为她而来的

  这些英雄中有一人会得到她。

那利比亚人便这样许下亲,要将女儿许配 【副歌戊】

选作新郎的男子;他将女儿盛装

  置于终点线前,让她做至高的奖赏,

他在他们中说,谁个在此期间首先跃达,触到

她的衣裳,即可将她领走。   120

在那里阿勒克西达谟,在跑出快速的赛跑后,

手接手抓住了他稀罕的姑娘,

领她穿过游牧部落骑手的人群。

  他们抛洒很多

树叶在其冠上;

他此前曾得到过许多胜利的羽冠。   125

ΠΥΘΙΟΝ. Ι'.

ΙΠΠΟΚΛΕΙ ΘΕΣΣΑΛΩΙ

ΠΑΙΔΙ ΔΙΑΥΛΟΔΡΟΜΩΙ.

Ὀλβία Λακεδαίμων,   *Στρ. α'.*
μάκαιρα Θεσσαλία. πατρὸς δ' ἀμφοτέραις ἐξ ἑνός
ἀριστομάχου γένος Ἡρακλέος βασιλεύει.
τί κομπέω παρὰ καιρόν; ἀλλά με Πυθώ
    τε καὶ τὸ Πελινναῖον ἀπύει
Ἀλεύα τε παῖδες, Ἱπποκλέα θέλοντες   5
ἀγαγεῖν ἐπικωμίαν ἀνδρῶν κλυτὰν ὄπα.

γεύεται γὰρ ἀέθλων·   *Ἀντ. α'.*
στρατῷ τ' ἀμφικτιόνων ὁ Παρνάσσιος αὐτὸν μυχός
διαυλοδρομᾶν ὕπατον παίδων ἀνέειπεν.
Ἄπολλον, γλυκὺ δ' ἀνθρώπων τέλος ἀρχά
    τε δαίμονος ὀρνύντος αὔξεται·   10
ὁ μέν που τεοῖς τε μήδεσι τοῦτ' ἔπραξεν,
τὸ δὲ συγγενὲς ἐμβέβακεν ἴχνεσιν πατρός

Ὀλυμπιονίκα δὶς ἐν πολεμαδόκοις   *Ἐπ. α'.*
Ἄρεος ὅπλοις·

匹透赞歌之十

庆忒斯撒利亚人希普波克勒阿
少年双程赛跑得胜

幸运的<u>拉科代蒙</u>！　　　　　　　　　　　　　【正转甲】
蒙福的<u>忒斯撒利亚</u>！两地皆为出自同
父的、善战的<u>赫剌克勒</u>氏族所统治。
我所吹嘘难道非时？然则<u>匹透</u>
　　　和<u>珀林乃昂</u>，还有
<u>阿琉亚</u>的子孙招呼我，他们愿意　　　　　　　　　　5
给<u>希普波克勒阿</u>携来人在庆胜游行中遐迩可闻的声音。

因为他在尝试比赛；　　　　　　　　　　　　　【反转甲】
<u>帕耳纳斯所</u>山谷向诸邻盟部宣布他
为双程短跑少年之最。
<u>阿波罗</u>！有神明鼓气，人类无论
　　　终始皆转甜美；　　　　　　　　　　　　　　　10
凭借你的谀谋他庶得成之；
论家传，则他已两度着<u>阿瑞</u>的助战铠甲

踵其作为<u>奥林匹亚</u>　　　　　　　　　　　　【副歌甲】
冠军父亲的祖武，

ἔθηκε καὶ βαθυλείμων ὑπὸ Κίρρας πετρᾶν　　　　　15
ἀγὼν κρατησίποδα Φρικίαν.
ἕποιτο μοῖρα καὶ ὑστέραισιν
ἐν ἀμέραις ἀγάνορα πλοῦτον ἀνθεῖν σφίσιν·

τῶν δ' ἐν Ἑλλάδι τερπνῶν　　　　　　　　　　　*Στρ. β'.*
λαχόντες οὐκ ὀλίγαν δόσιν, μὴ φθονεραῖς ἐκ θεῶν　20
μετατροπίαις ἐπικύρσαιεν. θεὸς εἴη
ἀπήμων κέαρ· εὐδαίμων δὲ καὶ ὑμνη-
　　τὸς οὗτος ἀνὴρ γίνεται σοφοῖς,
ὃς ἂν χερσὶν ἢ ποδῶν ἀρετᾷ κρατήσαις
τὰ μέγιστ' ἀέθλων ἕλῃ τόλμᾳ τε καὶ σθένει,

καὶ ζώων ἔτι νεαρόν　　　　　　　　　　　　　*Ἀντ. β'.*
κατ' αἶσαν υἱὸν ἴδῃ τυχόντα στεφάνων Πυθίων.　26
ὁ χάλκεος οὐρανὸς οὔ ποτ' ἀμβατὸς αὐτῷ·
ὅσαις δὲ βροτὸν ἔθνος ἀγλαΐαις ἁ-
　　πτόμεσθα, περαίνει πρὸς ἔσχατον
πλόον· ναυσὶ δ' οὔτε πεζὸς ἰών ⟨κεν⟩ εὕροις
ἐς Ὑπερβορέων ἀγῶνα θαυμαστὰν ὁδόν.　　　　　30

παρ' οἷς ποτε Περσεὺς ἐδαίσατο λαγέτας,　　　　*Ἐπ. β'.*
δώματ' ἐσελθών,
κλειτὰς ὄνων ἑκατόμβας ἐπιτόσσαις θεῷ

而且沿基耳剌岩下那片有宽广草甸的赛场，   15
还尝令芙里基亚健步如飞。
愿运道跟随他们
在来日绽放奢华的财富！

在乐趣孔多的希腊，   【正转乙】
他们赢得礼物不少，勿让他们遭遇来自妒忌的神明的   20
运气逆转；让心不痛者
为神吧！人会为智者
  视为有福且值得赞颂，
若其凭借或手或足的贤能力压 << 众人 >>，
靠勇敢和筋膂摘得竞赛奖赏之最，

还能在有生之年看到   【反转乙】
尚年少的儿子顺从运分得获匹透的叶冠。   26
铜铸的苍天他永远不能翻越；
无论何样的辉煌我们这有死的
  凡人一族可致，其皆将抵达航程的
终极；愿你既不乘舟亦非徒步
来到奇异的道上，寻找朔外人的集会！   30

民尹珀耳修曾来到他们家中   【副歌乙】
 与之坐宴，
从而遇到他们向神行百驴的

ῥέζοντας· ὧν θαλίαις ἔμπεδον
εὐφαμίαις τε μάλιστ᾽ Ἀπόλλων   35
χαίρει, γελᾷ θ᾽ ὁρῶν ὕβριν ὀρθίαν κνωδάλων.

Μοῖσα δ᾽ οὐκ ἀποδαμεῖ   Στρ. γ'.
τρόποις ἐπὶ σφετέροισι· παντᾷ δὲ χοροὶ παρθένων
λυρᾶν τε βοαὶ καναχαί τ᾽ αὐλῶν δονέονται·
δάφνᾳ τε χρυσέᾳ κόμας ἀναδήσαν-
    τες εἰλαπινάζοισιν εὐφρόνως.   40
νόσοι δ᾽ οὔτε γῆρας οὐλόμενον κέκραται
ἱερᾷ γενεᾷ· πόνων δὲ καὶ μαχᾶν ἄτερ

οἰκέοισι φυγόντες   Ἀντ. γ'.
ὑπέρδικον Νέμεσιν. θρασείᾳ δὲ πνέων καρδίᾳ
μόλεν Δανάας ποτὲ παῖς, ἁγεῖτο δ᾽ Ἀθάνα,   45
ἐς ἀνδρῶν μακάρων ὅμιλον· ἔπεφνέν
    τε Γοργόνα, καὶ ποικίλον κάρα
δρακόντων φόβαισιν ἤλυθε νασιώταις
λίθινον θάνατον φέρων. ἐμοὶ δὲ θαυμάσαι

θεῶν τελεσάντων οὐδέν ποτε φαίνεται   Ἐπ. γ'.
ἔμμεν ἄπιστον.   50
κώπαν σχάσον, ταχὺ δ᾽ ἄγκυραν ἔρεισον χθονί
πρῴραθε, χοιράδος ἄλκαρ πέτρας.

著名祭典；阿波罗尤其恒常

喜欢他们丰盛的 35

祈赞，笑看放肆的畜生们躁动。

论其本身习性，妙撒 【正转丙】

并不离乡远走；可到处都有处女的舞队

伴以雅琴和芦笛的锐音胡旋；

她们发上扎起黄金般的

  月桂枝，快乐地聚众狂欢。 40

无论疾病还是悲惨的老年皆不曾玷染

此神圣氏族；逃避了刑罚刻酷的报应，

他们所居之处没有 【反转丙】

劳役与战争。为勇敢的心所激励，

达娜婀之子那时到来——受雅典娜引导—— 45

来到这些蒙福者中间；他杀了

  高耳戈，而其虺蛇为发的

斑斓之首携令人石化的死亡

到过那里的岛民中间。于我，众神

成就之事无一会不可相信 【副歌丙】

以致令人惊奇。 50

停下楫柄，将快锚从船艉稳稳抛入

泥中，那是抵御鼋脊般岩礁的护卫。

ἐγκωμίων γὰρ ἄωτος ὕμνων
ἐπ' ἄλλοτ' ἄλλον ὥτε μέλισσα θύνει λόγον.

ἔλπομαι δ' Ἐφυραίων   Στρ. δ'.
ὄπ' ἀμφὶ Πηνεϊὸν γλυκεῖαν προχεόντων ἐμάν   56
τὸν Ἱπποκλέαν ἔτι καὶ μᾶλλον σὺν ἀοιδαῖς
ἕκατι στεφάνων θαητὸν ἐν ἅλι-
    ξι θησέμεν ἐν καὶ παλαιτέροις,
νέαισίν τε παρθένοισι μέλημα. καὶ γὰρ
ἑτέροις ἑτέρων ἔρωτες ἔκνιξαν φρένας·   60

τῶν δ' ἕκαστος ὀρούει,   Ἀντ. δ'.
τυχών κεν ἁρπαλέαν σχέθοι φροντίδα τὰν πὰρ ποδός·
τὰ δ' εἰς ἐνιαυτὸν ἀτέκμαρτον προνοῆσαι.
πέποιθα ξενίᾳ προσανέι Θώρα-
    κος, ὅσπερ ἐμὰν ποιπνύων χάριν
τόδ' ἔζευξεν ἅρμα Πιερίδων τετράορον,   65
φιλέων φιλέοντ', ἄγων ἄγοντα προφρόνως.

πειρῶντι δὲ καὶ χρυσὸς ἐν βασάνῳ πρέπει   Ἐπ. δ'.
καὶ νόος ὀρθός.
ἀδελφεοῖσί τ' ἐπαινήσομεν ἐσλοῖς, ὅτι
ὑψοῦ φέροντι νόμον Θεσσαλῶν   70
αὔξοντες· ἐν δ' ἀγαθοῖσι κεῖται

因为庆胜游行歌曲中的菁华

像蜜蜂一样忽闪着在各时飞向各样的话题。

我期望，在培聂俄河畔	【正转丁】
厄福剌人倾泻我甜美的声音时，	56

将使希普波克勒阿因获叶冠借助歌诗

在同龄人中也在更

      年长者间愈发神采奕奕，

并成为少女们的宠儿。因为

人为各自的欲望挠心；   60

人人皆追求之，   【反转丁】

就让成功者脚前便是他所贪求的心头所好；

来年之事则晦暗难以预见。

我信赖透剌的好客之情，

      他为惠泽于我而殷勤热切，

为此庇厄洛诸女的驷马之乘鞴好辔轭，   65

乐意爱爱人之人，导引导引人者。

若人欲验之，恰如黄金在试金石上方显本色，   【副歌丁】

  人心 << 惟此 >> 方显正直。

我们也将赞美 << 这几位 >> 高贵的兄弟们，因为

他们增广忒斯撒利亚人的律法将其举到   70

高处；在这些贵族手中握有

πατρώϊαι κεδναὶ πολίων κυβερνάσιες.

ΠΥΘΙΟΝ. ΙΑ'.

ΘΡΑΣΥΔΑΙΩΙ ΘΗΒΑΙΩΙ

ΠΑΙΔΙ ΣΤΑΔΙΕΙ.

Κάδμου κόραι, Σεμέλα μὲν Ὀλυμπιάδων ἀγυιᾶτι, *Στρ. α'.*
Ἰνὼ δὲ Λευκοθέα
  ποντιᾶν ὁμοθάλαμε Νηρηΐδων,
ἴτε σὺν Ἡρακλέος ἀριστογόνῳ
  ματρὶ πὰρ Μελίαν χρυσέων ἐς ἄδυτον τριπόδων   4
θησαυρόν, ὃν περίαλλ' ἐτίμασε Λοξίας,   5

Ἰσμήνιον δ' ὀνύμαξεν, ἀλαθέα μαντίων θῶκον, *Ἀντ. α'.*
ὦ παῖδες Ἁρμονίας,
  ἔνθα καί νυν ἐπίνομον ἡρωΐδων
στρατὸν ὁμαγερέα καλεῖ συνίμεν,
  ὄφρα Θέμιν ἱερὰν Πυθῶνά τε καὶ ὀρθοδίκαν   9
γᾶς ὀμφαλὸν κελαδήσετ' ἄκρα σὺν ἑσπέρᾳ   10

ἑπταπύλοισι Θήβαις   *Ἐπ. α'.*

先祖们所珍视的城邦的掌舵之权。

匹透赞歌之十一
庆台拜人忑剌叙代俄
少年短跑赛得胜

卡得谟的女儿们！色墨累！奥林波山女神们的芳邻！　　　　【正转甲】
以及白皙女神伊瑙！
　　　海中奈柔姹女们的那位同室姊妹！
来吧！连同孳乳出身高贵之士的赫剌克勒之母，
　　　到有三足金鼎的墨利娅神庙旁的　　　　　　　　　　4
宝藏里，就是黄道之王尊崇超过所有别处的那一个，　　　　5

他称之为伊斯美诺庙，谶语的真验之席；　　　　　　　　　【正转甲】
哦哈耳谟尼娅的儿女！
　　　此刻在其中，本地女英雄们的
队伍为他召唤聚集，
　　　好在黄昏之巅借助七门台拜　　　　　　　　　　　　9
也借基耳剌的赛会去歌咏　　　　　　　　　　　　　　　　10

神圣忒米和匹透以及　　　　　　　　　　　　　　　　【副歌甲】

χάριν ἀγῶνί τε Κίρρας,
ἐν τῷ Θρασυδᾳος ἔμνασεν ἑστίαν
τρίτον ἔπι στέφανον πατρῴαν βαλών,
ἐν ἀφνεαῖς ἀρούραισι Πυλάδα   15
νικῶν ξένου Λάκωνος Ὀρέστα.

τὸν δὴ φονευομένου πατρὸς Ἀρσινόα Κλυταιμήστρας   *Στρ. β'.*
χειρῶν ὕπο κρατερᾶν
  ἐκ δόλου τροφὸς ἄνελε δυσπενθέος,
ὁπότε Δαρδανίδα κόραν Πριάμου
  Κασσάνδραν πολιῷ χαλκῷ σὺν Ἀγαμεμνονίᾳ   20
ψυχᾷ πόρευ' Ἀχέροντος ἀκτὰν παρ' εὔσκιον

νηλὴς γυνά. πότερόν νιν ἄρ' Ἰφιγένει' ἐπ' Εὐρίπῳ   *Ἀντ. β'.*
σφαχθεῖσα τῆλε πάτρας
  ἔκνισεν βαρυπάλαμον ὄρσαι χόλον;
ἢ ἑτέρῳ λέχεϊ δαμαζομέναν
  ἔννυχοι πάραγον κοῖται; τὸ δὲ νέαις ἀλόχοις   25
ἔχθιστον ἀμπλάκιον καλύψαι τ' ἀμάχανον

ἀλλοτρίαισι γλώσσαις·   *Ἐπ. β'.*
κακολόγοι δὲ πολῖται.
ἴσχει τε γὰρ ὄλβος οὐ μείονα φθόνον·
ὁ δὲ χαμηλὰ πνέων ἄφαντον βρέμει.   30

竖立正义的地脐：

在其中忑剌叙代俄让人记起他先祖的灶突，

因为戴上了这第三顶叶冠，

在匹拉逮的富饶土地上、 15

在异乡的拉孔人俄惹斯底那里得胜。

就是他，在父亲被杀时，由乳母阿耳西诺婀自克吕泰美斯特剌 【正转乙】
凶残的双手下

　　　　可怕的奸谋中救出，

那时那无情的妇人将达耳达诺人

　　　　普里阿谟的姑娘卡斯桑得剌用灰色的铜兵 20

连同阿迦门农的灵魂一并打发到阿柯戎河的

荫翳之洲。究竟是伊菲各聂娅在远离父国的欧里波 【反转乙】
被戮刺激她

　　　　发了痛下狠手的怒气？

抑或是夜夜的交欢诱惑了

　　　　这个为他人床笫所征服的妇人？这于年轻的共枕之人 25

是最可憎的罪过，因有外人的谇舌

而无法掩盖； 【副歌乙】

邦民多谣诼。

因为福禧引发的仇恨并不更少；

吹响呼吸于地者于隐处谮言。 30

θάνεν μὲν αὐτὸς ἥρως Ἀτρεΐδας
ἵκων χρόνῳ κλυταῖς ἐν Ἀμύκλαις,

μάντιν τ' ὄλεσσε κόραν, ἐπεὶ ἀμφ' Ἑλένᾳ πυρωθέντας   *Στρ. γ'.*
Τρώων ἔλυσε δόμους
    ἁβρότατος. ὁ δ' ἄρα γέροντα ξένον
Στροφίον ἐξίκετο, νέα κεφαλά,   35
    Παρνασσοῦ πόδα ναίοντ'· ἀλλὰ χρονίῳ σὺν Ἄρει   36
πέφνεν τε ματέρα θῆκέ τ' Αἴγισθον ἐν φοναῖς.

ἦρ', ὦ φίλοι, κατ' ἀμευσίπορον τρίοδον ἐδινάθην,   *Ἀντ. γ'.*
ὀρθὰν κέλευθον ἰὼν
    τὸ πρίν· ἤ μέ τις ἄνεμος ἔξω πλόου
ἔβαλεν, ὡς ὅτ' ἄκατον ἐνναλίαν;   40
    Μοῖσα, τὸ δὲ τεόν, εἰ μισθοῖο συνέθευ παρέχειν   41
φωνὰν ὑπάργυρον, ἄλλοτ' ἄλλα ταρασσέμεν

ἢ πατρὶ Πυθονίκῳ   *Ἐπ. γ'.*
τό γέ νυν ἢ Θρασυδᾴῳ,
τῶν εὐφροσύνα τε καὶ δόξ' ἐπιφλέγει.   45
τὰ μὲν ⟨ἐν⟩ ἅρμασι καλλίνικοι πάλαι
Ὀλυμπίᾳ τ' ἀγώνων πολυφάτων
ἔσχον θοὰν ἀκτῖνα σὺν ἵπποις,

那位英雄本人,阿特柔之子,

届时来到著名的阿缪克莱后遇害,

她还杀了那位能预言的闺女,在他为海伦之故 　　　　　　【正转丙】

洗劫了特洛伊亚人宫殿里

　　　的财宝之后。而他,那年轻人,则

来到异国的老者斯特洛菲俄家,后者 　　　　　　　　　　　　　　　35

　　　住在帕耳纳斯所山脚下;然而借姗姗来迟的阿瑞 << 之助 >>,　36

他既弑了其母又弃埃癸斯突于血泊之中。

哦朋友们!我在三岔路口迷失, 　　　　　　　　　　　　　【反转丙】

此前却走着正道;

　　　抑或是有风将我播扬于

航程之外,犹如海中舴艋? 　　　　　　　　　　　　　　　　　　40

　　　妙撒,在你一方若你愿意有酬供给 　　　　　　　　　　　　41

镶银之声,则 { 应 } 于不同的时机发送不同的 << 诗歌 >>:

或在其父匹突尼哥的现在, 　　　　　　　　　　　　　【副歌丙】

或在忑剌叙代俄那回:

他们的幸福和声名炜煌。 　　　　　　　　　　　　　　　　　　45

一面是昔日在奥林匹亚多为人传颂的赛会上,

在车乘连同骏马的比赛中

美妙的胜利赢得了迅捷的光彩;

Πυθοῖ τε γυμνὸν ἐπὶ στάδιον καταβάντες ἤλεγξαν   *Στρ. δ'.*
Ἑλλανίδα στρατιὰν
    ὠκύτατι. θεόθεν ἐραίμαν καλῶν,   50
δυνατὰ μαιόμενος ἐν ἁλικίᾳ.
    τῶν γὰρ ἀνὰ πόλιν εὑρίσκων τὰ μέσα μακροτέρῳ   52
ὄλβῳ τεθαλότα, μέμφομ' αἶσαν τυραννίδων·

ξυναῖσι δ' ἀμφ' ἀρεταῖς τέταμαι· φθονεροὶ δ' ἀμύνονται.   *Ἀντ. δ'.*
⟨ἀλλ'⟩ εἴ τις ἄκρον ἑλὼν
    ἡσυχᾷ τε νεμόμενος αἰνὰν ὕβριν   55
ἀπέφυγεν, μέλανος ἂν ἐσχατιὰν
    καλλίονα θανάτου ⟨στείχοι⟩ γλυκυτάτα γενεᾷ   57
εὐώνυμον κτεάνων κρατίσταν χάριν πορών·

ἅ τε τὸν Ἰφικλείδαν   *Ἐπ. δ'.*
διαφέρει Ἰόλαον   60
ὑμνητὸν ἐόντα, καὶ Κάστορος βίαν,
σέ τε, ἄναξ Πολύδευκες, υἱοὶ θεῶν,
τὸ μὲν παρ' ἆμαρ ἕδραισι Θεράπνας,
τὸ δ' οἰκέοντας ἔνδον Ὀλύμπου.

一面是在<u>匹透</u>裸身的短跑道上入场的他们以速度 　　　　【正转丁】
令希腊人众蒙羞。
　　　　　愿我欲求来自天神的壮举！ 　　　　　　　　　　　50
唯求我依年龄力所能及者。
　　　　　因为我彻搜拥有它们的城邦发现，居中者享福 　　　52
更久，故而我贬擿僭主们的运道，

而揽延广利公众的贤能；远离嫉妒之徒。 　　　　　　【反转丁】
<而>若有人悄然得登
　　　　　峰顶且久居，却能逃脱 　　　　　　　　　　　　55
可怕的傲慢，则<愿他走向>黑色死亡的
　　　　　更美终结时，赠与最甜美的子嗣 　　　　　　　　57
以美名之赐，这最强的遗产！

它将颂歌所咏赞的 　　　　　　　　　　　　　　　　【副歌丁】
<u>伊菲克勒</u>之子<u>伊俄拉俄</u> 　　　　　　　　　　　　　　60
传播到外邦，还有<u>卡斯陶耳</u>的筋膂，
以及你，<u>波吕笃刻</u>王，神的双子！
<<你二人>>一日住在<u>忒剌普纳</u>镇的神位里面，
一日则在<u>奥林波</u>山上。

ΠΥΘΙΟΝ. ΙΒ'.

ΜΙΔΑΙ ΑΚΡΑΓΑΝΤΙΝΩΙ

ΑΥΛΗΤΗΙ.

Αἰτέω σε, φιλάγλαε, καλλίστα βροτεᾶν πολίων,   Στρ. α'.
Φερσεφόνας ἕδος, ἅ τ' ὄχθαις ἔπι μηλοβότου
ναίεις Ἀκράγαντος εὔματον κολώναν, ὦ ἄνα,
ἵλαος ἀθανάτων ἀνδρῶν τε σὺν εὐμενίᾳ
δέξαι στεφάνωμα τόδ' ἐκ Πυθῶνος εὐδόξῳ Μίδᾳ   5
αὐτόν τε νιν Ἑλλάδα νικάσαντα τέχνᾳ, τάν ποτε
Παλλὰς ἐφεῦρε θρασειᾶν ⟨ Γοργόνων ⟩
οὔλιον θρῆνον διαπλέξαισ' Ἀθάνα·

τὸν παρθενίοις ὑπό τ' ἀπλάτοις ὀφίων κεφαλαῖς   Στρ. β'.
ἄϊε λειβόμενον δυσπενθέϊ σὺν καμάτῳ,   10
Περσεὺς ὁπότε τρίτον ἄυσεν κασιγνητᾶν μέρος
ἐνναλίᾳ Σερίφῳ λαοῖσί τε μοῖραν ἄγων.
ἤτοι τό τε θεσπέσιον Φόρκοι' ἀμαύρωσεν γένος,
λυγρόν τ' ἔρανον Πολυδέκτᾳ θῆκε ματρός τ' ἔμπεδον
δουλοσύναν τό τ' ἀναγκαῖον λέχος,   15
εὐπαράου κρᾶτα συλάσαις Μεδοίσας

匹透赞歌之十二

庆阿克剌迦人米达

赛笛得胜

我请你，爱辉煌的，有死凡人的城邦中最美的，　　　　　　　　【甲】
斐耳色丰奈的所在，你坐落在牧羊的阿克剌迦河
堤岸旁精心营造的山丘上，哦女君！
连同来自无死者们和来自人类的善意，惠然
接纳来自匹透的享有令名的米达的叶冠！　　　　　　　　　　　　　　5
他凭乐艺征服了希腊，其乃
帕拉 雅典娜编织吊丧殡歌时
自残暴的＜高耳戈们＞那里发现的；

这歌声是在那些处女们蛇虺样的不可接近的头下，　　　　　　【乙】
她听到伴随可悲的苦难洒出的；　　　　　　　　　　　　　　　　　　　10
那时珀耳修大叫，将姊妹中的第三位
带给海中色里弗岛及其人民以为其劫难。
削弱了弗耳哥的怪异种族，
还令波吕德克底的份子和缧绁所缚的母亲的
奴役与强制的床榻遭殃：　　　　　　　　　　　　　　　　　　　　　　　15
达娜婀之子从美颊的墨兑撒 ≪项≫ 上

υἱὸς Δανάας, τὸν ἀπὸ χρυσοῦ φαμὲν αὐτορύτου　　　　*Στρ. γ'.*
ἔμμεναι. ἀλλ' ἐπεὶ ἐκ τούτων φίλον ἄνδρα πόνων
ἐρρύσατο παρθένος αὐλῶν τεῦχε πάμφωνον μέλος,
ὄφρα τὸν Εὐρυάλας ἐκ καρπαλιμᾶν γενύων　　　　　　　　　　　20
χριμφθέντα σὺν ἔντεσι μιμήσαιτ' ἐρικλάγκταν γόον.
εὗρεν θεός· ἀλλά νιν εὑροῖσ' ἀνδράσι θνατοῖς ἔχειν,
ὠνύμασεν κεφαλᾶν πολλᾶν νόμον,
εὐκλεᾶ λαοσσόων μναστῆρ' ἀγώνων,

λεπτοῦ διανισόμενον χαλκοῦ θαμὰ καὶ δονάκων,　　　*Στρ. δ'.*
τοὶ παρὰ καλλίχορον ναίοισι πόλιν Χαρίτων　　　　　　　　　26
Καφισίδος ἐν τεμένει, πιστοὶ χορευτᾶν μάρτυρες.
εἰ δέ τις ὄλβος ἐν ἀνθρώποισιν, ἄνευ καμάτου
οὐ φαίνεται· ἐκ δὲ τελευτάσει νιν ἤτοι σάμερον
δαίμων — τὸ δὲ μόρσιμον οὐ παρφυκτόν —, ἀλλ' ἔσται
　　χρόνος　　　　　　　　　　　　　　　　　　　　　　　　　　30
οὗτος, ὃ καί τιν' ἀελπτίᾳ βαλὼν
ἔμπαλιν γνώμας τὸ μὲν δώσει, τὸ δ' οὔπω.

取了头颅——他我们说来自自降的 【丙】
金雨。而在解救了所喜爱的人于
苦役之后，那位处女创作了律吕完全的笛曲，
好用乐器摹仿自欧茹亚累 20
颤抖的颌中所爆发出的高调的哀声。
发明在神；可发明后她让有死的凡人拥有了它，
称其为多头之律，
<< 成为 >> 聚众集会的声名斐然的召集者。

当它穿过精巧的铜簧和芦苇， 【丁】
住在恺丽们有优美舞蹈的城中， 26
在姹女卡菲西的圣地，作为舞者们可靠的见证。
若人间有福，则靡不经辛劳
而呈现；今天神明实将
成之，——凡命定的皆不可逭——，而
　　那一时刻 30
将会到来，它将出乎意料给你逆你所期的
一发，而另一发还未动。

ΝΕΜΕΟΝΙΚΑΙΣ.

Α'.

ΧΡΟΜΙΩΙ <ΣΥΡΑΚΟΣΙΩΙ> [ΑΙΤΝΑΙΩΙ] ΙΠΠΟΙΣ.

Ἄμπνευμα σεμνὸν Ἀλφεοῦ,　　　　　　　　　　Στρ. α'.
κλεινᾶν Συρακοσσᾶν θάλος Ὀρτυγία,
δέμνιον Ἀρτέμιδος,
Δάλου κασιγνήτα, σέθεν ἁδυεπής
ὕμνος ὁρμᾶται θέμεν　　　　　　　　　　　　　5
αἶνον ἀελλοπόδων
　　μέγαν ἵππων, Ζηνὸς Αἰτναίου χάριν·
ἅρμα δ' ὀτρύνει Χρομίου Νεμέα
　　τ' ἔργμασιν νικαφόροις ἐγκώμιον ζεῦξαι μέλος.

ἀρχαὶ δὲ βέβληνται θεῶν　　　　　　　　　　Ἀντ. α'.
κείνου σὺν ἀνδρὸς δαιμονίαις ἀρεταῖς.
ἔστι δ' ἐν εὐτυχίᾳ　　　　　　　　　　　　　10
πανδοξίας ἄκρον· μεγάλων δ' ἀέθλων
Μοῖσα μεμνᾶσθαι φιλεῖ.

涅墨亚竞技赛庆胜赞歌

涅墨亚赞歌之一

庆＜叙剌古人＞[埃特纳人]绪洛米俄赛马得胜

阿尔斐俄河庄严的喘息憩所！　　　　　　　　　　【正转甲】
名城<u>叙剌古</u>的花枝<u>俄耳图癸亚</u>！
<u>阿耳太米</u>的席榻！<u>逮罗</u>的姊妹！词句甜美的颂歌，
托<u>埃特纳</u> <u>宙斯</u>的福，自你
始令对迅若飙风的　　　　　　　　　　　　　　　　5
赛马的
　　　赞扬伟大；
<u>绪洛米俄</u>的赛车和<u>涅墨亚</u>
　　　催人给得胜之功鞴轭庆祝的乐曲。

其始乃本神明，　　　　　　　　　　　　　　　【反转甲】
又赖其人神明般的贤能落定。
得遇幸运　　　　　　　　　　　　　　　　　　　10
方有殊荣的最高酬报；<u>妙撒爱</u>
记忆伟大的竞赛。

σπεῖρέ νυν ἀγλαΐαν
 τινὰ νάσῳ, τὰν Ὀλύμπου δεσπότας
Ζεὺς ἔδωκεν Φερσεφόνᾳ, κατένευ-
 σέν τέ οἱ χαίταις, ἀριστεύοισαν εὐκάρπου χθονός

Σικελίαν πίειραν ὀρθώ-   Ἐπ. α'.
 σειν κορυφαῖς πολίων ἀφνεαῖς·   15
ὤπασε δὲ Κρονίων πολέμου
 μναστῆρά οἱ χαλκεντέος
λαὸν ἵππαιχμον, θαμὰ δὴ καὶ Ὀλυμ-
 πιάδων φύλλοις ἐλαιᾶν χρυσέοις
μιχθέντα. πολλῶν ἐπέβαν
 καιρὸν οὐ ψεύδει βαλών·

ἔσταν δ' ἐπ' αὐλείαις θύραις   Στρ. β'.
ἀνδρὸς φιλοξείνου καλὰ μελπόμενος,   20
ἔνθα μοι ἁρμόδιον
δεῖπνον κεκόσμηται, θαμὰ δ' ἀλλοδαπῶν
οὐκ ἀπείρατοι δόμοι
ἐντί· λέλογχε δὲ μεμ-
 φομένοις ἐσλοὺς ὕδωρ καπνῷ φέρειν
ἀντίον. τέχναι δ' ἑτέρων ἕτεραι·
 χρὴ δ' ἐν εὐθείαις ὁδοῖς στείχοντα μάρνασθαι φυᾷ.   25

如今在岛上请播种

　　奥林波山之主宙斯

赠与斐耳色丰奈的光华，他晃动着发卷

　　向她颔首应许，凭借其于众城邑中

为首的富赡，将会推举多产的　　　　　　　　【副歌甲】

　　西西里为肥沃土地的翘楚；　　　　　　　　　　15

克洛诺之子赐予它

　　热爱攮铜甲的战争的

善于骑战的人民，他们常得拥有

　　奥林匹亚橄榄枝的

金叶。——我方足践开启

　　众多题目的时机，将不会射之以谎言。

前来站在好客之人的　　　　　　　　　　　　【正转乙】

门前，我歌咏壮举，　　　　　　　　　　　　　　20

里面有专设的

餐馔已为我布下，没有府第

异乡人未曾屡次

造访；谮言良士者

　　命当如荷水赴

烟。各人有各般的技艺；

　　行直道者当顺其天分努力。　　　　　　　　　　25

πράσσει γὰρ ἔργῳ μὲν σθένος,   *Ἀντ. β'.*
βουλαῖσι δὲ φρήν, ἐσσόμενον προϊδεῖν
συγγενὲς οἷς ἕπεται.
Ἁγησιδάμου παῖ, σέο δ' ἀμφὶ τρόπῳ
τῶν τε καὶ τῶν χρήσιες.   30
οὐκ ἔραμαι πολὺν ἐν
    μεγάρῳ πλοῦτον κατακρύψαις ἔχειν,
ἀλλ' ἐόντων εὖ τε παθεῖν καὶ ἀκοῦ-
    σαι φίλοις ἐξαρκέων. κοιναὶ γὰρ ἔρχοντ' ἐλπίδες

πολυπόνων ἀνδρῶν. ἐγὼ δ' Ἡ-   *Ἐπ. β'.*
    ρακλέος ἀντέχομαι προφρόνως
ἐν κορυφαῖς ἀρετᾶν μεγάλαις,
    ἀρχαῖον ὀτρύνων λόγον,
ὡς, ἐπεὶ σπλάγχνων ὕπο ματέρος αὐ-
    τίκα θαητὰν ἐς αἴγλαν παῖς Διός   35
ὠδῖνα φεύγων διδύμῳ
    σὺν κασιγνήτῳ μόλεν,

ὡς οὐ λαθὼν χρυσόθρονον   *Στρ. γ'.*
Ἥραν κροκωτὸν σπάργανον ἐγκατέβα·
ἀλλὰ θεῶν βασιλέα
σπερχθεῖσα θυμῷ πέμπε δράκοντας ἄφαρ.   40
τοὶ μὲν οἰχθεισᾶν πυλᾶν

因为膂力用于建功, 　　　　　　　　　　　【反转乙】

心智则用于谟谋，他们

注定天生能展望将来之事。

哈盖西达谟之子！要归功于你持生

之道者是你能用此亦能用彼。 　　　　　　　　　　30

我不爱藏匿

　　　许多财富，聚敛于堂；

而爱尽享吾之所有，爱享令誉，

　　　让亲朋满足。因为多艰多劳者的

期望来得一致。我欣然 　　　　　　　　　　【副歌乙】

　　　乐意专颂赫剌克勒，

自其种种贤能之至大至高者

　　　中唤起古昔的传说，

例如宙斯此子自其母脏腑中

　　　甫到奇异的光明里后，　　　　　　　　　35

——连同他孪生兄弟

　　　逃过了产痛——，

这样他{也}没能躲过金御座上 　　　　　　　【正转丙】

赫剌的注意，当他还被包裹在藏红襁褓中时：

但是众神之女君

心急如焚，登时遣来二龙。　　　　　　　　　　40

因为大门敞开着，

ἐς θαλάμου μυχὸν εὐ-
    ρὺν ἔβαν, τέκνοισιν ὠκείας γνάθους
ἀμφελίξασθαι μεμαῶτες· ὁ δ' ὀρ-
    θὸν μὲν ἄντεινεν κάρα, πειρᾶτο δὲ πρῶτον μάχας,

δισσαῖσι δοιοὺς αὐχένων   Ἀντ. γ'.
μάρψαις ἀφύκτοις χερσὶν ἑαῖς ὄφιας.   45
ἀγχομένοις δὲ χρόνος
ψυχὰς ἀπέπνευσεν μελέων ἀφάτων.
ἐκ δ' ἄρ' ἄτλατον δέος
πλᾶξε γυναῖκας, ὅσαι
    τύχον Ἀλκμήνας ἀρήγοισαι λέχει·
καὶ γὰρ αὐτὰ ποσσὶν ἄπεπλος ὀρού-
    σαισ' ἀπὸ στρωμνᾶς ὅμως ἄμυνεν ὕβριν κνωδάλων.   50

ταχὺ δὲ Καδμείων ἀγοὶ χαλ-   Ἐπ. γ'.
    κέοις σὺν ὅπλοις ἔδραμον ἀθρόοι,
ἐν χερὶ δ' Ἀμφιτρύων κολεοῦ
    γυμνὸν τινάσσων ⟨ φάσγανον ⟩
ἵκετ', ὀξείαις ἀνίαισι τυπείς.
    τὸ γὰρ οἰκεῖον πιέζει πάνθ' ὁμῶς·
εὐθὺς δ' ἀπήμων κραδία
    κᾶδος ἀμφ' ἀλλότριον.

它们遂进入燕寝里

　　　宽敞的深处,敏捷的双颌急于

缠裹这双婴儿;但是他

　　　昂起头来,尝试了首战:

他凭自己一双无以抵御的手　　　　　　　　　　　【反转丙】

扼住这两条蛇的脖颈。　　　　　　　　　　　　　　45

时间将生息从它们

不可言状的肢体里挤出。

无法忍受的恐惧

袭击了适在阿尔克美奈

　　　榻侧助产的妇人们。

连她自己也从榻上双足跳下,

　　　未着罩衣,却仍欲抵挡那两条大虫的凶残。　　50

卡得谟的首领们迅速　　　　　　　　　　　　　　【副歌丙】

　　　执铜兵成群跑来,

唵菲特茹翁手中挥舞

　　　自鞘中裸露的＜剑＞

而来,却为剧烈的苦楚击垮。

　　　因为自家的沉重四围皆得感之,

对他人的苦恼,人心

　　　则迳无痛感。

ἔστα δὲ θάμβει δυσφόρῳ   *Στρ. δ'.*

τερπνῷ τε μιχθείς. εἶδε γὰρ ἐκνόμιον   56

λῆμά τε καὶ δύναμιν

υἱοῦ· παλίγλωσσον δέ οἱ ἀθάνατοι

ἀγγέλων ῥῆσιν θέσαν.

γείτονα δ᾽ ἐκκάλεσεν

  Διὸς ὑψίστου προφάταν ἔξοχον,   60

ὀρθόμαντιν Τειρεσίαν· ὁ δέ οἱ

  φράζε καὶ παντὶ στρατῷ, ποίαις ὁμιλήσει τύχαις,

ὅσσους μὲν ἐν χέρσῳ κτανών,   *Ἀντ. δ'.*

ὅσσους δὲ πόντῳ θῆρας ἀϊδροδίκας·

καί τινα σὺν πλαγίῳ

ἀνδρῶν κόρῳ στείχοντα τὸν ἐχθρότατον   65

φᾶ ἑ δᾳώσειν μόρον.

καὶ γὰρ ὅταν θεοὶ ἐν

  πεδίῳ Φλέγρας Γιγάντεσσιν μάχαν

ἀντιάζωσιν, βελέων ὑπὸ ῥι-

παῖσι κείνου φαιδίμαν γαίᾳ πεφύρσεσθαι κόμαν

ἔνεπεν· αὐτὸν μὰν ἐν εἰρή-   *Ἐπ. δ'.*

να τὸν ἅπαντα χρόνον ⟨ἐν⟩ σχερῷ

ἡσυχίαν καμάτων μεγάλων

  ποινὰν λαχόντ᾽ ἐξαίρετον   70

他在震惊中站住，兼有 　　　　　　　　　　　【正转丁】

痛苦与快乐。因为他目睹了其子　　　　　　　　56

异乎寻常的意志和

能力；不死者们令

报信人的话反舌。

他呼唤邻人、

　　　至高宙斯最杰出的先知、　　　　　　　　60

真卜帖惹西亚；后者遂向其

　　　以及全民宣布，其将与何样的机运作伴，

双手将杀死多少 << 陆上 >>、　　　　　　　【反转丁】

多少海中不遵法度的野兽；

人类中最可憎的、

行走于邪僻的贪欲之中者，　　　　　　　　　65

他说将为其交与死亡。

因为每当众神在

　　　芙勒格剌平原同癸冈

对阵，在他箭矢飘飞的威力之下，

　　　他们耀眼的 << 金 >> 发便为泥土

玷污；但是在太平里， 　　　　　　　　　　【副歌丁】

　　　自大劳役中

他却要获得永久且连绵不断的

　　　休息——最特别的回报——　　　　　　70

ὀλβίοις ἐν δώμασι, δεξάμενον
 θαλερὰν Ἥβαν ἄκοιτιν καὶ γάμον
δαίσαντα πὰρ Δὶ Κρονίδᾳ,
 σεμνὸν αἰνήσειν νόμον.

NEMEON. B'.

ΤΙΜΟΔΗΜΩΙ ΑΧΑΡΝΕΙ

ΠΑΓΚΡΑΤΕΙ.

Ὅθεν περ καὶ Ὁμηρίδαι   *Στρ. α'.*
ῥαπτῶν ἐπέων τὰ πόλλ' ἀοιδοὶ
ἄρχονται, Διὸς ἐκ προοιμίου, καὶ ὅδ' ἀνὴρ
καταβολὰν ἱερῶν ἀγώ-
 νων νικαφορίας δέδεκται πρῶτον, Νεμεαίου
ἐν πολυϋμνήτῳ Διὸς ἄλσει.   5

ὀφείλει δ' ἔτι, πατρίαν   *Στρ. β'.*
εἴπερ καθ' ὁδόν νιν εὐθυπομπὸς
αἰὼν ταῖς μεγάλαις δέδωκε κόσμον Ἀθάναις,
θαμὰ μὲν Ἰσθμιάδων δρέπε-
 σθαι κάλλιστον ἄωτον ἐν Πυθίοισί τε νικᾶν

在有福的府第里：他要娶

　　　快活的妻青春，还要办

婚宴于克洛诺之子宙斯身边，

　　　来赞美这神圣的传统。

涅墨亚赞歌之二

庆阿恺耳奈人提谟逮谟

搏击全能赛得胜

也往往就从那里，荷马行会　　　　　　　　　　【甲】

诗行连缀的诗人们

开的篇，即以宙斯为其序曲；同样，眼前此人也接受了

神圣竞赛会上得胜的

　　　第一笔押金，在涅墨亚的

多被歌颂的宙斯圣林里。　　　　　　　　　　　　　5

今后提谟诺俄之子必会　　　　　　　　　　　　　【乙】

屡屡在地峡和匹透

撷取最美的奖赏，——

倘若正直引导的人生

　　　沿祖先之路将他作为荣耀

Τιμονόου παῖδ᾽· ἔστι δ᾽ ἐοικός 10

ὀρειᾶν γε Πελειάδων   *Στρ. γ'.*
μὴ τηλόθεν Ὠαρίωνα νεῖσθαι.
καὶ μὰν ἁ Σαλαμίς γε θρέψαι φῶτα μαχατάν
δυνατός. ἐν Τροίᾳ μὲν Ἕ-
    κτωρ Αἴαντος ἄκουσεν. ὦ Τιμόδημε, σὲ δ᾽ ἀλκά
παγκρατίου τλάθυμος ἀέξει. 15

Ἀχάρναι δὲ παλαίφατον   *Στρ. δ'.*
εὐάνορες· ὅσσα δ᾽ ἀμφ᾽ ἀέθλοις,
Τιμοδημίδαι ἐξοχώτατοι προλέγονται.
παρὰ μὲν ὑψιμέδοντι Παρ-
    νασσῷ τέσσαρας ἐξ ἀέθλων νίκας ἐκόμιξαν·
ἀλλὰ Κορινθίων ὑπὸ φωτῶν 20

ἐν ἐσλοῦ Πέλοπος πτυχαῖς   *Στρ. ε'.*
ὀκτὼ στεφάνοις ἔμιχθεν ἤδη·
ἑπτὰ δ᾽ ἐν Νεμέᾳ, τὰ δ᾽ οἴκοι μάσσον᾽ ἀριθμοῦ,
Διὸς ἀγῶνι. τόν, ὦ πολῖ-
    ται, κωμάξατε Τιμοδήμῳ σὺν εὐκλέϊ νόστῳ·
ἁδυμελεῖ δ᾽ ἐξάρχετε φωνᾷ. 25

给与了大雅典；宜乎奥里翁　　　　　　　　　　　　　　10

不离　　　　　　　　　　　　　　　　　　　　　【丙】
普雷亚德诸女之山远游。
撒拉米也实有能力养育
武士。在特洛伊亚，贺克陶耳
　　　听说过埃亚。哦提谟逮谟！你则为搏击全能赛
倔强的勇力所增强。　　　　　　　　　　　　　　15

自古传说阿恺耳奈　　　　　　　　　　　　　　　【丁】
俊乂济济，但凡关乎竞赛，
提谟逮谟诸子都会被宣为冠绝群雄。
在高高君临的帕耳纳斯所山
　　　旁他们携返四项竞赛的胜利；
而在哥林多那些人处，　　　　　　　　　　　　　20

在高贵的珀罗的平谷，　　　　　　　　　　　　　【戊】
他们已然得戴八顶叶冠；
七顶在涅墨亚；在家乡宙斯的赛会上
为数更多。哦邦民们！
　　　庆祝他吧！当载誉的提谟逮谟返乡时；
就请唱起声调甜美的歌曲！　　　　　　　　　　　25

NEMEON. Γ'.

ΑΡΙΣΤΟΚΛΕΙΔΗΙ ΑΙΓΙΝΗΤΗΙ

ΠΑΓΚΡΑΤΙΑΣΤΗΙ.

Ὦ πότνια Μοῖσα, μᾶτερ ἁμετέρα, λίσσομαι,   *Στρ. α'.*
τὰν πολυξέναν ἐν ἱερομηνίᾳ Νεμεάδι
ἵκεο Δωρίδα νᾶσον Αἴγιναν· ὕδατι γὰρ
μένοντ' ἐπ' Ἀσωπίῳ μελιγαρύων τέκτονες
κώμων νεανίαι, σέθεν ὄπα μαιόμενοι.   5
διψῇ δὲ πρᾶγος ἄλλο μὲν ἄλλου,
ἀεθλονικία δὲ μάλιστ' ἀοιδὰν φιλεῖ,
στεφάνων ἀρετᾶν τε δεξιωτάταν ὀπαδόν·

τᾶς ἀφθονίαν ὄπαζε μήτιος ἁμᾶς ἄπο·   *Ἀντ. α'.*
ἄρχε δ' οὐρανοῦ πολυνεφέλα κρέοντι, θύγατερ,   10
δόκιμον ὕμνον· ἐγὼ δὲ κείνων τέ νιν ὀάροις
λύρᾳ τε κοινάσομαι. χαρίεντα δ' ἕξει πόνον
χώρας ἄγαλμα, Μυρμιδόνες ἵνα πρότεροι
ᾤκησαν, ὧν παλαίφατον ἀγορὰν
οὐκ ἐλεγχέεσσιν Ἀριστοκλείδας τεὰν   15
ἐμίανε κατ' αἶσαν ἐν περισθενεῖ μαλαχθείς

涅墨亚赞歌之三

庆爱琴纳人阿里斯托克雷达搏击全能赛得胜

哦妙撒女王，我们的母亲，我祈求 　　　　　　　　　　【正转甲】
你在涅墨亚的圣月里前来好客的
多洛人之岛爱琴纳！因为给欢庆
游行营造甜美歌曲的年轻匠人们
待在阿索波河水边寻求你的声音。　　　　　　　　　　　　　　5
对各异之事各有渴求，
而竞赛得胜则专爱诗歌，
侍候叶冠和贤能的最得心应手的婢女。

将它们自我们的心思中丰富发来吧！ 　　　　　　　　　【反转甲】
向多云的苍穹之君起唱合适的颂歌！ 　　　　　　　　　　　　10
女儿！我要将它托付给他们
柔美的和声和雅琴。喜人的辛劳
将成就本地的荣光；缪耳米冬人昔曾居
于此地，他们自古为人称道的市廛
顺应汝意未遭阿里斯托克雷达 　　　　　　　　　　　　　　　15
以耻辱玷污、<< 未 >> 在膂力刚强的搏击赛程中

παγκρατίου στόλῳ· καματωδέων δὲ πλαγᾶν   Ἐπ. α'.
ἄκος ὑγιηρὸν ἐν βαθυπεδίῳ Νεμέᾳ
    τὸ καλλίνικον φέρει.
εἰ δ' ἐὼν καλὸς ἔρδων τ' ἐοικότα μορφᾷ
ἀνορέαις ὑπερτάταις ἐπέβα
    παῖς Ἀριστοφάνεος, οὐκέτι πρόσω   20
ἀβάταν ἅλα κιόνων ὕπερ Ἡρακλέος περᾶν εὐμαρές,

ἥρως θεὸς ἃς ἔθηκε ναυτιλίας ἐσχάτας   Στρ. β'.
μάρτυρας κλυτάς· δάμασε δὲ θῆρας ἐν πελάγει
ὑπερόχους, ἰδίᾳ τ' ἐρεύνασε τεναγέων
ῥοάς, ὁπᾷ πόμπιμον κατέβαινε νόστου τέλος,   25
καὶ γᾶν φράδασε. θυμέ, τίνα πρὸς ἀλλοδαπὰν
ἄκραν ἐμὸν πλόον παραμείβεαι;
Αἰακῷ σε φαμὶ γένει τε Μοῖσαν φέρειν.
ἕπεται δὲ λόγῳ δίκας ἄωτος, 'ἐσλὸν αἰνεῖν',

οὐδ' ἀλλοτρίων ἔρωτες ἀνδρὶ φέρειν κρέσσονες·   Ἀντ. β'.
οἴκοθεν μάτευε. ποτίφορον δὲ κόσμον ἔλαχες   31
γλυκύ τι γαρυέμεν. παλαιαῖσι δ' ἐν ἀρεταῖς
γέγαθε Πηλεὺς ἄναξ, ὑπέραλλον αἰχμὰν ταμών·
ὃς καὶ Ἰαολκὸν εἷλε μόνος ἄνευ στρατιᾶς,
καὶ ποντίαν Θέτιν κατέμαρψεν   35
ἐγκονητί. Λαομέδοντα δ' εὐρυσθενής

服软。他将美妙的胜利 【副歌甲】
作为对令人精疲力竭的击打的荣卫
　　　治疗携至平原低洼的涅墨亚。
如果俊美的阿里斯托法奈之子所行与其外貌相匹，
于豪雄之功得陟至高，
　　　穿越赫剌克勒石柱 20
以外直到未曾涉足的沧海则不再容易，

这位亦神亦英雄者《昔日》立之为其著名极远 【正转乙】
航程的见证；他还驯服了海中庞然的
野兽，独自探得《沟通》浅水潭的
溪流，直到落脚于返乡时送他登程的尽头， 25
并且令此地为人所知。心哪！朝着哪里的异国
海岬你误导我的航程？
我命你将妙撒载与埃亚哥及其氏族。
正义的菁华合乎那句格言："赞美贵人！"

人对他人之物的占有欲并非更强， 【反转乙】
自家乡寻找吧！你适获合用的可誉之材 31
以歌咏甜美之事。培琉王曾因拥有
年迈的贤能而鼓呼，因为他雕斫出巨大无双的矛枪，
还不用军队独自拿下伊阿俄尔哥，
并且费力捕获了海中女神 35
忒提。拉俄墨冬为孔武有力的

Τελαμὼν Ἰόλα παραστάτας ἐὼν ἔπερσεν

καί ποτε χαλκότοξον Ἀμαζόνων μετ' ἀλκάν   *Ἐπ. β'.*
ἕπετό οἱ, οὐδέ νίν ποτε φόβος ἀνδροδάμας
    ἔπαυσεν ἀκμὰν φρενῶν.
συγγενεῖ δέ τις εὐδοξίᾳ μέγα βρίθει.   40
ὃς δὲ διδάκτ' ἔχει, ψεφεννὸς ἀνὴρ
    ἄλλοτ' ἄλλα πνέων οὔ ποτ' ἀτρεκεῖ
κατέβα ποδί, μυριᾶν δ' ἀρετᾶν ἀτελεῖ νόῳ γεύεται.

ξανθὸς δ' Ἀχιλεὺς τὰ μὲν μένων Φιλύρας ἐν δόμοις,   *Στρ. γ'.*
παῖς ἐὼν ἄθυρε μεγάλα ἔργα· χερσὶ θαμινὰ
βραχυσίδαρον ἄκοντα πάλλων ἴσα τ' ἀνέμοις,   45
μάχᾳ λεόντεσσιν ἀγροτέροις ἔπρασσεν φόνον,
κάπρους τ' ἔναιρε· σώματα δὲ παρὰ Κρονίδαν
Κένταυρον ἀσθμαίνοντα κόμιζεν,
ἑξέτης τὸ πρῶτον, ὅλον δ' ἔπειτ' ἂν χρόνον·
τὸν ἐθάμβεον Ἄρτεμίς τε καὶ θρασεῖ' Ἀθάνα,   50

κτείνοντ' ἐλάφους ἄνευ κυνῶν δολίων θ' ἑρκέων·   *Ἀντ. γ'.*
ποσσὶ γὰρ κράτεσκε. λεγόμενον δὲ τοῦτο προτέρων
ἔπος ἔχω· βαθυμῆτα Χίρων τράφε λιθίνῳ
Ἰάσον' ἔνδον τέγει, καὶ ἔπειτεν Ἀσκλαπιόν,
τὸν φαρμάκων δίδαξε μαλακόχειρα νόμον·   55

<u>太拉蒙</u>——他与<u>伊俄拉俄</u>为盟友——所灭,

他还曾跟随后者,追逐使用铜弩的英勇<u>亚马逊</u> 【副歌乙】
族人,摧折人的恐惧从未
　　　锖钝他的精神锋刃。
有人因与生俱来的显贵而甚是沉稳。 40
学而知之者,那种卑微之士,
　　　则各时有各样的追求,从不能
迈步坚稳,漫无目的的心里要染指无数美功。

黄发<u>阿喀尔琉</u>起先待在<u>菲吕剌</u>家时, 【正转丙】
虽系孩童便已将大功当作把戏;手中常常
挥舞风飙般的短头飞铤, 45
格斗中将凶猛的狻猊行以杀伐,
又屠戮封豨,携返其倒气的
躯体给<u>克洛诺</u>之子<u>肯驽洛</u>,
六岁时首次、而后则靡时匪然;
不用狡犬和罗网猎杀麋鹿,他 50

令<u>阿耳太米</u>和大胆的<u>雅典娜</u>惊异: 【反转丙】
因为足捷过人。我所叙者乃
先辈传诵之说:深刻多谋的<u>喀戎</u>在石
庐中养育了<u>伊阿宋</u>,而后还有<u>阿斯克累庇俄</u>,
教授他以温柔的手施行医方; 55

νύμφευσε δ' αὖτις ἀγλαόκολπον
Νηρέος θύγατρα, γόνον τέ οἱ φέρτατον
ἀτίταλλεν ⟨ἐν⟩ ἁρμένοισι πᾶσι θυμὸν αὔξων,

ὄφρα θαλασσίαις ἀνέμων ῥιπαῖσι πεμφθείς   *Ἐπ. γ'.*
ὑπὸ Τροΐαν δορίκτυπον ἀλαλὰν Λυκίων
    τε προσμένοι καὶ Φρυγῶν   60
Δαρδάνων τε, καὶ ἐγχεσφόροις ἐπιμείξαις
Αἰθιόπεσσι χεῖρας ἐν φρασὶ πά-
    ξαιθ', ὅπως σφίσι μὴ κοίρανος ὀπίσω
πάλιν οἴκαδ' ἀνεψιὸς ζαμενὴς Ἑλένοιο Μέμνων μόλοι.

τηλαυγὲς ἄραρε φέγγος Αἰακιδᾶν αὐτόθεν·   *Στρ. δ'.*
Ζεῦ, τεὸν γὰρ αἷμα, σέο δ' ἀγών, τὸν ὕμνος ἔβαλεν   65
ὀπὶ νέων ἐπιχώριον χάρμα κελαδέων.
βοᾷ δὲ νικαφόρῳ σὺν Ἀριστοκλείδᾳ πρέπει,
ὃς τάνδε νᾶσον εὐκλέϊ προσέθηκε λόγῳ
καὶ σεμνὸν ἀγλααῖσι μερίμναις
Πυθίου Θεάριον. ἐν δὲ πείρᾳ τέλος   70
διαφαίνεται ὧν τις ἐξοχώτερος γένηται,

ἐν παισὶ νέοισι παῖς, ἐν ἀνδράσιν ἀνήρ, τρίτον   *Ἀντ. δ'.*
ἐν παλαιτέροισι, μέρος ἕκαστον οἷον ἔχομεν
βρότεον ἔθνος· ἐλᾷ δὲ καὶ τέσσαρας ἀρετάς

后来又配 << 之以 >> 奈柔

生着皓腕的女儿，还养育了她勇敢的儿子，

< 在 > 所有适合 << 他 >> 的操练中坚壮其精神，

为教其冒着海上风飙的唿哨被派 　　　　　　　【副歌丙】

往特洛伊亚城下，以抵御吕基亚人、

　　　芙茹癸亚人和达耳达诺人 　　　　　　　　　60

戈矛摩戛中的杀声，并在与执矛的焦颜国人

交手时，心中

　　　　决意令其王门农，

贺勒诺被激感的堂兄，不得返回自己的家中。

埃亚哥子嗣的远耀之光自此高悬； 　　　　　　【正转丁】

因为是你——宙斯！——的血胤、你的赛会为颂歌　　65

射中——少男们的嗓音涵咏本地的荣耀。

嘹亮的歌声宜乎得胜的阿里斯托克雷达，

他和合扬名的辞赋与此岛，

并将匹透庄严的告神使团连结于

辉煌的进取雄心。经过考验方 　　　　　　　　　70

显成功，其中有人会更为突出：

年幼的孩童里有少男，丁男中有壮男，其三　　　【反转丁】

则在更长的人当中，作为有死的一族我们拥有其

每一时段。< 这 > 有死的生命驱动

⟨ὁ⟩ θνατὸς αἰών, φρονεῖν δ' ἐνέπει τὸ παρκείμενον. 75
τῶν οὐκ ἄπεσσι· χαῖρε, φίλος· ἐγὼ τόδε τοι
πέμπω μεμιγμένον μέλι λευκῷ
σὺν γάλακτι, κιρναμένα δ' ἔερσ' ἀμφέπει,
πόμ' ἀοίδιμον Αἰολίσσιν ἐν πνοαῖσιν αὐλῶν,

ὀψέ περ. ἔστι δ' αἰετὸς ὠκὺς ἐν ποτανοῖς,   Ἐπ. δ'.
ὃς ἔλαβεν αἶψα, τηλόθε μεταμαιόμενος,
    δαφοινὸν ἄγραν ποσίν· 81
κραγέται δὲ κολοιοὶ ταπεινὰ νέμονται.
τίν γε μέν, εὐθρόνου Κλεοῦς ἐθελοί-
    σας, ἀεθλοφόρου λήματος ἕνεκεν
Νεμέας Ἐπιδαυρόθεν τ' ἄπο καὶ Μεγάρων δέδορκεν φάος.

NEMEON. Δ'.

ΤΙΜΑΣΑΡΧΩΙ ΑΙΓΙΝΗΤΗΙ

⟨ΠΑΙΔΙ⟩ ΠΑΛΑΙΣΤΗΙ.

Ἄριστος εὐφροσύνα πόνων κεκριμένων   Στρ. α'.
ἰατρός· αἱ δὲ σοφαί
Μοισᾶν θύγατρες ἀοιδαὶ θέλξαν νιν ἁπτόμεναι.

四德，它教人思想触手可及之事。 75

你离不了它们！问安，朋友！我寄此

与汝，合以蜂蜜、

羼以白乳，这份歌之浆饮

罩着调和的甘露、伴以<u>埃俄利</u>声律的芦笛吹奏，

虽是姗姗来迟。迅疾的大雕展翅， 【副歌丁】

倏然自远方追逐而来，双爪攫持

   驼色毛皮的猎物； 81

呱呱不休的寒鸦则栖于卑下。

而朝着你！只要御座华美的<u>克勒奥</u>愿意，

   仰仗竞赛取胜的意志，

光辉便已自<u>涅墨亚</u>、<u>厄庇道洛</u>、也自<u>墨迦剌</u>闪烁！

涅墨亚赞歌之四

庆爱琴纳人提马撒耳库

＜少年＞角抵赛得胜

喜乐是治愈已决辛劳的最好 【甲】

医师！<u>妙撒</u>们的

智慧女儿诗歌凭触诊缓解它。

οὐδὲ θερμὸν ὕδωρ τόσον γε μαλθακὰ τεύχει
γυῖα, τόσσον εὐλογία φόρμιγγι συνάορος.   5
ῥῆμα δ' ἐργμάτων χρονιώτερον βιοτεύει,
ὅ τι κε σὺν Χαρίτων τύχᾳ
γλῶσσα φρενὸς ἐξέλοι βαθείας.

τό μοι θέμεν Κρονίδᾳ τε Δὶ καὶ Νεμέᾳ   *Στρ. β'.*
Τιμασάρχου τε πάλᾳ   10
ὕμνου προκώμιον εἴη· δέξαιτο δ' Αἰακιδᾶν
ἠύπυργον ἕδος, δίκᾳ ξεναρκέι κοινόν
φέγγος. εἰ δ' ἔτι ζαμενεῖ Τιμόκριτος ἁλίῳ
σὸς πατὴρ ἐθάλπετο, ποικίλον κιθαρίζων
θαμά κε, τῷδε μέλει κλιθείς,   15
ὕμνον κελάδησε καλλίνικον

Κλεωναίου τ' ἀπ' ἀγῶνος ὅρμον στεφάνων   *Στρ. γ'.*
πέμψαντα καὶ λιπαρᾶν
εὐωνύμων ἀπ' Ἀθανᾶν, Θήβαις τ' ἐν ἑπταπύλοις
οὕνεκ' Ἀμφιτρύωνος ἀγλαὸν παρὰ τύμβον   20
Καδμεῖοί νιν οὐκ ἀέκοντες ἄνθεσι μείγνυον,
Αἰγίνας ἕκατι. φίλοισι γὰρ φίλος ἐλθών
ξένιον ἄστυ κατέδρακεν
Ἡρακλέος ὀλβίαν πρὸς αὐλάν.

不是以热汤润湿柔软的

肢体，而是以颂琴伴奏的美言。　　　　　　　　　　5

辞章比功绩活得更久，

无论舌借助恺丽

能自心灵深处何所攫获。

愿它为我也为<u>克洛诺</u>之子宙斯、还为了<u>涅墨亚</u>　　【乙】

和提马撒耳库的角抵比赛　　　　　　　　　　　　10

设立为颂歌的前曲！愿<u>埃亚哥</u>的子嗣所拥有的

垣堞坚固的居所依照看顾异乡人的法律接受这共同的

辉煌！假若汝父<u>提谟克里托</u>仍为强大的

太阳所温暖，他会常在出花样的律调上

弄琴伴随此歌，　　　　　　　　　　　　　　　　15

咏唱他得胜的儿子，

他自克勒奥乃人的赛会也自因熠熠　　　　　　　　【丙】

美名而斐然的<u>雅典</u>

发来叶冠的环圈，也从七门<u>台拜</u>，

所因乃是在唵<u>菲特茹翁</u>辉煌的墓旁，　　　　　　20

<u>卡得谟</u>的子民并非不乐意为了<u>爱琴娜</u>的缘故

让他获得花环。因为《就像》朋友到朋友家里，

他来到东道主之邦，在<u>赫剌克勒</u>

蒙福的堂前眺望。

σὺν ᾧ ποτε Τροΐαν κραταιὸς Τελαμών　　　　　　　　　*Στρ. δ'.*
πόρθησε καὶ Μέροπας　　　　　　　　　　　　　　　　26
καὶ τὸν μέγαν πολεμιστὰν ἔκπαγλον Ἀλκυονῆ,
οὐ τετραορίας γε πρὶν δυώδεκα πέτρῳ
ἥροάς τ' ἐπεμβεβαῶτας ἱπποδάμους ἕλεν
δὶς τόσους. ἀπειρομάχας ἐών κε φανείη　　　　　　　　30
λόγον ὁ μὴ συνιείς· ἐπεί
ῥέζοντά τι καὶ παθεῖν ἔοικεν.

τὰ μακρὰ δ' ἐξενέπειν ἐρύκει με τεθμός　　　　　　　　*Στρ. ε'.*
ὧραί τ' ἐπειγόμεναι·
ἴυγγι δ' ἕλκομαι ἦτορ νεομηνίᾳ θιγέμεν.　　　　　　　35
ἔμπα, καίπερ ἔχει βαθεῖα ποντιὰς ἅλμα
μέσσον, ἀντίτειν' ἐπιβουλίαις· σφόδρα δόξομεν
δαΐων ὑπέρτεροι ἐν φάει καταβαίνειν·
φθονερὰ δ' ἄλλος ἀνὴρ βλέπων
γνώμαν κενεὰν σκότῳ κυλίνδει　　　　　　　　　　　40

χαμαὶ πετοῖσαν. ἐμοὶ δ' ὁποίαν ἀρετάν　　　　　　　*Στρ. ϛ'.*
ἔδωκε Πότμος ἄναξ,
εὖ οἶδ' ὅτι χρόνος ἕρπων πεπρωμέναν τελέσει.
ἐξύφαινε, γλυκεῖα, καὶ τόδ' αὐτίκα, φόρμιγξ,
Λυδίᾳ σὺν ἁρμονίᾳ μέλος πεφιλημένον　　　　　　　45
Οἰνώνᾳ τε καὶ Κύπρῳ, ἔνθα Τεῦκρος ἀπάρχει

那时伙同他，膂力方刚的<u>太拉蒙</u>灭了 　　　　　　【丁】
<u>特洛伊亚</u>城和<u>墨洛帕</u>部， 　　　　　　　　　　26
还有那位令人畏惧的大武士<u>阿尔居俄纽</u>，
在他以投石毁灭了十二辆驷马之乘
和两倍于此的马背上的
驯马英雄之后。不解此故事者，必被视为 　　30
不谙战事，既然
凡施之者亦当受之。

诗律和匆匆的时光都 　　　　　　　　　　【戊】
禁止我长篇大论；
我的心为地啄木拖来以探手于新月。 　　　35
然而尽管海中的深水没了
中腰，就与背叛拼搏吧！我们得踏进
光明，看去比敌人远更高超；
而有人却心怀嫉妒在黑暗里
看着徒劳的图谋翻滚 　　　　　　　　　　40

跌落于地。无论运道王给了我 　　　　　　【己】
怎样的贤能，
我深知蜿蜒前行的时间都将完成注定之事。
甜美的颂琴！就请立刻以<u>吕狄亚</u>的
乐式编织<u>酒国</u>和<u>居普洛</u> 　　　　　　　　45
所喜爱的乐曲！在那里，<u>太拉蒙</u>之子

ὁ Τελαμωνιάδας· ἀτὰρ
Αἴας Σαλαμῖν' ἔχει πατρῴαν·

ἐν δ' Εὐξείνῳ πελάγει φαενναν Ἀχιλεύς   *Στρ. ζ'.*
νᾶσον· Θέτις δὲ κρατεῖ   50
Φθίᾳ· Νεοπτόλεμος δ' Ἀπείρῳ διαπρυσίᾳ,
βουβόται τόθι πρῶνες ἔξοχοι κατάκεινται
Δωδώναθεν ἀρχόμενοι πρὸς Ἰόνιον πόρον.
Παλίου δὲ πὰρ ποδὶ λατρίαν Ἰαολκὸν
πολεμίᾳ χερὶ προστραπὼν   55
Πηλεὺς παρέδωκεν Αἱμόνεσσιν

δάμαρτος Ἱππολύτας Ἀκάστου δολίαις   *Στρ. η'.*
τέχναισι χρησάμενος·
τᾷ Δαιδάλου δὲ μαχαίρᾳ φύτευέ οἱ θάνατον
ἐκ λόχου Πελίαο παῖς· ἄλαλκε δὲ Χίρων,   60
καὶ τὸ μόρσιμον Διόθεν πεπρωμένον ἔκφερεν·
πῦρ δὲ παγκρατὲς θρασυμαχάνων τε λεόντων
ὄνυχας ὀξυτάτους ἀκμὰν
καὶ δεινοτάτων σχάσαις ὀδόντων

ἔγαμεν ὑψιθρόνων μίαν Νηρεΐδων.   *Στρ. θ'.*
εἶδεν δ' εὔκυκλον ἕδραν,   66
τὰς οὐρανοῦ βασιλῆες πόντου τ' ἐφεζόμενοι

条克洛离乡而治；然而
埃亚却拥有父亲的撒拉米；

阿喀尔琉的炜煌之岛则在好客 【庚】
之海；忒提赢得了 50
芙谛亚；涅俄普托勒谟则获得了广袤无边的陆地，
他在那里牧牛，突出的海岬在起始处
朝着伊奥尼亚海峡、自多多纳倾卧下来。
在培利昂山脚下，培琉将敌对的双手
伸向伊阿俄尔哥，将它赠与 55
骇谟涅人为奴，

在经历了阿卡斯托之妻 【辛】
希普波吕塔的诡计之后。
用代达罗的那把弯刀珀利亚之子
企图在伏击中给他种下死亡；可是喀戎保护了《他》， 60
他还行了来自宙斯的命定之事：
在挫败了强大的火、勇于谋划的狻猊的
利爪和最可怕的
牙锋之后，

娶了宝座高耸的奈柔女儿中的一位。 【壬】
他看见环形的列座， 66
天与海的列王端坐其上，

δῶρα καὶ κράτος ἐξέφαναν ἐγγενὲς αὐτῷ.
Γαδείρων τὸ πρὸς ζόφον οὐ περατόν· ἀπότρεπε
αὖτις Εὐρώπαν ποτὶ χέρσον ἔντεα ναός·　　　　　　　　　70
ἄπορα γὰρ λόγον Αἰακοῦ
παίδων τὸν ἅπαντά μοι διελθεῖν.

Θεανδρίδαισι δ' ἀεξιγυίων ἀέθλων　　　　　　　　　　　　　*Στρ. ι'*.
κάρυξ ἑτοῖμος ἔβαν
Οὐλυμπίᾳ τε καὶ Ἰσθμοῖ Νεμέᾳ τε συνθέμενος,　　　　　75
ἔνθα πεῖραν ἔχοντες οἴκαδε κλυτοκάρπων
οὐ νέοντ' ἄνευ στεφάνων, πάτραν ἵν' ἀκούομεν,
Τιμάσαρχε, τεὰν ἐπινικίοισιν ἀοιδαῖς
πρόπολον ἔμμεναι. εἰ δέ τοι
μάτρῳ μ' ἔτι Καλλικλεῖ κελεύεις　　　　　　　　　　　　　80

στάλαν θέμεν Παρίου λίθου λευκοτέραν·　　　　　　　　*Στρ. ια'*.
ὁ χρυσὸς ἑψόμενος
αὐγὰς ἔδειξεν ἁπάσας, ὕμνος δὲ τῶν ἀγαθῶν
ἐργμάτων βασιλεῦσιν ἰσοδαίμονα τεύχει
φῶτα· κεῖνος ἀμφ' Ἀχέροντι ναιετάων ἐμάν　　　　　　85
γλῶσσαν εὑρέτω κελαδῆτιν, Ὀρσοτριαίνα
ἵν' ἐν ἀγῶνι βαρυκτύπου
θάλησε Κορινθίοις σελίνοις·

涅墨亚竞技赛庆胜赞歌　　305

同宗的他们向他展示赞礼和 << 未来的 >> 强大。
不可向着迦戴剌的黑暗航行，将船的帆缆
回转朝向欧罗巴陆地！　　　　　　　　　　　　　70
因为要贯叙埃亚哥子嗣的
完整故事在我实不可行。

作为健体强身比赛的殷勤道人，　　　　　　　【癸】
我来到忒安得里族人这里，
既然在奥林匹亚、地峡和涅墨亚赛会立了约：　　75
在那里经受考验后，他们还乡时无不戴着
以光荣为果实的花环，在其地我们听说
你、提马撒耳库！你的宗族是庆胜诗歌的
仆走。若你仍欲
请我立座比帕洛岛岩石更白的碑　　　　　　　　80

给你的母舅卡尔利克累，　　　　　　　　　　【癸甲】
精金会
映出十足的光彩，唱给壮举的
颂歌会令人变得富比
王侯；让栖于阿柯戎水畔的　　　　　　　　　　85
他察觉我那涵咏赞歌之舌，在那里，
在汹涌咆哮的抛三叉戟之神的赛会上，
茂生哥林多的欧芹。

τὸν Εὐφάνης ἐθέλων γεραιὸς προπάτωρ   *Στρ. ιβ'.*
σὸς ἄεισέν ποτε, παῖ.   90
ἄλλοισι δ' ἄλικες ἄλλοι· τὰ δ' αὐτὸς ἀντιτύχῃ,
ἔλπεταί τις ἕκαστος ἐξοχώτατα φάσθαι.
οἷον αἰνέων κε Μελησίαν ἔριδα στρέφοι,
ῥήματα πλέκων, ἀπάλαιστος ἐν λόγῳ ἕλκειν,
μαλακὰ μὲν φρονέων ἐσλοῖς,   95
τραχὺς δὲ παλιγκότοις ἔφεδρος.

NEMEON. E'.

ΠΥΘΕΑΙ <ΑΙΓΙΝΗΤΗΙ ΑΓΕΝΕΙΩΙ>
ΠΑΓΚΡΑΤΙΑΣΤΗΙ.

Οὐκ ἀνδριαντοποιός εἰμ', ὥστ' ἐλινύσοντα ἐργά-   *Στρ. α'.*
    ζεσθαι ἀγάλματ' ἐπ' αὐτᾶς βαθμίδος
ἑσταότ'· ἀλλ' ἐπὶ πάσας
    ὁλκάδος ἔν τ' ἀκάτῳ, γλυκεῖ' ἀοιδά,
στεῖχ' ἀπ' Αἰγίνας διαγγέλλοισ', ὅτι
Λάμπωνος υἱὸς Πυθέας εὐρυσθενὴς
νίκη Νεμείοις παγκρατίου στέφανον,   5
οὔπω γένυσι φαίνων τερείνας

你古老的始祖欧法奈曾 　　　　　　　　　　　【癸乙】
欣然歌颂他，少年！ 　　　　　　　　　　　　　　90
不同辈的人有各自的同侪；人所亲历者，
人人皆以为道来最奇。
咏赞诸如墨累西亚时，他组织文章
就 << 如同 >> 格斗中要翻覆剪扑，在叙事中拖曳无人可敌：
对高贵者们他存心温柔， 　　　　　　　　　　　95
对恶毒之人，作为坐等决赛的赛手他则会粗暴无情。

涅墨亚赞歌之五

庆＜爱琴纳无须少年＞匹忒亚
搏击全能赛得胜

我非造像师，能雕琢 　　　　　　　　　　　【正转甲】
　　立于非此不二的基座上
不动的造像；而是载于所有
　　商船上、轻舟里，甜美的诗歌！
自爱琴纳前来向外宣咏，说
兰庞之子，广有膂力的匹忒亚，
赢得了涅墨亚搏击全能赛的叶冠， 　　　　　　　5
他下颔尚未显出季夏时节

μάτερ' οἰνάνθας ὀπώραν,

ἐκ δὲ Κρόνου καὶ Ζηνὸς ἥρωας αἰχματὰς φυτευθέν-   *Ἀντ. α'.*
    τας καὶ ἀπὸ χρυσεᾶν Νηρηίδων
Αἰακίδας ἐγέραιρεν
    ματρόπολίν τε, φίλαν ξένων ἄρουραν·
τάν ποτ' εὔανδρόν τε καὶ ναυσικλυτάν
θέσσαντο, πὰρ βωμὸν πατέρος Ἑλλανίου   10
στάντες, πίτναν τ' ἐς αἰθέρα χεῖρας ἁμᾶ
Ἐνδαΐδος ἀριγνῶτες υἱοί
    καὶ βίᾳ Φώκου κρέοντος,

ὁ τᾶς θεοῦ, ὃν Ψαμάθεια τίκτ' ἐπὶ ῥηγμῖνι πόντου.   *Ἐπ. α'.*
αἰδέομαι μέγα εἰπεῖν
    ἐν δίκᾳ τε μὴ κεκινδυνευμένον,
πῶς δὴ λίπον εὐκλέα νᾶσον,
καὶ τίς ἄνδρας ἀλκίμους   15
δαίμων ἀπ' Οἰνώνας ἔλασεν.
    στάσομαι· οὔ τοι ἅπασα κερδίων
φαίνοισα πρόσωπον ἀλάθει' ἀτρεκές·
καὶ τὸ σιγᾶν πολλάκις ἐστὶ σοφώ-
    τατον ἀνθρώπῳ νοῆσαι.

εἰ δ' ὄλβον ἢ χειρῶν βίαν ἢ σιδαρίταν ἐπαινῆ-   *Στρ. β'.*

柔嫩的葡萄花母，

却荣耀了出自克洛诺和宙斯、　　　　　　　　　【反转甲】
　　　为黄金的奈柔女儿们所生的执矛英雄、
埃亚哥的子孙及其
　　　母邦，那片待异邦人友善的土地；
他们立于希腊之父的祭坛旁，
祝求她有朝一日俊乂济济、以舟船　　　　　　　　10
闻名，恩代两个易为人辨识的儿子
和强壮的苇哥王
　　　同时将双手伸向太清，

后者是女神之子，普撒马颓娅在海边所生。　　【副歌甲】
我怯于讲述那件大事，
　　　恐其违义涉险，
说他们究竟如何离此有令名的海岛，
　　　又是哪位神将　　　　　　　　　　　　　15
这骁勇的二人自此酒国驱逐。
　　　我要打住；并非是所有无情的
真理皆可露脸而能更有利可图；
保守沉默于人往往
　　　最为明智。

若所期望之事是咏赞福禧，无论其双手的膂力　【正转乙】

σαι πόλεμον δεδόκηται, μακρά μοι
αὐτόθεν ἅλμαθ' ὑποσκά-
    πτοι τις · ἔχω γονάτων ὁρμὰν ἐλαφράν ·   20
καὶ πέραν πόντοιο πάλλοντ' αἰετοί.
πρόφρων δὲ καὶ κείνοις ἄειδ' ἐν Παλίῳ
Μοισᾶν ὁ κάλλιστος χορός, ἐν δὲ μέσαις
φόρμιγγ' Ἀπόλλων ἑπτάγλωσσον
    χρυσέῳ πλάκτρῳ διώκων

ἁγεῖτο παντοίων νόμων · αἱ δὲ πρώτιστον μὲν ὕμνη-   Ἀντ. β'.
    σαν Διὸς ἀρχόμεναι σεμνὰν Θέτιν   25
Πηλέα θ', ὥς τέ νιν ἁβρὰ
    Κρηθεῒς Ἱππολύτα δόλῳ πεδᾶσαι
ἤθελε ξυνᾶνα Μαγνήτων σκοπὸν
πείσαισ' ἀκοίταν ποικίλοις βουλεύμασιν,
ψεύσταν δὲ ποιητὸν συνέπαξε λόγον,
ὡς ἧρα νυμφείας ἐπείρα
    κεῖνος ἐν λέκτροις Ἀκάστου   30

εὐνᾶς · τὸ δ' ἐναντίον ἔσκεν · πολλὰ γάρ νιν παντὶ θυμῷ   Ἐπ. β'.
παρφαμένα λιτάνευεν.
    τοῖο δ' ὀργὰν κνίζον αἰπεινοὶ λόγοι ·
εὐθὺς δ' ἀπανάνατο νύμφαν,
    ξεινίου πατρὸς χόλον

抑或攘铁甲的战争，则愿
有人自此处起为我掘出
　　　远跳的壕标；我的双膝能轻盈跳跃。　　　　　　20
众雕翱翔甚至超越沧海的涯涘。
妙撒们最美的歌队在培利昂山欣然
为它们歌咏，在其间
阿波罗以金琴拨
　　　疾弹七舌的颂琴，

引领诸般律吕；她们先从宙斯　　　　　【反转乙】
　　　开始，歌咏威严的忒提　　　　　　　　　　25
和培琉，再及克热拓之女、优雅的
　　　希普波吕塔如何想要凭诡诈
挟持其夫，莽奈西亚人的守望者，为其同谋，
以诡计多端的谋策说服了他，
她编出一篇捏造的会撒谎的鬼话，
说那人如何在床上
　　　图谋阿卡斯托的合卺　　　　　　　　　　　30

之欢；而事实却适为其反；因为她甜言蜜语一心一意　【副歌乙】
都在追求他：
　　　这些露骨的话激怒了他的脾气；
他便直接拒绝了这位少艾之妇，
　　　因为惧怕好客的父的

δείσαις· ὁ δ' εὖ φράσθη κατένευ-
 σέν τέ οἱ ὀρσινεφὴς ἐξ οὐρανοῦ
Ζεὺς ἀθανάτων βασιλεύς, ὥστ' ἐν τάχει 35
ποντίαν χρυσαλακάτων τινὰ Νη-
 ρεΐδων πράξειν ἄκοιτιν,

γαμβρὸν Ποσειδάωνα πείσαις, ὃς Αἰγᾶθεν ποτὶ κλει- *Στρ. γ'.*
 τὰν θαμὰ νίσεται Ἰσθμὸν Δωρίαν·
ἔνθα νιν εὔφρονες ἶλαι
 σὺν καλάμοιο βοᾷ θεὸν δέκονται,
καὶ σθένει γυίων ἐρίζοντι θρασεῖ.
Πότμος δὲ κρίνει συγγενὴς ἔργων πέρι 40
πάντων. τὺ δ' Αἰγίναθε δίς, Εὐθύμενες,
Νίκας ἐν ἀγκώνεσσι πίτνων
 ποικίλων ἔψαυσας ὕμνων.

ἤτοι μεταΐξαις σὲ καὶ νῦν τεὸς μάτρως ἀγάλλει *Ἀντ. γ'.*
 κείνου ὁμόσπορον ἔθνος, Πυθέα.
ἁ Νεμέα μὲν ἄραρεν
 μείς τ' ἐπιχώριος, ὃν φίλησ' Ἀπόλλων·
ἅλικας δ' ἐλθόντας οἴκοι τ' ἐκράτει 45
Νίσου τ' ἐν εὐαγκεῖ λόφῳ. χαίρω δ' ὅτι
ἐσλοῖσι μάρναται πέρι πᾶσα πόλις.
ἴσθι, γλυκεῖάν τοι Μενάνδρου

怒火；深思熟虑后，
　　　不死者之王、天上能屯云的
宙斯颔首应允了他，说他很快　　　　　　　　　35
便将获得执金纺锤的
　　　奈柔女儿中一人为妇，

又说服了常自埃丐来格于著名的　　　　【正转丙】
　　　多洛人地峡的波塞冬，他的姻娅；
那里欢快的寻欢人群用
　　　芦笛声迎迓他那位神，
还竞赛肢体的勇猛膂力。
事关所有成功皆由与生俱来的运道　　　　40
裁判。你，欧吐墨奈，两次自爱琴纳前来，
摔倒时以肘支撑，遂
　　　触摸了多彩颂歌的胜利。

的确他紧随你，匹忒亚！如今你母舅也　【反转丙】
　　　光耀了与他同根的氏族。
涅墨亚和阿波罗
　　　所爱的本地月份不离不弃；
既在家里又在尼所有美妙溪谷的　　　　　45
山中他击败了同龄的来者。我为全城皆
为高尚之事战斗而欢呼。
见识了吧！你靠墨南得洛的

σὺν τύχᾳ μόχθων ἀμοιβάν

ἐπαύρεο. χρὴ δ᾽ ἀπ᾽ Ἀθανᾶν τέκτον᾽ ἀεθληταῖσιν ἔμμεν·   *Ἐπ. γ'.*
εἰ δὲ Θεμίστιον ἵκεις
    ὥστ᾽ ἀείδειν, μηκέτι ῥίγει· δίδοι   50
φωνάν, ἀνὰ δ᾽ ἱστία τεῖνον
    πρὸς ζυγὸν καρχασίου,
πύκταν τέ νιν καὶ παγκρατίου
    φθέγξαι ἑλεῖν Ἐπιδαύρῳ διπλόαν
νικῶντ᾽ ἀρετάν, προθύροισιν δ᾽ Αἰακοῦ
ἀνθέων ποιάεντα φέρε στεφανώ-
    ματα σὺν ξανθαῖς Χάρισσιν.

NEMEON. ϛ'.

ΑΛΚΙΜΙΔΑΙ ΑΙΓΙΝΗΤΗΙ

ΠΑΙΔΙ ΠΑΛΑΙΣΤΗΙ.

Ἓν ἀνδρῶν, ἓν θεῶν γένος· ἐκ μιᾶς δὲ πνέομεν   *Στρ. α'.*
ματρὸς ἀμφότεροι· διείργει δὲ πᾶσα κεκριμένα
δύναμις, ὡς τὸ μὲν οὐδέν, ὁ δὲ
    χάλκεος ἀσφαλὲς αἰὲν ἕδος

运气得享辛劳的甜美

回报！于赛手而言，监督本应来自雅典。　　　　　　【副歌丙】
如果你是为了歌咏
　　忒米斯提俄而来，就毋寒噤；引吭　　　　　　　　50
发声吧！向着桅桁
　　挂起风帆！
并宣布他这拳击手在厄庇道洛的
　　搏击全能赛上得胜，将获得双项的
贤能褒奖，在埃亚哥的路门
仰仗黄发恺丽之助
　　戴上草编的花环！

涅墨亚赞歌之六

庆爱琴纳人阿尔基米达
少年角抵赛得胜

人为一族，神为一族；我们二类　　　　　　　　　　【正转甲】
得接呼吸却本自同一位母亲；是能力隔离了在一切之中
早有分别者，因为一为无，一为
　　作为坚稳的栖处永存的

μένει οὐρανός. ἀλλά τι προσφέρομεν ἔμπαν ἢ μέγαν
νόον ἤτοι φύσιν ἀθανάτοις, 5
καίπερ ἐφαμερίαν οὐκ εἰδότες οὐδὲ μετὰ νύκτας
ἄμμε πότμος 6 b
ἅντιν' ἔγραψε δραμεῖν ποτὶ στάθμαν.

τεκμαίρει καὶ νυν Ἀλκιμίδας τὸ συγγενὲς ἰδεῖν   'Ἀντ. α'.
ἄγχι καρποφόροις ἀρούραισιν, αἵτ' ἀμειβόμεναι
τόκα μὲν ὦν βίον ἀνδράσιν ἐπ-
  πετανὸν ἐκ πεδίων ἔδοσαν, 10
τόκα δ' αὖτ' ἀναπαυσάμεναι σθένος ἔμαρψαν. ἦλθέ τοι
Νεμέας ἐξ ἐρατῶν ἀέθλων
παῖς ἐναγώνιος, ὃς ταύ-
  ταν μεθέπων Διόθεν αἶσαν
νῦν πέφανται 13 b
οὐκ ἄμμορος ἀμφὶ πάλᾳ κυναγέτας,

ἴχνεσιν ἐν Πραξιδάμαντος ἑὸν πόδα νέμων   'Ἐπ. α'.
πατροπάτορος ὁμαιμίοις. 16
κεῖνος γὰρ Ὀλυμπιόνικος ἐὼν Αἰακίδαις
ἔρνεα πρῶτος ⟨ἔνεικεν⟩ ἀπ' Ἀλφεοῦ,
καὶ πεντάκις Ἰσθμοῖ στεφανωσάμενος,
Νεμέᾳ δὲ τρεῖς, ἔπαυσε λάθαν 20
Σαοκλείδα', ὃς ὑπέρτατος

铜铸天空。然而我们却或在伟大的
心智上或在肉体上多少类似不死者们，　　　　　　　5
虽然我们不晓得，命运规定
我们跑向哪条　　　　　　　　　　　　　　　　6 b
白日里或黑夜中的终点线。

如今阿尔基米达给出征兆让人看出他的祖传天性　　【反转甲】
近似丰饶的土地，它轮番
时而自田里赐予
　　　　人富饶的生活，　　　　　　　　　　　10
时而休歇以重获地力。作为少年
参赛者他自涅墨亚可爱的
赛会前来，追随着
　　　　来自宙斯的运命，
如今在角抵赛中　　　　　　　　　　　　　　　13 b
显示他并非是个无所斩获的猎人，

履足于祖父同产　　　　　　　　　　　　　【副歌甲】
普刺克西达马的踵武。　　　　　　　　　　　　　16
因为此君是奥林匹亚得胜者，首个
自阿尔斐俄河＜携＞叶冠给埃亚哥的众子嗣，
并五度于地峡头缠叶冠，
而后三次在涅墨亚，终止了《《人们对》》　　　　20
索克雷达的遗忘，这位乃系哈盖西马库的

Ἀγησιμάχοι' υἱέων γένετο.

ἐπεί οἱ τρεῖς ἀεθλοφόροι πρὸς ἄκρον ἀρετᾶς   *Στρ. β'.*
ἦλθον, οἵ τε πόνων ἐγεύσαντο. σὺν θεοῦ δὲ τύχᾳ
ἕτερον οὔ τινα οἶκον ἀπε-
    φάνατο πυγμαχία ⟨ πλεόνων ⟩   25
ταμίαν στεφάνων μυχῷ Ἑλλάδος ἁπάσας. ἔλπομαι
μέγα εἰπὼν σκοποῦ ἄντα τυχεῖν
ὥτ' ἀπὸ τόξου ἱείς · εὔ-
    θυν'ἐπὶ τοῦτον, ἄγε, Μοῖσα,
οὖρον ἐπέων   28 b
εὐκλέα· παροιχομένων γὰρ ἀνέρων,

ἀοιδαὶ καὶ λόγοι τὰ καλά σφιν ἔργ' ἐκόμισαν·   *Ἀντ. β'.*
Βασσίδαισιν ἅ τ' οὐ σπανίζει, παλαίφατος γενεά,   31
ἴδια ναυστολέοντες ἐπι-
    κώμια, Πιερίδων ἀρόταις
δυνατοὶ παρέχειν πολὺν ὕμνον ἀγερώχων ἐργμάτων
ἕνεκεν. καὶ γὰρ ἐν ἀγαθέᾳ
χεῖρας ἱμάντι δεθεὶς Πυθῶνι κράτησεν ἀπὸ ταύτας   35
αἷμα πάτρας   35 b
χρυσαλακάτου ποτὲ Καλλίας ἁδὼν

ἔρνεσι Λατοῦς, παρὰ Κασταλίαν τε Χαρίτων   *Ἐπ. β'.*

诸子中最年长者。

因为他赢得竞赛胜利的三 << 子 >> 抵达了贤能的　　　　【正转乙】
顶峰，他们 << 因而 >> 也品味了艰辛。借助神运，
拳击赛宣布遍 << 索 >>
　　　全希腊的幽陬更无别家　　　　　　　　　　　　25
司掌 < 更多的 > 叶冠。我希望
在叙述伟业时能如离弓发矢
直中鹄的；妙撒，来吧！
　　　直将诗赋的
扬名之风　　　　　　　　　　　　　　　　　　　　28 b
发给它！因为这些人逝去后，

是歌与辞章载回他们壮举的功绩；　　　　　　　　【反转乙】
它巴斯西族人可不缺，此族蜚声古代，　　　　　　　　31
他们今以舟船载输自己的
　　　庆功歌诗，因有众多
傲人的成就而能交付庇厄洛诸女的田夫
许多颂歌。因为在最神圣的匹透，
手缠着皮条，出于同一家族血胤的卡尔利亚亦　　　　35
曾为取悦于手执金杖的累陶之子的　　　　　　　　　35 b
嫩枝而胜出：在卡斯塔利亚泉畔，夕阳中的

他辉耀于恺丽　　　　　　　　　　　　　　　　【副歌乙】

ἑσπέριος ὁμάδῳ φλέγεν·
πόντου τε γέφυρ᾽ ἀκάμαντος ἐν ἀμφικτιόνων
ταυροφόνῳ τριετηρίδι Κρεοντίδαν   40
τίμασε Ποσειδάνιον ἂν τέμενος·
βοτάνα τέ νίν ποθ᾽ ἁ λέοντος
νικάσαντ᾽ ἤρεφε δασκίοις
Φλειοῦντος ὑπ᾽ ὠγυγίοις ὄρεσιν.

πλατεῖαι πάντοθεν λογίοισιν ἐντὶ πρόσοδοι   *Στρ. γ'.*
νᾶσον εὐκλέα τάνδε κοσμεῖν· ἐπεί σφιν Αἰακίδαι   46
ἔπορον ἔξοχον αἶσαν ἀρε-
    τὰς ἀποδεικνύμενοι μεγάλας,
πέταται δ᾽ ἐπί τε χθόνα καὶ διὰ θαλάσσας τηλόθεν
ὄνυμ᾽ αὐτῶν· καὶ ἐς Αἰθίοπας
Μέμνονος οὐκ ἀπονοστή-
    σαντος ἔπαλτο· βαρὺ δέ σφιν   50
νεῖκος Ἀχιλεύς   50 b
ἔμπεσε χαμαὶ καταβαὶς ἀφ᾽ ἁρμάτων,

φαεννᾶς υἱὸν εὖτ᾽ ἐνάριξεν Ἀόος ἀκμᾷ   *Ἀντ. γ'.*
ἔγχεος ζακότοιο. καὶ ταῦτα μὲν παλαιότεροι
ὁδὸν ἁμαξιτὸν εὗρον· ἕπο-
    μαι δὲ καὶ αὐτὸς ἔχων μελέταν·
τὸ δὲ πὰρ ποδὶ ναὸς ἑλισσόμενον αἰεὶ κυμάτων   55

喧嚣的人群中间；

还有不知疲倦的海梁在邻邦

将献牺牲的三年一度的节日上 40

尊崇克惹昂提达于波塞冬的圣地；

又有狻猊的牧草昔曾

给在芙雷乌的多荫的奥圭盖氏的山脚下

得胜的他戴在头上。

辞人八方皆有逵衢， 【正转丙】

好去美化声名斐然的此岛；既然埃亚哥的后裔们 46

通过显露其伟大贤能而给与了

      他们出色的命运 <<作为题材>>，

他们的名字便自远方穿陆逾海

飞来，甚至进入

门农回不去的焦颜国上空

      盘旋；阿喀尔琉自戎车上 50

一下地便向他们 50 b

扑去，发起了一场鏖战，

就是那时他以赫怒的矛尖杀死了光彩熠熠的 【反转丙】

晨曦之子。古人们已发现

辀车所行的道路；我

      自己遂矻矻蹈循；

因为浪涛中翻滚至船脚者， 55

λέγεται παντὶ μάλιστα δονεῖν
θυμόν. ἑκόντι δ' ἐγὼ νώ-
    τῳ μεθέπων δίδυμον ἄχθος
ἄγγελος ἔβαν,   57 b
πέμπτον ἐπὶ εἴκοσι τοῦτο γαρύων

εὖχος ἀγώνων ἄπο, τοὺς ἐνέποισιν ἱερούς,   *Ἐπ. γ'.*
Ἀλκίμιδα, σέ γ' ἐπαρκέσαι   60
κλειτᾷ γενεᾷ — δύο μὲν Κρονίου πὰρ τεμένει,
παῖ, σέ τ' ἐνόσφισε καὶ Πολυτιμίδαν
κλᾶρος προπετὴς ἄνθε' Ὀλυμπιάδος —,
δελφῖνι καὶ τάχος δι' ἅλμας
ἶσον ⟨κ'⟩ εἴποιμι Μελησίαν   65
χειρῶν τε καὶ ἰσχύος ἀνίοχον.

NEMEON. Z'.

ΣΩΓΕΝΕΙ ΑΙΓΙΝΗΤΗΙ

ΠΑΙΔΙ ΠΕΝΤΑΘΛΩΙ.

Ἐλείθυια, πάρεδρε Μοιρᾶν βαθυφρόνων,   *Στρ. α'.*
παῖ μεγαλοσθενέος, ἄκου-

人云尤能震慑

人心。我愿背负

　　此双重仔肩，

作为执讯前来，　　　　　　　　　　　　　57 b

自赛会中歌唱二十

又五遍夸赞之词（人称其为神圣），　　　【副歌丙】

阿尔基米达！将你加于　　　　　　　　　60

你显赫的氏族——在克洛诺之子的圣庙旁，

少年！过疾落下的骰子剥夺了

你和波吕提米达的两项奥林匹亚花环——，

并愿将墨累西亚的迅疾

——这位双手有力的执箠仆夫，——　　　65

比作穿游于海水中的海豚！

涅墨亚赞歌之七

庆爱琴纳人索各奈

少年五项全能赛得胜

厄雷退娅！坐于心思深邃的司命身旁、　　【正转甲】

强大健硕的赫剌之女！听真！

σον, Ἥρας, γενέτειρα τέκνων· ἄνευ σέθεν
οὐ φάος, οὐ μέλαιναν δρακέντες εὐφρόναν
τεὰν ἀδελφεὰν ἐλάχομεν ἀγλαόγυιον Ἥβαν.
ἀναπνέομεν δ' οὐχ ἅπαντες ἐπὶ ἴσα· 5
εἴργει δὲ πότμῳ ζυγένθ' ἕτερον ἕτερα. σὺν δὲ τίν
καὶ παῖς ὁ Θεαρίωνος ἀρετᾷ κριθείς
εὔδοξος ἀείδεται Σωγένης μετὰ πενταέθλοις.

πόλιν γὰρ φιλόμολπον οἰκεῖ δορικτύπων Ἀντ. α'.
Αἰακιδᾶν· μάλα δ' ἐθέλον-
τι σύμπειρον ἀγωνίᾳ θυμὸν ἀμφέπειν. 10
εἰ δὲ τύχῃ τις ἔρδων, μελίφρον' αἰτίαν
ῥοαῖσι Μοισᾶν ἐνέβαλε· ταὶ μεγάλαι γὰρ ἀλκαί
σκότον πολὺν ὕμνων ἔχοντι δεόμεναι·
ἔργοις δὲ καλοῖς ἔσοπτρον ἴσαμεν ἑνὶ σὺν τρόπῳ,
εἰ Μναμοσύνας ἕκατι λιπαράμπυκος 15
εὕρηται ἄποινα μόχθων κλυταῖς ἐπέων ἀοιδαῖς.

σοφοὶ δὲ μέλλοντα τριταῖον ἄνεμον Ἐπ. α'.
ἔμαθον, οὐδ' ὑπὸ κέρδει βλάβεν·
ἀφνεὸς πενιχρός τε θανάτου παρά
σᾶμα νέονται. ἐγὼ δὲ πλέον' ἔλπομαι 20
λόγον Ὀδυσσέος ἢ πάθαν
    διὰ τὸν ἁδυεπῆ γενέσθ' Ὅμηρον·

　　　　　婴儿的产妇！微汝
则我等不得见天光，也不得有黑暗的吉时，
不得拥有你肢体飞彩的姊妹青春。
我们呼吸并非全都为了同一件事；　　　　　　　　　5
而是各异的情形排斥挽以命运之轭的各异之人。有了你，
忒阿里翁之子索各奈 <<方能>> 因贤能突出，
在五项全能赛手中间受人歌颂声名斐然。

因为他住在矛枪摩戛的埃亚哥子嗣们的　　　　【反转甲】
爱歌之城；＜而＞他们亟欲栽培
　　　　熟谙赛会的精神。　　　　　　　　　　10
若有人幸而成功，他便是将甜美于心的题目
投入了妙撒的溪流；因为缺了颂歌，
伟大的膂力便多沦于黑暗；
我们知道盛举只能用一法方能得到镜鉴：
如果凭头扎彩带的姆奈谟叙奈 <<之力>>，　　　15
有人在扬名的诗辞中找到了辛劳的酬报。

智者可 <<预>> 知三日内的　　　　　　　　【副歌甲】
风暴，<<从而>> 免因求利而受损；
无论富有抑或贫穷他们都走向
死亡的坟墓。我以为，俄杜修的　　　　　　　　20
故事多赖说话甜美的荷马
　　　　从而变得大于他所遭受的苦难；

ἐπεὶ ψεύδεσί οἱ ποτανᾷ ⟨τε⟩ μαχανᾷ   *Στρ. β'.*
σεμνὸν ἔπεστί τι· σοφία
    δὲ κλέπτει παράγοισα μύθοις. τυφλὸν δ᾽ ἔχει
ἦτορ ὅμιλος ἀνδρῶν ὁ πλεῖστος. εἰ γὰρ ἦν
ἓ τὰν ἀλάθειαν ἰδέμεν, οὔ κεν ὅπλων χολωθεὶς   25
ὁ καρτερὸς Αἴας ἔπαξε διὰ φρενῶν
λευρὸν ξίφος· ὃν κράτιστον Ἀχιλέος ἄτερ μάχᾳ
ξανθῷ Μενέλᾳ δάμαρτα κομίσαι θοαῖς
ἂν ναυσὶ πόρευσαν εὐθυπνόου Ζεφύροιο πομπαί

πρὸς Ἴλου πόλιν. ἀλλὰ κοινὸν γὰρ ἔρχεται   *Ἀντ. β'.*
κῦμ᾽ Ἀίδα, πέσε δ᾽ ἀδόκη-
    τον ἐν καὶ δοκέοντα· τιμὰ δὲ γίνεται   31
ὧν θεὸς ἁβρὸν αὔξει λόγον τεθνακότων.
βοαθῶν τοι παρὰ μέγαν ὀμφαλὸν εὐρυκόλπου
μόλον χθονός — ἐν Πυθίοισι δὲ δαπέδοις
κεῖται — Πριάμου πόλιν Νεοπτόλεμος ἐπεὶ πράθεν,   35
τᾷ καὶ Δαναοὶ πόνησαν· ὁ δ᾽ ἀποπλέων
Σκύρου μὲν ἅμαρτε, πλαγχθέντες δ᾽ εἰς Ἐφύραν ἵκοντο.

Μολοσσίᾳ δ᾽ ἐμβασίλευεν ὀλίγον   *Ἐπ. β'.*
χρόνον· ἀτὰρ γένος αἰεὶ φέρει
τοῦτό οἱ γέρας. ᾤχετο δὲ πρὸς θεόν,   40
κτέατ᾽ ἄγων Τροίαθεν ἀκροθινίων·

既然庄严之物附着于他生翅的谎言　　　　　　　　　【正转乙】
＜和＞机谋之上，故而借故事
　　　　　来诱人的智慧可行欺骗。人数
最多的集会皆有颗盲目之心。因为若它那时
得见真相，膂力方刚的埃亚　　　　　　　　　　　　　25
便不会在因铠甲而恚怒时让光滑的剑
穿透自己的心腹；除阿喀尔琉外作战最猛的他
要为黄发墨涅拉带回其妻，
而为直吹不休的泽风的护卫在快舟上载去

伊罗之城。然而哈伊迭的浪涛　　　　　　　　　　【反转乙】
波及所有人，它落在未曾期待
　　　　　也＜＜落在＞＞期待它的人身上；人有荣耀，　31
其人虽死，神亦会令雅驯的传说增长。
故而作为与有助焉者我来到阔膛的
大地伟脐——它坐落于匹透
圣地；在涅俄普托勒谟灭了给达纳俄之民很多罪受的　35
普里阿谟的城之后，返航时
他错过了斯居洛，漂泊中来到厄福剌。

他在谟罗斯所人之邦为王并不　　　　　　　　　　【副歌乙】
长久，然而他的氏族却永
享他这样的尊荣。他来到神前，　　　　　　　　　　40
带着自特洛伊亚缴获的上佳财货；

ἵνα κρεῶν νιν ὕπερ μάχας
    ἔλασεν ἀντιτυχόντ' ἀνὴρ μαχαίρᾳ.

βάρυνθεν δὲ περισσὰ Δελφοὶ ξεναγέται.   *Στρ. γ'.*
ἀλλὰ τὸ μόρσιμον ἀπέδω-
    κεν· ἐχρῆν δέ τιν' ἔνδον ἄλσει παλαιτάτῳ
Αἰακιδᾶν κρεόντων τὸ λοιπὸν ἔμμεναι   45
θεοῦ παρ' εὐτειχέα δόμον, ἡροΐαις δὲ πομπαῖς
θεμισκόπον οἰκεῖν ἐόντα πολυθύτοις.
εὐώνυμον ἐς δίκαν τρία ἔπεα διαρκέσει·
οὐ ψεῦδις ὁ μάρτυς ἔργμασιν ἐπιστατεῖ,
Αἴγινα, τεῶν Διός τ' ἐκγόνων. θρασύ μοι τόδ' εἰπεῖν   50

φαενναῖς ἀρεταῖς ὁδὸν κυρίαν λόγων   *Ἀντ. γ'.*
οἴκοθεν· ἀλλὰ γὰρ ἀνάπαυ-
    σις ἐν παντὶ γλυκεῖα ἔργῳ· κόρον δ' ἔχει
καὶ μέλι καὶ τὰ τέρπν' ἄνθε' Ἀφροδίσια.
φυᾷ δ' ἕκαστος διαφέρομεν βιοτὰν λαχόντες
ὁ μὲν τά, τὰ δ' ἄλλοι· τυχεῖν δ' ἕν' ἀδύνατον   55
εὐδαιμονίαν ἅπασαν ἀνελόμενον· οὐκ ἔχω
εἰπεῖν, τίνι τοῦτο Μοῖρα τέλος ἔμπεδον
ὤρεξε. Θεαρίων, τὶν δ' ἐοικότα καιρὸν ὄλβου

δίδωσι, τόλμαν τε καλῶν ἀρομένῳ   *Ἐπ. γ'.*

当场有人在因割胙而偶发的格斗中
　　　用屠刀砍杀了他。

善待来客的<u>得尔斐</u>人为此深感沉痛。　　　　　　　　　　【正转丙】
但是他还了宿命之债；
　　　<u>埃亚哥</u>的列王中的一位
合当将来待在最古老的圣地里面　　　　　　　　　　　　　　45
有精美墙壁的神宅近旁，落户于其间，
奉神命监护多供牺牲的英雄节庆。
为了正义得享令名，三言便足矣：
作为不撒谎的证人他主持着属于你、<u>爱琴娜</u>！
和<u>宙斯</u>子嗣们的大功。我大胆地将此称作　　　　　　　　　50

统御着颂扬自你家乡出发所获光彩贤能的辞章的　　　　　【反转丙】
通衢；不过做每项工时
　　　休歇皆甜美，就连蜂蜜
和<u>阿芙洛狄底</u>愉人的花朵亦有餍足。
在天分上我们有别，每人过着各自的生活，
此人为此，他人操彼；不可能有一人　　　　　　　　　　　55
得到全福；我不能
说，司命给了谁这样稳妥不变的
圆满。忒<u>阿里翁</u>！她们给你的福

时机恰好，而你赢得了行壮举的勇气，　　　　　　　　　【副歌丙】

σύνεσιν οὐκ ἀποβλάπτει φρενῶν. 60
ξεῖνός εἰμι· σκοτεινὸν ἀπέχων ψόγον,
ὕδατος ὥτε ῥοὰς φίλον ἐς ἄνδρ' ἄγων
κλέος ἐτήτυμον αἰνέσω·
    ποτίφορος δ' ἀγαθοῖσι μισθὸς οὗτος.

ἐὼν δ' ἐγγὺς Ἀχαιὸς οὐ μέμψεταί μ' ἀνήρ   *Στρ. δ'.*
Ἰονίας ὑπὲρ ἁλὸς οἰ-
    κέων, καὶ προξενίᾳ πέποιθ', ἔν τε δαμόταις   65
ὄμματι δέρκομαι λαμπρόν, οὐχ ὑπερβαλών,
βίαια πάντ' ἐκ ποδὸς ἐρύσαις· ὁ δὲ λοιπὸς εὔφρων
ποτὶ χρόνος ἕρποι. μαθὼν δέ τις ἀνερεῖ,
εἰ πὰρ μέλος ἔρχομαι ψάγιον ὄαρον ἐννέπων.
Εὐξενίδα πάτραθε Σώγενες, ἀπομνύω   70
μὴ τέρμα προβαὶς ἄκονθ' ὥτε χαλκοπάραον ὄρσαι

θοὰν γλῶσσαν, ὃς ἐξέπεμψεν παλαισμάτων   *Ἀντ. δ'.*
αὐχένα καὶ σθένος ἀδίαν-
    τον, αἴθωνι πρὶν ἁλίῳ γυῖον ἐμπεσεῖν.
εἰ πόνος ἦν, τὸ τερπνὸν πλέον πεδέρχεται.
ἔα με· νικῶντί γε χάριν, εἴ τι πέραν ἀερθείς   75
ἀνέκραγον, οὐ τραχύς εἰμι καταθέμεν.
εἴρειν στεφάνους ἐλαφρόν, ἀναβάλεο· Μοῖσά τοι
κολλᾷ χρυσὸν ἔν τε λευκὸν ἐλέφανθ' ἅμα

她们不会毁掉你内心的良知。 60

我是《你们所速之》宾，要提防黑暗的寻衅求疵；

如同溪水，我将引真实不虚的

令名给此友人以为赞美；

  这于优良之士即是恰如其分的酬薪。

作为<u>亚该亚</u>人，住在<u>伊奥尼亚</u>海彼岸， 【正转丁】

他若在近前，将不会怪我；

  我信赖国宾的法权，在邦民中间， 65

我双目炯炯凝视，未尝越界，

所有残暴之事皆自脚前移去，愿未来的快乐

时光蜿蜒流过！而知我者则可道出

是否我伴着乐曲吟咏着邪词而来。

出自<u>欧克色诺</u>后人的<u>索各奈</u>！我发誓： 70

我并未鼓动快舌如同两侧裹铜的飞铤一般

踏出界外，它令其解脱了角抵的锁颈 【反转丁】

和未被汗水浸湿的膂力，

  在其肢体尚未颠仆于喷火的日头里之前。

若曾有辛苦，他寻求的却是更多的快乐。

啊就看我的吧！给获胜者的恩惠，倘若我非常兴奋， 75

我就要大叫，我不会悭吝于偿付。

花环易编；奏响吧！<u>妙撒</u>

会镶嵌黄金到白象牙里，同时还

καὶ λείριον ἄνθεμον ποντίας ὑφελοῖσ᾽ ἐέρσας.

Διὸς δὲ μεμναμένος ἀμφὶ Νεμέᾳ   *Ἐπ. δ'.*
πολύφατον θρόον ὕμνων δόνει   81
ἡσυχᾷ. βασιλῆα δὲ θεῶν πρέπει
δάπεδον ἂν τόδε γαρυέμεν ἡμέρᾳ
ὀπί· λέγοντι γὰρ Αἰακόν
    νιν ὑπὸ ματροδόκοις γοναῖς φυτεῦσαι,

ἐμᾷ μὲν πολίαρχον εὐωνύμῳ πάτρᾳ,   *Στρ. ε'.*
Ἡράκλεες, σέο δὲ προπρᾶον᾽
    ἔμ(μ)εν ξεῖνον ἀδελφεόν τ᾽. εἰ δὲ γεύεται   86
ἀνδρὸς ἀνήρ τι, φαῖμέν κε γείτον᾽ ἔμμεναι
νόῳ φιλήσαντ᾽ ἀτενέϊ γείτονι χάρμα πάντων
ἐπάξιον· εἰ δ᾽ αὐτὸ καὶ θεὸς ἀνέχοι, —
ἐν τίν κ᾽ ἐθέλοι, Γίγαντας ὃς ἐδάμασας, εὐτυχῶς   90
ναίειν πατρὶ Σωγένης ἀταλὸν ἀμφέπων
θυμὸν προγόνων ἐϋκτήμονα ζαθέαν ἄγυιαν.

ἐπεὶ τετραόροισιν ὥθ᾽ ἁρμάτων ζυγοῖς   *Ἀντ. ε'.*
ἐν τεμένεσσι δόμον ἔχει
    τεοῖς, ἀμφοτέρας ἰὼν χειρός. ὦ μάκαρ,
τὶν δ᾽ ἐπέοικεν Ἥρας πόσιν τε πειθέμεν   95
κόραν τε γλαυκώπιδα· δύνασαι δὲ βροτοῖσιν ἀλκάν

自海露之下撷取了百合般的花朵。

因涅墨亚而记念宙斯，　　　　　　　　　　　　【副歌丁】
就安详地震荡出众所传道的颂歌　　　　　　　　　　81
之音！这片圣地宜乎
以柔和的嗓音歌咏众神
之王；因为人们说，是他用其母
　　　所受的种子生下埃亚哥，

他在名声斐然的父邦是城邦元首，　　　　　　　【正转戊】
赫剌克勒！他是你仁慈的
　　　朋友和弟兄。如果一人　　　　　　　　　　86
领受一人什么，我们会说心中
友爱的近邻对于殷勤的邻居是值得
一切的快乐；而如果连神也信奉此理，
索各奈会愿意与征服了众癸冈的你一道　　　　　　90
享福得居先人们富饶而神圣的
里巷，怀着一颗顺从父祖之心。

既然就像在车乘所御驷马的轭中间一样，　　　　【反转戊】
其室庐宅于你的圣地之中，
　　　走进时在其左右两侧。哦，蒙福之人！
宜乎你要说服赫剌之夫和　　　　　　　　　　　　95
那位闪眼的处女；你往往能赐予有死的凡人抵御

ἀμαχανιᾶν δυσβάτων θαμὰ διδόμεν.

εἰ γὰρ σύ ἱν ἐμπεδοσθενέα βίοτον ἁρμόσαις

ἥβᾳ λιπαρῷ τε γήραϊ διαπλέκοις

εὐδαίμον' ἐόντα, παίδων δὲ παῖδες ἔχοιεν αἰεί   100

γέρας τό περ νῦν καὶ ἄρειον ὄπιθεν.   *Ἐπ. ε'.*

τὸ δ' ἐμὸν οὔ ποτε φάσει κέαρ

ἀτρόποισι Νεοπτόλεμον ἑλκύσαι

ἔπεσι· ταὐτὰ δὲ τρὶς τετράκι τ' ἀμπολεῖν

ἀπορία τελέθει, τέκνοι-

    σιν ἅτε μαψυλάκας 'Διὸς Κόρινθος'.   105

NEMEON. H'.

<ΔΕΙΝΙΑΙ ΑΙΓΙΝΗΤΗΙ

ΔΙΑΥΛΟΔΡΟΜΩΙ. >

Ὥρα πότνια, κάρυξ Ἀφροδίτας   *Στρ. α'.*

    ἀμβροσιᾶν φιλοτάτων,

ἅ τε παρθενηΐοις παίδων τ' ἐφίζοισα γλεφάροις,

τὸν μὲν ἡμέροις ἀνάγκας χερσὶ βαστά-

    ζεις, ἕτερον δ' ἑτέραις.

难以通过的困境的力量。

若你愿他力量坚稳的生命中

青春和神采奕奕的老年和合

相结，且是个福人，则祝其儿女永远有儿女的 100

荣誉，现在有，将来则有更好的！ 【副歌戊】

我心将永不会承认，

曾用不可控制的言辞拖拽过<u>涅俄普托勒谟</u>；

而同样的事重复三遍四遍并

无出路，就像向孺子们

　　叨叨不休的 << 童谣 >>："<u>宙斯 哥林多斯</u>。" 105

涅墨亚赞歌之八

＜庆爱琴纳人戴尼

双程赛跑得胜＞

时辰女主！<u>阿芙洛狄底携</u> 【正转甲】

　　最喜人的玉馔的执讯！

你栖于处女和少男们的眼睑上，

将此人用强制的温柔双手攥住，

　　他人则为他样的所扼。

ἀγαπατὰ δὲ καιροῦ μὴ πλαναθέντα πρὸς ἔργον ἕκαστον
τῶν ἀρειόνων ἐρώτων ἐπικρατεῖν δύνασθαι.   5

οἷοι καὶ Διὸς Αἰγίνας τε λέκτρον   *Ἀντ. α'.*
    ποιμένες ἀμφεπόλησαν
Κυπρίας δώρων· ἔβλαστεν δ' υἱὸς Οἰνώνας βασιλεύς
χειρὶ καὶ βουλαῖς ἄριστος. πολλά νιν πολ-
    λοὶ λιτάνευον ἰδεῖν·
ἀβοατὶ γὰρ ἡρώων ἄωτοι περιναιεταόντων
ἤθελον κείνου γε πείθεσθ' ἀναξίαις ἑκόντες,   10

οἵ τε κρανααῖς ἐν Ἀθάναισιν ἅρμοζον στρατόν,   *Ἐπ. α'.*
οἵ τ' ἀνὰ Σπάρταν Πελοπηϊάδαι.
ἱκέτας Αἰακοῦ
    σεμνῶν γονάτων πόλιός θ' ὑπὲρ φίλας
ἀστῶν θ' ὑπὲρ τῶνδ' ἅπτομαι φέρων
Λυδίαν μίτραν καναχηδὰ πεποικιλμέναν,   15
Δείνιος δισσῶν σταδίων
    καὶ πατρὸς Μέγα Νεμεαῖον ἄγαλμα.
σὺν θεῷ γάρ τοι φυτευθεὶς
    ὄλβος ἀνθρώποισι παρμονώτερος·

ὅσπερ καὶ Κινύραν ἔβρισε πλούτῳ   *Στρ. β'.*
    ποντίᾳ ἔν ποτε Κύπρῳ.

在每桩事上，以勿过度为上，

得享更美好的欢情。 5

就像连宙斯与爱琴娜的婚床 【反转甲】

　　也为牧放居普洛女神馈赠的

牧人所侍候那样：其子、双手和策谋皆高明的酒国之王，

破土而生。很多人亟

　　求 << 唯 >> 他是瞻；

因为毗邻而居的英雄们中最优秀的，

无需召唤即愿服从他的调遣， 10

这些人在莘确的雅典协调人民， 【副歌甲】

这些全斯巴达的珀罗后裔。

作为诉求人，

　　我代此友爱的城邦也代其

邦民拥抱埃亚哥的双膝，身携

吕狄亚调编织以锐利乐音的冠冕、 15

戴尼及其父墨迦

　　在涅墨亚所获两次短跑的荣耀。

因为于人而言，

　　与神共植的福方更持久；

它先前以财富也曾压在海中 【正转乙】

　　居普洛岛上的基内剌身上。

ἵσταμαι δὴ ποσσὶ κούφοις, ἀμπνέων τε πρίν τι φάμεν.
πολλὰ γὰρ πολλᾷ λέλεκται, νεαρὰ δ᾽ ἐξευ-
    ρόντα δόμεν βασάνῳ   20
ἐς ἔλεγχον, ἅπας κίνδυνος· ὄψον δὲ λόγοι φθονεροῖσιν,
ἅπτεται δ᾽ ἐσλῶν ἀεί, χειρόνεσσι δ᾽ οὐκ ἐρίζει.

κεῖνος καὶ Τελαμῶνος δάψεν υἱόν,   Ἀντ. β'.
    φασγάνῳ ἀμφικυλίσαις.
ἦ τιν᾽ ἄγλωσσον μέν, ἦτορ δ᾽ ἄλκιμον, λάθα κατέχει
ἐν λυγρῷ νείκει· μέγιστον δ᾽ αἰόλῳ ψεύ-
    δει γέρας ἀντέταται.   25
κρυφίαισι γὰρ ἐν ψάφοις Ὀδυσσῆ Δαναοὶ θεράπευσαν·
χρυσέων δ᾽ Αἴας στερηθεὶς ὅπλων φόνῳ πάλαισεν.

ἦ μὰν ἀνόμοιά γε δάοισιν ἐν θερμῷ χροΐ   Ἐπ. β'.
ἕλκεα ῥῆξαν πελεμιζόμενοι
ὑπ᾽ ἀλεξιμβρότῳ
    λόγχᾳ, τὰ μὲν ἀμφ᾽ Ἀχιλεῖ νεοκτόνῳ,   30
ἄλλων τε μόχθων ἐν πολυφθόροις.
ἁμέραις. ἐχθρὰ δ᾽ ἄρα πάρφασις ἦν καὶ πάλαι,
αἱμύλων μύθων ὁμόφοι-
    τος, δολοφραδής, κακοποιὸν ὄνειδος·
ἃ τὸ μὲν λαμπρὸν βιᾶται,
    τῶν δ᾽ ἀφάντων κῦδος ἀντείνει σαθρόν.

我站好，双足轻捷，发言之前先深纳气。
因为很多已 << 为他人 >> 各式各样讲述过；
　　　而将创新者置于试金石上　　　　　　　　　　20
求证，方是全面的危险；对于妒贤嫉能者，辞赋是点心；
他永远纠缠优秀之士，不会与劣 << 于他 >> 的人相斗。

虽太拉蒙之子亦伏剑　　　　　　　　　　　【反转乙】
　　　受其所啮。
确实，那些无舌者，<< 纵 >> 有颗勇敢的心，在致命的
斗殴中会为遗忘覆盖；最大的奖赏
　　　颁发给了善变的谎言。　　　　　　　　　25
因为达纳俄之民在秘密投石时偏向俄杜修，
埃亚被剥夺了金铠甲，方才与死角抵。

这真不同于战斗中，在保命的矛头冲击下，　【副歌乙】
混战者滚烫的身体上
所撕开的创口，<< 例如 >>
　　　在刚遭杀戮的阿喀尔琉尸身旁所受的那些，　30
以及在多所杀戮的那些日子里
其他战役中所受的。毕竟可恶的哄骗自古都有，
与奉承人的瞎话同行，
　　　意在害人，是为非作歹的羞辱；
它强暴辉煌的，
　　　张扬 << 本该 >> 无闻之辈有缺陷的名声。

εἴη μή ποτέ μοι τοιοῦτον ἦθος,   *Στρ. γ'.*

    Ζεῦ πάτερ, ἀλλὰ κελεύθοις   35

ἀπλόαις ζωᾶς ἐφαπτοίμαν, θανὼν ὡς παισὶ κλέος

μὴ τὸ δύσφαμον προσάψω. χρυσὸν εὔχον-

    ται, πεδίον δ' ἕτεροι

ἀπέραντον, ἐγὼ δ' ἀστοῖς ἁδὼν καὶ χθονὶ γυῖα καλύψαι,

αἰνέων αἰνητά, μομφὰν δ' ἐπισπείρων ἀλιτροῖς.

αὔξεται δ' ἀρετά, χλωραῖς ἐέρσαις   *Ἀντ. γ'.*

    ὡς ὅτε δένδρεον ᾄσσει,   40

⟨ἐν⟩ σοφοῖς ἀνδρῶν ἀερθεῖσ' ἐν δικαίοις τε πρὸς ὑγρὸν

αἰθέρα. χρεῖαι δὲ παντοῖαι φίλων ἀν-

    δρῶν· τὰ μὲν ἀμφὶ πόνοις

ὑπερώτατα, μαστεύει δὲ καὶ τέρψις ἐν ὄμμασι θέσθαι

πιστόν. ὦ Μέγα, τὸ δ' αὖτις τεὰν ψυχὰν κομίξαι

οὔ μοι δυνατόν· κενεᾶν δ' ἐλπίδων χαῦνον τέλος·   *Ἐπ. γ'.*

σεῦ δὲ πάτρᾳ Χαριάδαις τ' ἐλαφρὸν   46

ὑπερεῖσαι λίθον

    Μοισαῖον ἕκατι ποδῶν εὐωνύμων

δὶς δὴ δυοῖν. χαίρω δὲ πρόσφορον

ἐν μὲν ἔργῳ κόμπον ἱείς, ἐπαοιδαῖς δ' ἀνὴρ

νώδυνον καί τις κάματον

    θῆκεν· ἦν γε μὰν ἐπικώμιος ὕμνος   50

愿我永远不要有这样的性格，　　　　　　　　　　　　【正转丙】
　　　父宙斯！而是选择　　　　　　　　　　　　　　　　35
质朴的生活之路，好让我死时不会将那种凶邪的
名声传染给子女。有人祈求黄金，
　　　另有人要无际的
田地；我则愿取悦于同邦，纵然以土掩身 << 亦不中辍 >>：
褒赞值得褒赞的，给为非作歹之徒则播撒贬抑。

贤能增长，仿佛在淡绿露水　　　　　　　　　　　【反转丙】
　　　<< 的滋润 >> 下树的拔高，　　　　　　　　　　40
< 为 > 人中的智者也为正义之士高扬，直冲
莹润的太清。人们对亲朋有各式各样的
　　　需求，以受苦时
为最，喜乐则欲置可信者
于眼前。哦墨迦！致使汝魂返还

则非我所能，——徒劳的希望其终点乃是虚空；——　【副歌丙】
而为你的父国也为恺里亚得氏族，凭二人　　　　　　　46
两度声名斐然的
　　　迅跑捷足，我则能轻易立起
妙撒之石。我欢欣，为在他功成之际
能发出助力的夸赞，有人曾借唱咒
祛除辛劳之痛：
　　　节庆的颂歌毕竟　　　　　　　　　　　　　　　50

δὴ πάλαι καὶ πρὶν γενέσθαι

 τὰν Ἀδράστου τάν τε Καδμείων ἔριν.

NEMEOM. Θ'.

< ΧΡΟΜΙΩΙ ΑΙΤΝΑΙΩΙ
ΑΡΜΑΤΙ. >

Κωμάσομεν παρ' Ἀπόλλωνος Σικυωνόθε, Μοῖσαι,   Στρ. α'.
τὰν νεοκτίσταν ἐς Αἴτναν, ἔνθ' ἀναπεπταμέναι
 ξείνων νενίκανται θύραι,
ὄλβιον ἐς Χρομίου
 δῶμ'. ἀλλ' ἐπέων γλυκὺν ὕμνον πράσσετε.
τὸ κρατήσιππον γὰρ ἐς ἅρμ' ἀναβαίνων
 ματέρι καὶ διδύμοις παίδεσσιν αὐδὰν μανύει
Πυθῶνος αἰπεινᾶς ὁμοκλάροις ἐπόπταις.   5

ἔστι δέ τις λόγος ἀνθρώπων, τετελεσμένον ἐσλόν   Στρ. β'.
μὴ χαμαὶ σιγᾷ καλύψαι· θεσπεσία δ' ἐπέων
 καύχας ἀοιδὰ πρόσφορος.
ἀλλ' ἀνὰ μὲν βρομίαν
 φόρμιγγ', ἀνὰ δ' αὐλὸν ἐπ' αὐτὰν ὄρσομεν

古已有之，

　　甚至先于<u>阿得剌斯托</u>和<u>卡得谟</u>子孙的争斗。

涅墨亚赞歌之九

＜庆埃特纳人绪洛米俄
赛车得胜＞

让我们庆祝，<u>妙撒</u>！自<u>西居翁</u>那边的<u>阿波罗</u>庙旁　　　　【甲】
来到新建的<u>埃特纳</u>！此地大开的城门
　　　向外邦人臣服，
直到蒙福的<u>绪洛米俄</u>家！
　　　就演奏多所叙述的甜美颂歌吧！
因为登上骏马庞庞的车乘后，
　　　他示意歌声唱给 ＜＜ 那位 ＞＞ 母亲，
及其一双子女，那三位有等份的高耸的<u>匹透</u>的守护神明。　　5

人间有谚曰："勿令所大成的盛举　　　　　　　　　　　　　【乙】
在缄默中藏匿于地。"多所叙述的
　　　天籁之歌宜于夸赞。
就让我们奏响颂琴的
　　　宏音！为他马赛的这般优异

ἱππίων ἀέθλων κορυφάν, ἅ τε Φοίβῳ

    θῆκεν Ἄδραστος ἐπ᾽ Ἀσωποῦ ῥεέθροις · ὧν ἐγώ

μνασθεὶς ἐπασκήσω κλυταῖς ἥρωα τιμαῖς.   10

ὃς τότε μὲν βασιλεύων κεῖθι νέαισί θ᾽ ἑορταῖς   Στρ. γ'.

ἰσχύος τ᾽ ἀνδρῶν ἁμίλλαις ἅρμασί τε γλαφυροῖς

    ἄμφαινε κυδαίνων πόλιν.

φεῦγε γὰρ Ἀμφιαρῆ

    ποτε θρασυμήδεα καὶ δεινὰν στάσιν

πατρίων οἴκων ἀπό τ᾽ Ἄργεος · ἀρχοὶ

    δ᾽ οὐκ ἔτ᾽ ἔσαν Ταλαοῦ παῖδες, βιασθέντες λύᾳ.

κρέσσων δὲ καππαύει δίκαν τὰν πρόσθεν ἀνήρ.   15

ἀνδροδάμαντ᾽ Ἐριφύλαν, ὅρκιον ὡς ὅτε πιστόν,   Στρ. δ'.

δόντες Οἰκλείδᾳ γυναῖκα, ξανθοκομᾶν Δαναῶν

    ἦσαν μέγιστοι ⟨δὴ τόθεν⟩

καί ποτ᾽ ἐς ἑπταπύλους

    Θήβας ἄγαγον στρατὸν ἀνδρῶν αἰσιᾶν

οὐ κατ᾽ ὀρνίχων ὁδόν · οὐδὲ Κρονίων

    ἀστεροπὰν ἐλελίξαις οἴκοθεν μαργουμένους

στείχειν ἐπώτρυν᾽, ἀλλὰ φείσασθαι κελεύθου.   20

φαινομέναν δ᾽ ἄρ᾽ ἐς ἄταν σπεῦδεν ὅμιλος ἱκέσθαι   Στρ. ε'.

χαλκέοις ὅπλοισιν ἱππείοις τε σὺν ἔντεσιν · Ἰσ-

奏响笛音！此乃阿得剌斯托

　　　　为皤玻在阿索波溪流之畔所立；我

纪念它们，是要借著名的尊荣高扬这位英雄。　　　　　　10

那时他在彼为王，以新建的节日、　　　　　　　　【丙】

以有膂力之人的比赛和空敞的

　　　　车乘为城邦扬名，获得尊崇。

因为他曾自阿耳高

　　　　逃离胆大意决的俺菲亚柔

和父宅里可怕的内乱；他们的首领

　　　　不再是塔拉俄的诸子——他们内斗失势。

一个更强大的人终止了先前的法权。　　　　　　　15

他们把征服男人的妇人厄里福累，就像受信赖的誓言，　【丁】

给了俄伊克勒之子，＜他们适由于此＞

　　　　从而成为黄发达纳俄之民中的最强者，

就在那时他们率军

　　　　朝七门台拜而行，

并没有沿着有禽卜吉兆的路；克洛诺之子

　　　　也没有挥舞霹雳胁迫

狂暴的人们离家而出，而是令其回避此路。　　　　　20

众人急匆匆进入看得见的毁灭，　　　　　　　　　【戊】

连同铜甲和马匹的辔靷；

　　　　μηνοῦ δ' ἐπ' ὄχθαισι γλυκύν
νόστον ἐρεισάμενοι
　　　　λευκανθέα σώμασι πίαναν καπνόν·
ἑπτὰ γὰρ δαίσαντο πυραὶ νεογυίους
　　　　φῶτας· ὁ δ' Ἀμφιαρεῖ σχίσσεν κεραυνῷ παμβίᾳ
Ζεὺς τὰν βαθύστερνον χθόνα, κρύψεν δ' ἅμ' ἵπποις,　　　　25

δουρὶ Περικλυμένου πρὶν νῶτα τυπέντα μαχατὰν　　　Στρ. ϛ'.
θυμὸν αἰσχυνθῆμεν. ἐν γὰρ δαιμονίοισι φόβοις
　　　　φεύγοντι καὶ παῖδες θεῶν.
εἰ δυνατόν, Κρονίων,
　　　　πεῖραν μὲν ἀγάνορα Φοινικοστόλων
ἐγχέων ταύταν θανάτου πέρι καὶ ζω-
ᾶς ἀναβάλλομαι ὡς πόρσιστα, μοῖραν δ' εὔνομον
αἰτέω σε παισὶν δαρὸν Αἰτναίων ὀπάζειν,　　　　30

Ζεῦ πάτερ, ἀγλαΐαισιν δ' ἀστυνόμοις ἐπιμεῖξαι　　　Στρ. ζ'.
λαόν. ἐντί τοι φίλιπποί τ' αὐτόθι καὶ κτεάνων
　　　　ψυχὰς ἔχοντες κρέσσονας
ἄνδρες. ἄπιστον ἔειπ'·
　　　　αἰδὼς γὰρ ὑπὸ κρύφα κέρδει κλέπτεται,
ἃ φέρει δόξαν. Χρομίῳ κεν ὑπασπί-
ζων παρὰ πεζοβόαις ἵπποις τε ναῶν τ' ἐν μάχαις
ἔκρινας, ἂν κίνδυνον ὀξείας αὐτᾶς,　　　　35

他们在伊斯美诺河堤上
断绝了甜美的还乡，
　　　将尸体喂肥白花般的浓烟；
因为七座火葬堆饕餮了肢体年轻的
　　　这几人；宙斯以制服一切的雷霆
给唵菲亚柔劈开胸膛深厚的土地，将他连马同时埋葬，　　25

在珀里克吕墨诺的矛杆击中他后背、令这位武士　　【己】
<< 的 >> 心蒙羞之前。因为在神明所激发的恐怖里，
　　　虽神之子亦逃窜。
若有可能，克洛诺之子！
　　　我要推迟来自蟠尼刻人之矛的英雄考验
——关于生与死的考验——
　　　直到最后，我求
你将长治久安赐与埃特纳城人的儿女，　　30

父宙斯！让人们与城居的辉煌　　【庚】
相合！此地诚有爱马之士，
　　　他们还拥有强大胜于财产的
精神。我所说的令人难以置信，
　　　因为羞耻为赢利所隐匿，
而它本应带来名声。你在步军和骑兵旁
　　　为绪洛米俄执盾，也在海战中、
在有锐利杀声的危险中裁定：　　35

οὕνεκεν ἐν πολέμῳ κείνα θεὸς ἔντυεν αὐτοῦ   *Στρ. η'.*
θυμὸν αἰχματὰν ἀμύνειν λοιγὸν Ἐνυαλίου.
    παῦροι δὲ βουλεῦσαι φόνου
παρποδίου νεφέλαν
    τρέψαι ποτὶ δυσμενέων ἀνδρῶν στίχας
χερσὶ καὶ ψυχᾷ δυνατοί · λέγεται μὰν
    Ἕκτορι μὲν κλέος ἀνθῆσαι Σκαμάνδρου χεύμασιν
ἀγχοῦ, βαθυκρήμνοισι δ' ἀμφ' ἀκταῖς Ἑλώρου,   40

ἔνθ' Ἀρείας πόρον ἄνθρωποι καλέοισι, δέδορκεν   *Στρ. θ'.*
παιδὶ τοῦθ' Ἁγησιδάμου φέγγος ἐν ἁλικίᾳ
    πρώτᾳ · τὰ δ' ἄλλαις ἁμέραις
πολλὰ μὲν ἐν κονίᾳ
    χέρσῳ, τὰ δὲ γείτονι πόντῳ φάσομαι.
ἐκ πόνων δ', οἳ σὺν νεότατι γένωνται
    σύν τε δίκᾳ, τελέθει πρὸς γῆρας αἰὼν ἡμέρα.
ἴστω λαχὼν πρὸς δαιμόνων θαυμαστὸν ὄλβον.   45

εἰ γὰρ ἅμα κτεάνοις πολλοῖς ἐπίδοξον ἄρηται   *Στρ. ι'.*
κῦδος, οὐκ ἔστι πρόσωθεν θνατὸν ἔτι σκοπιᾶς
    ἄλλας ἐφάψασθαι ποδοῖν.
ἡσυχία δὲ φιλεῖ
    μὲν συμπόσιον · νεοθαλὴς δ' αὔξεται
μαλθακᾷ νικαφορία σὺν ἀοιδᾷ ·

在战争中，那位女神给他备下尚武之心， 【辛】
好抵御战神的狂乱。

  面对敌人的战阵，
很少人双手和意识上
  有能力令脚前的屠杀
之云调头；然而人云
  <u>贺克陶耳</u>的名声在<u>斯卡曼得洛</u>河附近
绽放，在<u>贺牢洛</u>河有高崖的洲头， 40

那里人们称之为<u>阿瑞</u>之渡，此荣光在最初的 【壬】
少年岁月初照<u>哈盖西达谟</u>之子；
  所有他日那些——
那些在尘土飞扬的
  地上和在邻海里的——我将叙说。
脱离辛劳，他们同青春
  也同正义一起，过宁静的生活到老。
让他懂得如何自神明手里获得令人惊异的福禧！ 45

因为如果他获得光荣的赢利的同时也得到许多 【癸】
产业，有死的凡人离双脚踏上了
  另一个顶峰就不再遥远。
休憩喜爱酒宴；
  新绽放的胜利
随柔和的诗歌一同增长；

θαρσαλέα δὲ παρὰ κρατῆρα φωνὰ γίνεται.
ἐγκιρνάτω τίς νιν, γλυκὺν κώμου προφάταν, 50

ἀργυρέαισι δὲ νωμάτω φιάλαισι βιατάν   *Στρ. ια'.*
ἀμπέλου παῖδ', ἅς ποθ' ἵπποι κτησάμεναι Χρομίῳ
    πέμψαν θεμιπλέκτοις ἁμᾶ
Λατοΐδα στεφάνοις
    ἐκ τᾶς ἱερᾶς Σικυῶνος. Ζεῦ πάτερ,
εὔχομαι ταύταν ἀρετὰν κελαδῆσαι
    σὺν Χαρίτεσσιν, ὑπὲρ πολλῶν τε τιμαλφεῖν λόγοις
νίκαν, ἀκοντίζων σκοποῖ' ἄγχιστα Μοισᾶν. 55

NEMEON. Ι'.

< ΘΕΑΙΩΙ ΑΡΓΕΙΩΙ ΠΑΛΑΙΣΤΗΙ. >

Δαναοῦ πόλιν ἀγλαοθρό-   *Στρ. α'.*
    νων τε πεντήκοντα κορᾶν, Χάριτες,
Ἄργος Ἥρας δῶμα θεοπρεπὲς ὑμνεῖ-
    τε· φλέγεται δ' ἀρεταῖς
μυρίαις ἔργων θρασέων ἕνεκεν.

酒瓾旁能生胆大的声音。
就请酾之——欢庆游行的那甜美先知！　　　　　　　　　50

让他用银觞分发葡萄的　　　　　　　　　　　　　【癸甲】
烈子！绪洛米俄所得的驷马曾
　　　载它们同着义当应得的
累陶之子的叶冠
　　　发自圣城西居翁。父宙斯！
我祈求借助恺丽来歌颂
　　　他的贤能，超乎众人之上以言辞
敬此胜利，以飞铤击中离妙撒最近的鹄的！　　　　　55

涅墨亚赞歌之十

＜庆阿耳高人忒埃俄角抵赛得胜＞

有五十个坐辉煌宝座　　　　　　　　　　　　　【正转甲】
　　　闺女的达纳俄之城，诸位恺丽！
请歌颂阿耳高，赫剌宜于神居的家！
　　　因有了果毅的
大功，它＜＜遂＞＞为无数贤能照明。

μακρὰ μὲν τὰ Περσέος ἀμφὶ Μεδοίσας Γοργόνος,
πολλὰ δ' Αἰγύπτῳ καταοίκισεν ἄστη
    ταῖς Ἐπάφου παλάμαις· 5
οὐδ' Ὑπερμήστρα παρεπλάγχθη, μονό-
    ψαφον ἐν κολεῷ κατασχοῖσα ξίφος.

Διομήδεα δ' ἄμβροτον ξαν-   *Ἀντ. α'.*
    θά ποτε Γλαυκῶπις ἔθηκε θεόν·
γαῖα δ' ἐν Θήβαις ὑπέδεκτο κεραυνω-
    θεῖσα Διὸς βέλεσιν
μάντιν Οἰκλείδαν, πολέμοιο νέφος·
καὶ γυναιξὶν καλλικόμοισιν ἀριστεύει πάλαι· 10
Ζεὺς ἐπ' Ἀλκμήναν Δανάαν τε μολὼν τοῦ-
    τον κατέφανε λόγον·
πατρὶ δ' Ἀδράστοιο Λυγκεῖ τε φρενῶν
    καρπὸν εὐθείᾳ συνάρμοξεν δίκᾳ·

θρέψε δ' αἰχμὰν Ἀμφιτρύωνος. ὁ δ' ὄλβῳ φέρτατος   *Ἐπ. α'.*
ἵκετ' ἐς κείνου γενεάν, ἐπεὶ ἐν χαλκέοις ὅπλοις
Τηλεβόας ἔναρεν· τῷ ὄψιν ἐειδόμενος 15
ἀθανάτων βασιλεὺς αὐλὰν ἐσῆλθεν,
σπέρμ' ἀδείμαντον φέρων Ἡρακλέος· οὗ κατ' Ὄλυμπον
ἄλοχος Ἥβα τελείᾳ παρὰ ματέρι βαίνοισ'
    ἔστι, καλλίστα θεῶν.

珀耳修关于高耳戈姊妹中墨兑撒的故事孔长，
而厄帕弗双手建于
　　　　埃及的城邑良多； 5
旭珀耳美斯特剌并未迷失，<< 因为 >>
　　　　她按住了鞘中的独行之剑。

不死的狄俄美逯那时　　　　　　　　　　【反转甲】
　　　　为黄发闪眼女神立为神；
为宙斯的雷霆之矢击中的
　　　　土地在台拜欢迎
俄伊克勒之子那位卜师，战争之云；
在美发的妇女方面它也是自古独秀； 10
宙斯来访阿尔克美奈和达娜娴
　　　　表明此语不虚，
他将阿得剌斯托之父和棱考正直的
　　　　心果与正义匹配，

鞠养唵菲特茹翁之矛。这位最蒙福禧者　　【副歌甲】
加入了他的家族，在他屠灭了身裹铜甲的
底勒玻阿种人之后；相貌与他肖似的 15
不死者之王进入 << 他 >> 廷中，
携赫剌克勒的无畏之种而来；在奥林波山，
其妻青春，众神中最美的，
　　　　走在成全 << 他们 >> 的母亲身旁。

βραχύ μοι στόμα πάντ' ἀναγή-   *Στρ. β'.*
    σασθ', ὅσων Ἀργεῖον ἔχει τέμενος
μοῖραν ἐσλῶν· ἔστι δὲ καὶ κόρος ἀνθρώ-
    πων βαρὺς ἀντιάσαι·   20
ἀλλ' ὅμως εὔχορδον ἔγειρε λύραν,
καὶ παλαισμάτων λάβε φροντίδ'· ἀγών τοι χάλκεος
δᾶμον ὀτρύνει ποτὶ βουθυσίαν Ἥ-
    ρας ἀέθλων τε κρίσιν·
Οὐλία παῖς ἔνθα νικάσαις δὶς ἔ-
    σχεν Θεαῖος εὐφόρων λάθαν πόνων.

ἐκράτησε δὲ καί ποθ' Ἕλλα-   *Ἀντ. β'.*
    να στρατὸν Πυθῶνι, τύχᾳ τε μολών   25
καὶ τὸν Ἰσθμοῖ καὶ Νεμέᾳ στέφανον, Μοί-
    σαισί τ' ἔδωκ' ἀρόσαι,
τρὶς μὲν ἐν πόντοιο πύλαισι λαχών,
τρὶς δὲ καὶ σεμνοῖς δαπέδοις ἐν Ἀδραστείῳ νόμῳ.
Ζεῦ πάτερ, τῶν μὰν ἔραται φρενί, σιγᾷ
    οἱ στόμα· πὰν δὲ τέλος
ἐν τὶν ἔργων· οὐδ' ἀμόχθῳ καρδίᾳ
    προσφέρων τόλμαν παραιτεῖται χάριν.   30

γνώτ' ἀείδω θεῷ τε καὶ ὅστις ἀμιλλᾶται περὶ   *Ἐπ. β'.*
ἐσχάτων ἀέθλων κορυφαῖς. ὕπατον δ' ἔσχεν Πίσα

阿耳高圣地在福祉中的 【正转乙】
　　　那一份，我若述其全部，
口嫌太小；还有餍腻也
　　　难于应付； 20
然而无论如何奏起张好的雅琴！
心里想着角抵之赛！青铜《作奖》的赛会
激励人民准备给赫剌
　　　贡献的牺牲和竞赛的裁判；
乌利亚之子忒埃俄在那里两度
　　　获胜，得以遗忘被坚强地隐忍的辛苦。

他曾一度在匹透征服了希腊 【反转乙】
　　　民众，又受机运引导前来， 25
在地峡和涅墨亚征服了叶冠，
　　　并将其付与妙撒去耕耘：
三度是在海之门户所获，
三度则是依阿得剌斯托之规在神圣的地面所得。
父啊宙斯！其心欲之，
　　　其口则默；成功
皆赖于你！他带来勇气，
　　　并不怀回避劳苦的心乞讨恩典。 30

我所歌者为神所知，也为任何争夺 【副歌乙】
终极竞赛之冠之人。庇撒有赫剌克勒

Ἡρακλέος τεθμόν. ἀδεῖαί γε μὲν ἀμβολάδαν
ἐν τελεταῖς δὶς Ἀθαναίων νιν ὀμφαί
κώμασαν· γαίᾳ δὲ καυθείσᾳ πυρὶ καρπὸς ἐλαίας   35
ἔμολεν Ἥρας τὸν εὐάνορα λαὸν ἐν ἀγγέων
    ἕρκεσιν παμποικίλοις.

ἐπέβα δέ, Θεαῖε, ματρώ-   *Στρ. γ'.*
    ων πολύγνωτον γένος ὑμετέρων
εὐάγων τιμᾷ Χαρίτεσσί τε καὶ σὺν
    Τυνδαρίδαις θαμάκις.
ἀξιωθείην κεν, ἐὼν Θρασύκλου
Ἀντία τε σύγγονος, Ἄργεϊ μὴ κρύπτειν φάος   40
ὀμμάτων. νικαφορίαις γὰρ ὅσαις †ἱπ-
    ποτρόφον ἄστυ τὸ Προί-
τοιο θάλησεν † Κορίνθου τ' ἐν μυχοῖς·
    καὶ Κλεωναίων πρὸς ἀνδρῶν τετράκις,

Σικυωνόθε δ' ἀργυρωθέν-   *Ἀντ. γ'.*
    τες σὺν οἰνηραῖς φιάλαις ἀπέβαν,
ἐκ δὲ Πελλάνας ἐπιεσσάμενοι νῶ-
    τον μαλακαῖσι κρόκαις·
ἀλλὰ χαλκὸν μυρίον οὐ δυνατόν   45
ἐξελέγχειν — μακροτέρας γὰρ ἀριθμῆσαι σχολᾶς —
ὅν τε Κλείτωρ καὶ Τεγέα καὶ Ἀχαιῶν

最高的宪制。娱人的嗓音作为序曲
在雅典人的秘仪里两度
欢庆赞美他；在为火所焙的土里，橄榄树的果实　　　　　35
装在彩绘的壶壁里来到赫剌的
　　　俊乂济济之民中间。

忒埃俄！竞赛优异的荣誉　　　　　　　　　　　　　【正转丙】
　　　倚仗忾丽并连同廷达惹俄双子
屡屡足登你诸舅
　　　广为人知的氏族。
作为忑剌叙克罗和安提亚的族人，
愿我自信配在阿耳高不必躲闪　　　　　　　　　　　　40
我的目光。因为在哥林多
　　　平谷，†普鲁托的
围马之邑因获得多少胜利而昌盛†！
　　　从克勒奥乃人手里获得四次，

从西居翁他们装饰着　　　　　　　　　　　　　　　【反转丙】
　　　白银手捧葡萄酒觞而来，
从珀尔拉纳，背披
　　　柔软的羊毛衣；
而铜奖则无法　　　　　　　　　　　　　　　　　　　45
确知其数——因为要计数则需更久的闲暇——
克雷陶耳和太各阿城、

ὑψίβατοι πόλιες
καὶ Λύκαιον πὰρ Διὸς θῆκε δρόμῳ,
    σὺν ποδῶν χειρῶν τε νικῶντι σθένει.

Κάστορος δ' ἐλθόντος ἐπὶ ξενίαν πὰρ Παμφάη   'Επ. γ'.
καὶ κασιγνήτου Πολυδεύκεος, οὐ θαῦμα σφίσιν   50
ἐγγενὲς ἔμμεν ἀεθληταῖς ἀγαθοῖσιν· ἐπεί
εὐρυχόρου ταμίαι Σπάρτας ἀγώνων
μοῖραν Ἑρμᾷ καὶ σὺν Ἡρακλεῖ διέποντι θάλειαν,
μάλα μὲν ἀνδρῶν δικαίων περικαδόμενοι. καὶ
    μὰν θεῶν πιστὸν γένος.

μεταμειβόμενοι δ' ἐναλλὰξ   Στρ. δ'.
    ἀμέραν τὰν μὲν παρὰ πατρὶ φίλῳ   55
Δὶ νέμονται, τὰν δ' ὑπὸ κεύθεσι γαίας
    ἐν γυάλοις Θεράπνας,
πότμον ἀμπιπλάντες ὁμοῖον· ἐπεί
τοῦτον, ἢ πάμπαν θεὸς ἔμμεναι οἰκεῖν τ' οὐρανῷ,
εἵλετ' αἰῶνα φθιμένου Πολυδεύκης
    Κάστορος ἐν πολέμῳ.
τὸν γὰρ Ἴδας ἀμφὶ βουσίν πως χολω-
    θεὶς ἔτρωσεν χαλκέας λόγχας ἀκμᾷ.   60

ἀπὸ Ταϋγέτου πεδαυγα-   'Αντ. δ'.

　　　　亚该亚人高耸的城邦
和吕凯昂山置之于宙斯的赛道旁边,
　　　　给那凭手足的筋膂得胜之人。

卡斯陶耳前来受番法艾的招待,　　　　　　　　　　【副歌丙】
还有其弟兄波吕笃刻,无怪乎他们　　　　　　　　　　50
在 << 成为 >> 高超的冠军方面乃是与生俱来,既然
舞场宽敞的斯巴达的守御同
贺耳美和赫剌克勒一起董理赛会中他们丰厚的部分,
他们甚是照顾守义之人。而
　　　　这确是众神所信赖的家族。

他们交替在亲爱的　　　　　　　　　　　　　　　　【正转丁】
　　　　父宙斯身边　　　　　　　　　　　　　　　　55
和在忒剌普纳的地下深处里
　　　　地洞中的日子,
好应验共同的命运;既然
波吕笃刻选择了在战斗中逝去的
卡斯陶耳的命而非完全
　　　　住在天上做神。
因为伊达因牛不知怎么被
　　　　激怒,遂以铜矛之锋伤了他。　　　　　　　　60

棱考自塔宇各托山观望,　　　　　　　　　　　　　【反转丁】

ζων ἴδεν Λυγκεὺς δρυὸς ἐν στελέχει
ἡμένους. κείνου γὰρ ἐπιχθονίων πάν-
    των γένετ᾽ ὀξύτατον
ὄμμα. λαιψηροῖς δὲ πόδεσσιν ἄφαρ
ἐξικέσθαν, καὶ μέγα ἔργον ἐμήσαντ᾽ ὠκέως
καὶ πάθον δεινὸν παλάμαις Ἀφαρητί-
    δαι Διός· αὐτίκα γὰρ   65
ἦλθε Λήδας παῖς διώκων· τοὶ δ᾽ ἔναν-
    τα στάθεν τύμβῳ σχεδὸν πατρωΐῳ·

ἔνθεν ἁρπάξαντες ἄγαλμ᾽ Ἀΐδα, ξεστὸν πέτρον,   Ἐπ. δ´.
ἔμβαλον στέρνῳ Πολυδεύκεος· ἀλλ᾽ οὔ νιν φλάσαν
οὐδ᾽ ἀνέχασσαν· ἐφορμαθεὶς δ᾽ ἄρ᾽ ἄκοντι θοῷ,
ἤλασε Λυγκέος ἐν πλευραῖσι χαλκόν.   70
Ζεὺς δ᾽ ἐπ᾽ Ἴδᾳ πυρφόρον πλᾶξε ψολόεντα κεραυνόν·
ἅμα δ᾽ ἐκαίοντ᾽ ἐρῆμοι. χαλεπὰ δ᾽ ἔρις ἀνθρώ-
    ποις ὁμιλεῖν κρεσσόνων.

ταχέως δ᾽ ἐπ᾽ ἀδελφεοῦ βί-   Στρ. ε´.
    αν πάλιν χώρησεν ὁ Τυνδαρίδας,
καί νιν οὔπω τεθναότ᾽, ἄσθματι δὲ φρίσ-
    σοντα πνοὰς ἔκιχεν.
θερμὰ δὴ τέγγων δάκρυα στοναχαῖς   75
ὄρθιον φώνασε· ʽΠάτερ Κρονίων, τίς δὴ λύσις

看到坐在树桩里的
他们，因为地上所有人里
　　　数他眼睛
最尖。这二人仗着捷足登时
抵达，迅速策划了那桩大事，
而阿法柔的这两个儿子在宙斯的手里便
　　　遭了殃；因为累达之子　　　　　　　　　65
随即跟踪而至：他们
　　　在祖先的茔冢旁对面站住，

在那里搬起哈伊逮的荣耀，那削凿的石碑，　　【副歌丁】
朝波吕笃刻的胸口砸去，然而这并未击碎他，
也没能令他退却；他而是赶忙抓起快速的飞铤，
将这铜枪插入棱考的胁中。　　　　　　　　　70
伊达山上的宙斯抛下带火冒烟的雷霆，
孤立的他们当即被点燃。更强者们的
　　　争斗人类难以参预其间。

那位廷达惹俄之子快速朝　　　　　　　　　【正转戊】
　　　他膂力强大的兄弟走回，
在他还没死时，赶上了因倒气
　　　而抖成一团的他。
他流着热泪呜咽，尖声　　　　　　　　　　　75
哀嚎道："父啊克洛诺之子！这哀恸

ἔσσεται πενθέων; καὶ ἐμοὶ θάνατον σὺν
  τῷδ' ἐπίτειλον, ἄναξ.
οἴχεται τιμὰ φίλων τατωμένῳ
  φωτί· παῦροι δ' ἐν πόνῳ πιστοὶ βροτῶν

καμάτου μεταλαμβάνειν. ' ὣς   *Ἀντ. ε'.*
  ἤνεπε· Ζεὺς δ' ἀντίος ἤλυθέ οἱ,
καὶ τόδ' ἐξαύδασ' ἔπος· ''Ἐσσί μοι υἱός·
  τόνδε δ' ἔπειτα πόσις   80
σπέρμα θνατὸν ματρὶ τεᾷ πελάσαις
στάξεν ἥρως, ἀλλ' ἄγε τῶνδέ τοι ἔμπαν αἵρεσιν
παρδίδωμ'· εἰ μὲν θάνατόν τε φυγὼν καὶ
  γῆρας ἀπεχθόμενον
αὐτὸς Οὔλυμπον θέλεις ⟨ ναίειν ἐμοὶ ⟩
  σύν τ' Ἀθαναίᾳ κελαινεγχεῖ τ' Ἄρει,

ἔστι σοι τούτων λάχος· εἰ δὲ κασιγνήτου πέρι   *Ἐπ. ε'.*
μάρνασαι, πάντων δὲ νοεῖς ἀποδάσσασθαι ἴσον,   86
ἥμισυ μέν κε πνέοις γαίας ὑπένερθεν ἐών,
ἥμισυ δ' οὐρανοῦ ἐν χρυσέοις δόμοισιν. '
ὣς ἄρ' αὐδάσαντος οὐ γνώμᾳ διπλόαν θέτο βουλάν,
ἀνὰ δ' ἔλυσεν μὲν ὀφθαλμόν, ἔπειτα δὲ φωνὰν
  χαλκομίτρα Κάστορος.   90

有何解脱？让我与他

　　　同死吧，王啊！

亲友遭剥夺的人，荣耀亦将

　　　去之！凡人中鲜有在困难中

值得信赖可以相共患难者。"他这般　　　　　　【反转戊】

　　　说道。宙斯来到他对面，

说出一番话："你是我儿；

　　　可你母亲身为　　　　　　　　　　　　　　80

英雄的夫君继而前来亲近她，落下了

有死凡人之种，可是来吧！我还是愿在如此二项中

给你选择：要是想逃避死亡和

　　　可恶的老年，

你愿意＜同我＞、同雅典娜和

　　　挥乌矛的阿瑞＜住＞在奥林波山上，

便有这些位的命分；可要是你为你兄弟　　　【副歌戊】

而争，便记住所有事物你都要均等分有，　　　86

你将在地下呼吸一半；

另一半则在上天的金殿里。"

这便是他的话；而他心里则下了并非两可的决定。

他先使他重新睁开双眼，再释放了束

　　　铜腰带的卡斯陶耳的声音。　　　　　　　　90

NEMEON. IA'.

<ΑΡΙΣΤΑΓΟΡΑΙ ΤΕΝΕΔΙΩΙ ΠΡΥΤΑΝΕΙ. >

Παῖ Ῥέας, ἅ τε πρυτανεῖα λέλογχας, Ἑστία, *Στρ. α'.*
Ζηνὸς ὑψίστου κασιγνήτα καὶ ὁμοθρόνου Ἥρας,
εὖ μὲν Ἀρισταγόραν δέξαι τεὸν ἐς θάλαμον,
εὖ δ' ἑταίρους ἀγλαῷ σκάπτῳ πέλας
οἵ σε γεραίροντες ὀρθὰν φυλάσσοισιν Τένεδον,   5

πολλὰ μὲν λοιβαῖσιν ἀγαζόμενοι πρώταν θεῶν, *Ἀντ. α'.*
πολλὰ δὲ κνίσᾳ· λύρα δέ σφι βρέμεται καὶ ἀοιδά·
καὶ ξενίου Διὸς ἀσκεῖται θέμις αἰενάοις
ἐν τραπέζαις· ἀλλὰ σὺν δόξᾳ τέλος
δωδεκάμηνον περᾶσαί νιν ἀτρώτῳ κραδίᾳ.   10

ἄνδρα δ' ἐγὼ μακαρίζω μὲν πατέρ' Ἀρκεσίλαν, *Ἐπ. α'.*
καὶ τὸ θαητὸν δέμας ἀτρεμίαν τε σύγγονον·
εἰ δέ τις ὄλβον ἔχων μορφᾷ παραμεύσεται ἄλλους,
ἔν τ' ἀέθλοισιν ἀριστεύων ἐπέδειξεν βίαν,
θνατὰ μεμνάσθω περιστέλλων μέλη,   15
καὶ τελευτὰν ἁπάντων γᾶν ἐπιεσσόμενος.

涅墨亚赞歌之十一

＜庆太涅都人阿里斯塔高剌
选举入主公府＞

惹娅之女！你赢得了公府，灶神！	【正转甲】
高高在上的宙斯和＜＜与之＞＞共享御座的赫剌之姊！	
请欢迎阿里斯塔高剌进入你的路寝！	
欢迎他的同僚于耀眼的权杖之侧！	
这些尊崇你的人将守望正直的太涅都岛。	5

常常，他们裸奠以奉＜＜你这位＞＞众神之首，	【反转甲】
常常也以燔祭；雅琴与诗歌他们令其低语呢喃；	
还有好客宙斯的律法在无时不备的供案上	
享受尊奉；就愿他完结其十二个月的任期	
以声誉得终而心不受伤！	10

此人我称其为有福，其父＜＜乃＞＞阿耳科西拉，	【副歌甲】
且其身材为人羡慕，兼有祖传的坚定无畏；	
若有人蒙福，身量超越他人，	
且在竞赛中优胜，尽显其膂力，	
就让佩有这副肢体者莫忘其乃有一死，	15
终将装裹以土地这万事之终！	

ἐν λόγοις δ' ἀστῶν ἀγαθοῖσιν ἐπαινεῖσθαι χρεών,   *Στρ. β'.*
καὶ μελιγδούποισι δαιδαλθέντα μελιζέμεν ἀοιδαῖς.
ἐκ δὲ περικτιόνων ἑκκαίδεκ' Ἀρισταγόραν
ἀγλααὶ νῖκαι πάτραν τ' εὐώνυμον   20
ἐστεφάνωσαν πάλᾳ καὶ μεγαυχεῖ παγκρατίῳ.

ἐλπίδες δ' ὀκνηρότεραι γονέων παιδὸς βίαν   *Ἀντ. β'.*
ἔσχον ἐν Πυθῶνι πειρᾶσθαι καὶ Ὀλυμπίᾳ ἀέθλων.
ναὶ μὰ γὰρ ὅρκον, ἐμὰν δόξαν παρὰ Κασταλίᾳ
καὶ παρ' εὐδένδρῳ μολὼν ὄχθῳ Κρόνου   25
κάλλιον ἂν δηριώντων ἐνόστησ' ἀντιπάλων,

πενταετηρίδ' ἑορτὰν Ἡρακλέος τέθμιον   *Ἐπ. β'.*
κωμάσαις ἀνδησάμενός τε κόμαν ἐν πορφυρέοις
ἔρνεσιν. ἀλλὰ βροτῶν τὸν μὲν κενεόφρονες αὖχαι
ἐξ ἀγαθῶν ἔβαλον· τὸν δ' αὖ καταμεμφθέντ' ἄγαν   30
ἰσχὺν οἰκείων παρέσφαλεν καλῶν
χειρὸς ἕλκων ὀπίσσω θυμὸς ἄτολμος ἐών.

συμβαλεῖν μὰν εὐμαρὲς ἦν τό τε Πεισάνδρου πάλαι   *Στρ. γ'.*
αἷμ' ἀπὸ Σπάρτας, — Ἀμύκλαθεν γὰρ ἔβα σὺν Ὀρέστᾳ,
Αἰολέων στρατιὰν χαλκεντέα δεῦρ' ἀνάγων, —   35
καὶ παρ' Ἰσμηνοῦ ῥοὰν κεκραμένον
ἐκ Μελανίπποιο μάτρωος· ἀρχαῖαι δ' ἀρεταί

邦民中的良者应赞之以美言， 【正转乙】
也应以甜美动听的歌曲歌咏受荣耀的他。
在邻邦的角抵和值得吹嘘的
搏击全能赛中十六次光辉胜利 20
给<u>阿里斯塔高剌</u>及其声名斐然的父邦戴上叶冠。

父母更忐忑的预期阻止了其子的 【反转乙】
膂力去尝试<u>匹透</u>和<u>奥林匹亚</u>的竞赛。
噫嘻凭此起誓，在我看来，<< 假若 >> 来到<u>卡斯塔利亚</u>泉畔
和<u>克洛诺</u>林木葱茏的山丘，他 25
回家时 << 会 >> 比他角抵竞赛的对手们更成功，

<< 假若来 >> 欢庆四年一度的<u>赫剌克勒的</u> 【副歌乙】
法定节日，<< 他会 >> 发戴紫色
嫩枝。然而心灵空虚的夸口将作为有死者中一员的他
自幸运中抛出，而他被大大低估的膂力 30
再次被倒拖其手的不思进取之心阻止
获得他应成的壮举。

很容易猜到他有来自<u>斯巴达</u>的<u>佩桑得洛</u>的 【正转丙】
古老血统——因为他伙同<u>俄惹斯底</u>自<u>阿缪克莱</u>
率领身擐铜甲的<u>埃俄罗</u>人的军队至此—— 35
又有在<u>伊斯美诺</u>河畔与来自母舅
<u>墨岚希普波</u>的混血；古老的贤能

ἀμφέροντ' ἀλλασσόμεναι γενεαῖς ἀνδρῶν σθένος·   *Ἀντ. γ'.*
ἐν σχερῷ δ' οὔτ' ὦν μέλαιναι καρπὸν ἔδωκαν ἄρουραι,
δένδρεά τ' οὐκ ἐθέλει πάσαις ἐτέων περόδοις   40
ἄνθος εὐῶδες φέρειν πλούτῳ ἴσον,
ἀλλ' ἐναμείβοντι. καὶ θνατὸν οὕτως ἔθνος ἄγει

μοῖρα. τὸ δ' ἐκ Διὸς ἀνθρώποις σαφὲς οὐχ ἕπεται   *Ἐπ. γ'.*
τέκμαρ· ἀλλ' ἔμπαν μεγαλανορίαις ἐμβαίνομεν,
ἔργα τε πολλὰ μενοινῶντες· δέδεται γὰρ ἀναιδεῖ   45
ἐλπίδι γυῖα, προμαθείας δ' ἀπόκεινται ῥοαί.
κερδέων δὲ χρὴ μέτρον θηρευέμεν·
ἀπροσίκτων δ' ἐρώτων ὀξύτεραι μανίαι.

在这些世代中交替生出男子的膂力； 【反转丙】
黑土并不是连续不断出产果实，
树木也不愿整年轮回 40
生出同样丰富的芬芳花朵，
而是交替变换。命运就这样引导有死的

一族。来自宙斯的明白征兆并不伴随 【副歌丙】
人类，而是我们要跟随雄心豪气，
渴求多立功勋；因为肢体为残酷的 45
希望束缚，而远见之川卧于远方。
合当追猎赢利的限度，
对无法满足的欲望的狂热实更剧烈。

ΙΣΘΜΙΟΝΙΚΑΙΣ.

Α'.

<ΗΡΟΔΟΤΩΙ ΘΗΒΑΙΩΙ ΑΡΜΑΤΙ. >

Μᾶτερ ἐμά, τὸ τεόν, χρύσασπι Θήβα,   Στρ. α'.
πρᾶγμα καὶ ἀσχολίας ὑπέρτερον
θήσομαι. μή μοι κραναὰ νεμεσάσαι
Δᾶλος, ἐν ᾇ κέχυμαι.
τί φίλτερον κεδνῶν τοκέων ἀγαθοῖς;   5
εἶξον, ὦ 'Απολλωνιάς· ἀμφοτερᾶν
      τοι χαρίτων σὺν θεοῖς ζεύξω τέλος,

καὶ τὸν ἀκερσεκόμαν Φοῖβον χορεύων   'Αντ. α'.
ἐν Κέῳ ἀμφιρύτᾳ σὺν ποντίοις
ἀνδράσιν, καὶ τὰν ἁλιερκέα Ἰσθμοῦ
δειράδ'· ἐπεὶ στεφάνους   10
ἓξ ὤπασεν Κάδμου στρατῷ ἐξ ἀέθλων,
καλλίνικον πατρίδι κῦδος. ἐν ᾇ
      καὶ τὸν ἀδείμαντον Ἀλκμήνα τέκεν

地峡竞技赛庆胜赞歌

地峡赞歌之一

＜庆台拜人赫洛都托
赛车得胜＞

我的母亲！执金干的台巴！我将　　　　　　　　【正转甲】
置你的事甚至于
庶务之上。但愿苹确的逮罗勿恚恨
于我，她我曾倾情相奉！
于高贵者而言有谁能亲于所爱的双亲？　　　　　　　5
请暂候，哦阿波罗的所爱！要知道我将
　　借神助以轭鞴好二首诗作的完成，

并在四面环海的科奥　　　　　　　　　　　　【反转甲】
同海居之民以歌舞庆祝
未薙发的皤玻和地峡的海围
岩脊，既然他自竞赛里　　　　　　　　　　　　　10
赐予卡得谟的子民六顶叶冠，
带给父邦胜利的荣光。在其中
　　阿尔克美奈还生下

παῖδα, θρασεῖαι τόν ποτε Γηρυόνα φρῖξαν κύνες.　　　　'Επ. α'.
ἀλλ᾽ ἐγὼ Ἡροδότῳ τεύ-
　　χων τὸ μὲν ἅρματι τεθρίππῳ γέρας,
ἀνία τ᾽ ἀλλοτρίαις οὐ χερσὶ νωμάσαντ᾽ ἐθέλω　　　　15
ἢ Καστορείῳ ἢ Ἰολάοι᾽ ἐναρμόξαι νιν ὕμνῳ.
κεῖνοι γὰρ ἡρώων διφρηλάται Λακεδαίμονι καὶ
　　Θήβαις ἐτέκνωθεν κράτιστοι·

ἔν τ᾽ ἀέθλοισι θίγον πλείστων ἀγώνων,　　　　Στρ. β'.
καὶ τριπόδεσσιν ἐκόσμησαν δόμον
καὶ λεβήτεσσιν φιάλαισί τε χρυσοῦ,　　　　20
γευόμενοι στεφάνων
νικαφόρων· λάμπει δὲ σαφὴς ἀρετά
ἔν τε γυμνοῖσι σταδίοις σφίσιν ἔν
　　τ᾽ ἀσπιδοδούποισιν ὁπλίταις δρόμοις,

οἷά τε χερσὶν ἀκοντίζοντες αἰχμαῖς　　　　'Αντ. β'.
καὶ λιθίνοις ὁπότ᾽ ἐν δίσκοις ἵεν.　　　　25
οὐ γὰρ ἦν πενταέθλιον, ἀλλ᾽ ἐφ᾽ ἑκάστῳ
ἔργματι κεῖτο τέλος.
τῶν ἀθρόοις ἀνδησάμενοι θαμάκις
ἔρνεσιν χαίτας ῥεέθροισί τε Δίρ-
　　κας ἔφανεν καὶ παρ᾽ Εὐρώτᾳ πέλας,

盖茹俄奈的凶犬曾在其面前觳觫的无畏之子。　　　　　　【副歌甲】
然而我既然为赫洛都托谱写
　　　　他在驷马之乘上的荣耀,
就乐意或以卡斯陶耳或以伊俄拉俄的　　　　　　　　　　15
颂诗为不用他人之手控御双辔的他伴奏。
因为英雄中最优秀的御者
　　　　出生于拉科代蒙和台拜;

在竞赛里他们试探过良多赛会,　　　　　　　　　【正转乙】
以三足鼎、簋和金觥
装点其家,——　　　　　　　　　　　　　　　　　　　20
在品尝了得胜的
叶冠之后。他们的贤能既在裸身的短跑中
也在执干铿铿披甲的
　　　　赛道上光彩熠熠,

一如当他们手投飞铤　　　　　　　　　　　　　【反转乙】
和石碟赛中抛掷之时。　　　　　　　　　　　　　　　　25
因为不是五项全能竞技,而是为每项
成功分别设奖。
他们数次将密结的嫩枝加于
发上,并现身于狄耳刻河畔
　　　　和欧娄塔川附近:

Ἰφικλέος μὲν παῖς ὁμόδαμος ἐὼν Σπαρτῶν γένει,   *Ἐπ. β'.*
Τυνδαρίδας δ' ἐν Ἀχαιοῖς
    ὑψίπεδον Θεράπνας οἰκέων ἕδος.   31
χαίρετ'. ἐγὼ δὲ Ποσειδάωνι Ἰσθμῷ τε ζαθέᾳ
Ὀγχηστίαισίν τ' ἀϊόνεσσιν περιστέλλων ἀοιδάν
γαρύσομαι τοῦδ' ἀνδρὸς ἐν τιμαῖσιν ἀγακλέα τὰν
    Ἀσωποδώρου πατρὸς αἶσαν

Ἐρχομενοῖό τε πατρῴαν ἄρουραν,   *Στρ. γ'.*
ἅ νιν ἐρειδόμενον ναυαγίαις   36
ἐξ ἀμετρήτας ἁλὸς ἐν κρυοέσσᾳ
δέξατο συντυχίᾳ·
νῦν δ' αὖτις ἀρχαίας ἐπέβασε Πότμος
συγγενὴς εὐαμερίας. ὁ πονή-
    σαις δὲ νόῳ καὶ προμάθειαν φέρει·   40

εἰ δ' ἀρετᾷ κατάκειται πᾶσαν ὀργάν,   *Ἀντ. γ'.*
ἀμφότερον δαπάναις τε καὶ πόνοις,
χρή νιν εὑρόντεσσιν ἀγάνορα κόμπον
μὴ φθονεραῖσι φέρειν
γνώμαις. ἐπεὶ κούφα δόσις ἀνδρὶ σοφῷ   45
ἀντὶ μόχθων παντοδαπῶν ἔπος εἰ-
    πόντ' ἀγαθὸν ξυνὸν ὀρθῶσαι καλόν.

伊菲克勒之子与龙牙种人同种； 【副歌乙】
而廷达惹俄之子居住在亚该亚人中间
　　忒剌普纳镇居高的栖所。 31
欢呼！我要为波塞冬、神圣的地峡
和翁珂斯托海岸妆点诗歌，
在此人所获的荣誉中间我将要咏赞
　　其父阿索波都洛大放光彩的吉运，

以及其祖先厄耳库墨诺的土地， 【正转丙】
它自无以斗量的海里接纳了 36
在冰冷的不幸中自海难里
冲上来的他；
如今与生俱来的运道再次将他置于
昔时的艳阳天里。心中承受
　　煎熬者亦得秉持远见； 40

若有人令其全部热情皆为贤能匍匐， 【反转丙】
既花赀费亦付辛苦，
则理应携之来到
发现了大度夸赞的人们面前
而不怀嫉妒之心。因为于智慧之人，以美言叙 << 之 >> 45
以竖立为公的壮举，相较于其
　　各样的辛苦，乃系薄礼。

μισθὸς γὰρ ἄλλοις ἄλλος ἐπ' ἔργμασιν ἀνθρώποις   Ἐπ. γ'.
     γλυκύς,
μηλοβότᾳ τ' ἀρότᾳ τ' ὀρ-
     νιχολόχῳ τε καὶ ὃν πόντος τράφει.
γαστρὶ δὲ πᾶς τις ἀμύνων λιμὸν αἰανῆ τέταται·
ὃς δ' ἀμφ' ἀέθλοις ἢ πολεμίζων ἄρηται κῦδος ἁβρόν,   50
εὐαγορηθεὶς κέρδος ὕψιστον δέκεται, πολια-
     τᾶν καὶ ξένων γλώσσας ἄωτον.

ἄμμι δ' ἔοικε Κρόνου σεισίχθον' υἱόν   Στρ. δ'.
γείτον' ἀμειβομένοις εὐεργέταν
ἁρμάτων ἱπποδρόμιον κελαδῆσαι,
καὶ σέθεν, Ἀμφιτρύων,   55
παῖδας προσειπεῖν τὸν Μινύα τε μυχὸν
καὶ τὸ Δάματρος κλυτὸν ἄλσος Ἐλευ-
     σῖνα καὶ Εὔβοιαν ἐν γναμπτοῖς δρόμοις·

Πρωτεσίλα, τὸ τεὸν δ' ἀνδρῶν Ἀχαιῶν   Ἀντ. δ'.
ἐν Φυλάκᾳ τέμενος συμβάλλομαι.
πάντα δ' ἐξειπεῖν, ὅσ' ἀγώνιος Ἑρμᾶς   60
Ἡροδότῳ ἔπορεν
ἵπποις, ἀφαιρεῖται βραχὺ μέτρον ἔχων
ὕμνος. ἦ μὰν πολλάκι καὶ τὸ σεσω-
     παμένον εὐθυμίαν μείζω φέρει.

因为人们给百工以百般甜美的　　　　　　　　　　【副歌丙】
　　　酬报：
牧人、啬夫、网鸟人以及海
　　　所孳乳者。
人人皆力求祛除腹中恒饥，
因竞赛或因作战而赢得辉煌光彩者　　　　　　　　　　50
获得褒奖——兼有邦民和异邦人的舌上
　　　嘉华——方能收获至高之偿。

我们合当咏颂克洛诺之子地震君，　　　　　　　　【正转丁】
以报答这位近邻、
热衷戎车马奔的恩主，
并述说钩形赛道上你的、　　　　　　　　　　　　　　55
俺菲特茹翁！你的子孙
和米内阿的平谷，以及逮美底耳
　　　著名的圣地厄琉希和欧包亚；

普娄太西拉！我还要添上你在福拉刻　　　　　　　【反转丁】
属于亚该亚人的圣所。
而要尽叙这一切，一如竞赛庇护神贺耳美　　　　　　　60
在赛马中赐给
赫洛都托者，颂歌篇幅短小，
非其所能。其实虽人所不言者
　　　也往往能带来更大的欢欣。

εἴη νιν εὐφώνων πτερύγεσσιν ἀερθέντ' ἀγλααῖς　　　　*Ἐπ. δ'.*
Πιερίδων, ἔτι καὶ Πυ-
　　θόθεν Ὀλυμπιάδων τ' ἐξαιρέτοις　　　　　　　　　65
Ἀλφεοῦ ἔρνεσι φράξαι χεῖρα τιμὰν ἑπταπύλοις
Θήβαισι τεύχοντ'. εἰ δέ τις ἔνδον νέμει πλοῦτον κρυφαῖον,
ἄλλοισι δ' ἐμπίπτων γελᾷ, ψυχὰν Ἀίδᾳ τελέων
　　οὐ φράζεται δόξας ἄνευθεν.

ΙΣΘΜΙΟΝ. Β'.

<ΞΕΝΟΚΡΑΤΕΙ ΑΚΡΑΓΑΝΤΙΝΩΙ

ΑΡΜΑΤΙ. >

Οἱ μὲν πάλαι, ὦ Θρασύβουλε,　　　　　　　　　　　*Στρ. α'.*
　　φῶτες, οἱ χρυσαμπύκων
ἐς δίφρον Μοισᾶν ἔβαι-
　　νον κλυτᾷ φόρμιγγι συναντόμενοι,
ῥίμφα παιδείους ἐτόξευον μελιγάρυας ὕμνους,
ὅστις ἐὼν καλὸς εἶχεν Ἀφροδίτας
εὐθρόνου μνάστειραν ἁδίσταν ὀπώραν.　　　　　　　5

ἁ Μοῖσα γὰρ οὐ φιλοκερδής　　　　　　　　　　　　*Ἀντ. α'.*

愿他为美声的庇厄洛诸女辉煌的翅膀 【副歌丁】
托起！而且日后手上也握紧来自
  匹透和奥林匹亚、 65
在阿尔斐俄河畔精选的嫩枝，为七门
台拜获取尊荣！若有人在家秘密敛财，
他会嘲笑奚落他人，却不曾想自己会将灵魂
  进贡给哈伊逮却默默无闻。

地峡赞歌之二

＜庆阿克剌迦人克色诺克剌底
赛车得胜＞

那些古人，哦，忑剌叙鲍罗！ 【正转甲】
  他们以
典雅的颂琴为伴登上
  扎金发箍的妙撒的舆车，
弯弓随意发射唱给少年们的美声颂歌，
《 若 》其中有哪个其人俊美、享有令人思念的、坐华丽御座的
阿芙洛狄底最甜美的盛夏。 5

因为那时无论妙撒抑或雇工 【反转甲】

πω τότ' ἦν οὐδ' ἐργάτις·
οὐδ' ἐπέρναντο γλυκεῖ-
　　αι μελιφθόγγου ποτὶ Τερψιχόρας
ἀργυρωθεῖσαι πρόσωπα μαλθακόφωνοι ἀοιδαί.
νῦν δ' ἐφίητι ⟨τὸ⟩ τὠργείου φυλάξαι
ῥῆμ' ἀλαθείας ⟨ἐτᾶς⟩ ἄγχιστα βαῖνον,　　　　　　　　10

'χρήματα χρήματ' ἀνήρ'　　　　　　　　　　'Επ. α'.
　　ὃς φᾶ κτεάνων θ' ἅμα λειφθεὶς καὶ φίλων.
ἐσσὶ γὰρ ὦν σοφός· οὐκ ἄγνωτ' ἀείδω
Ἰσθμίαν ἵπποισι νίκαν,
τὰν Ξενοκράτει Ποσειδάων ὀπάσαις,
Δωρίων αὐτῷ στεφάνωμα κόμᾳ　　　　　　　　15
πέμπεν ἀναδεῖσθαι σελίνων,

εὐάρματον ἄνδρα γεραίρων,　　　　　　　　Στρ. β'.
　　Ἀκραγαντίνων φάος.
ἐν Κρίσᾳ δ' εὐρυσθενὴς
　　εἶδ' Ἀπόλλων νιν πόρε τ' ἀγλαΐαν
καὶ τόθι κλειναῖς ⟨τ'⟩ Ἐρεχθειδᾶν χαρίτεσσιν ἀραρὼς
ταῖς λιπαραῖς ἐν Ἀθάναις, οὐκ ἐμέμφθη　　　　　　　　20
ῥυσίδιφρον χεῖρα πλαξίπποιο φωτός,

τὰν Νικόμαχος κατὰ καιρὸν　　　　　　　　'Αντ. β'.

皆尚不贪财；
嗓音如蜂蜜般的
　　　太耳普西库热的柔和而甜美
且长着一张银脸的歌诗那时也不待价而沽。
现在她却要人遵守阿耳高人的＜那句＞
箴言，它最接近＜实际的＞真理： 10

"钱，钱即人！" 【副歌甲】
　　　被同时剥夺了财产和亲人的人说。
那是因为你聪明；我歌咏
地峡赛马并非不为人知的胜利，
即波塞冬赐予克色诺克剌底的那次，
他发派给他本人的冠用 15
多里亚西芹缠绕于他的发上，

他尊崇驾御车乘之士， 【正转乙】
　　　阿克剌迦邦民之光。
在克里撒，法力广大的
　　　阿波罗看觑他，还赐给他辉煌；
在那里＜也＞在熠熠的雅典他得获厄惹绪拓子孙
驰名的光宠，并没有理由责难 20
御马之士保全车乘的手，——

尼哥马库将所有辔鞯 【反转乙】

νεῖμ' ἀπάσαις ἀνίαις·
ὅν τε καὶ κάρυκες ὡ-
ρᾶν ἀνέγνον, σπονδοφόροι Κρονίδα
Ζηνὸς Ἀλεῖοι, παθόντες πού τι φιλόξενον ἔργον·
ἁδυπνόῳ τέ νιν ἀσπάζοντο φωνᾷ 25
χρυσέας ἐν γούνασιν πίτνοντα Νίκας

γαῖαν ἀνὰ σφετέραν, Ἐπ. β'.
τὰν δὴ καλέοισιν Ὀλυμπίου Διός
ἄλσος· ἵν' ἀθανάτοις Αἰνησιδάμου
παῖδες ἐν τιμαῖς ἔμιχθεν.
καὶ γὰρ οὐκ ἀγνῶτες ὑμῖν ἐντὶ δόμοι 30
οὔτε κώμων, ὦ Θρασύβουλ', ἐρατῶν,
οὔτε μελικόμπων ἀοιδᾶν.

οὐ γὰρ πάγος οὐδὲ προσάντης Στρ. γ'.
ἁ κέλευθος γίνεται,
εἴ τις εὐδόξων ἐς ἀν-
δρῶν ἄγοι τιμὰς Ἑλικωνιάδων.
μακρὰ δισκήσαις ἀκοντίσσαιμι τοσοῦθ', ὅσον ὀργάν 35
Ξεινοκράτης ὑπὲρ ἀνθρώπων γλυκεῖαν
ἔσχεν. αἰδοῖος μὲν ἦν ἀστοῖς ὁμιλεῖν,

ἱπποτροφίας τε νομίζων Ἀντ. γ'.

　　　　交给了它恰当其时；
时辰的道人，那些奉克洛诺之子
　　　　宙斯在艾利行祼奠者们，
认得他，既然他们各处享受他的好客之劳；
他们口吐气息香甜的声音礼敬他，　　　　　　　　　　25
他在自己的、为他们称作

奥林波 宙斯的圣地的土地上，跌落在胜利的　　【副歌乙】
金膝上；在那里埃奈西达谟的二子
得以赢得不死的尊荣。
因为有你们这既非　　　　　　　　　　　　　　30
不谙可爱的狂欢，哦忑剌叙鲍罗！
亦非不晓声音蜜甜的歌诗的宅府。

因为既无山峦　　　　　　　　　　　　　　　【正转丙】
　　　　亦无陡路，
倘若贺利孔居民中有人
　　　　将尊荣携到美名传扬的人《家》。
既能远投，愿我所掷的飞铤遥遥领先，一如　　　35
克色诺克剌底所具的甜美气质超乎
人类！与邦人相处时受人尊敬，

而且依从泛希腊的　　　　　　　　　　　　　【反转丙】

ἐν Πανελλάνων νόμῳ·
καὶ θεῶν δαῖτας προσέ-
πτυκτο πάσας· οὐδέ ποτε ξενίαν
οὖρος ἐμπνεύσαις ὑπέστειλ' ἱστίον ἀμφὶ τράπεζαν· 40
ἀλλ' ἐπέρα ποτὶ μὲν Φᾶσιν θερείαις,
ἐν δὲ χειμῶνι πλέων Νείλου πρὸς ἀκτάν.

μή νυν, ὅτι φθονεραὶ **Ἐπ. γ'.**
θνατῶν φρένας ἀμφικρέμανται ἐλπίδες,
μήτ' ἀρετάν ποτε σιγάτω πατρῴαν,
μηδὲ τούσδ' ὕμνους· ἐπεί τοι 45
οὐκ ἐλινύσοντας αὐτοὺς ἐργασάμαν.
ταῦτα, Νικάσιππ', ἀπόνειμον, ὅταν
ξεῖνον ἐμὸν ἠθαῖον ἔλθῃς.

ΙΣΘΜΙΟΝ. Γ' Δ'.

<ΜΕΛΙΣΣΩΙ ΘΗΒΑΙΩΙ
ΙΠΠΟΙΣ ΚΑΙ ΠΑΓΚΡΑΤΙΩΙ. >

< Γ'. >

Εἴ τις ἀνδρῶν εὐτυχήσαις ἢ σὺν εὐδόξοις ἀέθλοις **Στρ. α'.**

传统围马,
他紧拥众神的所有
　　　筵席;却从不曾
在风吹起时将帆卷起于招待宾朋的席面;　　　　　　　　40
而是在夏日朝法西河而渡,
在冬时则向尼罗河之洲航驶。

现在,因为嫉妒的　　　　　　　　　　　　　　　【副歌丙】
　　　希冀会萦绕有死凡人之心,
就让他永远不要闭口不言祖先的贤能,
也不要不吟咏这些颂歌;既然我已　　　　　　　　45
作下这些必将不会闲置的篇章。
这些,尼卡希普波!你就发送吧!无论你何时
见到我那尊贵的主人!

地峡赞歌之三 + 之四
＜之三＞

＜庆台拜人墨利斯所

赛马暨搏击全能赛得胜＞

倘若或因声名斐然的竞赛　　　　　　　　　　　　【正转甲】

ἢ σθένει πλούτου κατέχει φρασὶν αἰανῆ κόρον,
ἄξιος εὐλογίαις ἀστῶν μεμίχθαι.
Ζεῦ, μεγάλαι δ' ἀρεταὶ θνατοῖς ἕπονται
ἐκ σέθεν· ζώει δὲ μάσσων
    ὄλβος ὀπιζομένων, πλαγίαις δὲ φρένεσσιν   5
οὐχ ὁμῶς πάντα χρόνον θάλλων ὁμιλεῖ.

εὐκλέων δ' ἔργων ἄποινα χρὴ μὲν ὑμνῆσαι τὸν ἐσλόν,   *Ἀντ. α'.*
χρὴ δὲ κωμάζοντ' ἀγαναῖς χαρίτεσσιν βαστάσαι.
ἔστι δὲ καὶ διδύμων ἀέθλων Μελίσσῳ
μοῖρα πρὸς Εὐφροσύναν τρέψαι γλυκεῖαν   10
ἦτορ, ἐν βάσσαισιν Ἰσθμοῦ
    δεξαμένῳ στεφάνους, τὰ δὲ κοίλα λέοντος
ἐν βαθυστέρνου νάπᾳ κάρυξε Θήβαν

ἱπποδρομίᾳ κρατέων· ἀνδρῶν δ' ἀρετάν   *Ἐπ. α'.*
σύμφυτον οὐ κατελέγχει.
ἴστε μὰν Κλεωνύμου   15
δόξαν παλαιὰν ἅρμασιν·
καὶ ματρόθε Λαβδακίδαισιν σύννομοι
πλούτου διέστειχον τετραοριᾶν πόνοις.   17 b
αἰὼν δὲ κυλινδομέναις ἁμέραις ἄλλ' ἄλλοτ' ἐξ
ἄλλαξεν. ἄτρωτοί γε μὰν παῖδες θεῶν.   18 b

或因财富之力而发达者心中能抑制无尽的贪欲，
他便配得邦人的赞誉。
宙斯！大贤能自你发给
有死的凡人！寅畏之人的
　　　福禧活得更久；同心思狭邪者　　　　　　　　　　5
为伍则不会同样靡时不旺。

对辉煌成就的回报就是要颂扬那高贵之人，　　　【反转甲】
就是要以柔和的雅咏抬举行庆胜游行者。
墨利斯所身上有得两次奖赏的
缘分，好将心灵转向甜蜜的　　　　　　　　　　　　10
快乐，他在地峡的平谷
　　　获得叶冠，在胸膛深厚的狻猊
空谷里宣告台巴

在赛马中胜出；并非空有　　　　　　　　　　　　【副歌甲】
那些男子们与生俱来的贤能。
你们皆熟谙克勒奥内谟　　　　　　　　　　　　　　15
昔日在赛车上的名声，
而母系与拉卜达哥部共享财富的人们
在驷马之乘的辛苦中一路走来。　　　　　　　　　17 b
人生随翻卷而过的日日这样那样
激变。众神之子却怎样都无伤。　　　　　　　　　18 b

< Δ'. >

ἔστι μοι θεῶν ἕκατι μυρία παντᾷ κέλευθος,   *Στρ. β'.*
ὦ Μέλισσ', εὐμαχανίαν γὰρ ἔφανας Ἰσθμίοις,   20
ὑμετέρας ἀρετὰς ὕμνῳ διώκειν·
αἷσι Κλεωνυμίδαι θάλλοντες αἰεί
σὺν θεῷ θνατὸν διέρχον-
    ται βιότου τέλος. ἄλλοτε δ' ἀλλοῖος οὖρος
πάντας ἀνθρώπους ἐπαΐσσων ἐλαύνει.

τοὶ μὲν ὦν Θήβαισι τιμάεντες ἀρχᾶθεν λέγονται   *Ἀντ. β'.*
πρόξενοί τ' ἀμφικτιόνων κελαδεννᾶς τ' ὀρφανοί   26
ὕβριος· ὅσσα δ' ἐπ' ἀνθρώπους ἄηται
μαρτύρια φθιμένων ζωῶν τε φωτῶν
ἀπλέτου δόξας, ἐπέψαυ-
    σαν κατὰ πᾶν τέλος· ἀνορέαις δ' ἐσχάταισιν
οἴκοθεν στάλαισιν ἅπτονθ' Ἡρακλείαις·   30

καὶ μηκέτι μακροτέραν σπεύδειν ἀρετάν·   *Ἐπ. β'.*
ἱπποτρόφοι τ' ἐγένοντο,
χαλκέῳ τ' Ἄρει ἅδον.
ἀλλ' ἀμέρα γὰρ ἐν μιᾷ

<之四>

多亏了众神，我才哪边都有无数条路； 【正转乙】
哦墨利斯所！因为你在地峡示人以足计多能， 20
好 <<让人>> 以颂歌追随你的诸般贤能；
靠着它们克勒奥内谟氏族一直在神佑之下
兴旺，直至抵达生命的
   死之终结。各时有各样的风
长驱搅动所有人类。

在台拜他们的确据说自古尊贵， 【反转乙】
与异族邻邦相好而脱离了 26
喧呶的傲慢；朝人类吹来的享有无边声名的
已逝和在世人们的
如许证词，他们全都
   ——触及。凭着豪勇他们
自家中抵达地极的赫剌克勒石柱， 30

不必再汲汲以求更远的贤能； 【副歌乙】
作为围马人，
得取悦于披铜的阿瑞。
然而因为就在一天之内，

τραχεῖα νιφὰς πολέμοιο τεσσάρων 35
ἀνδρῶν ἐρήμωσεν μάκαιραν ἑστίαν· 35 b
νῦν δ' αὖ μετὰ χειμέριον ποικίλα μηνῶν ζόφον
χθὼν ὥτε φοινικέοισιν ἄνθησεν ῥόδοις 36 b

δαιμόνων βουλαῖς. ὁ κινητὴρ δὲ γᾶς Ὀγχηστὸν οἰκέων   *Στρ. γ'.*
καὶ γέφυραν ποντιάδα πρὸ Κορίνθου τειχέων,
τόνδε πορὼν γενεᾷ θαυμαστὸν ὕμνον
ἐκ λεχέων ἀνάγει φάμαν παλαιάν 40
εὐκλέων ἔργων· ἐν ὕπνῳ
    γὰρ πέσεν· ἀλλ' ἀνεγειρομένα χρῶτα λάμπει,
Ἀοσφόρος θαητὸς ὣς ἄστροις ἐν ἄλλοις·

ἅ τε κἀν γουνοῖς Ἀθανᾶν ἅρμα καρύξαισα νικᾶν   *Ἀντ. γ'.*
ἔν τ' Ἀδραστείοις ἀέθλοις Σικυῶνος ὤπασεν
τοιάδε τῶν τότ' ἐόντων φύλλ' ἀοιδᾶν. 45
οὐδὲ παναγυρίων ξυνᾶν ἀπεῖχον
καμπύλον δίφρον, Πανελλά-
    νεσσι δ' ἐριζόμενοι δαπάνᾳ χαῖρον ἵππων.
τῶν ἀπειράτων γὰρ ἄγνωτοι σιωπαί.

ἔστιν δ' ἀφάνεια τύχας καὶ μαρναμένων,   *Ἐπ. γ'.*
πρὶν τέλος ἄκρον ἱκέσθαι· 50
τῶν τε γὰρ καὶ τῶν διδοῖ·

战争的严酷暴雪却自这蒙福的 35
灶突夺去四口人； 35 b
如今在历时数月的暴雪的黑暗之后，
就像斑驳土地绽放紫红玫瑰一般， 36 b

他们按照神明的计划重又绽放。撼地者居住在<u>翁珂斯托</u>　【正转丙】
和<u>哥林多</u>城堞前的海梁上，
赐予此篇奇异的颂歌给此家族，
从而自卧榻上唤醒其诸项光辉成就的 40
古老声名；因为她沉入
　　　睡眠，而被唤醒的肌肤光彩熠熠，
犹如携晨曦者在众星中间；

她在<u>雅典</u>高地公布车乘得胜，　【反转丙】
还在<u>阿得剌斯托</u>的<u>西居翁</u>赛会
赐予当日所行诗歌之叶，一如此篇。 45
他们没有将曲线形的乘舆排斥
于全民赛会之外，却同
　　　<u>全希腊</u>竞争，以为马匹花费为乐。
因为那些未曾尝试的人们 << 唯有 >> 不为人知的沉默。

即便在搏斗时，机运直到抵达 【副歌丙】
至高终点之前都隐晦不显； 50
因为它可赐予的有这有那，

καὶ κρέσσον' ἀνδρῶν χειρόνων
ἔσφαλε τέχνα καταμάρψαις· ἴστε μὰν
Αἴαντος ἀλκάν, φοίνιον τὰν ὀψίᾳ 53 b
ἐν νυκτὶ ταμὼν περὶ ᾧ φασγάνῳ μομφὰν ἔχει
παίδεσσιν Ἑλλάνων ὅσοι Τροίανδ' ἔβαν. 54 b

ἀλλ' Ὅμηρός τοι τετίμακεν δι' ἀνθρώπων, ὃς αὐτοῦ   *Στρ. δ'.*
πᾶσαν ὀρθώσαις ἀρετὰν κατὰ ῥάβδον ἔφρασεν 56
θεσπεσίων ἐπέων λοιποῖς ἀθύρειν.
τοῦτο γὰρ ἀθάνατον φωνᾶεν ἕρπει,
εἴ τις εὖ εἴπῃ τι· καὶ πάγ-
    καρπον ἐπὶ χθόνα καὶ διὰ πόντον βέβακεν
ἐργμάτων ἀκτὶς καλῶν ἄσβεστος αἰεί. 60

προφρόνων Μοισᾶν τύχοιμεν,   *Ἀντ. δ'.*
    κεῖνον ἅψαι πυρσὸν ὕμνων
καὶ Μελίσσῳ, παγκρατίου στεφάνωμ' ἐπάξιον,
ἔρνεϊ Τελεσιάδα. τόλμα γὰρ εἰκὼς
θυμὸν ἐριβρεμετᾶν θηρῶν λεόντων
ἐν πόνῳ, μῆτιν δ' ἀλώπηξ,
    αἰετοῦ ἅ τ' ἀναπιτναμένα ῥόμβον ἴσχει· 65
χρὴ δὲ πᾶν ἔρδοντ' ἀμαυρῶσαι τὸν ἐχθρόν.

οὐ γὰρ φύσιν Ὠαριωνείαν ἔλαχεν·   *Ἐπ. δ'.*

弱者也可

出招抱摔致更强者于死地。你们无疑

熟知埃亚的英勇，它夤夜为其拥剑 53 b

血腥剖杀，<< 从而让人 >> 归罪于来到

特洛伊亚的那么多希腊子弟。 54 b

然而荷马尊崇他却贯彻寰宇，他竖立起 【正转丁】

其人所有贤能，凭神言般的诗语 56

节杖宣布其将为后人所奏弄。

因为此声绵延不亡，

若有人能言之成文；盛举的

   永不熄灭的射线

已来到盛产果实的陆地且跨越沧海。 60

愿我们庶可得遇殷勤的妙撒， 【反转丁】

   好将那颂歌的火炬

也为墨利斯所点燃，那副搏击全能赛应得的叶冠，

为了太勒西亚达的这条嫩枝！因为他的心

在艰难时一如雷霆般吼叫的野兽狻猊那样

勇敢，智谋则仿佛狐狸，

   它背仰着阻止雕的俯冲。 65

理应无所不为以削弱敌人。

因为他没有那位大猎户的体格， 【副歌丁】

ἀλλ' ὀνοτὸς μὲν ἰδέσθαι,
συμπεσεῖν δ' ἀκμᾷ βαρύς.
καί τοί ποτ' Ἀνταίου δόμους   70
Θηβᾶν ἄπο Καδμεϊᾶν μορφὰν βραχύς,
ψυχὰν δ' ἄκαμπτος, προσπαλαίσων ἦλθ' ἀνήρ   71 b
τὰν πυροφόρον Λιβύαν, κρανίοις ὄφρα ξένων
ναὸν Ποσειδάωνος ἐρέφοντα σχέθοι,   72 b

υἱὸς Ἀλκμήνας· ὃς Οὔλυμπόνδ' ἔβα, γαίας τε πάσας   *Στρ. ε'.*
καὶ βαθύκρημνον πολιᾶς ἁλὸς ἐξευρὼν θέναρ,
ναυτιλίαισί τε πορθμὸν ἡμερώσαις.   75
νῦν δὲ παρ' Αἰγιόχῳ κάλλιστον ὄλβον
ἀμφέπων ναίει, τετίμα-
    ταί τε πρὸς ἀθανάτων φίλος, Ἥβαν τ' ὀπυίει,
χρυσέων οἴκων ἄναξ καὶ γαμβρὸς Ἥρας.

τῷ μὲν Ἀλεκτρᾶν ὕπερθεν δαῖτα πορσύνοντες ἀστοί   *Ἀντ. ε'.*
καὶ νεόδματα στεφανώματα βωμῶν αὔξομεν   80
ἔμπυρα χαλκοαρᾶν ὀκτὼ θανόντων,
τοὺς Μεγάρα τέκε οἱ Κρεοντὶς υἱούς·
τοῖσιν ἐν δυθμαῖσιν αὐγᾶν
    φλὸξ ἀνατελλομένα συνεχὲς παννυχίζει,
αἰθέρα κνισάεντι λακτίζοισα καπνῷ,

而是看去可鄙，

在战斗中却重得难以扳倒。

可是曾自卡得谟的 70

台拜来到安泰俄家一个男子，

——他身材短小，心却不屈——，来到产麦谷的利比亚， 71 b

前来角抵，这阿尔克美奈之子为了

阻止他用异邦人的髑髅给波塞冬庙 72 b

盖造屋顶；他朝奥林波来，在找到了 【正转戊】

全地和泛沫海水之际有高耸悬崖的凹处、

并为航渡扫清了海路之后。 75

如今他住在披羊皮甲之神身边

享受最美的福禧，还为

     不死者们尊为朋友，又娶了青春，

成为金屋之主，而且是赫剌女婿。

在艾勒克特剌城门外，我们邦民为他排下筵席， 【反转戊】

增广新建祭坛上的叶冠 80

和八位披挂铜甲的逝者的燔祭，

即克惹翁之女墨迦剌为他所生的那些儿子；

为 << 纪念 >> 他们，在日光

     沉沦之时，升起一束火焰彻夜舞动，

燔祭的烟直踢太清，

καὶ δεύτερον ἆμαρ ἐτείων τέρμ' ἀέθλων   *Επ. ε'.*

γίνεται, ἰσχύος ἔργον.   86

ἔνθα λευκωθεὶς κάρα

μύρτοις ὅδ' ἀνὴρ διπλόαν

νίκαν ἀνεφάνατο παίδων ⟨τε⟩ τρίταν

πρόσθεν, κυβερνατῆρος οἰακοστρόφου   89 b

γνώμᾳ πεπιθὼν πολυβούλῳ· σὺν Ὀρσέᾳ δέ νιν   90

κωμάξομαι τερπνὰν ἐπιστάζων χάριν.   90 b

ΙΣΘΜΙΟΝ Ε'.

⟨ΦΥΛΑΚΙΔΑΙ ΑΙΓΙΝΗΤΗΙ ΠΑΓΚΡΑΤΙΩΙ.⟩

Μᾶτερ Ἀελίου πολυώνυμε Θεία,   *Στρ. α'.*

σέο ἕκατι καὶ μεγασθενῆ νόμισαν

χρυσὸν ἄνθρωποι περιώσιον ἄλλων·

καὶ γὰρ ἐριζόμεναι

νᾶες ἐν πόντῳ καὶ ⟨ὑφ'⟩ ἅρμασιν ἵπποι   5

διὰ τεάν, ὤνασσα, τιμὰν ὠκυδινά-

    τοις ἐν ἁμίλλαισι θαυμασταὶ πέλονται,

翌日则有每年赛会的 【副歌戊】
决赛，一场膂力的大功。 86
在此地他的头因 << 缠 >> 桃金娘枝
而花白，这位男子令人宣告了
他的双项胜利 < 和 > 先前对少年 << 对手们 >> 的
第三项，这皆因他信赖导航的 89 b
舵手多谋善策的决断。他，还有俄耳色阿， 90
我将一并庆祝，将洒之以快乐的 << 诗歌 >> 荣光。 90 b

地峡赞歌之五

<庆爱琴纳人福拉基达搏击全能赛得胜>

日神之母！名称多样的忒娅！ 【正转甲】
由于你，人类也流通
强大的黄金远逾他物；
因为海中
竞渡的舟舸和 < 御 > 乘的骏马 5
为了你的尊荣，哦女王！在飞速
　　　旋转的竞赛中令人惊奇；

ἔν τ' ἀγωνίοις ἀέθλοισι ποθεινόν *Ἀντ. α'.*
κλέος ἔπραξεν, ὅντιν' ἁθρόοι στέφανοι
χερσὶ νικάσαντ' ἀνέδησαν ἔθειραν
ἢ ταχυτᾶτι ποδῶν. 10
κρίνεται δ' ἀλκὰ διὰ δαίμονας ἀνδρῶν.
δύο δέ τοι ζωᾶς ἄωτον μοῦνα ποιμαί-
    νοντι τὸν ἄλπνιστον, εὐανθεῖ σὺν ὄλβῳ

εἴ τις εὖ πάσχων λόγον ἐσλὸν ἀκούῃ. *Ἐπ. α'.*
μὴ μάτευε Ζεὺς γενέσθαι· πάντ' ἔχεις,
εἴ σε τούτων μοῖρ' ἐφίκοιτο καλῶν. 15
θνατὰ θνατοῖσι πρέπει.
τὶν δ' ἐν Ἰσθμῷ διπλόα θάλλοισ' ἀρετά,
Φυλακίδ', ἄγκειται, Νεμέᾳ δὲ καὶ ἀμφοῖν
Πυθέᾳ τε, παγκρατίου. τὸ δ' ἐμόν,
οὐκ ἄτερ Αἰακιδᾶν, κέαρ ὕμνων γεύεται· 20
σὺν Χάρισιν δ' ἔμολον Λάμπωνος υἱοῖς

τάνδ' ἐς εὔνομον πόλιν. εἰ δὲ τέτραπται *Στρ. β'.*
θεοδότων ἔργων κέλευθον ἂν καθαράν,
μὴ φθόνει κόμπον τὸν ἐοικότ' ἀοιδᾷ
κιρνάμεν ἀντὶ πόνων. 25
καὶ γὰρ ἡρώων ἀγαθοὶ πολεμισταί
λόγον ἐκέρδαναν· κλέονται δ' ἔν τε φορμίγ-

在赛会的竞技里，人所向往的 【反转甲】
声名为人赢得，倘若紧密编织的叶冠
戴在凭双手或因双足的迅捷
而得胜之人的发上。 10
人的勇毅接受神的裁判。
沾上旺福，便唯有二事能滋养
　　　生命中最甜美的菁华，

若有人能享受且得闻高贵之言。 【副歌甲】
毋要妄想做宙斯！你将拥有一切，
倘若这些美事的份额降临于你。 15
有死之事适宜有死之人。
为你，福拉基达！有双项的兴旺贤能
在地峡置下，也在涅墨亚，为你二人——连同匹忒亚——，
在搏击全能赛上。而我的心
在尝试颂歌时并非不念埃亚哥的后裔； 20
凭借恺丽的襄助我为兰庞的二子来到

这享有良治的城邦。如果它移步于 【正转乙】
神赐功勋的清真大道，
那就愿人不吝以歌诗羼和适宜的
夸耀来酬报辛劳。 25
因为英雄中的高贵武士们
挣得了这样的《 美 》言，他们无数次

γεσσιν ἐν αὐλῶν τε παμφώνοις ὁμοκλαῖς

μυρίον χρόνον· μελέταν δὲ σοφισταῖς   *Ἀντ. β'.*
Διὸς ἕκατι πρόσβαλον σεβιζόμενοι·
ἐν μὲν Αἰτωλῶν θυσίαισι φαενναῖς   30
Οἰνείδαι κρατεροί,
ἐν δὲ Θήβαις ἱπποσόας Ἰόλαος
γέρας ἔχει, Περσεὺς δ' ἐν Ἄργει, Κάστορος δ' αἰχ-
   μᾷ Πολυδεύκεος τ' ἐπ' Εὐρώτα ῥεέθροις.

ἀλλ' ἐν Οἰνώνᾳ μεγαλήτορες ὀργαί   *Ἐπ. β'.*
Αἰακοῦ παίδων τε· τοὶ καὶ σὺν μάχαις   35
δὶς πόλιν Τρώων πράθον, ἑσπόμενοι
Ἡρακλῆι πρότερον,
καὶ σὺν Ἀτρείδαις. ἔλα νῦν μοι πεδόθεν·
λέγε, τίνες Κύκνον, τίνες Ἕκτορα πέφνον,
καὶ στράταρχον Αἰθιόπων ἄφοβον   40
Μέμνονα χαλκοάραν· τίς ἄρ' ἐσλὸν Τήλεφον
τρῶσεν ἑῷ δορὶ Καΐκου παρ' ὄχθαις;

τοῖσιν Αἴγιναν προφέρει στόμα πάτραν,   *Στρ. γ'.*
διαπρεπέα νᾶσον· τετείχισται δὲ πάλαι
πύργος ὑψηλαῖς ἀρεταῖς ἀναβαίνειν.   45
πολλὰ μὲν ἀρτιεπής

伴着颂琴和芦笛的全律和声

被赞美；受尊敬的他们多亏了宙斯，	【反转乙】
给智术之师们投递了素材：	
在埃陶利人辉煌的燔祭中，	30
喔纽两个膂力方刚的儿子获奖，	
在台拜是御马的伊俄拉俄，	
在阿耳高则是珀耳修，而卡斯陶耳和	
波吕笃刻的武德则在欧娄塔河畔。	

可是在酒国里，是埃亚哥及其子孙	【副歌乙】
宽宏的性情《得奖》，他们确乎两度	35
鏖战荡平特洛伊亚人之城，前一次	
是跟随赫剌克勒，	
而后是同阿特柔的二子一起。现在就自平地起驾吧！	
说吧！谁人杀死了居克诺，谁人杀死了贺克陶耳，	
以及焦颜国披铜甲的	40
无畏首领门农？是谁用木杆矛	
在凯哥河岸伤了高贵的底勒弗？	

向着他们，口将宣布爱琴纳那辉煌之岛	【正转丙】
为父邦，古时它便已	
建为戍楼，好让高耸的贤能可以翻越。	45
关于他们，我的流利之舌	

γλῶσσά μοι τοξεύματ' ἔχει περὶ κείνων
κελαδέσαι· καὶ νῦν ἐν Ἄρει μαρτυρῆσαι
  κεν πόλις Αἴαντος ὀρθωθεῖσα ναύταις

ἐν πολυφθόρῳ Σαλαμὶς Διὸς ὄμβρῳ   *Ἀντ. γ'.*
ἀναρίθμων ἀνδρῶν χαλαζάεντι φόνῳ.   50
ἀλλ' ὅμως καύχαμα κατάβρεχε σιγᾷ·
Ζεὺς τά τε καὶ τὰ νέμει,
Ζεὺς ὁ πάντων κύριος. ἐν δ' ἐρατεινῷ
μέλιτι καὶ τοιαίδε τιμαὶ καλλίνικον
  χάρμ' ἀγαπάζοντι. μαρνάσθω τις ἔρδων

ἀμφ' ἀέθλοισιν γενεὰν Κλεονίκου   *Ἐπ. γ'.*
ἐκμαθών· οὔτοι τετύφλωται μακρός   56
μόχθος ἀνδρῶν οὐδ' ὁπόσαι δαπάναι
ἐλπίδ' ἔκνιξαν ὄπιν.
αἰνέω καὶ Πυθέαν ἐν γυιοδάμαις
Φυλακίδᾳ πλαγᾶν δρόμον εὐθυπορῆσαι,   60
χερσὶ δεξιόν, νόῳ ἀντίπαλον.
λάμβανέ οἱ στέφανον, φέρε δ' εὔμαλλον μίτραν,
καὶ πτερόεντα νέον σύμπεμψον ὕμνον.

多有飞镝

可鸣；至今在战争中

　　埃亚之城撒拉米，

<< 这座 >> 在多所杀伤的宙斯之雨中为水手们保全的，　【反转丙】

仍能在冰雹般死人无数的屠杀里作证。　　　　　　　　50

可是就将对他们的夸耀浸在沉默中吧！

宙斯赐这又与那，

宙斯是万物之主。在喜人的

<< 歌 >> 蜜中间，这些尊荣也乐享

　　得胜的喜悦。在他彻底了解了

克勒俄尼哥氏族后，就让他为竞赛得奖而努力　　【副歌丙】

训练吧！人们的长期苦练　　　　　　　　　　　　56

不会被盲目无视，期望 << 所致 >> 如许的花销

也不会引发忧虑。

在以肢体服人者中间我还赞扬匹忒亚，

他让福拉基达出手直击，　　　　　　　　　　　　60

拳法娴练，以心掼敌。

为他摘取叶冠吧！再带上细羊毛制的头箍！

且一并发出生翅的新歌！

ΙΣΘΜΙΟΝ. ϛ'.

<ΦΥΛΑΚΙΔΑΙ ΑΙΓΙΝΗΤΗΙ

ΠΑΙΔΙ ΠΑΓΚΡΑΤΙΩΙ. >

Θάλλοντος ἀνδρῶν ὡς ὅτε συμποσίου   *Στρ. α'.*
δεύτερον κρατῆρα Μοισαίων μελέων
κίρναμεν Λάμπωνος εὐαέθλου γενεᾶς ὕπερ, ἐν
    Νεμέᾳ μὲν πρῶτον, ὦ Ζεῦ,
τὶν ἄωτον δεξάμενοι στεφάνων,
νῦν αὖτε Ἰσθμοῦ δεσπότᾳ   5
Νηρείδεσσί τε πεντήκοντα παίδων ὁπλοτάτου
Φυλακίδα νικῶντος. εἴη δὲ τρίτον
σωτῆρι πορσαίνοντας Ὀ-
    λυμπίῳ Αἴγιναν κάτα
σπένδειν μελιφθόγγοις ἀοιδαῖς.

εἰ γάρ τις ἀνθρώπων δαπάνᾳ τε χαρείς   *Ἀντ. α'.*
καὶ πόνῳ πράσσει θεοδμάτους ἀρετάς   11
σύν τέ οἱ δαίμων φυτεύει δόξαν ἐπήρατον, ἐ-
    σχατιαῖς ἤδη πρὸς ὄλβου
βάλλετ' ἄγκυραν θεότιμος ἐών.
τοίαισιν ὀργαῖς εὔχεται

地峡赞歌之六

＜庆爱琴纳人福拉基达
少年搏击全能赛得胜＞

犹如人们会饮正酣，　　　　　　　　　　　　　　【正转甲】
我们为善于竞技的兰庞氏族
羼和妙撒歌曲的第二瓢，
　　　先在涅墨亚，哦宙斯！
从你手中他们接受了诸多叶冠中顶美的，
如今其子女中最年少者　　　　　　　　　　　　　　　5
福拉基达又自地峡之主
和奈柔五十女儿手里获胜。愿为
奥林波山上的庇佑者
　　　备下第三瓢，以裸
声音蜜甜的诗歌给爱琴纳！

因为人中若有谁乐于　　　　　　　　　　　　　　【反转甲】
付出赀费和辛劳来践行神筑的贤能，　　　　　　　　11
同时神明也在他身上栽培
　　　可喜的声誉，敬神的他便
已是在地极抛下了福禧之锚。
克勒俄尼哥之子祈求，

ἀντιάσαις Ἀίδαν γῆράς τε δέξασθαι πολιόν 15
ὁ Κλεονίκου παῖς· ἐγὼ δ' ὑψίθρονον
Κλωθώ κασιγνήτας τε προσ-
 εννέπω ἑσπέσθαι κλυταῖς
ἀνδρὸς φίλου Μοίρας ἐφετμαῖς.

ὔμμε τ', ὦ χρυσάρματοι Αἰακίδαι, Ἐπ. α'.
τέθμιόν μοι φαμὶ σαφέστατον ἔμμεν 20
τάνδ' ἐπιστείχοντα νᾶσον ῥαινέμεν εὐλογίαις.
μυρίαι δ' ἔργων καλῶν τέ-
 τμανθ' ἑκατόμπεδοι ἐν σχερῷ κέλευθοι
καὶ πέραν Νείλοιο παγᾶν καὶ δι' Ὑπερβορέους·
οὐδ' ἔστιν οὕτω βάρβαρος
 οὔτε παλίγλωσσος πόλις,
ἅτις οὐ Πηλέος ἀίει κλέος ἥ-
 ρωος, εὐδαίμονος γαμβροῦ θεῶν, 25

οὐδ' ἅτις Αἴαντος Τελαμωνιάδα Στρ. β'.
καὶ πατρός· τὸν χαλκοχάρμαν ἐς πόλεμον
ἆγε σὺν Τιρυνθίοισιν πρόφρονα σύμμαχον ἐς
 Τροΐαν, ἥρωσι μόχθον,
Λαομεδοντιᾶν ὑπὲρ ἀμπλακιᾶν
ἐν ναυσὶν Ἀλκμήνας τέκος. 30
εἷλε δὲ Περγαμίαν, πέφνεν δὲ σὺν κείνῳ Μερόπων

既已具备这样的气质，遂能静待哈伊逮 15
和苍白的老年；我则呼唤
端坐至高宝座的纺娘

  和她姊妹司命来听从这位

可亲之人的命令。

哦驾金乘的埃亚哥诸子！我还要说， 【副歌甲】
你们于我是最明通的律条， 20
当我足踏此岛播撒美言之时。
壮举奇功的无数

  百尺见宽的大道已接连开拓，

远达尼罗河源以远、穿越朔外之原；
并无操这般蛮貊

  方言和鴂舌的城邦，

以至于其中听不到众神的

  女婿英雄培琉的美名， 25

亦无未曾得闻太拉蒙之子埃亚 【正转乙】
及其父者；乐于身攥铜甲的他
为阿尔克美奈之子驱使，甘愿同提闰人结盟

  一道乘舟赴特洛伊亚参战，

——《 这虽 》于英雄亦是艰难，——
以惩拉俄墨冬之罪。 30
赫剌克勒夺下珀耳迦米亚，同他一起

ἔθνεα καὶ τὸν βουβόταν οὔρεϊ ἶσον
Φλέγραισιν εὑρὼν Ἀλκυο-
 νῆ, σφετέρας δ' οὐ φείσατο
χερσὶν βαρυφθόγγοιο νευρᾶς

Ἡρακλέης. ἀλλ' Αἰακίδαν καλέων　　　　　　　　　　　　　　Ἀντ. β'.
ἐς πλόον γάμον κύρησεν δαινυμένων.　　　　　　　　　　　　36
τὸν μὲν ἐν ῥινῷ λέοντος στάντα κελήσατο νε-
 κταρέαις σπονδαῖσιν ἄρξαι
καρτεραίχμαν Ἀμφιτρυωνιάδαν,
ἄνδωκε δ' αὐτῷ φέρτατος
οἰνοδόκον φιάλαν χρυσῷ πεφρικυῖαν Τελαμών,　　　　　　　40
ὁ δ' ἀνατείναις οὐρανῷ χεῖρας ἀμάχους
αὔδασε τοιοῦτον ἔπος·
 ' Εἴ ποτ' ἐμᾶν, ὦ Ζεῦ πάτερ,
θυμῷ θέλων ἀρᾶν ἄκουσας,

νῦν σε, νῦν εὐχαῖς ὑπὸ θεσπεσίαις　　　　　　　　　　　　Ἐπ. β'.
λίσσομαι παῖδα θρασὺν ἐξ Ἐριβοίας　　　　　　　　　　　　45
ἀνδρὶ τῷδε ξεῖνον ἁμὸν μοιρίδιον τελέσαι·
τὸν μὲν ἄρρηκτον φυάν, ὥσ-
 περ τόδε δέρμα με νῦν περιπλανᾶται
θηρός, ὃν πάμπρωτον ἀέθλων κτεῖνά ποτ' ἐν Νεμέᾳ·
θυμὸς δ' ἑπέσθω.' ταῦτ' ἄρα

屠灭了墨洛帕部落，并且在芙勒格剌
发现那位如山的牛牧
　　　阿尔居俄纽时，双手
没有免张自己

轰鸣的弓弦。然而来召唤埃亚哥之子　　　　　　　　【反转乙】
同航时，他遇到正办婚宴的他。　　　　　　　　　　　36
最勇敢的太拉蒙请身披
　　　狮皮而立、手执猛矛的
唵菲特茹翁之子
以琼浆裸奠开场，
递给他错金的盛酒之觞，　　　　　　　　　　　　　40
他便朝天举起战无不胜的双手，
昂声说出这番话道：
　　　"如果，哦父宙斯！你
心中愿意，听到我的祷告，

现在我便以此天籁般的祷词、　　　　　　　　　　【副歌乙】
现在就求告你，让其勇敢的儿子　　　　　　　　　　45
——他注定要成为我们的朋友——
自厄里包娅之夫诞生，让他
　　　坚不可摧的体魄如同现在包裹我身、
在涅墨亚诸项竞争中我最先杀的那头野兽之皮；
且让其勇气亦随之！"神向说了

οἱ φαμένῳ πέμψεν θεός
ἀρχὸν οἰωνῶν μέγαν αἰετόν· ἁ-
δεῖα δ' ἔνδον νιν ἔκνιξεν χάρις, 50

εἶπέν τε φωνήσαις ἅτε μάντις ἀνήρ Στρ. γ'.
'Ἔσσεταί τοι παῖς, ὃν αἰτεῖς, ὦ Τελαμών·
καί νιν ὄρνιχος φανέντος κέκλευ ἐπώνυμον εὐ-
ρυβίαν Αἴαντα, λαῶν
ἐν πόνοις ἔκπαγλον Ἐνυαλίου. '
ὣς ἆρα εἰπὼν αὐτίκα 55
ἕζετ'. ἐμοὶ δὲ μακρὸν πάσας ⟨ἀν⟩αγήσασθ' ἀρετάς·
Φυλακίδᾳ γὰρ ἦλθον, ὦ Μοῖσα, ταμίας
Πυθέᾳ τε κώμων Εὐθυμέ-
νει τε· τὸν Ἀργείων τρόπον
εἰρήσεταί που κἀν βραχίστοις.

ἄραντο γὰρ νίκας ἀπὸ παγκρατίου Ἀντ. γ'.
τρεῖς ἀπ' Ἰσθμοῦ, τὰς δ' ἀπ' εὐφύλλου Νεμέας, 61
ἀγλαοὶ παῖδές τε καὶ μάτρως. ἀνὰ δ' ἄγαγον ἐς
φάος οἵαν μοῖραν ὕμνων·
τὰν Ψαλυχιαδᾶν δὲ πάτραν Χαρίτων
ἄρδοντι καλλίστᾳ δρόσῳ,
τόν τε Θεμιστίου ὀρθώσαντες οἶκον τάνδε πόλιν 65
θεοφιλῆ ναίοισι· Λάμπων δὲ μελέταν

这番话的他派遣了
众禽之主大雕，甜美的
　　　　感恩令他内心欣喜，　　　　　　　　　　50

而此人如卜师般发声说道：　　　　　　　　【正转丙】
"将有一孩童，是你所求的，哦太拉蒙！
在此禽现身时你要以此名'膂力
　　　　广大的埃亚'称呼他，一位在战神
劳役中为众人敬畏者！"
言毕他随即　　　　　　　　　　　　　　　　55
坐下。要叙述 << 他们 >> 所有的贤能于我会太久；
因为我说到福拉基达，哦妙撒！作为庆胜欢歌的
司库复又述及匹忒亚和欧吐墨奈。
　　　　以阿耳高人的风格
所言怕要扼要。

因为辉煌的二子及其母舅在搏击全能赛中，　　【反转丙】
三次在地峡、数次在枝繁叶茂的涅墨亚　　　　61
赢得胜利。多少颂歌的
　　　　应得之份因他们得见光明！
他们以恺丽最美的露水
浇灌普撒吕喀亚得族人的世系，
就住在为神所亲的本邦　　　　　　　　　　　65
弘扬着忒米斯提俄之家。兰庞专注于"建功"，

ἔργοις ὀπάζων Ἡσιό-
 δου μάλα τιμᾷ τοῦτ' ἔπος,
υἱοῖσί τε φράζων παραινεῖ,

ξυνὸν ἄστει κόσμον ἑῷ προσάγων　　　　　　　　　　*Ἐπ. γ'.*
καὶ ξένων εὐεργεσίαις ἀγαπᾶται,　　　　　　　　　　70
μέτρα μὲν γνώμᾳ διώκων, μέτρα δὲ καὶ κατέχων
γλῶσσα δ' οὐκ ἔξω φρενῶν · φαί-
 ης κέ νιν ἄνδρ' ἐν ἀεθληταῖσιν ἔμμεν
Ναξίαν πέτραις ἐν ἄλλαις χαλκοδάμαντ' ἀκόναν.
πίσω σφε Δίρκας ἁγνὸν ὕ-
 δωρ, τὸ βαθύζωνοι κόραι
χρυσοπέπλου Μναμοσύνας ἀνέτει-
 λαν παρ' εὐτειχέσιν Κάδμου πύλαις.　　　　　　　　75

ΙΣΘΜΙΟΝ. Ζ'.

⟨ΣΤΡΕΨΙΑΔΗΙ ΘΗΒΑΙΩΙ ΠΑΓΚΡΑΤΙΩΙ.⟩

Τίνι τῶν πάρος, ὦ μάκαιρα Θήβα,　　　　　　　　　*Στρ. α'.*
καλῶν ἐπιχωρίων μάλιστα θυμὸν τεόν

对赫西俄多此言

　　　敬重有加，
广宣之以训诫其子，

还带给他自己的城邑以共享的光彩，　　　　　　　　【副歌丙】
并因善待异邦人而受人爱戴，　　　　　　　　　　　　70
立意追求节制，且掌握了节制；
他舌不违心；
　　　你会说他之于其他冠军是
纳克所的磨铜砺石之于其他石头。
我将请他们饮狄耳刻的
　　　净水，着金袍的姆奈谟叙奈
束深褶腰带的闺女们令其涌起于
　　　卡得谟建有堂皇城垣的门内。　　　　　　　　　75

地峡赞歌之七

＜庆台拜人斯特惹普西亚达
搏击全能赛得胜＞

从前那些，哦蒙福的台巴！　　　　　　　　　　　【正转甲】
那些本土的壮举中哪项，曾最让尔心

εὔφρανας; ἦρα χαλκοκρότου πάρεδρον
Δαμάτερος ἁνίκ' εὐρυχαίταν
ἄντειλας Διόνυσον, ἢ χρυσῷ μεσονύκτιον
  νείφοντα δεξαμένα τὸν φέρτατον θεῶν,   5

ὁπότ' Ἀμφιτρύωνος ἐν θυρέτροις   Ἀντ. α'.
σταθεὶς ἄλοχον μετῆλθεν Ἡρακλείοις γοναῖς;
ἢ ἀμφὶ πυκναῖς Τειρεσίαο βουλαῖς;
ἢ ἀμφ' Ἰόλαον ἱππόμητιν;
ἢ Σπαρτῶν ἀκαμαντολογχᾶν; ἢ ὅτε καρτερᾶς
  Ἄδραστον ἐξ ἀλαλᾶς ἄμπεμψας ὀρφανόν   10

μυρίων ἑτάρων ἐς Ἄργος ἵππιον;   Ἐπ. α'.
ἢ Δωρίδ' ἀποικίαν οὕνεκεν ὀρθῷ
ἔστασας ἐπὶ σφυρῷ
Λακεδαιμονίων, ἕλον δ' Ἀμύκλας
Αἰγεῖδαι σέθεν ἔκγονοι, μαντεύμασι Πυθίοις;   15
ἀλλὰ παλαιὰ γάρ
εὕδει χάρις, ἀμνάμονες δὲ βροτοί,

ὅ τι μὴ σοφίας ἄωτον ἄκρον   Στρ. β'.
κλυταῖς ἐπέων ῥοαῖσιν ἐξίκηται ζυγέν·
κώμαζ' ἔπειτεν ἁδυμελεῖ σὺν ὕμνῳ   20
καὶ Στρεψιάδᾳ· φέρει γὰρ Ἰσθμοῖ

欣喜？究竟是在你将位在铜锣

震响的<u>逮美底耳</u>身旁长发飘飘的

<u>狄俄内</u>所抬举出名时，抑或是当你在子夜时分

   接纳诸神中那位雪金的至优无双者、   5

而他那时站在门前来寻唵菲特茹翁之妻   【反转甲】

好有<u>赫剌克勒</u>那样的后嗣之时？

抑或由于<u>帖惹西亚</u>精明的谏议？

抑或关乎熟谙马术的<u>伊俄拉俄</u>？

抑或是为舞矛不倦的龙牙种人？抑或当你

   自杀声中派发将失去无数战友的   10

<u>阿得剌斯托</u>到宜于牧马的<u>阿耳高</u>时？   【副歌甲】

抑或因为你将<u>多洛人</u>的殖民地建于

<u>拉科代蒙</u>

立正的踝上？你的后裔<u>爱琴</u>的子孙们

遵照<u>匹透</u>的谶语占据了<u>阿缪克莱</u>？   15

然而因为古代的

荣耀入眠，必死的凡人健忘，

<< 若 >> 何事未鞴于辞章的   【正转乙】

光荣溪流之上从而达到智慧的极致；——

故而就以音调甜美的颂歌连同   20

<u>斯特惹普西亚达</u>一道庆祝吧！因为他自地<u>峡</u>载得

νίκαν παγκρατίου, σθένει τ' ἔκπαγλος ἰδεῖν τε μορ-
    φάεις, ἄγει τ' ἀρετὰν οὐκ αἴσχιον φυᾶς.

φλέγεται δὲ ἰοπλόκοισι Μοίσαις,   *Ἀντ. β'.*
μάτρωΐ θ' ὁμωνύμῳ δέδωκε κοινὸν θάλος,
χάλκασπις ᾧ πότμον μὲν Ἄρης ἔμειξεν,   25
τιμὰ δ' ἀγαθοῖσιν ἀντίκειται.
ἴστω γὰρ σαφὲς ὅστις ἐν ταύτᾳ νεφέλᾳ χάλα-
    ζαν αἵματος πρὸ φίλας πάτρας ἀμύνεται,

†λοιγὸν ἄντα φέφων† ἐναντίῳ στρατῷ,   *Ἐπ. β'.*
ἀστῶν γενεᾷ μέγιστον κλέος αὔξων
ζώων τ' ἀπὸ καὶ θανών.   30
τὺ δέ, Διοδότοιο παῖ, μαχατὰν
αἰνέων Μελέαγρον, αἰνέων δὲ καὶ Ἕκτορα
Ἀμφιάραόν τε,
εὐανθέ' ἀπέπνευσας ἁλικίαν

προμάχων ἀν' ὅμιλον, ἔνθ' ἄριστοι   *Στρ. γ'.*
ἔσχον πολέμοιο νεῖκος ἐσχάταις ἐλπίσιν.   36
ἔτλαν δὲ πένθος οὐ φατόν· ἀλλὰ νῦν μοι
Γαιάοχος εὐδίαν ὄπασσεν
ἐκ χειμῶνος. ἀείσομαι χαίταν στεφάνοισιν ἁρ-
    μόζων. ὁ δ' ἀθανάτων μὴ θρασσέτω φθόνος,

搏击全能赛的胜利，膂力骇人而且俊美，
　　拥有比其体魄更不令人羞耻的贤能。

他为编织紫罗兰华冠的妙撒照亮，　　　　　　　　【反转乙】
且给了同名的母舅他们共享的花环，
执铜干的阿瑞却使其遭遇大限，　　　　　　　　　25
而高贵者们有尊荣为回报。
因为就让身处此《战》云中的人清楚知道，
　　为了亲爱的父国他击退了血雹，

正面歼灭了敌军，　　　　　　　　　　　　　　　【副歌乙】
为其氏族——无论生者抑或逝者——
极大扩扬了城邑的名声。　　　　　　　　　　　　30
你！狄俄都托之子！赞许
武士墨勒阿格洛，赞许贺克陶耳
和唵菲亚柔，
在上军的阵中

气绝于华年，在其中高贵者们　　　　　　　　　　【正转丙】
抱着最远的希望坚持战争的格斗。　　　　　　　　36
我忍受了不可言状的悲恸，而如今
掣地君自暴风雨里赐与我
晌晴。发戴枝冠我将歌咏。
　　就让不死者们的妒嫉勿来搅扰，

ὅτι τερπνὸν ἐφάμερον διώκων　　　　　　　　　　*Ἀντ. γ'.*

ἔκαλος ἔπειμι γῆρας ἔς τε τὸν μόρσιμον　　　　　　41

αἰῶνα. θνᾴσκομεν γὰρ ὁμῶς ἅπαντες·

δαίμων δ' ἄϊσος· τὰ μακρὰ δ' εἴ τις

παπταίνει, βραχὺς ἐξικέσθαι χαλκόπεδον θεῶν

　　ἕδραν· ὅ τοι πτερόεις ἔρριψε Πάγασος

δεσπόταν ἐθέλοντ' ἐς οὐρανοῦ σταθμοὺς　　　　　　*Ἐπ. γ'.*

ἐλθεῖν μεθ' ὁμάγυριν Βελλεροφόνταν　　　　　　　46

Ζηνός. τὸ δὲ πὰρ δίκαν

γλυκὺ πικροτάτα μένει τελευτά.

ἄμμι δ', ὦ χρυσέα κόμᾳ θάλλων, πόρε, Λοξία,

τεαῖσιν ἀμίλλαισιν　　　　　　　　　　　　　　　50

εὐανθέα καὶ Πυθόι στέφανον.

ΙΣΘΜΙΟΝ. Η'.

<ΚΛΕΑΝΔΡΩΙ ΑΙΓΙΝΗΤΗΙ ΠΑΙΔΙ ΠΑΓΚΡΑΤΙΩΙ.>

Κλεάνδρῳ τις ἁλικίᾳ　　　　　　　　　　　　　*Στρ. α'.*

　τε λύτρον εὔδοξον, ὦ νέοι, καμάτων

因为在追逐每日的快乐中，　　　　　　　　　　　【反转丙】
我将安详度过老年以终于命定的　　　　　　　　　　41
寿限。乃因我们皆有一死。
神 << 定的命运 >> 却各不相同：若有人凝视着
久远，却太仓促而走不到诸神铺铜的
　　　住所；据说生翅的培迦所

欲入天上立身之处以跻身于宙斯的　　　　　　　【副歌丙】
会众间的主人贝尔勒洛丰塔　　　　　　　　　　　46
抛落。悖义的
甜蜜将有最苦涩的结局候之。
就赐给我们，哦生着茂密金发的黄道之王！
也在你的匹透　　　　　　　　　　　　　　　　　50
盛开的花冠！

地峡赞歌之八

＜庆爱琴纳人克勒安得洛
少年搏击全能赛得胜＞

为庆祝克勒安得洛　　　　　　　　　　　　　　　【甲】
　　及其成年，就派人

πατρὸς ἀγλαὸν Τελεσάρχου παρὰ πρόθυρον
ἰὼν ἀνεγειρέτω
κῶμον, Ἰσθμιάδος τε νί-
 κας ἄποινα, καὶ Νεμέᾳ
ἀέθλων ὅτι κράτος ἐξ-
 εὗρε· τῷ καὶ ἐγώ, καίπερ ἀχνύμενος 5
θυμόν, αἰτέομαι χρυσέαν καλέσαι 5 a
Μοῖσαν. ἐκ μεγάλων δὲ πενθέων λυθέντες
μήτ᾽ ἐν ὀρφανίᾳ πέσωμεν στεφάνων, 6 a
μήτε κάδεα θερά-
 πευε· παυσάμενοι δ᾽ ἀπράκτων κακῶν
γλυκύ τι δαμωσόμεθα καὶ μετὰ πόνον·
ἐπειδὴ τὸν ὑπὲρ κεφαλᾶς
γε † Ταντάλου λίθον παρά
 τις ἔτρεψεν ἄμμι θεός, 10

ἀτόλματον Ἑλλάδι μό-   Στρ. β'.
 χθον. ἀλλ᾽ ἐμοὶ δεῖμα μὲν παροιχομένων
καρτερὰν ἔπαυσε μέριμναν· τὸ δὲ πρὸ ποδὸς
ἄρειον ἀεὶ βλέπειν
χρῆμα πάν· δόλιος γὰρ αἰ-
 ὼν ἐπ᾽ ἀνδράσι κρέμαται,
ἑλίσσων βίου πόρον· ἰ-
 ατὰ δ᾽ ἐστὶ βροτοῖς σὺν γ᾽ ἐλευθερίᾳ 15

到其父<u>太勒撒耳库</u>辉煌的路门，哦少年们！

唤起庆祝狂欢，作为其辛劳的

有荣耀的回报，也作为<u>地峡</u>得胜的

  奖赏！因为他也寻求

称霸<u>涅墨亚</u>

  竞赛；故而我虽心中   5

悲悼，却也深情呼唤披戴黄金的   5a

<u>妙撒</u>。既从巨大的悲恸中解脱，

就让我们勿沦于叶冠的伶仃，   6a

也勿耽于哀伤！

  我们既已停止无可奈何的

不幸，就让我们虽在艰难过后也宣布件甜美之事，

在†毕竟有一位神为我们

将<u>探塔罗</u>头上的石头——

  <u>希腊</u>难以承受的苦难——   10

拨到一边之后。   【乙】

  然而对已往之事的恐惧

终结了我更强的追求；全部要务

就是始终盯住脚前

更好的事。因为随着

  人生进程的展开，悬在人之上的

寿命险恶；对于

  有自由的凡人而言就连这亦   15

καὶ τά. χρὴ δ᾽ ἀγαθὰν ἐλπίδ᾽ ἀνδρὶ μέλειν. 15 a
χρὴ δ᾽ ἐν ἑπταπύλοισι Θήβαις τραφέντα
Αἰγίνᾳ Χαρίτων ἄωτον προνέμειν, 16 a
πατρὸς οὕνεκα δίδυ-
   μαι γένοντο θύγατρες Ἀσωπίδων
ὁπλόταται, Ζηνί τε ἅδον βασιλέι.
ὃ τὰν μὲν παρὰ καλλιρόῳ
Δίρκᾳ φιλαρμάτου πόλι-
   ος ᾤκισσεν ἁγεμόνα· 20

σὲ δ᾽ ἐς νᾶσον Οἰνοπίαν Στρ. γ'.
   ἐνεγκὼν κοιμᾶτο, δῖον ἔνθα τέκες
Αἰακὸν βαρυσφαράγῳ πατρὶ κεδνότατον
ἐπιχθονίων· ὃ καί
δαιμόνεσσι δίκας ἐπεί-
   ραινε· τοῦ μὲν ἀντίθεοι
ἀρίστευον υἱέες υἱ-
   έων τ᾽ ἀρηίφιλοι παῖδες ἀνορέᾳ 25
χάλκεον στονόεντ᾽ ἀμφέπειν ὅμαδον, 25 a
σώφρονές τ᾽ ἐγένοντο πινυτοί τε θυμόν.
ταῦτα καὶ μακάρων ἐμέμναντ᾽ ἀγοραί, 26 a
Ζεὺς ὅτ᾽ ἀμφὶ Θέτιος
   ἀγλαός τ᾽ ἔρισαν Ποσειδὰν γάμῳ,
ἄλοχον εὐειδέα θέλων ἑκάτερος

可医治。人应心怀良好的希望；　　　　　　　　　15 a
生长于七门台拜的人应将恺丽的
菁华首先献给爱琴娜，　　　　　　　　　　　　16 a
因为阿索波的女儿中最小的
　　　两个为其父
所生，并且为宙斯王喜爱。
他家于傍流水涓涓的狄耳刻
河边的此 << 城 >>，
　　　喜好车乘的城邦之首；　　　　　　　　　20

他将你带到酒岛上后，　　　　　　　　　　　【丙】
　　　哄你入睡，在那儿你生下
神一般的埃亚哥，地上凡人中最为殷殷雷霆之父
所珍爱的那个；他甚至还
为众神裁决了公案；
　　　他俸神的诸子
以及诸子中那些尚武的
　　　子孙凭藉豪雄气概而卓荦，　　　　　　　25
出入于令人呻吟的铜兵铿锵声中，　　　　　　　25 a
且这些明哲之人心思审慎。
这些蒙福者们的议事会也记得，　　　　　　　　26 a
那时宙斯为娶忒提
　　　同耀彩的波塞冬竞争，
每个都愿她成为自己的

ἐὰν ἔμμεν· ἔρως γὰρ ἔχεν.
ἀλλ' οὔ σφιν ἄμβροτοι τέλε-
  σαν εὐνὰν θεῶν πραπίδες, 30

ἐπεὶ θεσφάτων ⟨ἐπ⟩άκου-   *Στρ. δ'.*
  σαν· εἶπε δ' εὔβουλος ἐν μέσοισι Θέμις,
εἵνεκεν πεπρωμένον ἦν, φέρτερον πατέρος
ἄνακτα γόνον τεκεῖν
ποντίαν θεόν, ὃς κεραυ-
  νοῦ τε κρέσσον ἄλλο βέλος
διώξει χερὶ τριόδον-
  τός τ' ἀμαιμακέτου, Ζηνὶ μισγομέναν   35
ἢ Διὸς παρ' ἀδελφεοῖσιν. ἀλλὰ τὰ μέν   35 a
παύσατε· βροτέων δὲ λεχέων τυχοῖσα
υἱὸν εἰσιδέτω θανόντ' ἐν πολέμῳ,   36 a
χεῖρας Ἀρεῖ ⟨τ'⟩ ἐν-
  αλίγκιον στεροπαῖσί τ' ἀκμὰν ποδῶν.
τὸ μὲν ἐμόν, Πηλέι γέρας θεόμορον
ὀπάσσαι γάμου Αἰακίδᾳ,
ὅν τ' εὐσεβέστατον φάτις
  Ἰαολκοῦ τράφειν πεδίον·   40

ἰόντων δ' ἐς ἄφθιτον ἄν-   *Στρ. ε'.*
  τρον εὐθὺς Χίρωνος αὐτίκ' ἀγγελίαι

美貌配偶；因为爱欲主宰着。
然而神明们不死的心思
　　　　　没能给他们玉成床笫，　　　　　　　　　　30

在他们聆听了神谕之后；　　　　　　　　　　　【丁】
　　　　　善出良策的忒米在他们中间说道：
这位海中女神命定要生一个
比其父更强壮、为王的
子嗣，他能手发
　　　　　比霹雳
和无以抵御的三叉牙簇
　　　　　更强的别样箭矢——无论她同宙斯　　　35
结合或与宙斯的昆弟。"那就歇了　　　　　　　35 a
这个《主意》吧！让她上过凡人的床榻后，
看着儿子死于战争，——　　　　　　　　　　36 a
他手赛阿瑞<而>
　　　　　足捷似电。
我的谏议是将那神所注定的婚礼的荣耀
赐给埃亚哥之子培琉，
且有传说云，是伊阿俄尔哥平原
　　　　　养育了最虔敬的他；　　　　　　　　40

就让这旨意马上径直　　　　　　　　　　　　【戊】
　　　　　来到喀戎不朽的岩窟，

μηδὲ Νηρέος θυγάτηρ νεικέων πέταλα
δὶς ἐγγυαλιζέτω
ἄμμιν· ἐν διχομηνίδεσ-
  σιν δὲ ἑσπέραις ἐρατόν
λύοι κεν χαλινὸν ὑφ᾽ ἥ-
  ρωϊ παρθενίας. ᾽ὣς φάτο Κρονίδαις   45
ἐννέποισα θεά· τοὶ δ᾽ ἐπὶ γλεφάροις   45 a
νεῦσαν ἀθανάτοισιν· ἐπέων δὲ καρπός
οὐ κατέφθινε. φαντὶ γὰρ ξύν᾽ ἀλέγειν   46 a
καὶ γάμον Θέτιος ἄ-
  νακτα, καὶ νεαρὰν ἔδειξαν σοφῶν
στόματ᾽ ἀπείροισιν ἀρετὰν Ἀχιλέος·
ὃ καὶ Μύσιον ἀμπελόεν
αἵμαξε Τηλέφου μέλα-
  νι ῥαίνων φόνῳ πεδίον   50

γεφύρωσέ τ᾽ Ἀτρεΐδαι-   *Στρ. ς΄.*
  σι νόστον, Ἑλέναν τ᾽ ἐλύσατο, Τροΐας
ἶνας ἐκταμὼν δορί, ταί νιν ῥύοντό ποτε
μάχας ἐναριμβρότου
ἔργον ἐν πεδίῳ κορύσ-
  σοντα, Μέμνονός τε βίαν
ὑπέρθυμον Ἕκτορά τ᾽ ἄλ-
  λους τ᾽ ἀριστέας· οἷς δῶμα Φερσεφόνας   55

勿让奈柔女儿将内斗之叶

再度置于

我们手中！在望日的

  黄昏愿她

让这位英雄除去童真的

  可爱辔靷！"女神说道，   45

向克洛诺的二子发言。他们眨动   45 a

不死的眼睑颔首赞同，言辞的果实

于是没有衰败。因为据说那位国君   46 a

与忒提共同

  履行了婚礼。而智者之口

向不知情者们宣讲了阿喀尔琉年轻的贤能：

他将底勒弗的暗色血泊洒在

葡萄藤覆盖的

  缪西亚原野后，   50

为阿特柔二子的返乡   【己】

  建起津梁，还解放了海伦，在他从特洛伊亚

大树上斩断筋腱后：它们昔日曾

阻挡他在原野上

布下杀人如麻的

  战阵：——门农的

膂力、心气高傲的贺克陶耳，以及其他

  优异之士；阿喀尔琉，这位埃亚哥后人的   55

μανύων Ἀχιλεύς, οὖρος Αἰακιδᾶν, 55 a
Αἴγιναν σφετέραν τε ῥίζαν πρόφαινεν.
τὸν μὲν οὐδὲ θανόντ' ἀοιδαὶ ⟨ἐπ⟩έλιπον, 56 a
ἀλλά οἱ παρά τε πυ-
  ρὰν τάφον θ' Ἑλικώνιαι παρθένοι
στάν, ἐπὶ θρῆνόν τε πολύφαμον ἔχεαν.
ἔδοξ' ἦρα καὶ ἀθανάτοις,
ἐσλόν γε φῶτα καὶ φθίμε-
  νον ὕμνοις θεᾶν διδόμεν. 60

τὸ καὶ νῦν φέρει λόγον, ἔσ-   Στρ. ζ'.
  συταί τε Μοισαῖον ἅρμα Νικοκλέος
μνᾶμα πυγμάχου κελαδῆσαι. γεραίρετέ νιν,
ὃς Ἴσθμιον ἂν νάπος
Δωρίων ἔλαχεν σελί-
  νων· ἐπεὶ περικτίονας
ἐνίκασε δή ποτε καὶ
  κεῖνος ἄνδρας ἀφύκτᾳ χερὶ κλονέων. 65
τὸν μὲν οὐ κατελέγχει κριτοῦ γενεά 65 a
πατραδελφεοῦ· ἁλίκων τῷ τις ἁβρόν
ἀμφὶ παγκρατίου Κλεάνδρῳ πλεκέτω 66 a
μυρσίνας στέφανον, ἐ-
  πεί νιν Ἀλκαθόου τ' ἀγὼν σὺν τύχᾳ
ἐν Ἐπιδαύρῳ τε νεότας δέκετο πρίν·

卫士，给他们指示了 55 a
斐耳色丰奈的府第，还令爱琴纳和他自己的根出名。
诗歌没有离弃这位死者， 56 a
而是有贺利孔
　　　处女们站在他火葬的
积薪旁，倾注了多声部的殡歌。
宜乎不死者们
将这高贵之人哪怕已死
　　　也要交给女神们的颂歌。 60

如今它也 << 在此 >> 生出赞辞， 【庚】
　　　妙撒之乘急驰而来，
歌颂拳击手尼哥克勒以为纪念。你们敬给他吧！
这个在地峡的溪谷
得到多里亚西芹之人，
　　　在其无法逃避的拳头
一通暴击、战胜了
　　　近邻们之后。 65
他卓越的伯父的氏族没有 65 a
辱没他；故而就让同龄人中来人
给搏击全能赛的克勒安得洛编织 66 a
漂亮的桃金娘冠！——
　　　既然阿尔卡突俄赛会
和在厄庇道洛的青春从前以幸运接纳了他；

τὸν αἰνεῖν ἀγαθῷ παρέχει·
ἥβαν γὰρ οὐκ ἄπειρον ὑ-
 πὸ χειᾷ καλῶν δάμασεν. 70

应容许高尚之士赞扬他,

因为他没有将未曾尝试

  壮举的青春强捺在洞中。   70

本书希腊文本异于 Snell/Maehler 校勘本处详表

并附 Turyn、Schroeder 等校本对照

Snell/Maehler	本书	Turyn
κεινὰν (Schroeder)	O.2 65 κενεὰν	同本书
ἔπε τα	O.6 15 ἔπειτα	同本书 (Schroeder, Slater)
μετάλλαοέν 当系误植	62 μετάλλᾱσέν	同本书
φλογὸς οὔ.τεῦξαν … (Schroeder)	O.7 48 φλογὸς οὔ · τεῦξαν …	同本书
ἐφάψεαι.	O.9 12 ἐφάψεαι,	同本书 (Schroeder)
标题中无此字	P.3 标题 ΚΕΛΗΤΙ.	同本书 (Heyne)
ἑταίρα	18 ἑταῖραι	同本书 (Slater, Schroeder, Mommsen)
ἀμφικτιόνων	P.4 66 Ἀμφικτιόνων	同 S/M
κρίθεν 字后无分号	168 κρίθεν ·	同本书 （他本皆同）
ἀμειβόμενοι 字后无分号	226 ἀμειβόμενοι ·	同本书 (Heyne, Schroeder)

本书希腊文本异于 Snell/Maehler 校勘本处详表　433

（续表）

χλοαρὸν	P.9 38 χλιαρὸν	χλαρὸν
θέμιν	P.11 9 Θέμιν	同 S/M
ἀπείρῳ	N.4 51 Ἀπείρῳ	同 S/M
τὰν	67 τᾶς	同本书
τέ	N.6 60 σέ	他本皆同本书
... τεθνακότων Βοαθόων, τοι παρὰ ... μόλον χθονός.ἐν Πυθίοισι ... κεῖται Πριάμου ...	N.7 33-35 ... τεθνακότων. βοαθόων τοι παρὰ ... μόλον χθονός — ἐν Πυθίουσι ... κεῖται — Πριάμου ... (βοαθόων 小写从 Slater)	... τεθνακότων Βοαθόων, τοι παρὰ ... μόλον χθονός · ἐν Πυθίοισι ... κεῖται, Πριάμου ...
ἀίσσει ... ὡς ὅτε δένδρεον < - - >,	N.8 40 αὔξεται ... ὡς ὅτε δένδρεον ἀίσσει,	αὔξηται ... ὡς ὅτε δένδρεον ᾄσσει,
<- ∪ ->	N.9 17 <δὴ τόθεν>	καί ποτε
μελίζεν	N.11 18 μελιζέμεν 其后 ἀοιδαῖς 并音 (synizesis, Smyth § 60) 为二音 节, 见 Verdenius, *Illinois* *Class.Studies* 7.1 (1982) : 26	同本书

	I.2 10 < ἐτᾶς > (Thummer)	ὁδῶν
< ∪ - >		
εὐφροσύναν	I.3 10 Εὐφροσύναν	同 S/M
ἐς πλόον < -- >	I.6 36 ἐς πλόον γάμον (Thummer)	ἐς πλόον λαῶν
ἀμύνων	I.7 28 ἄντα φέφων (Thummer)	ἀμφιβαλών

说明：

1. 单数宾格第三人称代词 μιν，Snell/Maehler 本多作 νιν，本书于此有异于 Snell/Maehler 本诸处，不在表中列出。

2. 相继二元音一般可合读为双元音而限于格律不作双元音读者，Snell/Maehler 多不标分音符号 ¨，Turyn 则多一一标出，兹从 Turyn 本等皆为之标出，以此有异于 Snell/Maehler 本者，不在表中列出。

3. 希腊文本个别短语子句 Snell/Maehler 不用逗号处，本书偶增逗号，以令句式语意清晰，以此与之相异者，不在表中列出。

专名注释引得

凡 例

1. 所列词条涵盖竞技庆胜赞歌集正文中所有专名，并含专名派生之形容词、名词等衍生词。

2. 神名、人名、地名绝大多数音译，少数意译。

3. 意译神明名称多为概念名词拟人——例如"事后聪明"——以及神明附称（epitheton）——例如"掣地君"，——凡属此类者，正文与引得中皆用楷体字。其余专名在正文中皆下加横线以求醒目。

4. 词条或括以圆括号，表示该专名诗文中未见直接提及，然诗中以转称或代称间接指代焉；词条内出处亦有括以圆括号者，表示诗中该处未直接提及该专名，然暗指焉。

5. 音译专名除少数在当代汉语中极其常见且译法固定者采用流行通译外——如"阿波罗""雅典""希腊""奥林匹亚"等，余皆依《希汉对音谱》所列对译法生成。

6. 引得中品达作品简称分别为：《奥》=《奥林匹亚竞技赛庆胜赞歌》；《匹》=《匹透竞技赛庆胜赞歌》；《涅》=《涅墨亚竞技赛庆胜赞歌》；《地》=《地峡竞技赛庆胜赞歌》；简称后接阿拉伯数字诗篇数＋西文句号＋行数；若一篇中有多项出处，更多行号则以逗号相分隔。

7. 引得中行数依中译文行数，与原文或略有出入。

8. 引得词条所提供希腊对应原文皆为字词原形（lemma），而各条目内引文如附原文则多为原文中词形原貌，非尽为其原形。

9. 斜线箭头符号↗表示参观或另见相关词条。

10. 大写希腊字母 Σ 代表《竞技庆胜赞歌集》古注。

11. 中文词条以及词条释文中专名后如有上角星号，一星 * 表示译名与梁德润《希腊罗马神话和圣经专名小词典》（北京：外研社，1982）对应译名相同，二星 ** 表示与和合本圣经中对应译名相同，三星 *** 表示与流行通译相同。

12. 词条释文所涉神话绝大多数本品达诗中所叙，此外为完足所叙神话片段之连续性，补充以所涉神话品达时代及其之前流传之说中缺失部分，因而或与后世通行相关神话内容有别，读者当识之。

13. 引得中地名应与本书所含地图相参看，地名后如附括号 + "图" + 中文数字，指该地所出现之地图，例如："雅典（图一）"指该地出现于书中三幅地图之第一幅中。

14. 引得词条依汉语拼音排序。

A

阿巴（* 阿巴斯）"Ἄβας: **阿耳高**↗王，先王**棱考**↗与**旭珀耳美斯特拉**↗之子，**达纳俄**↗之孙。阿巴武德强大，建阿拜"Ἄβαι 城于萤基（图一），另在**忒斯撒利亚**↗设定居地，且扩张至**欧**

包亚岛↗，为欧包亚王。死后其族人执其盾入侵阿耳高，所向披靡，遂据有之，即诗中所谓"宽广的通衢"，阿巴之名竟而成为阿耳高古称，"阿巴的人民"即阿耳高之民。阿巴多子，其中有孪生兄弟阿克里西俄 'Ακρίσιος 与**普鲁托**↗，前者生女**达娜婀**↗。Σ 一说阿巴乃**塔拉俄**↗之父、**阿得剌斯托**↗祖父，近代学者或（Mezger、Parnell）从此说，或（Gildersleeve）以为非是：《匹》8.54

阿波罗 * 'Απόλλων：宙斯与**累陶**↗所生之男神，其孪生姊妹为**阿耳太米**↗。诞生于**逮罗**↗岛，主圣所在**匹透**↗，其中**德尔嶓**↗乃其巫觋发布谶语之所，匹透竞技会本为赛阿波罗而立。其法相为披散金发，执弓善射，挎金琴，能医术。徒名：《奥》3.16; 6.34; 8.41; 14.11;《匹》1.1; 2.16; 3.11, 40; 4.5, 66, 87, 177, 294; 5.60, 79; 7.10; 8.18; 9.27, 64; 10.10, 34《涅》5.24, 44; 9.1;《地》2.18； a) 加饰词或附称："圣洁的" ἁγνός：《匹》9.64 "未薙发的" ἀκερσεκόμας：《匹》3.14;《地》1.9; "开拓者" ἀρχαγέτας：《匹》5.60 "箭筒敞阔的" εὐρυφαρέτρας：《匹》9.26 "法力广大的" εὐρυσθενής：《地》2.18 "能遥距发威的" ἑκάεργος：《匹》9.26 "执金弓的" χρυσότοξος：《奥》14.11 "金发" χρυσοχαίτας：《匹》2.16 "挎金琴的" χρυσάωρ：《匹》5.104 "长髮飘然的" χαιτάεις：《匹》9.5 "逮罗的" Δάλιος：《匹》9.10 "逮罗的守护神" Δάλου σκοπός：《奥》6.59 "卡耳耐俄" Καρνήιος：《匹》5.79 "吕基亚的" Λύκιος：《匹》1.39 "匹透的" Πύθιος：《奥》14.10《涅》3.69 b) 转称与别称："累陶之子" παῖς Λατοῦς：《奥》8.31（"一双子女" παῖδες：《涅》

9.5)"宙斯子(女)" παῖs Διόs:《匹》3.12 "黄道之王" Λοξίαs:《匹》3.27; 11.5《地》7.49 "医者派安" ἰατὴρ Παιάν:《匹》4.270;(《匹》3.67:"或是依其父者")"皤玻" Φοῖβοs:《奥》6.50; 9.32《匹》1.39; 3.14; 4.53; 5.104; 9.40《涅》9.9《地》1.9 "神":《奥》8.46 "生金髪的神" Χρυσοκόμαs:《奥》6.41; 7.32《地》7.49 "能远射的神" Ἑκαταβόλοs:《匹》8.61 c) 派生形容词 Ἀπολλώνιοs:《匹》5.23, 90; 6.9 "～的所爱" Ἀπολλωνιάs: **逮罗岛**↗,《地》1.6 d) 事迹: 德尔皤阿波罗赛会移植于爱琴纳:《匹》8.66 ↗ "累陶" ↗ "匹透"

阿得剌斯托(* 阿德拉斯托斯)Ἄδραστοs: **阿耳高**↗王、曾随**阿耳戈**↗之舟出航之**塔拉俄**↗之子, 塔拉俄于内乱中为**俺菲亚柔**↗所弑("内斗失势"), 阿得剌斯托因而流亡**西居翁**↗。西居翁王波吕玻 Πόλυβοs 薨而无后, 阿得剌斯托遂继承王位, 在西居翁为王时建立**涅墨亚赛会**↗。阿氏继而与俺菲亚柔和解, 以昆姊**厄里福累**↗妻之, 连同**波吕聂刻**↗等六雄合攻**台拜**↗城, 兵败六雄皆战死, 唯阿得剌斯托独存, 曾发言痛悼俺菲亚柔; 十年后阿得剌斯托鼓动七雄之子再攻台拜, 大胜, 然众人中唯其独子埃癸亚琉 Αἰγιαλεύs 阵亡, 徐皆全身而归, 故曰"其家事反向而行":《奥》6.13《匹》8.48《涅》8.51; 9.9; 10.12《地》7.11 派生形容词: "～赛会" Ἀδράστεια ἄεθλα:《地》4.44 "～之规" Ἀδράστειοs νόμοs:《涅》10.28 派生名词: "～后裔家族" Ἀδραστίδαι:《奥》2.45

阿得美托(* 阿德墨托斯)Ἄδματοs: **伊阿宋**↗从父**斐热**↗之子, 故亦即伊阿宋从兄:《匹》4.126

阿尔斐俄河（*阿尔斐俄斯）'Αλφεός：在艾利↗境内，流经奥林匹亚↗圣地：《奥》1. 20, 92; 2.13; 3. 22; 5.18; 6. 34, 58; 7. 15; 8. 9; 9. 18; 10. 48; 13. 36《涅》1. 1; 6. 18《地》1. 66

阿尔基米达 'Αλκιμίδας：涅墨亚少年角抵赛冠军，爱琴纳人，忒翁 Θέων 之子（Σ），属源自赫剌克勒之巴斯西族↗，其家族隔代必出竞赛冠军，故其父于竞技比赛并无建树，然其祖父普剌克西达马↗为爱琴纳人中首位得胜于奥林匹亚赛会者，此外尚有五次在地峡赛会、三次在涅墨亚赛会获胜；普剌克西达马之父索克雷达↗于竞技比赛亦无建树，然其祖父哈盖西马库↗因其三子（索克雷达昆弟）得胜而声名斐然：《涅》6. 8, 60

阿尔基墨冬 'Αλκιμέδων：爱琴纳人伊菲翁↗之子，属埃亚哥↗后裔卜勒普西亚氏族↗，第80届奥林匹亚赛会（前460年）少年角抵赛冠军，其教练是著名教练墨累西亚↗，阿尔基墨冬此次得胜乃其所训练选手所获之第三十次胜利：《奥》8. 17, 65

阿尔居俄纽 'Αλκυονεύς：诸癸冈↗之一，牛牧，为赫剌克勒与太拉蒙↗所戮，然而被击败前给敌人以痛击，致其损失十二乘戎车和二十四位武士：《涅》4. 27《地》6. 33

阿尔卡突俄赛会 'Αλκαθόου ἀγών：阿尔卡突俄 'Αλκάθοος 乃珀罗↗之子，阿特柔↗昆弟；一说厄里包娅↗系其女，如此则为埃亚↗外祖父，竞技赛会举行于墨迦剌↗以纪念之：《地》8. 67

阿尔凯俄氏族 'Αλκαΐδαι：阿尔凯俄（*阿尔开俄斯）'Αλκαῖος 乃俺菲特茹翁↗之父，俺妻生孪生兄弟伊菲克勒↗与赫剌克勒↗：《奥》6. 68

阿尔克麦翁氏族 Ἀλκμανίδαι：雅典望族，其祖乃西尔罗 Σίλλος 之子阿尔克麦翁 Ἀλκμαίων，荷马史诗英雄**涅斯陶耳**↗曾孙：《匹》7.2

阿尔克曼 Ἀλκμάν：品达用字，通书作 Ἀλκμαίων 阿尔克麦翁（*阿尔克迈翁）：**俺菲亚柔**↗之子，卜师，七雄攻台拜之**后生子**↗七人之一，曾预言**阿得剌斯托**↗之子阵亡，其后人入主**阿耳高**↗，其预言之所据说在台拜城内，品达居所之畔，故诗人称之为"我的邻居和我产业的护卫"：《匹》8.46, 57

阿尔克美奈（*阿尔克墨涅）Ἀλκμήνα：**提囯**↗与**缪刻乃**↗王艾勒克特茹翁 Ἠλεκτρύων 之嫡女，**利昆尼俄**↗嫡姊，**俺菲特茹翁**↗之妻，与之生**伊菲克勒**↗，宙斯化身为其夫与之相交生**赫剌克勒**↗：《奥》7.27《匹》4.172; 9.84《涅》1.49; 10.11《地》1.12; 4.72; 6.28

阿尔提 Ἄλτις：赫剌克勒所立奥林匹亚宙斯圣地：《奥》10.45

阿耳高 Ἄργος（图一）：珀罗之岛（Πελοπόννησος，*伯罗奔尼撒）境内阿耳高利（Ἀργολίς）地区城邦与区域名，赫剌赛会在此举行，奖品为铜干：《奥》7.83; 9.68, 88; 13.107《匹》5.71; 8.41（"通衢"55）; 9.112《涅》9.13; 10.2, 40《地》5.33 **a)** 派生形容词：Ἀργεῖος：谓其地或其民，《奥》7.18《匹》4.49（指阿耳高利海湾，图一）《涅》10.19 "~人的风格" Ἀργεῖος τρόπος：《地》6.58 **b)** 派生名词："~人" Ἀργεῖος：《地》2.9 **c)** 加饰词："宜牧马的 ~" Ἄργος ἵππιον：《地》7.115）转称："围马之邑" ἱπποτρόφον ἄστυ：《涅》10.42 ↗"阿里斯塔高剌"

阿耳戈 * ’Ἀργώ：舟名，**伊阿宋**↗乘之统领阿耳戈之航：《奥》13. 54《匹》4. 25, 184

阿耳喀罗库 ’Ἀρχίλοχος：**帕洛岛**↗人，竖琴诗人，生于约前 680，卒于约前 645 年，作赫剌克勒颂，古希腊人例咏之以庆冠军得胜，故称为《庆胜曲》；亦善作谤诗，故诗人称其"食恶语的仇恨而肥"：《奥》9. 1《匹》2. 54

阿耳卡狄亚 ’Ἀρκαδία（图一）：希腊地名，位于珀罗之岛中部，名本宙斯之子、猎人、古王阿耳卡（’Ἀρκάς）：《奥》3. 27; 6. 80, 99; 7. 83《匹》3. 25 **a)** 加饰词："多羊的" εὔμηλος：《奥》6. 99 **b)** 派生名词："~人（的）" ’Ἀρκάς：《奥》6. 34; 9. 68; 13, 107

阿耳科西拉 ’Ἀρκεσίλας：**1)** **巴特托**↗四世之子，**居热奈**↗王阿耳科西拉四世，居热奈城邦巴特托王朝末王，前 462 年获匹透赛车冠军；为政凶暴，致城邦生变，携独子出奔，前 440 年双双遇害：《匹》4. 2, 65, 250, 298; 5. 5, 102 **2)** **太涅都**↗人，**阿里斯塔高剌**↗之父：《涅》11. 11 此处原文主格 ’Ἀγησίλας，乃 Maas 臆读，古抄本作单数宾格 ’Ἀρκεσίλαν

阿耳柯斯特剌托 ’Ἀρχέστρατος：**罗克洛**↗人，**哈盖西达谟**↗之父：《奥》10. 2, 99; 11. 11

阿耳太米（* 阿尔忒弥斯；** 亚底米）’Ἄρτεμις：宙斯与**累陶**↗所生女神，**阿波罗**↗昆姊，**逮罗岛**↗与**俄耳图癸亚岛**↗奉之尤盛：《匹》2. 7; 3. 9; 4. 91《涅》1. 3; 3. 51 **a)** 别称 "俄耳透西娅" ’Ὀρθωσία：《奥》3. 30 **b)** 附称 "射箭的处女" ἰοχέαιρα παρθένος：《匹》2. 9 **c)** 加饰词 "御马的" ἱπποσόα：《奥》3.

26 **d)** 转称"阿波罗的女兄" κασιγνήτα Ἀπόλλωνος:《匹》3.32

阿耳西诺娚 Ἀρσινόα: **俄惹斯底**↗乳母,俄父阿迦门农遭妻与奸夫谋杀时,幼子为其救出得全:《匹》11.17

阿法柔之子 Ἀφαρητίδαι: 阿法柔 Ἀφαρεύς 乃珀罗之岛西南部墨斯赛尼亚 Μεσσηνία（图一）王,其子即**棱考**↗与**伊达**↗,二人与**宙斯双子**↗相斗,杀其中**卡斯陶耳**↗后被宙斯以霹雳双双击毙:《涅》10.65

阿芙洛狄底（*阿佛洛狄忒）Ἀφροδίτα: 爱神,战神**阿瑞**↗之妻:《奥》7.14《匹》2.17; 4.88; 5.24; 6.2; 9.9《涅》8.1《地》2.4 **a)** 德指格谓情事:《奥》6.35 **b)** 加附称或饰词:"足踏银波的" ἀργυρόπεζα:《匹》9.9 "转眄流睛的" ἑλικῶπις:《匹》6.1 "坐华丽御座的" εὔθρονος:《地》2.5 "箭镞的女主" πότνια βελέων:《匹》4.214 "居普洛岛诞生的" Κυπρογένεια:《匹》4.213 ↗ "居普洛" **c)** 派生形容词:"~花朵" Ἀφροδίσια ἄνθεα:《涅》7.53 **d)** 其祭司: **基内剌**↗

阿迦门农的灵魂 Ἀγαμεμνονία ψυχά:《匹》11.21 阿迦门农（*阿伽门农）Ἀγαμέμνων 乃**阿特柔**↗之子,**墨涅拉**↗之兄,**缪刻乃**↗王,希腊讨伐**特洛伊亚**↗联军首领,克特洛伊亚时掳**普里阿谟**↗女**卡斯桑得剌**↗为妾,战讫还乡为妻**克吕泰美斯特剌**↗伙同奸夫**埃癸斯突**↗谋杀,有子**俄惹斯底**↗后为之复仇

阿喀尔琉（*阿喀琉斯）Ἀχιλλεύς: **培琉**↗与**忒提**↗之子,有子**涅俄普托勒谟**↗。一生骁勇善战。希腊人袭击缪西亚失利,然退却中仍能伤其王**底勒弗**↗之股;特洛伊亚战争中杀敌将**贺克陶耳**↗、焦颜国王**门农**↗。有神将密友**帕特洛克罗**↗,

后阵亡；其本人特洛伊亚战争后期亦为**帕里**↗射杀。阵亡后两军为争夺其甲胄兵器鏖战良久，竟为希腊人夺回，然鏖战最力之**埃亚**↗与**俄杜修**↗为争其甲胄而竞技，俄杜修得胜，埃亚自杀。阿喀尔琉死后，其母向宙斯代为请求，获准居于福人岛上，跻身于**培琉**↗、**卡得谟**↗等蒙福灵魂中间：《奥》2.79; 9.71; 10.19《匹》8.100《涅》3.43; 4.49（其岛指**琉刻岛**↗）; 6.50; 7.27; 8.30《地》8.（"儿子"36 a）, 48, 55（Σ："他自己的根"喻其祖先）

阿卡斯托 Ἄκαστος：**珀利亚**↗之子，**希普波吕塔**↗之夫，**忒斯撒利亚**↗之**莽奈西亚**↗地区**伊阿俄尔哥**↗城邦之王，希普波吕塔挑逗**培琉**↗而不遂，遂向其夫构陷之，阿卡斯托欲除培琉，遂盗藏**代达罗**↗（一说**赫费斯托**↗）为其所铸之"弯刀"而弃其人只身于**培利昂山**↗中，然培琉获**喀戎**↗接济而得免，后连同**伊阿宋**↗攻陷伊阿俄尔哥：《涅》4.57; 5.30

阿恺耳奈 Ἀχάρναι：**雅典**↗下属镇 δῆμος 名：《涅》2.16

阿柯戎（*阿刻戎）Ἀχέρων：冥间河流，代指阴间：《匹》11.21《涅》4.85

阿克剌迦 Ἀκράγας：1) 水名，在**西西里**↗，流经同名城邦，今作 Fiume di Girgenti，或因其支流而称 Fiume di San Biagio：(《奥》2.9)《匹》12.2 2) 城邦名（图二），位于西西里岛南边海岸：《奥》2.6, 91; 3.2《匹》6.5 派生名词："～邦民" Ἀκραγαντῖνος：《地》2.17

阿克戎 Ἄκρων：西西里之**卡马里纳城**↗人**普扫米**↗之父：《奥》5.8

阿克陶耳 Ἄκτωρ：**俄浦**↗王，**墨挪提俄**↗之父，**帕特洛克罗**↗祖

父：《奥》9.69

阿拉塔 ’Αλάτας：**多洛人**↗，**哥林多**↗王，**赫剌克勒**↗后裔，曾击败**西叙弗**↗族人：《奥》13.14

阿勒克西比亚之子 ’Αλεξιβιάδας：名**卡耳娄托**↗，**居热奈**↗王**阿耳科西拉四世**↗之御夫：《匹》5.45

阿勒克西达谟 ’Αλεξίδαμος：据 Σ 乃**太勒西克剌底**↗之祖先，曾因在**伊剌撒**↗王**安泰俄**↗所设择亲赛跑中首个冲到终点，得娶其女为妻：《匹》9.121

阿里斯塔高剌 ’Αρισταγόρας：**太涅都**↗人，**阿耳科西拉**↗之子，属**佩桑得洛**↗世系，佩桑得洛因**多洛人**↗迁徙而离**阿缪克莱**↗来到**包奥提亚**↗，在此与台拜人**墨岚西普波**↗混血后，最终迁至太涅都岛定居；品达诗庆祝其选举入主太涅都公府：《涅》11.3, 21

阿里斯泰俄（*阿里斯塔俄斯）’Αρισταῖος：阿波罗与**居热奈**↗所生，甫坠地即为众神执讯**贺耳美**↗携与**时辰**↗与**土地**↗二女神以琼浆玉馔哺育，及长为农牧之神（"猎人"和"牧童"）：《匹》9.65

（阿里斯托逮谟 ’Αριστόδημος）：**斯巴达**↗武士，希波战争中前480 年忒耳谟哀莱战役 Μάχη τῶν Θερμοπυλῶν 斯巴达幸存二人之一：《地》2.8 中"阿耳高人"’Αργεῖος 暗指焉，其语本诗人阿尔凯俄（’Αλκαῖος）转述

阿里斯托法奈 ’Αριστοφάνης：**爱琴纳**↗人，**亚里斯托克雷达**↗之父：《涅》3.19

阿里斯托克雷达 ’Αριστοκλείδας：**爱琴纳**↗人，涅墨亚搏击全能

赛冠军，**阿里斯托法奈**↗之子：《涅》3. 15, 67

阿里斯托墨奈 'Ἀριστομένης: **爱琴纳**↗人，前446年匹透角抵赛冠军，**克色纳耳刻**↗之子，属**梅杜利氏族**↗，其舅**忒俄格奈托**↗曾获奥林匹亚竞赛角抵冠军，另一舅**克雷托马库**↗获地峡赛会角抵冠军：《匹》8. 5, 80

阿里斯托太累 'Ἀριστοτέλης: **居热奈**↗城邦始王，绰号**巴特托**↗，义为"口吃"，曾接纳自特洛伊亚城陷后出逃之难民：《匹》5. 87

阿琉亚 'Ἀλεύας: 赫剌克勒之子，**忒斯撒利亚**↗境内城邦**拉里撒**Λάρισα（图一）之王，拉里撒望族**阿琉亚**↗氏族（即"阿琉亚的子孙"）之祖，**透剌**↗即为此族人：《匹》10. 5

阿缪克莱 Ἀμύκλαι: 本为古**亚该亚人**↗立于**拉科代蒙**↗之城邦（图一），北邻**斯巴达**↗，后为赫剌克勒后裔共**台拜**↗之**爱琴后人**↗（诗人即属此族）所攫获，诗人视其为**多洛人**↗之邦，且宙斯双子圣所及其茔冢在斯巴达附近之**忒剌普奈**↗；阿伽门农及其所掠特洛伊亚公主**卡斯桑得剌**↗在此双双遇害：《匹》1. 66; 11. 32《涅》11. 34《地》7. 15

阿缪坦 'Ἀμυθάν: **克热拓**↗之子，**埃宋**↗昆弟，**墨兰波**↗之父，**伊阿宋**↗从父：《匹》4. 126

阿闵陶耳氏族 'Ἀμυντορίδαι: 奉阿闵陶耳 'Ἀμύντωρ 为其祖，其孙**特累波勒谟**↗率**亚该亚人**↗定居**洛都岛**↗：《奥》7. 23

阿墨纳河 'Ἀμένας: 在**西西里**↗岛，流经**埃特纳城**↗及卡塔奈城 Κατάνη（图二）：《匹》1. 67

(阿纳克西拉 'Ἀναξίλας); 意大利半岛最西南端、与西西里岛仅隔狭窄水道相望之城邦热癸昂ʽPήγιον（图二）僭主，威胁**泽风向罗克洛**↗；后者得**叙剌古**↗僭主**希厄戎**↗之助而得全；以女妻希厄戎：《匹》2.18 ff. 暗指，并未明称。

阿惹推撒泉（＊阿瑞托萨）Ἀρέθοισα（图二内嵌图）：在叙剌古所属之**俄耳图癸亚岛**↗上，乃**阿耳卡狄亚**↗婢女，追随**阿耳太米**↗，因逃避河神**阿尔斐俄**↗而出奔西西里岛，变化为泉，自地下抵达俄耳图癸亚岛：《匹》3.69（"喘息憩所"ἀνάπνευμα：《涅》1.1）

阿瑞（＊阿瑞斯）Ἄρης：1) 战神本尊，宙斯与赫剌之子，与**阿芙洛狄忒**↗私通：《奥》10.15；13.23《匹》1.10；2.2；10.12；11.36《涅》10.84《地》4.33；7.25；8.37 2) 德指格用法，意译为"战斗"：《奥》9.77为"兵燹"：《匹》5.85 a) 加附称或饰词："深陷战争的～"βαθυπόλεμος：《匹》2.1 "致命的"οὔλιος：《奥》9.77 "披铜的～"χάλκεος：《奥》10.14《地》4.33 "挥乌矛的～"κελαινεγχής：《涅》10.84 b) 转称："乘铜车的阿芙洛狄忒之情夫"χαλκάρματος πόσις Ἀφροδίτας：《匹》4.87 f. c) 派生形容词：i) "善战"ἀρήιος："善战的氏族"ἀρήιον γένος：《奥》2.42 ii) "尚武"ἀρηίφιλοι："尚武的子孙们"ἀρηίφιλοι παῖδες：《地》8.25 d) 别称 Ἐνυάλιος 译作"**战神**"↗。

阿瑞之渡 Ἀρείας πόρος：在西西里东南部**贺牢洛河**↗上，Σ：或读为[战神]阿瑞，或读为"惹娅海峡"：《涅》9.41↗"惹娅"

阿斯克累庇俄（＊阿斯克勒庇俄斯）Ἀσκλαπιός：阿波罗与**哥娄妮**↗所生，精通医术，后为医者奉为祖师，其蛇杖为医术之征符；生女名**荣卫**（＊许革亚）Ὑγίεια，后因受重金行起死回生术而遭宙斯击毙；诗人借以讽身患疾病之叙刺古僭主**希厄戎**↗勿奢求医术能回天：《匹》3.6, (67)："某个依累陶之子而名者"；《涅》3.54

阿斯图达梅娅 'Αστυδάμεια：阿闵陶耳 'Αμύντωρ 之女，**特累波勒谟**↗之母：《奥》7.24

阿索庇库 'Ασώπιχος：**俄耳库墨诺**↗人，**克勒俄达谟**↗之子，前476年获第76届奥林匹亚赛会短跑冠军，获奖时其父已物故：《奥》14.18

阿索波（*阿索甫斯）'Ασωπός：水名，在**包奥提亚**↗境内，亦拟人为河神：《涅》9.9 **a)** 派生形容词 "~[之]河" 'Ασώπιος：《涅》3.5 **b)** 派生名词 "~的女儿" 'Ασωπίδες，即**爱琴纳**↗与**台拜**↗：《地》8.17

阿索波都洛 'Ασωπόδωρος：**俄耳库墨诺**↗人，**赫洛都托**↗之父：《地》1.34

阿塔布里昂山 'Αταβύριον（图一）：在**洛都岛**↗，为岛上最高峰，峰顶有宙斯庙：《奥》7.87

阿特拉（*阿特拉斯）"Ατλας：诸**提探**↗之一，位于阿非利加洲极西与欧罗巴洲隔海相望，独力支撑天宇：《匹》4.289

阿特柔（*阿特柔斯）'Ατρεύς：**缪刻乃**↗王，**珀罗**↗与**希普波达梅娅**↗之子，生阿伽门农与**墨涅拉**↗：《奥》13.58 派生名词：~之子 'Ατρείδας：**i)** 单数指阿迦门农：《匹》11.31 **ii)** 复数指阿迦门农与墨涅拉，"~二子"：《奥》9.71《地》5.38; 8.51↗ "阿迦门农的灵魂"

埃艾底（*埃厄忒斯）Αἰήτας：**日神**↗之子，日神分其产业与诸子，埃艾底得**厄福剌**[2] ↗（哥林多古名），而后转赠其兄，本人远赴今里海与黑海之间之**哥尔喀人**↗部为王，有女**美狄娅**↗，后接纳逃避继母**逮谟狄刻**↗虐待之**芙里克所**↗，得金羊毛；伊阿宋前来索求金羊毛，埃艾底俾其以喷火朴牛耕地，又命其杀守卫金羊毛之蛇，始得所求，其女美狄娅忤逆父意嫁伊阿宋，为之载归：《匹》4. 10, 160, 212, 224, 237

埃俄利 Αἰολῄς（形容词）：曲式，字本埃俄罗人鼻祖**埃俄罗**↗：《奥》1. 102 《匹》2. 68 《涅》3. 79

埃俄罗（*埃俄罗斯）Αἴολος：希腊人鼻祖贺楞（*赫楞，如不依《对音谱》而迁就俗译"希腊"，则可译为"希伦"）Ἕλλην 之子，埃俄罗国（Αἰολία，后改称**忒斯撒利亚**↗）王，希腊四大民族之一之埃俄罗人鼻祖，生**西叙弗**↗、**撒尔蒙纽**↗、**克热拓**↗、阿它马（*阿塔玛斯）Ἀθάμας 诸子：《匹》4. 107

埃俄罗后裔 Αἰολίδας：↗"**埃俄罗**"；1) 指其曾孙"**贝尔勒洛丰塔**"↗：《奥》13. 67 2) 指其曾孙"**伊阿宋**"↗：《匹》4. 72

埃俄罗人 Αἰολεύς：↗"**埃俄罗**"：《涅》11. 35

埃丐 Αἰγαί：**亚该亚**↗境内城邦（图一），有波塞冬圣所：《涅》5. 37

埃癸米俄 Αἰγιμιός：**多洛人**↗之王，生二子杜马 Δύμας 与**番福罗**↗，二人分别为多洛人三大部落中之二部落祖先，另一部落之祖为**旭尔罗**↗：《匹》1. 65; 5. 70

埃癸斯突（*埃癸斯托斯）Αἴγισθος：**阿特柔**↗昆弟、奥林匹亚王吐厄斯底 Θυέστης（*堤厄斯忒斯）之子，亦即阿特柔之侄，阿特柔之子阿迦门农之从兄也。与阿迦门农之妻**克吕泰美斯特剌**↗通奸并与之谋害亲夫及其妾**卡斯桑得剌**↗，后为阿迦

门农嫡子**俄惹斯底**↗所杀：《匹》11.37

埃及 ***（*埃古普托斯）Αἴγυπτος：地名（图三），《涅》10.5

埃奈西达谟 Αἰνησίδαμος：**台戎**↗暨**克色诺克剌底**↗之父：《奥》2.46; 3.8 《地》2.28

埃涅阿 Αἰνέας：歌队领班：《奥》6.88

埃哀托 Αἴπυτος：**厄拉托之子**[1]↗，位于阿耳卡狄亚境内**阿尔菲俄河**↗畔之**费撒纳**↗城邦之王；《奥》6.36

埃宋 * Αἴσων：位于**忒斯撒利亚**↗境内之城邦**伊阿俄尔哥**↗之王，**克热拓**↗之子，**伊阿宋**↗之父《匹》4.118 派生名词："埃宋之子" Αἰσονίδας：《匹》4.217

埃陶利人 Αἰτωλός：埃陶利亚 Αἰτωλία（图一）地区在哥林多湾正北方，因**笃卡利翁**↗玄孙、**艾利**↗王埃陶罗 Αἰτωλός 领希腊人殖民于此而得名，其北部山区荒蛮，多猛兽，卡吕冬封豨 ὁ Καλυδώνιος ὗς（"卡吕冬"见图一）曾游荡其间，为害人民，其地土著民称作扣热人 Κουρῆτες，民风古朴，不知薙发：做形容词：《奥》3.12，实指**艾利**↗人，为奥林匹亚赛会裁判乃其特权。艾利人始祖俄克叙罗 Ὄξυλος 来自埃陶利亚；做名词：《地》5.30 ↗ "墨勒阿格洛"

埃特纳 Αἴτνα：**1)** **西西里**↗岛上火山（图二），怪物**图萋**↗镇压于其下；《奥》4.6; 13.111 《匹》1.20, 27 **2)** 同名城邦（图二），旧名卡塔奈 Κατάνη，位于西西里岛东岸临伊奥尼亚海，**希厄戎**↗所建：《匹》1.(31), 60 《涅》9.2 **a)** 派生形容词作为宙斯附称 "～宙斯" Αἰτναῖος Ζεύς：《奥》6.96 《涅》1.4 **b)** 派生名词："～人" Αἰτναῖοι：《匹》3.69 《涅》9.30

埃亚（*埃阿斯）Αἴας：1) **太拉蒙**↗与**厄里包娅**↗之子，**条克洛**↗异母兄弟。特洛伊亚战争中阿喀尔琉阵亡，埃亚及**俄杜修**↗曾在其尸身附近鏖战，以击退敌人欲缴获其身上甲胄手中兵器之企图，终于保全其尸以及甲兵。而后在阿喀尔琉葬礼上，埃、俄二人以竞赛争夺死者甲胄，埃竟输于俄，遂因忿怒而失心疯狂，清醒后愧而饮剑自尽，其弟**条克洛**↗战后因未能践其出征前与父诺言能兄弟双双返还而遭父驱逐：《涅》2.14; 4.48; 7.25; 8.(23), 27 《地》4.53b; 5.(34"子孙"), 48; 6.26, 53 2) 奥伊琉（Ὀιλεύς，*俄琉斯）之子，亦称"小埃亚"，罗克洛人之王，领罗克洛人参与特洛伊亚战争，以骁勇善战著称于荷马史诗中希腊英雄中间：《奥》9.112 ↗"罗克洛"

埃亚哥（*埃阿科斯）Αἰακός：**宙斯**↗与婥女**爱琴娜**↗所生之子，爱琴纳邦始王，与妻**恩代**↗育有二子，芙谛亚王**培琉**↗、撒拉米王**太拉蒙**↗，另与**普撒马颏娅**↗生孽子**茀哥**↗。阿波罗与波塞冬携其为特洛伊亚修筑城垣，其所建之处阿波罗预言日后将为希腊人破城之处，此预言应验于埃亚哥第一代与第三代后裔身上，其中第一代后裔太拉蒙伙同赫剌克勒攻陷特洛伊亚城，第三代则为阿喀尔琉之子、培琉之孙**涅俄普托勒谟**↗，且涅氏从兄、同为埃亚哥身后第三代后裔之厄佩俄 Ἐπειός 制造用以使希腊人潜入特洛伊亚城内之木马；死后尊为城邦守护神，又以为冥间三大判官之一（↗"剌达曼吐"）：《奥》8.30, 51 《匹》8.99 《涅》3.28; 4.71; 5.53（"路门"）; 7.84; 8.(7"其子、酒国之王"), 14 《地》5.34; 8.22 派生名词："~之子/诸子/子孙/子嗣/列王/后人" Αἰακίδας：《奥》

13.109《匹》3.87; 8.23《涅》3.64; 4.11; 5.8; 6.18, 45; 7.9, 44《地》5.20, 34; 6.19, 35; 8.39, 55

爱琴的后人／子孙 Αἰγεῖδαι：爱琴（＊埃勾斯）Αἰγεύς,——与爱琴海（图一、图三）因之得名的雅典王同名，音译名为迁就此地理通名而不从《希汉对音谱》转写法——乃喔俄吕哥 Οἰόλυκος 之子，**卡得谟**↗后裔，系台拜**龙牙种人**↗之一，其后人散布于**台拜**↗与**斯巴达**↗，诗中指台拜部落：《匹》5.75《地》7.14

爱琴纳 Αἴγινα：**1)** 岛（＊＊＊埃伊纳岛，图一），位于**地峡**↗东南之撒戎湾 Σαρωνικός κόλπος 中，自埃亚哥起为**多洛人**↗统治：《奥》7.86; 8.20,(26, 30)《匹》9.91《涅》3.3; 5, 3, 41《地》5.43; 6.9; 8.56 古称"酒国"Οἰνώνα：《涅》4.45; 5.16; 8.7《地》5.34 "酒岛"Οἰνοπία νᾶσος：《地》8.21 转称："正义之城所在之岛"ἁ δικαιόπολις νᾶσος：《匹》8.22 "这片环海的领土"τάνδ᾽ ἁλιερκέα χώραν：《奥》8.26 **2)** 婼女（＊埃癸娜，本书中作"爱琴娜"）：河神**阿索波**↗之女，宙斯与之生**墨挪提俄**↗与**埃亚哥**↗：《奥》9.70《匹》8.98《涅》4.21; 7.49; 8.6《地》8.16a

艾勒克特剌城门 Ἀλέκτραι πύλαι：**台拜**↗城七门之一，面东南朝向**包奥提亚**↗境内之普拉泰亚城 Πλάταια，通往雅典：《地》4.61

艾利 Ἆλις（图一）：珀罗之岛（＊＊伯罗奔尼撒）西北部地区，奥林匹亚即在其境内：《奥》1.78; 9.7; 10.33 派生形容词 Ἀλεῖος："在～行裸奠者们",《地》2.23

(艾佩洛 Ἤπειρος／Ἄπειρος, 图一)：↗"陆地"

安底瑙耳的后裔 Ἀντανορίδαι：指**特洛伊亚**↗人，安底瑙耳 Ἀντήνωρ 系特洛伊亚长老之一：《匹》5.83

安泰俄（*安泰俄斯）Ἀνταῖος：1) 波塞冬与**丐娅**↗之子，**癸冈**↗之一，身材庞大；凡有异乡人经过其居处者，辄俾其与己角抵，因力大过人致其对手毙命，以所杀者髑髅镶嵌其父神庙之墙壁饰带以为装饰，后为来自台拜之**赫剌克勒**↗格杀；赫剌克勒与之相比"身材短小"：《地》4.71 2) **利比亚**↗**伊剌撒**↗城邦之王，设赛跑以为其女（据 Σ 或名曰 Βάρκη 或曰 Ἀλκηΐς）选择夫婿：《匹》9.106，(117:"那利比亚人"）

安提罗库（*安提罗科斯）Ἀντίλοχος：**涅斯陶耳**↗之子，与**焦颜国**↗**门农**↗交战时为救父阵亡：《匹》6.28

安提亚 Ἀντίας：**阿耳高**↗人，曾获竞赛冠军，系涅墨亚角抵赛冠军**忒埃俄**↗诸舅之一：《涅》10.39

唵菲特里底（*安菲特里特）Ἀμφιτρίτα：**波塞冬**↗妻；加饰词："执金纺杆的～" χρυσαλάκατος，《奥》6.104

唵菲特茹翁（*安菲特律翁）Ἀμφιτρύων：阿耳高利之**提国**↗人，因误杀妻翁**缪刻乃**↗王、妻**阿尔克美奈**↗之父艾勒克特茹翁 Ἠλεκτρύων 而出奔**台拜**↗，做"**龙牙种人**↗的宾客"（《匹》9.82）；生**伊菲克勒**↗；其间其妻阿氏与宙斯相交，生**赫剌克勒**↗，然伊菲克勒与赫剌克勒为孪生兄弟，虽异父。死后葬于台拜城七门之一普鲁提德 Προιτίδες 门外：《匹》9.81a《涅》1.52；4.20；10.13《地》1.56；7.6 派生名词："～之子" Ἀμφιτρυωνιάδας，指赫剌克勒：《奥》3.14《地》6.38

唵菲亚柔（*安菲阿特拉俄斯）Ἀμφιάρηος，又作 Ἀμφιαρεύς，译音据后读：**俄伊克勒**↗之子，卜师，**阿耳高**↗内乱，弑其国君**塔拉俄**↗，自立为王，驱逐其子**阿得剌斯托**↗等先王子女，后与其和解，娶其昆姊**厄里福累**↗，受妻唆使参与**台拜**↗之攻，为攻台拜七雄之一，从而"进入看得见的毁灭"，兵败身殒：《奥》6. 13《匹》8. 55《涅》9. 13, (15 "更强大的人"), 25《地》7. 33 ↗ "俄伊克勒之子" Ὀικλέος παῖς：《匹》8. 39 Ὀικλείδας：《涅》10. 9 "战争之云" πολέμοιο νέφος

唵蒙 Ἄμμων Ζεύς: 宙斯在**利比亚**↗受供奉所用庙号，合称"唵蒙宙斯" Ἄμμων Ζεύς：《匹》4. 16

敖各阿（*奥革阿斯）Αὐγέας: **厄佩俄人**↗城邦**艾利**↗之王，畜牛三千，赫剌克勒十二苦工之第五椿系为其粪除三十载未曾清扫之牛栏，工竟而拒如约偿其劳，而为赫剌克勒所杀，其侄孪生兄弟**克太阿托**↗与**欧茹托**↗曾于赫剌克勒出击敖各阿途中伏击之，后亦遭赫拉克勒报复，双双毙命：《奥》10. 29, (35 "厄佩俄人之王"), (41)

傲慢，贪婪之母 Ὕβρις Κόρου μάτηρ：《奥》13. 10

奥阿诺河 Ὤανος: 在西西里，流经**卡马里纳城**↗：《奥》5. 11

奥圭盖 Ὠγύγιος（形容词）: 奥圭盖 Ὠγύγης 乃神话传说中阿提卡（图一）境内之王，后世以其代指远古时代：《涅》6. 42

奥里翁（*俄里翁）Ὠρίων (Ὠαρίων vel Ὀαρίων): 旭里欧 Ὑριεύς 之子，字义为猎户，作星宿，通称猎户座：《涅》2. 10 "大猎户的体格" φύσις Ὠαριωνεία：《地》4. 67

奥林庇亚 Ὀλύμπια: **居热奈**↗赛会：《匹》9. 101

奥林波（*奥林匹斯山，图一）Ὄλυμπος (Οὐλύμπω, –πόνδε,

–πόθεν)：希腊境内最高山，位于**忒斯撒利亚**↗与马其顿（图一）交界处，古希腊人以为众神攸居，其中十二位主神（"十二位君王般的神"）分别为：宙斯、赫剌、波塞冬、逮美底耳、雅典娜、阿波罗、阿耳太米、阿瑞、阿芙洛狄底、赫费斯托、贺耳美、灶神或贺斯提娅（详见各词条）：《奥》1. 54; 2. 12; 3. 36; 13. 92《匹》4. 215; 11. 64《涅》1. 13; 10. 17, 84《地》4. 55 **a)** 派生形容词："~ 的统帅"'Ολύμπιος ἀγεμών：《奥》9. 57 "~ 之父" πατήρ：《奥》14. 12 "~ 宙斯" Ζεύς：《地》2. 27; 6. 8 "~ 祭坛" βωμός：《奥》10. 101 **b)** 派生名词："~ 山上的众神"'Ολύμπιοι：《奥》2. 26 "~ 的女神们"'Ολυμπιάδες：《匹》11. 1

奥林匹亚 *** 'Ολυμπία（图一）：在珀罗之岛上**艾利**↗境内，**赫剌克勒**↗战胜**敖各阿**↗后为赛宙斯立赛会于此，其址在**阿尔斐俄河**↗与克拉德俄河 Κλάδεος 之间**阿尔提**↗圣林中，赛会每四年举行一届，品达诗中曰首届赛会冠军分别为短跑：提闰人**喔奥诺**↗，角抵：太各阿人**厄柯谟**↗，拳击：提闰人**都茹克罗**↗，驷马赛车：曼提涅亚人**撒谟**↗，飞鋋：**芙剌斯陶耳**↗，投石：**尼考**↗。历史记载首届赛会举办于公元前776年，自第18届起竞赛冠军授橄榄枝冠为奖，举办日期在当年夏至后第二次望日所在之月之初十一至十五或十六日：《奥》1. 8; 2. 48; 3. 15; 5. 1; 6. 26; 7. 10; 8. 1, 82; 9. 2; 12. 17; 13. 24, 101《匹》5. 124; 8. 35; 11. 46《涅》4. 75; 11. 23 属格："~ 的胜利"'Ολυμπιὰς νίκα：《匹》7. 15↗ "庇撒" **a)** 派生形容词："~ 橄榄枝"'Ολυμπιάδες ἐλαιαι´ **b)** 派生名词 'Ολυμπιάδες 指赛会：《涅》1. 17 尤指"~（四年一度节日）中的"'Ολυμπιάς scil. ἑορτὰ πενταετηρίς：《奥》1. 94; 2. 4; 10. 16, 58《涅》6. 63《地》1. 65 **c)** 复合词："~ 得胜"'Ολυμπιονίκας：《奥》3. 3; 4. 9; 6. 4; 7. 88; 8. 18; 10. 1; 11. 7《匹》10. 13 "~ 得胜者"'Ολυμπιόνικος：《奥》：5. 21; 14. 20《涅》6. 17 "三度在 ~ 获胜"τρισολυμπιονίκας：《奥》13. 2 **d)** 转称："喔诺马俄和珀罗的居处"'Οινομάου καὶ Πέλοπος σταθμῶν：《奥》5.9-10

奥托 ῏Ωτος：**厄庇亚尔底／**昆弟，皆为**伊菲墨戴娅／**之子，相互误杀，双双死于**纳克所／**：《匹》4. 89

B

巴斯西族人 Βασσίδαι：**爱琴纳／**氏族：《涅》6. 31

巴特托 Βάττος：**台剌／**人，**波仑奈斯托／**之子、**居热奈／**始王**阿里斯托太累／**绰号，义为口吃者，为医口吃（"五音不全"《匹》4.63）遣人至德尔蟠求禳解之方，得阿波罗神示建立居热奈：《匹》4. 6, 279; 5. 55, 124 派生名词："~ 氏族"Βαττίδαι：《匹》5. 29

白晳女神（᾿琉科忒亚）Λευκοθέα：**卡得谟／**女儿**伊瑙／**别称：《匹》11. 2

包奥提亚 Βοιωτία（图一）：希腊本土区域，因牧场而得名，其词根义为特牛 βοῦς，在阿提卡北方，**台拜／**城即在其境内。派生形容词 Βοιώτιος：谓"彘猪"ὗς：《奥》6. 89 作名词曰

其人，谓"赛会"ἀγωνές：《奥》7.84

包比亚 Βοιβιάς（图一）：忒斯撒利亚↗境内之湖：《匹》3.34

报应（*涅墨西斯）Νέμεσις：作为神明专以惩罚对神不敬者，诗中谓朔外人虔敬神明，故可免遭报应：《匹》10.42

贝尔勒洛丰塔（*贝勒洛丰）Βελλεροφόντας：哥林多↗人，号称为格劳哥↗之子，实为波塞冬之子，雅典娜赐其衔镳以驯服神马培迦所↗，得此神马后自空中射杀亚马逊↗女子弓箭军，又击毙怪物喀麦剌↗，后因乘培迦所欲上天而遭击毙，此结局诗人不欲言之：《奥》13.84《地》7.46 转称"埃俄罗后裔的王"Αἰολίδας，格劳哥乃埃俄罗↗之孙，西叙弗↗之子，故云：《奥》13.67

庇厄洛诸女（*庇厄里得斯）Πιερίδες：本指与诗神妙撒↗斗歌之艾马谛亚 Ἠμαθία 王庇厄洛 Πίερος 之九位女儿，后转成妙撒别称：《奥》10.95《匹》1.13；6.49；10.65《涅》6.33《地》1.64

庇撒 Πίσα（图一）：艾利↗境内之城，在阿尔菲俄河↗畔，临近奥林匹亚，故常代指焉：《奥》1.18；2.3；3.9；6.5；8.9；10.43；13.29；14.23《涅》10.32 a）派生名词："~人"Πισάτας：《奥》1.70；9.68 b）派生形容词：Πισᾶτις ἐλαία"~橄榄叶"：《奥》4.11

庇塔纳（娜）Πιτάνα：城名，在斯巴达境内，欧娄塔河↗附近，然此处指拟人婗女，未出阁时与波塞冬相交生欧阿得娜↗：《奥》6.28

波耳福里翁 Πορφυρίων：众癸冈↗之王，为阿波罗击毙，与图萧

↗并举为傲慢者之典范:《匹》8.12 转称:"癸冈之王" βασιλεὺς Γιγάντων:《匹》8.16

波吕德克底(*波吕得克忒斯)Πολυδέκτας:**色里弗岛**↗之王,欲求**珀耳修**↗之母**达娜娲**↗欢心而不遂,竟施以虐暴,称除非其子珀耳修可致其**墨兑撒**↗首级,否则达氏不得脱离奴役,珀耳修后于其婚宴时携所斩墨兑撒首级前来,以解救其母:《匹》12.14

波吕笃刻(*波吕得克忒斯)Πολυδεύκης:**卡斯陶耳**↗异产兄弟,宙斯与**累达**↗所生,随阿耳戈出航,与凡胎兄弟卡斯陶耳分有其不死神性:《匹》11.62《涅》10.50, 58, 68《地》5.33 暗指:《匹》4.171 ↗ "宙斯双子"

波吕聂刻(*波吕尼刻斯)Πολυνείκης:台拜王**喔狄波逮**↗之子,**忒耳桑得洛**↗之父;喔狄波逮弑夫娶母事发,遂遭驱逐,波吕聂刻与其兄厄太俄克累 Ἐτεοκλῆς 袭王位共治台拜,然兄弟二人不相能,波吕聂刻遭兄驱逐,出奔**阿耳高**↗,阿耳高王**阿得剌斯托**↗以女妻之,且许其借兵复辟之请,遂有七雄攻台拜之役。兵败,波吕聂刻与兄对阵,双双战死,遂致忒耳桑得洛成遗孤:《奥》2.43

波吕提米达 Πολυτιμίδας:**巴斯西氏族**↗之**阿尔基米达**↗亲戚:《涅》6.63

波吕谐都 Πολύειδος:**寇剌诺之子**↗,原名 Πολύειδος,或可意译为"多所见者",哥林多著名卜师:(《奥》13.75)

波仑奈斯托 Πολύμναστος:**台剌岛**↗人,**巴特托**↗之父:《匹》4.59

波塞冬 *Ποσειδάων (Ποσειδάν, Ποτειδάν):**克洛诺**↗之子,

娶**俺菲特里底**↗，海神，主地震、马，地峡赛会所赛之神，曾掠**珀罗**↗至天上以为嬖宠，迨其成年后助其娶妻**希普波达梅娅**↗：《奥》1.75; 8.31; 9.31; 13.5, 40《匹》4.204《涅》5.37《地》1.32; 2.14; 4.72b **a)** 加饰词或附称："地峡 ~" Ποσ. Ἴσθμιος：《奥》13.4-5 "岩神" Πετραῖος：《匹》4.138 "耀彩的 ~" Ποσ. ἀγλαός：《地》8.27 "震耳欲聋的" βαρύκτυπος：《奥》1.72 "掣地君" γαιάοχος：《奥》1.25《匹》4.33 原文大写：Γαιάοχος：《奥》13.81《地》7.38 "地动之神" ἐλελίχθων：《匹》6.50 "海神 ~" ἐνάλιος：《匹》4.204 "广辖的 ~" εὐρυβίας：《奥》6.58 "统辖式廓的 ~" εὐρυμέδων：《奥》8.31 "圉马的 ~" ἵππαρχος：《匹》4.45 "孔武有力的 ~" μεγασθενής：《奥》1.25 "手执崭亮三叉戟的神" Ἀγλαοτρίαινα：《奥》1.41 "驯马者" Δάμαιος πατήρ：《奥》13.69 "地震君" Ἐννοσίδας：《匹》4.173 "持烈烈三叉戟之神" Εὐτρίαινα：《奥》1.73 "舞三叉戟之神" Ὀρσιτρίαινα：《奥》8.48《匹》2.12《涅》4.87 **b)** 转称："克洛诺之子" Κρόνιος：《奥》6.29《地》1.52 "海中的霸主" δέσποτα ποντομέδων：《奥》6.103 "克洛诺之子地震君" σεισίχθων υἱὸς Κρόνου：《地》1.52 "俺菲特里底之夫" πόσις Ἀμφιτρίτας：《奥》6.104《涅》5.37 "撼地者" ὁ κινητὴρ γᾶς：《地》4.37 **c)** 代指："三叉戟" τρίοδων：《奥》9.30 **d)** 派生形容词 Ποσειδάνιος：《奥》5.21; 10.26《涅》6.41

玻惹亚（*玻瑞阿斯）Βορέας：北风神，遣其二子**载塔**↗及**卡拉伊**↗助阿耳戈之舟出航：《奥》3.31《匹》4.181 转称："风飙

之王"βασιλεὺς ἀνέμων：《匹》4.181

泊亚 Ποίας：忒斯撒利亚↗境内墨利包亚 Μελίβοια（图一）王，曾随阿耳戈之舟出航；菲罗克底底↗之父：《匹》1.53

卜勒普西亚氏族 Βλεψιάδαι：爱琴纳氏族：《奥》8.75

不好客之海 "Αξεινος πόντος：今黑海，罗马人称为 ** 本都海（Pontus，本希腊字 πόντος，"海"）：《匹》4.203 ↗ "好客之海"

C

姹女（*仙女）Νύμφαι：a) 复数：《奥》12.19 b) 单数专指：姹女洛都↗：《奥》7.14 译作"新娘"，指姹女居热奈↗：《匹》9.56 译作"少艾之妇"：指希普波吕塔↗：《涅》5.33

掣地君 Γαιάοχος：海神别称：《奥》1.25 ↗ "波塞冬"

晨曦（*厄俄斯）'Αώς：女神，生焦颜国↗王门农↗，《奥》2.83《涅》6.53 ↗ "携晨曦者"'Αωσφόρος：《地》4.42

成命：↗ "忒米"

诚信 'Ατρέκεια：《奥》10.13

处女 Παρθενία：↗ "赫剌"

D

达耳达诺（*达耳达诺斯）Δάρδανος：宙斯与阿特拉↗暨普来俄奈

Πληιόνη（↗"普雷亚德诸女"）之女艾勒克特剌 Ἠλέκτρα 所生之子，建立**特洛伊亚**↗城邦，为特洛伊亚人始祖：《奥》13. 55 **a)** 复数"~之民" Δάρδανοι 代指特洛伊亚人：《涅》3. 60 **b)** 派生形容词 Δαρδανίς 代指与特洛伊亚相关联者：《匹》11. 19

达马盖托 Δαμάγητος：**洛都**↗岛人**狄亚高剌**↗之父，Boeckh 猜料为府公（πρύτανις）：《奥》7. 17

达谟菲罗 Δαμόφιλος：**居热奈**↗人，流放异邦：《匹》4. 280

达娜娴（* 达那厄）Δανάα：**阿耳高**↗王阿克里西俄 Ἀκρίσιος 之女，其父因神谶知己将死于外孙之手而禁锢其女于楼中，宙斯化身为金雨与之相会，遂生**珀耳修**↗：《匹》10. 45; 12. 16 《涅》10. 11

达纳俄（* 达那俄斯）Δαναός：本为**埃及**↗王、**利比娅**↗之子、**厄帕罗**↗之外孙柏罗 Βῆλος 之子，有女五十人，后因不愿其孪生兄弟埃圭普托 Αἴγυπτος 欲以其五十儿子娶其五十女儿而逃离埃及至希腊本土之**阿耳高**↗，埃圭普托携诸子追至，强娶其女，达纳俄秘嘱诸女于合卺之夜手刃新郎，除**旭珀耳美斯特剌**↗一人未遵父嘱外，其馀四十九女皆一夜弑夫。后袭**阿耳高**↗王位：《匹》9. 113《涅》10. 1

达纳俄之民 Δαναοί：本义为**阿耳高**↗王**达纳俄**↗之子民，然专指远征特洛伊亚之全体希腊人：《奥》9. 73; 13. 60《匹》1. 54; 3. 103; 4. 48; 8. 52《涅》7. 35; 8. 26; 9. 17

逮罗（*** 提洛）Δᾶλος（图一）：岛名，位于爱琴海中部，本为漂浮之岛，亦视同炯星女神 Ἀστερία 或等同于**俄耳图癸亚**岛↗，**累陶**↗在此生阿波罗，故称作"阿波罗的所爱"，因俄耳图癸亚岛于阿波罗姊妹**阿耳太米**↗为圣,故称为其姊妹:《奥》6.59《匹》1.39《涅》1.3《地》1.3 派生形容词 Δάλιος:"~的来宾"ξένος:《匹》9.10 ↗ "阿波罗"

逮美底耳(*得墨忒耳)Δαμάτηρ:司禾谷丰收之女神,冥后**珀耳色丰奈**↗之母,西西里僭主**希厄戎**↗为此母女二女神之世袭祭司:《奥》6.95《地》1.57;7.4 加附称: i) "嫩红之足的~" Δαμφοινικόπεζα:《奥》6.95 ii) "铜锣震响的~" χαλκόκροτος:《地》7.3-4

(逮谟狄刻 Δαμοδίκη):**克热拓**↗或阿它马 'Αθάμας 之妻,因引诱继子**芙里克所**↗不遂而诬告其强奸,致其亡命异邦:《匹》4.162,"继母"ματρυιά;或以为指**伊瑙**↗。

代达罗(*代达罗斯)Δαίδαλος(赫费斯托?):传说中能工巧匠:《涅》4.59 ↗ "克热底人"

戴尼 Δεινίας(Δεῖνις):爱琴纳人,**墨迦**↗之子,属恺里亚得氏族(Χαριάδαι,氏族名称来历不详),涅墨亚双程赛跑冠军,其父亦尝获涅墨亚竞赛冠军,然其子获胜时已亡故:《涅》8.16

戴诺墨奈 Δεινομένης: 1) **叙剌古**↗僭主**希厄戎**↗、各拉 Γέλα(图二)与叙剌古僭主各隆 Γέλων、波吕载罗 Πολύζηλος(事迹详见西西里人丢多洛《史籍》xi 48.3 ff.)、叙剌古僭主(在位公元前466-465年)**忒剌叙鲍罗**↗之父:《匹》1.79 2) 希厄戎之子,**埃特纳**↗之君:《匹》1.58 派生形容词 "~之子" Δεινομένειος παῖς,谓希厄戎:《匹》2.18

德尔幡(***得尔斐)Δελφοί:阿波罗圣所所在地,名与**匹透**↗殆同,其谶语在此发布,位于苇基 Φωκίς(图一)境内**帕耳纳**

斯所↗山坡上,《奥》13.43《匹》9.74《涅》7.43 派生形容词 Δελφίς: "~殿堂",《匹》4.60 (《匹》7.11/12) 转称: a) "地母中脐" μέσος ὀμφαλὸς ματέρος:《匹》4.73 "大地之脐" ὀμφαλὸς χθονός:《匹》6.4 "地脐" γᾶς ὀμφαλὸς:《匹》8.59; 11.12 "大地伟脐" μέγας ὀμφαλὸς εὐρυκόλπου χθονός:《涅》7.34。古希腊人以为德尔斐位于大地中心,故云 b) "预言之谷" μυχός μαντήιος:《匹》5.69

得胜 Φερένικος: 马名,为希厄戎↗所有,于第77届奥林匹亚赛会(前472年)以及第26(前486年)和27届(前482年)匹透赛会三度获得单马裸骑比赛冠军:《奥》1.18《匹》3.74

狄俄都托 Διόδοτος: 斯特惹普西亚达 [2]↗之父,台拜人,其子阵亡,斯氏同名中表斯特惹普西亚达 [1]↗获地峡搏击全能赛冠军:《地》7.31

狄俄美逮(*狄俄墨得斯)Διομήδης: 图笃(*堤丢斯)Τυδεύς 之子,阿得剌斯托↗之孙,继其祖父袭阿耳高↗王位,参与特洛伊亚战争,荷马《伊》述其为可与埃亚↗媲美之武士;曾与吕基亚人格劳哥↗对阵;战后定居意大利,死后受奉为神明:《涅》10.7

狄俄内所(*狄俄尼索斯)Διόνυσος (Διώνυσος): 葡萄酒神:《奥》13.18《地》7.5 加附称饰词: "长发飘飘的 ~" εὐρυχαίτας:《地》7.4 "逮美底耳身旁" πάρεδρος Δαμάτερος:《地》7.4 "戴常青藤的" κισσοφόρος:《奥》2.27

狄耳刻泉 * Δίρκα: 以及溪流,在台拜↗:《奥》10.85《地》1.29; 6.74; 8.19 派生形容词: "狄耳刻之水" Διρκαῖα ὕδατα:《匹》9.88

狄亚高刺 Διαγόρας：**洛都**↗岛人，**卡尔利亚纳**↗之后，**达马盖托**↗之子，属**厄刺提家族**↗，身材巨大，前464年获奥林匹亚拳击赛冠军，此外在地峡与涅墨亚全希腊赛会、雅典等地方赛会多次获奖：《奥》7.13,（16"斗士"），80

底勒玻阿种人 Τηλεβόαι：希腊本土西部阿卡耳纳尼亚 'Ακαρνανία（图一）沿海岛屿居民：《涅》10.15

底勒弗 Τήλεφος：赫剌克勒之子，为小亚细亚之缪西亚（图一）城邦王条忑剌 Τεύθρας 收养，后袭王位；特洛伊亚战争之前希腊人袭击缪西亚，底勒弗击退希腊人，毙**波吕聂刻**↗之子**忒耳桑得洛**↗，然其股为**阿喀尔琉**↗之矛所伤：《奥》9.72《地》5.42; 8.49 ↗"缪西亚原野"

地动之神 'Ελελίχθων：海神别称：↗"波塞冬"

地母或音译为"丐娅"（*该亚）Γᾶ (Γαῖα)：又译作"土地"，《奥》7.38《匹》9.15, 61, 102 加饰词："有深褶的~"βαθύκολπος：《匹》9.101 ↗"母" ↗"丐娅"

地峡 'Ισθμός：在**哥林多**↗，赛海神波塞冬泛希腊赛会在此地波塞冬庙杉树林中每二年举行一次；品达时代奖品为西芹：《奥》2.50; 7.81; 8.48; 12.18; 13.98《匹》7.13-14; 8.37《涅》4.75; 5.37; 6.19; 10.26《地》1.9, 32; 3.11; 5.18; 6.6, 61; 7.21 **a)** 加饰词"神圣的~"ζαθεα：《地》1.32 **b)** 派生形容词"Ίσθμιος：《奥》9.84; 13.4《地》2.13; 4.20; 8.63 'Ισθμιάς "~得胜"νίκα：《涅》2.8《地》8.4 **c)** 派生名词：'Ισθμιάς："~赛事"，《奥》13.33 "~(赛会)"，《涅》2.7 "Ίσθμιοι："~（赛会）"，《地》4.20 **d)** 转称："海梁"πόντου φέφυρα：《涅》6.39《地》4.38

地震神 Ἐννοσίδας：海神别称：↗"波塞冬"

都茹克罗 Δόρυκλος：**提闰**↗人，史上首位奥林匹亚拳击赛冠军：《奥》10.67

笃卡利翁（* 丢卡利翁）Δευκαλίων：众提探↗之一伊阿珀托↗之孙、普洛美拓（* 普罗米修斯）Προμηθεύς之子，妻匹耳剌↗，夫妇二人于史前大洪水之后遵神示播石于地，成长为人↗：《奥》9.43 ↗"龙牙种人" ↗"普娄托各聂娅"

遁词 Πρόφασις：事后聪明↗之女：《匹》5.28

多多纳 Δωδώνα（图一）：宙斯发布神谶之处，在艾佩洛↗境内：《涅》4.53

多里亚：↗"多洛人"

多洛人 Δωριεύς：名因**笃卡利翁**↗之孙、希腊人鼻祖贺楞 Ἕλλην之子——或可迁就通名"希腊"音译为"希伦"——多洛 Δῶρος，其后裔为古希腊民族之一，主要分布于珀罗之岛上西南地区墨斯赛尼亚 Μεσσηνία（图一）、**斯巴达**↗、阿耳高利 Ἀργολίς（图一）、**哥林多**↗暨**地峡**↗、**爱琴纳**岛↗、克热底（** 革哩底，*** 克里特）Κρήτη 岛（图一）、**洛都**岛↗、洛都岛周边小岛以及与之隔海相望的小亚细亚滨海地区等，前5世纪时与伊翁人 Ἴωνες（伊翁 Ἴων 后裔，主要分布于阿提卡（图一）、**欧包亚**岛↗、**逮罗**岛↗、**科奥**岛↗、撒谟岛 Σάμος（图一）直至小亚细亚西岸斯缪耳奈（** 士每拿）Σμύρνη，厄斐所（** 以弗所；图一）Ἔφεσος、米累托（* 米利都；图一）等地区）并为希腊两大民族之一，品达即属多里亚族，为多洛人：a) 人民：《匹》1.64，指**拉科代蒙**

人↗ **b)** 作形容词谓人民，且皆与爱琴纳岛有关：《奥》8.30《匹》8.19 **c.i)** 派生形容词多里亚 Δώριος **i.1)** 谓乐式：颂琴 φόρμιγξ《奥》1.17 谓节拍 πέδιλον《奥》3.5 **i.2)** 指哥林多地峡：《涅》5.37《地》2.16; 8.64 **c.ii)** 形容词 Δωρὶς：**ii.1)** 谓爱琴纳岛《涅》3.3 **ii.2)** 谓**拉科代蒙**↗：《地》7.12

E

俄波谐 'Oπόεις：**1)** 艾佩洛↗人之邦**艾利**↗城之王，**普娄托各聂娅**↗之父，**俄浦**↗祖父：《奥》9.58 **2)** **俄浦罗克洛**↗城邦：《奥》9.13

俄杜修（*奥德修斯）'Oδυσ(σ)εύς：伊它刻（*伊塔刻）'Ιθάκη（图一）王，参与希腊人远征特洛伊亚；阿喀尔琉战死后，共**埃亚**↗等希腊武士与敌鏖战夺回其尸及盔甲；后以竞赛与埃亚争夺阿氏盔甲，胜之而致后者自裁：《涅》7.21; 8.26

俄耳甫（*俄耳甫斯）'Oρφεύς：传说中诗人，随阿耳戈之舟出航：《匹》4.176

俄耳库墨诺 'Oρχομενός（图一）= **厄耳库墨诺**↗

俄耳色阿 'Oρσέας：角抵教练，指导台拜人**墨利斯所**↗在地峡等赛会多次获胜：《地》4.90

俄耳透西娅 'Oρθωσία：↗"阿耳太米"

俄耳图癸亚 'Oρτυγία（图二内嵌图）：西西里之**叙剌古**↗附近海岛，其名本义为鹌鹑，因隶属于叙剌古，为其五区之一，故譬为其花枝；据荷马体《逮罗岛阿波罗颂》，**累陶**↗双生子女**阿耳太米**↗诞生于此岛，产后随即迁至**逮罗**↗岛（别名亦作俄耳图癸亚），产**阿波罗**↗，故俄耳图癸亚岛称为逮罗岛姊妹；二岛皆以供奉阿耳太米著称；岛上有泉名为**阿惹推撒**↗，传为同名婥女化成，此女本在**艾利**↗追随女神阿耳太米，遭河神**阿尔斐俄**↗追求逃至西西里，二水于叙剌古附近终于汇合，故曰叙剌古为阿尔斐俄河"喘息憩所"：《奥》6.92《匹》2.6《涅》1.2

俄利丐谛得氏族 Ὀλιγαιθίδαι：**哥林多**↗望族，富有且热衷竞技比赛，**克色诺芬**↗即属此族：《奥》13.97

俄浦 Ὀποῦς：**1) 罗克洛**↗与妻**普娄托各聂娅**↗无后，宙斯遂与普娄托各聂娅相交，以免其氏族因无后而灭亡，普氏生俄浦，为罗克洛嗣子，及长继位为**罗克洛**↗城邦之王，为异乡人所依附，然其特善**墨挪提俄**↗：《奥》9.62-70 **2)** =**俄波谐**↗

俄惹斯底（*俄瑞斯忒斯）Ὀρέστας：阿迦门农之子，幼年寄养于姑丈、莆基 Φωκίς（图一）王**斯特洛菲俄**↗家，与从兄**匹拉逮**↗兄弟情深，成年后为报复杀父之仇弑母**克吕泰美斯特剌**↗及其奸夫**埃癸斯突**↗：《匹》11.16《涅》11.34

俄伊克勒 Ὀικλῆς：**俺菲亚柔**↗之父：《匹》8.39 派生父称："~之子" Ὀικλείδας：《奥》6.13《涅》9.17; 10.9

俄伊琉之子 Ἰλιάδας：即小埃亚（↗"埃亚 2)"），**泽风向罗克洛**↗人，其父名俄伊琉（*俄琉斯）Ὀιλεύς：《奥》9.112

厄庇道洛 Ἐπίδαυρος（图一）：珀罗之岛东北部阿耳高利 Ἀργολίς 境内城邦：《涅》3.84; 5.52《地》8.68

厄庇亚尔底 Ἐπιάλτας，或作 Ἐφιάλτας：波塞冬与**伊菲墨戴娅**↗所生，**奥托**↗昆弟，皆身材庞大，在**纳克所岛**↗失手相杀而亡：《匹》4.89

厄耳高太累 Ἐργοτέλης：来自**希墨剌**↗，**菲拉瑙耳**↗之子，本为**克热底人**↗，后因政党失势而亡命希墨剌，奥林匹亚长跑赛冠军：《奥》12.18

厄耳癸诺 Ἐργῖνος：**俄耳库墨诺**↗之王，随**阿耳戈**↗舟行出航，系克吕墨诺 Κλύμενος 之子，生子特洛弗尼俄 Τροφώνιος 与阿迦美逮 Ἀγαμήδης，少年白头，曾因此遭**兰诺**↗妇女耻笑；（《奥》4.20）

厄耳库墨诺 Ἐρχομενός：**米内阿**↗人建立于**包奥提亚**↗之城邦，尤奉**恺丽**↗：《奥》14.4《地》1.35 ↗ "俄耳库墨诺"

厄法耳谟斯托 Ἐφάρμοστος：**俄浦**↗人，前 468 年（或曰 456 年）奥林匹亚角抵赛冠军：《奥》9.4, 87

厄福剌 Ἐφύρα（图一）：**1) 艾佩洛**↗地区**谟罗斯西亚**↗首府：《涅》7.37 派生名词："~人" Ἐφυραῖοι：《匹》10.56（**2**）哥林多古称：↗"西叙福"）

厄喀翁 Ἐχίων：**贺耳美**↗之子，随阿耳戈出航：《匹》4.179 ↗ "厄茹托"

厄柯谟 Ἔχεμος：**太各阿城**↗人，奥林匹亚赛会首位角抵赛冠军：《奥》10.66

厄拉托之子 Εἰλατίδας：厄拉托 Ἔλατος 乃阿耳卡（↗ "阿耳卡狄亚"）之子，其子指：**1）埃哀托**↗：《奥》6.33 **2）伊斯徐**↗：阿耳卡狄亚人，**哥娄妮**↗情夫，为阿波罗击毙：《匹》3.31

厄剌提家族 Ἐρατίδαι：居洛都↗岛，称特累波勒谟↗为其祖：《奥》7. 93

厄雷退娅 Ἐλείθυια：女神，赫剌↗之女，司分娩；《奥》6. 42《匹》3. 9《涅》7. 1 a) 加饰词"柔语相谏的～"πραΰμητις：《奥》6. 41；"侍母的～"ματροπόλος：《匹》3. 9 b) 转称："赫剌之女" παῖς Ἥρας：《涅》7. 1

厄里包娅 Ἐρίβοια：阿尔卡突俄 Ἀλκάθοος（或曰撒拉米王居绪柔 Κυχρεύς）之女，太拉蒙↗之妻，埃亚↗之母：《地》6. 46

厄里福累 Ἐριφύλα：塔拉俄↗之女，阿得剌斯托↗昆姊，为其兄弟嫁与俺菲亚柔↗为妻，因收受波吕聂刻↗之赂项链，明知其为不归之路仍说服其夫参与攻台拜之役，致使其丧命；生子阿尔克麦翁（↗"阿尔克曼"），为继其父辈复攻台拜之后生子↗之一：《涅》9. 16

厄里内（* 厄里倪厄斯）Ἐρινύς：复仇三女神 Ἐρινύες 之一，据赫西俄多↗，三神各有其名，然品达集中无称名确指：《奥》2. 41

厄里提谟 Ἐρίτιμος：哥林多人，据 Σ，太耳普西亚↗之子，普焘俄多洛↗之侄：《奥》13. 42

厄琉西 Ἐλευσίς（图一）：阿提卡境内之城，竞技赛会在此举办以赛禾谷丰收女神逮美底耳↗：《奥》9. 99；13. 110《地》1. 57

厄帕弗（* 厄帕福斯）Ἔπαφος：宙斯与伊奥（* 伊娥）Ἰώ 之子，生女利比娅（利比亚）↗，埃及暨阿剌伯王埃圭普托 Αἴγυπτος 与利比亚王达纳俄↗系其重外孙；：《匹》4. 14《涅》10. 5

厄佩俄人 Ἐπειοί：艾利↗上古居民：《奥》9. 58; 10. 35

厄惹绪拓（* 厄瑞克透斯）Ἐρεχθεύς：传说中雅典英雄，雅典王，与波塞冬同受祭祀；或曰系雅典王潘狄翁 Πανδίων 之子，或曰乃其父：《四》7. 10 派生名词："~子孙"'Ερεχθεῖδαι:《地》2. 19

厄茹托 Ἔρυτος: 贺耳美↗之子，随阿耳戈之舟出航：《四》4. 179 ↗"厄喀翁"

恩代 Ἐνδαΐς: 喀戎↗之女，埃亚哥↗之妻，生太拉蒙↗与培琉↗：《涅》5. 11

F

法拉里 Φάλαρις: 阿克剌迦↗僭主，因残暴而有恶名，喜置仇敌于铜牛（"铜牛状的鼎镬"）中而烹于火上，以听其自铜牛口中传出之惨叫为乐：《四》1. 96

法西河 Φᾶσις: 在哥尔喀人↗居地：《四》4. 212《地》2. 41

纺娘（*克罗托）Κλωθώ: 司命运之三女神之一，司命↗姊妹，其职司在于纺绩人之生命线：《奥》1. 26 加饰词"坐至高宝座的"ὑψίθρονος:《地》6. 17 ↗"司毂"

斐耳色丰奈（*珀耳塞福涅）Φερσεφόνα: = 珀耳色丰奈↗，逮美底耳↗之女，嫁冥王而为冥后，其每年自地下乘白马还阳之节日，尤盛行于盛产麦谷之西西里:《奥》14. 20《四》12. 2《涅》1. 14《地》8. 56 转称："逮美底耳乘白马的女儿"λεύκιππος θυγάτηρ Δάματρος:《奥》6. 95

斐热（*斐瑞斯）Φέρης: 克热拓↗之子，伊阿宋↗伯父：《四》

4. 125

菲拉瑙耳 Φιλάνωρ：厄耳高太累↗之父：《奥》12. 13

菲罗克底底（*菲罗克忒忒斯） Φιλοκτήτᾱs：忒斯撒利亚↗王泊亚↗之子，善射，赫剌克勒赠以所用之弓与毒箭，参预特洛伊亚远征，然途中罹足伤，阿迦门农纳俄杜修↗之议弃之于兰诺↗岛上，希腊人久攻特洛伊亚不胜，自卜师得知须有菲氏所有之赫剌克勒弓箭方能克敌，俄杜修与阿喀尔琉之子涅俄普托勒谟↗返兰诺岛，自菲氏诈取所求弓箭，然狄俄美逮↗必欲携菲氏同赴特洛伊亚，赫剌克勒遂令名医阿斯克累庇俄↗之子为之疗伤，俾其终能重返战场建功：《匹》1. 50，以其虽病而能成大功比况身罹疾病之希厄戎↗

菲吕剌 Φιλύρα：喀戎↗之母，与其子及子妇恺旦克牢↗共同先后哺育伊阿宋↗、阿喀尔琉↗、阿斯克累庇俄↗：《匹》4. 103；6. 22《涅》3. 43 派生名词："~之子" Φιλυρίδᾱs（Φιλιρίδᾱs）：《匹》3. 1；9. 30

贲提 Φίντις：哈盖西亚↗所用御夫：《奥》6. 22

费撒纳 Φαισάνα：阿耳卡狄亚↗境内城邦，在阿尔菲俄河↗畔：《奥》6. 34

芙谛亚 Φθία：城邦名，在忒斯撒利亚↗境内，具体方位不详：《匹》3. 100《涅》4. 51

芙剌斯陶耳 Φράστωρ：奥林匹亚赛会投掷飞鋋赛首位冠军：《奥》10. 71

芙勒格剌 Φλέγρα（图一）：忒赖刻 Θράκη 境内帕累奈 Παλλήνη 城古称，诸神与癸冈↗曾大战于斯：《涅》1. 67《地》6. 33

芙勒圭阿 Φλεγύας：**拉庇汰人**↗之王，**哥娄妮**↗之父：《匹》3.8

芙雷乌 Φλειοῦς：城名，在**涅墨亚**↗附近：《涅》6.42

芙里基亚 Φρικίας：赛马名或**希普波克勒亚**↗之父名：《匹》10.16

芙里克所（＊佛里克索斯） Φρίξος：阿它马 Ἀθάμας 之子，继母**逯谟狄刻**↗（或曰**伊瑙**↗）设计欲害之，为金羝羊载走得救，直至**哥尔喀人**↗境内，芙里克所后将此羝羊之毛赠与哥尔喀人王**埃艾底**↗：《匹》4.159,242

芙茹癸亚人 Φρύγες：芙茹癸亚 Φρυγία（图三）古国在小亚细亚中西部内陆，特洛伊亚人（↗"达耳达诺人"）盟友：《涅》3.60

福拉基达 Φυλακίδας：爱琴纳人**兰庞**↗次子，**匹忒亚**↗之弟，搏击全能赛手，两度获胜于地峡赛会，其中前一次年份未可确定，后一次盖在前 480 年之地峡赛会：《地》5.18,60; 6.6,57

福拉刻 Φυλάκα（图一）：城邦，**包奥提亚**↗以北之芙谛奥提亚该亚 Ἀχαΐα Φθιῶτις 境内城邦，有**普娄太西拉**↗神龛：《地》1.58

弗耳哥（＊福耳库斯） Φόρκος：怪物**高耳戈**↗与**格赖埃** Γραῖαι 之父：《匹》12.13

茀哥 Φῶκος：**埃亚哥**↗强奸**奈柔女儿**↗之一**普撒马颏娅**↗所生孽子，其名义为海豚，与**培琉**↗与**太拉蒙**↗为异产兄弟，因受其父宠爱而为其兄弟杀害，即诗中所谓"大事"：《涅》5.12

G

丐娅（＊该亚）：↗"地母"

盖茹俄奈（* 革律翁）Γηρυόνας：癸冈↗之一，赫剌克勒曾盗窃其牛：《地》1. 13

高耳戈（* 戈耳工）Γοργώ：怪物，其发为活蛇，其目光可令人石化，希腊名本义为"可怖之女" a) 单指为**墨兑撒**↗，后为**珀耳修**↗所戮：《奥》13. 63《匹》10. 46《涅》10. 4 b) 复数 Γοργόνες 谓墨兑撒及其二姊妹：《匹》12. 8↗"墨兑撒"↗"欧茹亚累"

告神使团 Θεάριον Πυθίου：爱琴纳所遣赴**匹透**↗告阿波罗使团：《涅》3. 69

哥尔喀人 Κόλχοι：后世所谓高加索人，世居黑海岸边，在今格鲁吉亚西部地区，称为哥尔喀 Κολχίς（图三），**伊阿宋**↗抵达其土时，其王为**埃艾底**↗，王女**美狄娅**↗，嫁伊阿宋：《匹》4. 11, 212

哥林多 **（科林斯 ***）Κόρινθος：在珀罗之岛东北部，地峡赛会在其附近举办以赛海神波塞冬：《奥》8. 52; 9. 86; 13. 4, 52《涅》（10. 27："海之门户"ἐν πόντοιο πύλαισι）10. 41《地》4. 38 a) 加饰词："繁荣的 ~" ὀλβία：《奥》13. 4 "宙斯哥林多斯" Διὸς Κόρινθος（此处译名词尾加"斯"字为合童谣辙口）：《涅》7. 105 派生形容词 Κορίνθιος：《涅》2. 20; 4. 88 b) 关联词："阿拉塔的子孙" παῖδες Ἀλάτα：《奥》13. 14↗"阿拉塔"

哥娄妮 Κορωνίς：**芙勒圭阿**↗之女，阿波罗与之交欢，然期间与**伊斯徐**↗秘结婚约，为阿波罗击毙，火化时阿波罗自其尸身中抢救出其所孕未弥月之子**阿斯克累庇俄**↗，交托喀戎抚

养，后成名医，然因受人重金令死者还阳而遭宙斯击毙：《匹》3.24

格劳哥（*格劳科斯）Γλαῦκος：**吕基亚**↗人，其祖乃哥林多王**西叙弗**↗，系西普波罗库 Ἱππολόχος 之子，**贝尔勒洛丰塔**↗之孙，领吕基亚军参与特洛伊亚之战，属特洛伊亚阵营，荷马《伊》6.144 ff. 叙其向与其交手之希腊武士**狄俄美逮**↗自叙身世，"夸耀自己祖先的国度"，即哥林多（荷马史诗用古称"**厄福剌**"↗2)。**阿喀尔琉**↗阵亡时两军为争夺其甲胄鏖战中为**埃亚**↗所杀：《奥》13.60

光矟三叉戟之神 Ἀγλαοτρίαινα：海神附称，↗"波塞冬"

癸冈（*巨人）Γίγαντες：**地母**↗诸子，体型庞大：《匹》8.17《涅》1.67; 7.90 ↗"阿尔居俄纽" ↗"波耳福里翁"

H

哈耳谟尼娅（*哈耳摩尼亚）Ἁρμονία：**阿瑞**↗与**阿芙洛狄底**↗之女，**卡得谟**↗之妻，婚宴时诸神来格为嘉宾：《匹》3.91; 11.7 加饰词："牛眼的～" βοῶπις：《匹》3.91

哈盖西达谟 Ἁγησίδαμος：1) 来自**泽风向罗克洛**↗，前 476 年第 74 届奥林匹亚赛会拳击冠军，**阿耳柯斯特剌托**↗之子：《奥》10.17, 92; 11.12 2) **阿克剌迦**↗人涅墨亚赛马冠军**绪洛米俄**↗之父：《涅》1.29; 9.42

哈盖西马库 Ἁγησίμαχος：**爱琴纳**↗人，涅墨亚少年角抵赛冠军

阿尔基米达↗祖先，普剌克西达马↗之祖，索克雷达↗之父，另有三子于竞技比赛颇有建树：《涅》6.21

哈盖西亚 ‘Αγησίας：索斯特剌托↗之子，属伊阿谟氏族↗，在叙剌古↗与斯潼蒂罗↗皆有宅，前468年奥林匹亚辂车竞赛冠军：《奥》6.12, 77, 98

哈利洛谛俄 ‘Αλιρόθιος：位于阿耳卡狄亚↗之曼提涅亚↗邦人撒谟↗之父：《奥》10.70

哈伊逮 (* 哈得斯) ’Αίδας：冥王，珀耳色丰奈↗之夫：《奥》8.73; 9.33; 10.93《匹》3.11; 4.44; 5.97《涅》7.30; 10.67《地》1.68; 6.15 "～ 的荣耀" ἄγαλμα Αίδα：指墓碑，《涅》10.67

海伦 * ‘Ελένα：廷达惹俄↗之女，墨涅拉↗之妻，为特洛伊亚王子帕里↗诱拐，引发特洛伊亚战争：《奥》3.1; 13.59《匹》5.83; 11.33《地》8.51

骇谟涅人 Αἵμονες：忒斯撒利亚↗部落：《涅》4.56

好客之海 Εὔξεινον πέλαγος（图一、图三）：即今黑海：《涅》4.49 f. ↗ "不好客海"

耗音 ’Αγγελία：贺耳美↗之女，贺耳美为交通之神，为众神执讯，以其所执音讯拟人为其女：《奥》8.82

和平 ‘Ησυχία：《匹》8.1 ↗ "太平"

荷马 *** ”Ομηρος：史诗诗人，有《伊利亚记》及《俄杜修记》传世：《匹》4.277《涅》7.21《地》4.37 "荷马行会"
‘Ομηρίδαι：喀俄 Χίος 岛（图一）上歌吟者氏族或行会，自称为荷马后裔：《涅》2.1

贺尔牢提娅 ‘Ελλώτια：赛会，在哥林多↗举行，以赛贺罗雅典

娜，据 Σ，**雅典娜**╱在哥林多有"贺尔牢提娅"之称:《奥》13.40

贺耳美 (* 赫耳墨斯; ** 希耳米) Ἑρμᾶs，交通之神，为诸神执讯通报，主持竞赛会。**阿里斯泰俄**╱诞生即为之携与**时辰**╱与**地母**╱抚养:《奥》6.79; 8.81《匹》2.9; 4.178; 9.59《涅》10.53《地》1.60 **a)** 加饰词:"主持赛会的 ~" ἐναγώνιοs:《匹》2.9《地》1.60 参见《奥》6.79 "声名斐然的 ~" κλυτόs:《匹》9.59 "执金杖的 ~" χρυσόρ(ρ)απιs:《匹》4.178 **b)** 转称:"众神的执讯" θεῶν κᾶρυξ:《奥》6.79 ╱ "耗音"

贺克陶耳 (* 赫克托耳) Ἕκτωρ: 特洛伊亚王**普里阿谟**╱之子，特洛伊亚战争中特洛伊亚人主将，后为**阿喀尔琉**╱所戮:《奥》2.81;《涅》2.14; 9.39《地》5.39; 7.32; 8.55, (52, 譬喻:"特洛伊亚大树筋腱" Τροίαs ἶναs δορί)

贺牢洛河 Ἕλωροs (图二): 在西西里，据 Σ，各拉 Γέλα 城邦 (图二) 僭主希普波克剌底 Ἱπποκράτηs 与**叙剌古**╱人战于其畔:《涅》9.40

贺勒诺 Ἕλενοs: 特洛伊亚王**普里阿谟**╱之子，**卡斯桑得剌**╱孪生兄弟，阿波罗授占卜术，特洛伊亚战争后期为**俄杜修**╱所俘，授希腊人取特洛伊亚城谋策:《涅》3.63

贺利孔居民/处女 Ἑλικωνιάδεs: 贺利孔 (* 赫利孔山) Ἑλικών (图一) 系**包俄提亚**╱境内之山，**赫西俄多**╱《神宗》叙诗神**妙撒**╱居焉，诗人饮山泉希普浦克热奈 Ἱππουκρήνη 之水可得灵感，故代指妙撒诸女神:《地》2.34; 8.57

赫费斯托 (* 赫淮斯托斯) Ἥφαιστοs: **1)** 火神，奥林波十二天神之一:《奥》7.35 **2)** 德指格: **a)** 谓火山:《匹》1.25 **b)** 谓(火葬之)火:《匹》3.39

赫剌(*赫拉) Ἥρα: **宙斯**↗正妻,系其最后所娶(Snell, *Die Entdeckung des Geistes*),与其夫同列奥林波十二天神:《匹》2.28; 4.184; 8.80《涅》1.38; 7.2, 95; 10.2, 23, 36; 11.2《地》4.78 别称与附称:"克洛诺之女" Κρόνου θυγάτηρ:《匹》2.39 "宙斯的配偶" Διὸς ἄκοιτις:《匹》2.34 "处女~" Ἥραν Παρθενίαν:《奥》6.88 "成全的母亲" τελεία μάτηρ:《涅》10.18

赫剌克勒(*赫拉克勒斯) Ἡρακλέης,词尾-εης 中-ης 乃多里亚方言主格标记,音译略之:父宙斯,母**阿尔克美奈**↗,甫生下地便扼杀**赫剌**↗所遣害其母子之双蛇。赫拉致其疯癫误杀全家,遵**德尔斐**↗神示而就其从兄、**提闰**↗王**欧茹斯拓**↗服苦工赎罪。苦役项目先定为十项,后因欧茹斯拓蓄意刁难而增至十二项。集中涉及者有:杀**涅墨亚**↗狻猊(《地》6.47),杀**勒耳奈**↗多头水怪(《奥》7),猎获金角牝鹿(《奥》3),为**敖各阿**↗粪除牛圈(《奥》10),在冥间**哈伊逮**↗捕获三头恶犬(《奥》9.33)等。其中赫剌克勒为敖各阿服役而未得所偿,遂自提闰领兵伐之,毙其命、炬其城,继而杀戮敖氏之侄**克太阿托**↗与**欧茹托**↗。又赴朔外↗之地**伊斯特洛河**↗之服移植橄榄树于奥林匹亚,在奥林匹亚划**阿尔提**↗区域为宙斯圣地,设克洛诺之丘以崇祀十二天神(↗"奥林波"),立奥林匹亚赛会,四年一届;曾随阿耳戈出航。曾因求波塞冬之子、**匹罗**↗王奈琉 Νηλεύς 为己禳罪遭拒而杀之,从而激怒其父波塞冬,与之交战(《奥》9.31)。又据

Σ，曾因怒盗三足鼎而与阿波罗起冲突。(《奥》9.32）生**特累波勒谟**↗，后者为**厄剌提家族**↗始祖。死后成神，娶赫拉之女**青春**↗：《奥》2.3; 3.11, (34), 44; 6.67; 7.20; 9.30; 10.15, 28《匹》5.70; 9.87; 10.3; 11.3《涅》1.33; 3.20; 4.23; 7.86; 10.17, 32, 53; 11.27《地》5.37; 6.31 **a)** 转称："阿尔克美奈之子" υἱὸς Ἀλκμήνης：《地》4.72; 6.28; (1.12 f."阿尔克美奈生下无畏之子")"宙斯之子" Διὸς παῖς；《奥》10.43; (《涅》1.35); (《地》7.7)"俺菲特茹翁之子" Ἀμφιτρυωνιάδας：《奥》3.14《地》6.38 "你[俺菲特茹翁]的子孙[包括伊俄拉俄]" σέθεν παῖδας：《地》1.56 "特累波勒谟之父"：《奥》7.22 "~石柱"，在伊柏里亚半岛（图三）西端**迦戴剌**↗：《奥》3.44《涅》3.20 (《地》4.30) **b)** 别称："埃陶利人"：《奥》3.12 "异乡人"《奥》10.34 派生形容词 Ἡράκλειος：《地》4.30; 7.7 **c)** 派生名词："~的后裔"（*赫拉克利代）Ἡρακλεῖδαι：《匹》1.63; (5.70) "~的氏族"：(《匹》10.3) 暗指：《匹》4.171

赫洛都托 Ἡρόδοτος：台拜人**阿索波多洛**↗之子，诗人之友，其家世居**俄耳库墨诺**↗，盖因其父遭遇海难而被迫迁居台拜；地峡赛车冠军：《地》1.14, 62

赫西俄多（***赫西俄德）Ἡσίοδος：诗人，生活于在前750至650年之间，有长诗《神宗》、《工与日》等传世：《地》6.67

红海 Πόντος Ἐρυθρός：品达时代泛指阿剌伯海（图三）乃至印度洋，《匹》4.251

后生子（*厄庇戈诺伊）Ἐπίγονοι：攻台拜之七雄之七位后人，皆为阿耳高↗人，七雄攻台拜兵败身死，七人之后继承父辈遗志再攻台拜，七人中别见图笃 Τυδεύς 之子狄俄美逮↗，俺菲亚柔↗之子阿尔克曼↗，波吕聂刻↗之子忒耳桑得洛↗：《匹》8.41

欢情，放牧居普洛↗女神馈赠的牧人所侍候 "Ερωτες ποιμένες Κυπριάς δώρων：欢情 "Ερωτες 拟为牛羊：《涅》8.5

欢娱（*欧佛洛绪涅）Εὐφροσύνα：恺丽↗三女神↗之一，代表节庆之欢娱：《奥》14.14↗"耀彩"↗"兴旺"

黄道之神 Λοξίας：阿波罗称号，黄道为曲线，以譬阿波罗神谕隐晦而非直白：↗"阿波罗"

回声（*厄科）'Αχώ：《奥》14.21↗"耗音"

J

基耳剌 Κίρρα（图一）：城名，在德尔斐↗之下濒临哥林多海岸平原，与其所取代之古城克里撒↗混称，品达时代匹透赛会全部赛程殆皆举行于此：《匹》3.74；7.16；8.19；10.15；11.10 "克里撒" Κρίσα：《地》2.18 派生形容词，"克里撒的" Κρισαῖος：《匹》5.34；6.16/17

基利基亚的 Κίλιξ：基利基亚 Κιλικία（图三）在小亚细亚南岸：《匹》8.16，指传说诞生于此的图茀↗ Κιλίκιος 谓 "～洞窟"：《匹》1.16

基内剌 Κινύρας：居普洛岛↗王，爱神阿芙洛狄底↗祭司，以财富著称：《匹》2.15，以比况希厄戎↗；《涅》8.18

基汰戎山 Κιθαιρών：为**包奥提亚**／与阿提卡之天然疆界；第二次希波战争，前 479 年希波两军决战于其下普拉泰亚 Πλάταια 城附近：《匹》1.77

机运（*堤喀），救难的 Τύχα σώτειρα：《奥》12.2

迦戴剌 Γάδειρα（图三）：位于伊柏里亚 Ἰβηρία（图三，今西班牙）半岛南端，与北非隔直布罗陀海峡相望，古时为赫剌克勒石柱所在地，乃古代西方世界之西极：《涅》4.69

迦内美逮（*该尼墨得斯）Γανυμήδης：本系特洛伊亚男子，因貌美而为宙斯掠去为其嬖幸，《奥》1.44；10.105

焦颜国（****埃塞俄比亚，Αἰθίοψ）：集中用本名意译，然其方位并不等于今埃塞俄比亚国，古人以为在埃及以南；做形容词，《奥》2.83 做名词，"~ 人"，《匹》6.30《涅》3.61；6.50《地》5.40

酒岛 Οἰνοπία：**爱琴纳**岛／古称：《地》8.21

酒国 Οἰνώνα：**爱琴纳**岛／古称：《涅》4.45；5.16；8.7《地》5.34

居尔累奈山 Κυλλάνα：在阿耳卡狄亚，**斯漳蒂罗**城／西北：《奥》6.77，（《涅》2.12）

居克诺（*库克诺斯）Κύκνος：**阿瑞**／之子，据 Σ，居于**忒斯撒利亚**／关隘，生性残暴，猎行人头颅以以其髑髅建筑阿波罗神庙，**赫剌克勒**／经过，与之相遭遇，因阿瑞前来襄助其子，赫剌克勒被迫退避。后与之单独遭遇时杀之：《奥》2.82《地》5.39 派生形容词："~ 之战" Κύκνεια μάχα：《奥》10.16

居马（***库迈）Κύμα（图二）：在意大利南部，濒图耳热诺海 ὁ Πυρρηνικὸν Πέλαγος（***第勒尼安海），前八世纪即为**欧包亚**／居民迁徙来定居于此；前 474 年，叙剌古僭主**希厄戎**／

在其附近海上大胜厄特鲁里亚人（↗"图耳撒诺人"）与迦太基人（↗"皤尼刻人"）舰队：《匹》1.17, 72

居普洛（** 居比路；*** 塞浦路斯）Κύπρος（图三）：海岛，在小亚细亚南部以外地中海中，其上有**阿芙洛狄底**↗主圣所：《涅》4.45; 8.18 **a)** 派生名词"~女神"Κυπρίς：《奥》1.75《涅》8.6 "~人"Κύπριοι：指**基内剌**↗，《匹》2.15 **b)** 派生形容词："~岛诞生的"Κυπρογένεια，指爱神阿芙洛狄底：《匹》4.213 "~出生的"Κυπρογενής：《奥》10.105

居热奈（** 古利奈）Κυράνα：**1)** 城邦（图三）：在**利比亚**↗，其王**阿耳科西拉**↗四世获匹透赛车冠军：《匹》4.2, 62, 276, 279; 5.24, 62; 9.73 **2)** 女神，**拉庇汰人**↗之王**旭普修**↗之女，善猎，为阿波罗自希腊本土**忒斯撒利亚**↗掳掠至北非（"大陆的第三根"）成欢，并立为以其命名之城邦元首，其地为女王**利比娅**↗所赠；生农牧之神**阿里斯泰俄**↗：《匹》5.81 加饰词或附称："有黄金御座的~"χρυσόθρονος：《匹》4.260 "御马的↗"διώξιππος：《匹》9.4 "白臂之女"εὐώλενος：《匹》9.18

K

喀麦剌（* 喀迈拉）Χίμαιρα：怪物，为**贝尔勒洛丰塔**↗所杀：《奥》13.90

喀戎 * Χίρων：**克洛诺**↗与**菲吕剌**↗所生，娶**恺里克牢**↗，居于**忒斯撒利亚**↗境内**培利翁山**↗洞窟中，**伊阿宋**↗、**阿喀尔琉**

↗、**阿斯克累庇俄**↗皆受其鞠育。阿波罗欲与**居热奈**↗交欢，喀戎规谏之，促其与之成婚：《匹》3. 1, 63（阿斯克累庇俄）；4. 102, 115（伊阿宋）；(6. 21, 阿喀尔琉)；9. 29《涅》3. 53；4. 60《地》8. 41 转称："克洛诺之子" Κρονίδας：《匹》4. 115《涅》3. 48 "菲吕剌之子" Φιλλυρίδας：《匹》3. 1；9. 30 "神兽" Φὴρ θεῖος：《匹》4. 119 "原野之兽" φὴρ ἀγρότερον：《匹》3. 5 "肯驽洛" Κένταυρος：《匹》3. 45；4. 103；9. 38 加饰词："深刻多谋的～" βαθυμῆτα：《涅》3. 53 "明智的～" σώφρων：《匹》3. 63 ↗"肯驽洛" ↗"菲吕剌"

卡得谟（*卡得摩斯）Κάδμος：阿盖瑙耳 Ἀγήνωρ 之子，娶**哈耳谟尼娅**↗，播种龙牙（↗"龙牙种人"）而生石人（↗"人"），建**台拜**城↗；生**色墨累**↗、**伊瑙**↗、敖托诺艾 Αὐτονόη、阿皋艾 Ἀγαύη; 系**阿克剌迦**↗王**希厄戎**↗之祖：《奥》2. 22, 78《匹》3. 88；8. 47；11. 1《地》1. 11；6. 75 **a)** 派生名词："～子民/子孙/首领"等 Καδμεῖοι, = 台拜人：《匹》9. 83《涅》1. 51；4. 21；8. 51 **b)** 派生形容词 Καδμεῖαι：《地》4. 70

卡尔利俄培（*卡利俄珀）Καλλιόπα：**妙撒**↗女诗神之一：《奥》10. 14

卡尔利克累 Καλλικλῆς：爱琴纳岛人地峡角抵赛冠军**提马撒耳库**↗母舅：《涅》4. 81

卡尔利马库 Καλλίμαχος：爱琴纳人，**阿尔基墨冬**↗族中长辈：《奥》8. 82

卡尔利亚 Καλλίας：属**爱琴纳**↗之巴斯西家族↗，拳击手：《涅》6. 35

卡尔利亚纳 Καλλιάναξ：洛都╱岛人拳击手狄亚高剌╱祖先：《奥》7. 93

卡耳娄托 Κάρρωτος：阿勒克西比亚╱之子，居热奈╱王阿耳科西拉四世╱亲戚，将领，御王车赢得匹透赛车比赛于前462年：《匹》5. 26, (45)

卡耳耐俄阿波罗 Καρνήιος Ἀπόλλων：阿波罗在居热奈╱之别称：《匹》5. 79╱"阿波罗"

卡耳涅亚逮 Καρνειάδας：居热奈╱人太勒西克剌底╱之父：《匹》9. 71

卡菲所河 Καφισός：在包奥提亚╱，流经俄耳库墨诺╱城：《匹》4. 46 派生形容词 Καφίσιος：《奥》14. 1

卡菲西 Καφισίς：卡菲所河╱之婑女，《匹》12. 27

卡拉伊 Κάλαϊς：玻惹亚╱之子，随阿耳戈之舟出航：《匹》4. 182╱"载塔"

卡马里纳 Καμάρινα：1) 西西里╱城邦（图二），位于希普帕里河╱口：《奥》4. 11 2) 作为河水婑女，汪洋╱之女：《奥》5. (2), 4

卡米洛 Κάμιρος：日神╱之孙，洛都╱岛上同名之城（图一）中英雄：《奥》7. 74

卡斯桑得剌（*卡珊德拉）Κασσάνδρα：普里阿谟╱之女，特洛伊亚城陷，为阿迦门农╱掳为妾，后与阿氏同遭阿妻克吕泰美斯特剌╱伙同奸夫埃癸斯突╱谋杀：《匹》11. 20

卡斯塔利亚泉 Κασταλία：在德尔墦╱，《奥》7. 15; 9. 17《匹》1. 39; 4. 163; 5. 31《涅》6. 36; 11. 24

卡斯陶耳（*卡斯托耳）Κάστωρ：斯巴达王廷达惹俄╱与王后

累陶↗所生，与宙斯与累陶所生之子**波吕笃刻**↗为异父孪生兄弟，同随阿耳戈之舟出航，因争牛为**伊达**↗所杀，后因蒙波吕笃刻不忘友于之情而得分享其不死命运，兄弟二人之祭以赛马为标志，其主祭所在**忒剌普乃**↗：《匹》11.61《涅》10.49, 59, 90《地》5.33　加饰词："御金乘的～"：χρυσάρματος：《匹》5.8　派生形容词："～之曲" Καστόρειον μέλος：《匹》2.68（《奥》1.101"马术曲"）"颂诗" ὕμνος：《地》1.16　暗指："宙斯的三个战而不倦的儿子"之一，《匹》4.171，其馀二人为**波吕笃刻**↗与**赫剌克勒**↗

凯哥河 Κάικος：在小亚细亚西北部缪西亚地区 Μυσία（图一、图三）：《地》5.42

恺里克牢 Χαρικλώ：**喀戎**↗之妻：《匹》4.103

恺里亚得氏族 Χαριάδαι：**爱琴纳**↗家族：《涅》8.46

恺丽（*卡里忒斯或美惠三女神）Χάρις：女神，宙斯之女：**a)** 单数：《奥》1.30; 6.76; 7.11　**b)** 复数：（诸位）恺丽 Χάριτες：《奥》2.50; 4.8; 9.27; 14.4, 8《匹》2.42; 6.2; 8.23; 12.26《涅》4.7; 5.54; 6.37; 9.54; 10.1, 37　《地》5.21; 6.63; 8.16　**c)** 加饰词："腰扎宽带的～" βαθύζωνοι：《匹》9.2　"让生命绽放的～" ζωθάλμιοι：《奥》7.11　"生美髮的～" ἠύκομοι：《匹》5.45 "声音洪亮的～" κελαδενναί：《匹》9.89a "黄发～" ξανθαί：《涅》5.54　"令人寅畏的～" σεμναί：《奥》14.8　**d)** 转称："厄耳库墨诺的女王们" Ἐρχομενοῦ βασίλειαι：《奥》14.3-4 "众神之中最强者的女儿们" θεῶν κρατίστου παῖδες：《奥》14.14-15　"耀彩↗, 欢娱↗, 兴旺↗" Ἀγαΐα Εὐφροσύνα

Θαλία：《奥》14. 13-16 与爱神**阿芙洛狄底**↗并提：《匹》6. 2 与**妙撒**↗并提：《涅》9. 55

科奥岛 Κέως（图一）：在爱琴海中环状群岛 αἱ Κυκλάδες νῆσοι 之一：《地》1. 7 据维吉尔《农事诗》Servius 古注，**阿里斯泰俄**↗自此岛迁徙至**阿耳卡狄亚**↗

克勒安得洛 Κλέανδρος：爱琴纳人，**太勒撒耳库**↗之子，地峡少年搏击全能赛冠军，此外亦曾于涅墨亚赛会、**墨迦剌**↗之**阿尔卡突俄**↗赛会及**厄庀道洛**↗赛会获胜；庆胜时其从兄**尼哥克勒**↗新近阵亡：《地》8. 1, 66a

克勒奥（*克利俄）Κλε(ι)ώ：**妙撒**↗诗神之一：《涅》3. 83

克勒奥乃 Κλεωναί（图一）：阿耳高利 Ἀργολίς 境内城名，地近**涅墨亚**↗，赫剌克勒在其城下杀孪生兄弟**克太阿托**↗与**欧茹托**↗：《奥》10. 30 派生形容词 Κλεωναῖος，涅墨亚赛会为克勒奥乃人董理：《涅》4. 17; 10. 42

克勒奥内谟 Κλεώνυμος：台拜人**墨利斯所**↗之祖，《地》3. 15 派生名词："~ 氏族"Κλεωνυμίδαι：台拜家族，此家族一日之内阵亡四子，然今已难知在何时何地：《地》4. 22

克勒俄达谟 Κλεόδαμος：**俄耳库墨诺**↗人，**阿索庇库**↗之父，其子获胜时父已物故：《奥》14. 22

克勒俄尼哥 Κλεόνικος：**爱琴纳**↗人，**福剌基达**↗与**匹忒亚**↗祖父，**兰庞**↗之父：《地》5. 55; 6. 14

克雷托马库 Κλειτόμαχος：**阿里斯托墨奈**↗之舅：《匹》8. 37

克雷陶耳 Κλείτωρ（图一）：城名，在**阿耳卡狄亚**↗，赛珀耳色丰奈↗赛会在此举行：《涅》10. 47

克里撒 Κρίσα：**基耳剌**↗古称，《地》2.18 派生形容词 Κρισαῖος：《匹》5.35; 6.16-17

克鲁所 Κροῖσος：位于小亚细亚（图一）中西部之**吕狄亚**↗国王，以富赡且乐善好施著称：《匹》1.94

克洛诺（*克洛诺斯）Κρόνος：**1)** **乌剌诺**↗之子，宙斯之父：《奥》1.11; 2.70; 4.6; 7.67; 8.17; 10.50《匹》2.39; 3.4, 94《涅》5.7; 11.25《地》1.52 **a)** 转称："惹娅之夫" πόσις Ῥέας：《奥》2.77 "乌剌诺之子～" Κρόνος Οὐρανίδας：《匹》3.4 **b)** 派生形容词 "～（的）" Κρόνιος：《奥》2.12; 3.23 **2)** 转指**宙斯**↗："～之子"：**i)** Κρονίων：《匹》1.71; 3.57; 4.23《涅》1.16; 9.19, 28; 10.76 **ii)** Κρονίδας：《奥》8.43《匹》4.56, 171; 6.24《涅》1.72; 4.9《地》2.23 加附称："操闪电和雷霆的声音低沉的君主" στεροπᾶν κεραυνῶν τε πρύτανις：《匹》6.24-25/26 **3)** 转指克洛诺之子**喀戎**↗ Χίρων Κρονίδας：《匹》4.115（参观 3.4） **4)** 转指克洛诺之子**波塞冬**↗ Ποσειδάων Κρόνιος：《奥》6.29 **5)** 克洛诺后裔复数 Κρονίδαι："诸位后裔"：《奥》9.56 "～子女"《匹》2.25; 5.118 **6)** "～山" Κρόνιος λόφος (ὄχθος)，在奥林匹亚：《奥》5.17; 9.3《涅》11.25 Κρόνιον sc. ὄρος：《奥》1.111; 3.23; 6.64《涅》6.61 "～楼观" Κρόνου τύρσις，在福人岛上，即克洛诺之路寝：《奥》2.70

克吕墨诺 Κλύμενος：**俄耳库墨诺**↗人**厄耳癸诺**↗之父：《奥》4.19

克吕泰美斯特剌（*克吕泰涅斯特拉）Κλυταιμήστρα：斯巴达王**廷达惹俄**↗之女，**阿迦门农**↗之妻，伙同奸夫**埃癸斯突**↗谋杀亲夫，后为其子**俄惹斯底**↗为复父仇所弑：《匹》11.17

克瑙所的父国 Κνωσία πάτρα：指克热底岛（图一、图三）上克瑙所 Κνωσός 城（图一），**厄耳高太累**↗故乡：《奥》12. 16

克惹昂提达 Κρεοντίδας：属爱琴纳巴斯西氏族↗，**阿尔基米达**↗祖先：《涅》6. 40

克惹翁之女 Κρεοντίς：指**墨迦剌**↗，克惹翁（*克瑞翁）Κρέων 乃台拜王：《地》4. 82

克惹喔撒 Κρέοισα：地母↗之女，水仙，生**旭普修**↗：《匹》9. 15

克热底人 Κρής：克热底（**革哩底；***克里特）Κρήτη 岛（图一、图三）乃希腊最大岛，在爱琴海（图一、图三）南部，克热底人应指希腊神话中能工巧匠代达罗 Δαίδαλος，因其曾为克热底岛王米瑙 Μίνως 营造迷宫，故泛言为此岛之人：《匹》5. 41

克热拓 Κρηθεύς：**埃俄罗**↗之子，**撒尔蒙纽**↗兄弟：《匹》4. 142 派生名词："~ 之女" Κρηθεΐς：指**希普波吕塔**↗：《涅》5. 26 "~ 之子" Κρηθεΐδας：**埃宋**↗：《匹》4. 152

克色纳耳刻 Ξενάρκης：爱琴纳人，匹透赛会冠军**阿里斯托墨奈**↗之父：《匹》8. 71 派生形容词："~ 之子" Ξενάρκειος υἱός：《匹》8. 20

克色诺芬 Ξενοφῶν：哥林多↗人，**忒斯撒罗**↗之子，属俄利丐谛得氏族↗，前464年第79届奥林匹亚赛会短跑与五项全能赛冠军，其父曾于第69届奥林匹亚赛会（前504年）获短跑冠军，此外其家族亦多次于多地获竞赛冠军：《奥》13. 27

克色诺克剌底 Ξενοκράτης：**阿克剌迦**↗僭主**台戎**↗昆弟，**忑剌叙鲍罗**↗之父，属阴墨尼达家族↗，前490年与其兄同获匹透驷马之乘竞赛冠军（《匹》6），复同获地峡赛车冠军（《地》2，年份不确），品达于其死后为其地峡得胜赋歌；有女配**叙剌古**↗僭主**希厄戎**↗：(《奥》2.49)《匹》6.6《地》2.14, 36

克太阿托 Κτέατος：波塞冬之子，**欧茹托**↗昆弟：《奥》10.27

克赞突河（*克珊托斯）Ξάνθος：在小亚细亚，河口畔有城帕塔剌 Πάταρα（图三），乃阿波罗发布谶语之所：《奥》8.47

肯弢洛（*肯陶洛斯）Κένταυρος：**1)** **伊克西翁**↗与**云**↗所生怪物，其形状半人半马：《匹》2.44　**2)** 指**喀戎**↗，**克洛诺**↗之子：《匹》3.45; 4.103; 9.38　转称："克洛诺之子" Κρονίδας：《匹》4.115《涅》3.48↗"兽"

寇剌诺之子 Κοιρανίδας：**波吕谐都**↗：《奥》13.75

L

拉庇汰人（*拉庇泰人）Λαπίθαι：**忒斯撒利亚**↗部落：《匹》9.14

拉卜达哥部 Λαβδακίδαι：台拜氏族，声称先祖乃台拜古王波吕多洛 Πολύδωρος（**卡得谟**↗之子）之子拉卜达哥（*拉布达科斯）Λάβδακος：《地》3.17

拉俄墨冬 *Λαομέδων：**普里阿谟**↗之父，**特洛伊亚**↗王，因拒向赫剌克勒偿付所许工酬（即"拉俄墨冬之罪"），而遭赫拉克勒合同**太拉蒙**↗与**伊俄拉俄**↗灭城杀身：《涅》3.36 派生形容词："～之罪"：《地》6.30

拉科代蒙 Λακεδαίμων：**斯巴达**↗别称，《匹》4.49; 5.71; 10.1《地》1.17　**a)** 派生名词："～人" Λακεδαιμόνιοι：《匹》4.258《地》

7.13 **b)** 派生名词："拉孔人" Λάκων：= 斯巴达人；《匹》11.16

拉科瑞亚 Λακέρεια：城名，在 **忒斯撒利亚**↗境内珀拉斯癸奥提 Πελασγιῶτις 地区，位于多提昂平原 Δώτιον πεδίον 上**包比亚湖**↗畔：《匹》3.34

拉孔人：↗拉科代蒙 b)

剌达曼吐（* 拉达曼堤斯）Ῥαδάμανθυς：生前系克热底 Κρήτη（图一、图三）王，荷马《俄杜修记》卷四叙其死后入极乐世界。品达之后其传说演变为死后成为冥间三大判官之一，其馀二位系**埃亚哥**↗与米瑙（Μίνως）：《奥》2.75《匹》2.73

莱俄（* 拉伊俄斯）Λᾶος：台拜王，**喔狄波逮**↗之父，喔狄波逮自幼因阿波罗神谶预言其将弑父而为父母抛弃，后与生父狭路相逢时起争执，怒而弑父却不知所杀者乃其父也，"应验了匹透昔日发布的谶语"。**俄惹斯底**↗系其孙：《奥》2.39

兰诺 Λᾶμνος（图一）：海岛，在小亚细亚西北端以外爱琴海中：《匹》1.52 派生形容词："~女子" Λάμνιαι γυναῖκες：《匹》4.252 "~妇人" Λαμνιάδες γυναῖκες：《奥》4.20

兰庞 Λάμπων：爱琴纳人，**克勒俄尼哥**↗之子，属**普撒吕喀亚得氏族**↗，其妻翁为**忒米斯提俄**↗，生子**匹忒亚**↗与**福剌基达**↗，集中咏赞兰庞之子得胜篇章凡有三首，分别为《涅》5、《地》5 与 6：《涅》5.4《地》5.21; 6.2, 66

兰普洛马库 Λαμπρόμαχος：**罗克洛**↗部**俄浦**↗城人，地峡竞赛冠军，**厄法耳谟斯托**↗亲属：《奥》9.83

勒耳奈岸礁 Λερναία ἀκτα（图一）：在阿耳高利 Ἀργολίς 之勒耳奈 Λέρνη 地区濒临阿耳高利湾之沼泽海岸，多泉，有湖，属喀斯特地貌，多头水怪旭德剌 Ὕδρα 巢于此，赫剌克勒与**伊俄拉俄**↗戮力灭之焉，此乃其十二苦役之二：《奥》7.33

累达（* 勒达；*** 丽达）Λήδα：**廷达惹俄**↗之妻，与其生**卡斯陶耳**↗，与宙斯生**波吕笃刻**↗、**海伦**↗：《奥》3.35《匹》4.172《涅》10.66

累陶（* 勒托）Λατώ：**提探**↗之子寇俄 Κοῖος 之女，与宙斯生**阿波罗**↗、**阿耳太米**↗：《奥》3.26; 8.31《涅》6.35b；（9.4："母亲"）派生名词："~之子" Λατοίδας (Λατοΐδας)，即阿波罗：《匹》1.12; 3.67; 4.259; 9.5《涅》9.53 "~子女" Λατοΐδαι，即阿波罗与阿耳太米：《匹》4.3 参观《涅》9.5："母亲"

棱考（* 林扣斯）Λυγκεύς：**阿法柔之子**↗，**伊达**↗昆弟，**旭珀耳美斯特剌**↗之夫，生阿巴↗；兄弟二人因与**宙斯双子**↗起争执，杀其中**卡斯陶耳**↗后双双遭宙斯击毙：《涅》10.12, 61, 70

利比亚 ***（* 利彼亚；** 吕彼亚）Λιβύα：1) 地名（图三），在北非：《匹》4.6, 43, 259; 5.53; 9.（7："大陆的第三根" ῥίζαν ἀπείρου τρίταν）68《地》4.71b 转称："宙斯最卓荦的园圃" Διὸς ἔξοχος κᾶπος：《匹》9.53 "乌云笼罩下的平原" κελαινεφέων πεδίων：《匹》4.52 f. 2) **厄帕弗**↗之女，译文亦作"利比娅"：《匹》9.55, 69 a) 派生名词："~人" Λίβυς：《匹》9.117 b) 派生形容词："~女人" Λίβυσσα：《匹》9.105

利昆尼俄 Λικύμνιος：**提闰**↗王艾勒克特茹翁 Ἠλεκτρύων 之子，为**特累波勒谟**↗所杀：《奥》7.29; 10.64

良治（* 欧诺弥亚）Εὐνομία：《奥》9.16; 13.6

猎人 Ἀγρεύς："阿波罗**阿里斯泰俄**"↗附称：《匹》9.65

（大）猎户：↗"昴宿" ↗"奥里翁"

林都 Λίνδος：**日神**↗与婼女**洛都**↗所生，建同名城邦（图一）于洛都岛上：《奥》7.74

（琉刻岛 Λευκή）：在**好客之海**↗中**伊斯特洛河**↗入海口处，今称"蛇岛"；古时岛上有阿喀尔琉庙及为之所立赛会，"阿喀尔琉的炜煌之岛" φαεννὰ Ἀχιλλεὺς νᾶσος：《涅》4.49 ↗"阿喀尔琉"

龙牙种人 Σπαρτοι：**卡得谟**↗遵雅典娜神示于洪水后播龙牙于地而生武士之族，卡得谟令其互相残杀，最后唯馀五人，而后率其建立卡得谟戍楼，龙牙种人后裔为卡得谟贵族；希腊字本义乃"所播种者"：《匹》9.82《地》1.30; 7.10

陆地 Ἄπειρος：**1)** 指希腊本土西部与意大利隔亚底亚海 Mare Adriaticum 相望之**艾佩洛**↗地区 Ἤπειρος（多里亚方言 η 变 α，拉丁名 Epirus，图一、图三），艾佩洛，即 Ἄπειρος 之音译也：《涅》4.51 **2)** 指**利比亚**↗：《匹》4.48 **3)** 泛指欧亚非大陆，如言寰宇：《匹》9.8

罗克洛 Λοκρός：**1)** **俄浦**[2]↗王，妻**俄波谐**↗之女普娄托各聂娅↗，其妻与宙斯相交生**俄浦**[1]↗ **2)** 所在地区（图一）因其得名：Λοκρίς：《奥》9.60 **a)** 派生名词："~族人" Λοκροί，**i)** 即俄浦（东）罗克洛人（Ὀπούτιοι）：《奥》9.20 **ii)** 泽风向（西）罗克洛人（Ζεφύριοι）：《奥》10.13, 98; 11.15 **b)** 派生形容词："~处女" Λοκρίς：《匹》2.19

洛都（*** 罗得）Ῥόδος：**1)** 岛（图一、图三），为**阿耳高**↗人殖民：《奥》7.56 **a)** 别称："三城之岛" τρίπολις νᾶσος：《奥》

7. 19 起初宙斯等诸神分封大地，此岛尚潜于水下不可见，因忘给日神封地，遂令此岛自水下升起，为其所有。**b)** 转称："环海的牧场" ἀμφιθάλασσος νομός：《奥》7.33 ↗ "特累波勒谟 2)" 海中婊女，爱神**阿芙洛狄底**↗所生，日神↗之妇，生有七子，其中一子生**卡米洛**↗、**伊亚吕所**↗、**林都**↗三子，三分祖业，遂为洛都岛三城（图一），各以之分别命名：《奥》7.14, 71

吕狄亚人（** 吕底亚）Λυδός：吕狄亚 Λυδία（图一、图三）在小亚细亚西部，濒临爱琴海：《奥》1. 24; 9. 9; 14. 18 同源形容词："~ 笛音" Λύδιοι αὐλοί：《奥》5. 19 "~ 曲式" Λυδὸς τρόπος：《奥》14. 17 "~ 的乐式" Λυδία ἁρμονία：《涅》4. 44 "~ 调冠冕" Λυδία μίτρα：《涅》8. 15

吕基亚 Λυκία（图三）：在小亚细亚西南岬角：《奥》13. 60 派生名词："~ 人" Λύκιοι，特洛伊亚战争中属特洛伊亚阵营，即**达耳达诺人**↗：《涅》3. 60

吕基亚 皤玻 Λύκιος Φοῖβος：阿波罗：《匹》1. 39 "吕基亚王撒耳培冬" Λύκιος Σαρπηδών：《匹》3. 112

吕凯昂山的宙斯 Λύκαιος Ζεύς：吕凯昂山在**阿耳卡狄亚**↗境内，其上有宙斯祭坛，并举行赛会以赛宙斯：《奥》9. 96 "~ 山" Λύκαιον scil. ὄρος：《奥》13. 108《涅》10. 48

M

马拉松 *** Μαραθών（图一）：位于阿提卡，赛赫剌克勒赛会在

此举行：《奥》9.89; 13.110《匹》8.79

麦纳利翁山涧 Μαινάλιαι δειραι：麦纳利翁山为**阿耳卡狄亚**↗境内最高峰，其山涧为宙斯所佑，宙斯劫**罗克洛**↗妻**普娄托各聂娅**↗至此，与之交媾，生**俄浦**↗：《奥》9.58

曼提涅亚 Μαντινέα（图一）：城名，在**阿耳卡狄亚**↗境内，首届奥林匹亚竞赛会驷马之乘赛冠军**撒谟**↗来自此城：《奥》10.70

莽奈西亚 Μάγνης（形容词，名词 Μαγνησία，图一）：莽奈西亚地区在**忒斯撒利亚**↗境内：《匹》4.80 "~的肯驽洛" Μάγνης Κένταυρος，即喀戎：《匹》3.45 "~人的守望者" Μαγνήτων σκοπός，即**阿卡斯托**↗，**伊阿俄尔哥**↗王：《涅》5.27 "~的马" Μαγνήτιδες ἵπποι：《匹》2.45

梅杜利氏族 Μειδυλίδαι：爱琴纳氏族：《匹》8.38

美戴俄人（** 玛代人）Μήδειοι：指希波战争中波斯人：《匹》1.78

美狄娅（* 美狄亚）Μήδεια：**埃艾底**↗之女，因其父出自**哥林多**↗而受哥林多人崇敬；能巫术，忤逆父意自行嫁**伊阿宋**↗（"自行出嫁"），教其以喷火朴牛犁田时避免受伤，预言**阿耳戈**↗之舟行程。伊阿宋借美狄娅之魔法令看守金羊毛之恶龙入睡而后屠之，获取金羊毛，遂欲与美狄娅偕亡，然不为埃艾底所许。美狄娅于是杀害其昆弟以乱父心，借机逃亡，故曰 "伊阿宋与她本人合伙盗走了美狄娅"。阿耳戈之航后，美狄娅设计害死不欲归还王位与伊阿宋之珀利亚，故称作 "珀利亚的女凶手"：《奥》13.53《匹》4.10, 57, 218, 250 转称："埃艾底之女" Αἰήτα παῖς：《匹》4.10 "我"：《匹》4.27 "女主" ξείνα，义从 Rumpel, Slater 解为女友，指其待伊阿宋友善：

《匹》4.233 "德尔嬉蜜蜂" μελίσσας Δελφίδος：《匹》4.60

门农 * Μέμνων：**特洛伊亚** ↗ 王子提同诺 Τιθωνός 与**晨曦** ↗ 之子，与特洛伊亚王**普里阿谟** ↗ 之子**贺勒诺** ↗ 序为从兄弟，**焦颜国** ↗ 王，在特洛伊亚战争中为**阿喀尔琉** ↗ 所杀：《匹》6.31《涅》3.62；6.50《地》5.41；8.54 转称："晨曦之子"'Αοῦς παῖς：《奥》2.83《涅》6.53

米达（* 弥达斯）Μίδας：**阿克剌迦** ↗ 人，笛奏比赛冠军，曾两度获匹透赛笛冠军（第24与25届），雅典人兰普洛克累 Λαμπροκλῆς 师傅，后者为悲剧家所弗克累 Σοφοκλῆς(*** 索福克勒斯) 所师；：《匹》12.5

米德阿 Μιδέα（图一）：**阿耳高利** 'Αργολίς 境内之城，属艾勒克特茹翁 'Ηλεκτρύων 所有：《奥》10.66

米德娅 Μιδέα：**阿尔克美奈** ↗ 之夫艾勒克特茹翁 'Ηλεκτρύων 之妻，生**利昆尼俄** ↗：《奥》7.28

米内阿 Μινύας：**俄耳库墨诺** ↗ 传说中古王：《地》1.57："米内阿的平谷" ὁ Μινύα μυχός，即俄耳库墨诺派生名词：a) "~人" Μινύαι，指俄耳库墨诺周边居民：《奥》14.4 指阿耳戈之航水手：《匹》4.69 b) "~人之邦" Μινύεια，即俄耳库墨诺：《奥》14.19

妙撒（* 缪斯）Μοῖσα：1) 诗神； a) 单数：《奥》1.112；3.4；10.3；13.22《匹》1.58；4.3；10.37；11.41《涅》1.11；3.1；6.28；7.77《地》2.6；6.57；8.6 b) 复数 Μοῖσαι：《奥》(2.27)；6.21，91；7.7；9.5，81；11.17；13.96《匹》1.2，12；3.90；4.67；5.114：意译作"乐艺"《涅》4.2；5.22；7.12；9.1，55；10.26

《地》2.2; 4.61; 7.23 **c)** 转称："姆奈谟叙奈的闺女们" κόραι Μναμοσύνας：《地》6.74 "宙斯的女儿们" κόραι Διός：《奥》10.95 **2)** 德指用法，谓诗歌：《匹》4.279; 5.65, 114：皆意译为"乐艺"《涅》3.28 **3) a)** 加饰词或谓语："御座辉煌的～" ἀγλαόθρονοι：《奥》13.96 "呼气甜美的～" ἁδύπνοος：《奥》13.22 "束低腰带的" βαθύζωνοι：(《地》6.75) "着深褶长袍的～" βαθύκολποι：《匹》1.12 "～远射的弓" ἑκατάβολοι：《奥》9.5 "美发飘飘的～" ἠΰκομοι：《奥》6.91 "生紫罗兰色发的～" ἰοπλόκαμοι：《匹》1.1-2 "编织紫罗兰华冠的～" ἰόπλοκοι：《地》7.23 "声音曼妙的～" μελίφθογγοι：《奥》6.21 参观《地》2.7 "女王" πότνια：《涅》3.1 "（不）贪财" φιλοκερδής：《地》2.6 "披戴黄金的～" χρυσέα：《地》8.5a "戴金头饰的～" χρυσάμπυκες：《匹》3.90《地》2.2 **b)** 相关词："～们的歌队" Μοισᾶν χορός：《涅》5.22 "～的女儿诗歌" Μοισᾶν θύγατρες ἀοιδαι：《涅》4.3 **c)** 派生形容词 Μοισαῖος：《涅》8.48《地》6.3; 8.61 ↗"庇厄洛之女"↗"贺利孔居民/处女"↗"恺丽"

缪耳米冬人 Μυρμιδόνες：**爱琴纳**↗岛上最早居民，随**培琉**↗迁徙自**忒斯撒利亚**↗至此：《涅》3.13

缪刻乃 Μυκῆναι（图一）：城名，位于阿耳高利 Ἀργολίς 境内，**阿迦门农**↗为王：《匹》4.49

缪西亚原野 Μύσιον πεδίον：缪西亚 Μυσία（图一）在小亚细亚西北部，境内最大城邦为**特洛伊亚**↗：《地》8.50

谟利俄奈的儿子 Μολίονες：**克太阿托**↗与**欧茹托**↗，父波塞冬，

母谟利俄奈 Μολιόνη，诗文中指其母邦**克勒奥乃**↗而名之，双双为赫剌克勒所戮：《奥》10. 30-31

谟罗斯所人之邦 Μολοσσία：在**艾佩洛**↗境内，后名作忒斯普娄提亚 Θεσπρωτία：《涅》7. 38

谟罗斯西亚 Μολοσσία（图一）：＝"谟罗斯所人之邦"↗

谟普所 Μόψος：卜师，随**阿耳戈**↗之舟出航：《匹》4. 190

墨兑撒（＊墨杜萨：＊＊＊美杜莎） Μέδοισα：**高耳戈**↗三姊妹之一，发为活蛇，目光可令人石化，后遭**珀耳修**↗斩首：《匹》12. 16《涅》10. 4↗"欧茹亚累"

墨迦 Μέγας：涅墨亚赛会双程赛跑冠军爱琴纳人**戴尼**↗之父，其子获奖时已亡故，生前亦曾于涅墨亚赛会获胜：《涅》8. 16, 44

墨迦克勒 Μεγακλέης：雅典人，**希普波克剌底**（？）↗之子，属**阿尔克麦翁氏族**↗，前 486 年第 25 届匹透赛会驷马之乘比赛冠军：《匹》7. 17

墨迦剌 Μεγάρα：台拜王**克惹翁之女**↗，克惹翁为报答赫剌克勒抵御**米内阿**↗人于**俄耳库墨诺**↗而以女妻之，古代文法家阿波罗多洛 Apollodoros 称其与赫氏育有三子（一说四子），有传说云其所生子女为赫剌克勒疯癫时误杀，诗人此处不从此说，言其子人数为八：《地》4. 82

墨迦剌 Μέγαρα（图一）：城名，在阿提卡西部，赛**珀罗**↗之子阿尔卡突俄 Ἀλκάθοος 与阿波罗赛会在此举行：《奥》7. 86；13. 109《匹》8. 78《涅》3. 84

墨兰波 Μέλαμπος：**阿缪坦**↗之子，卜师，**伊阿宋**↗从兄：《匹》4. 126

墨岚希普波 Μελάνιππος：台拜英雄，七雄攻台拜时伤敌图笃
　　Τυδεύς，后反为其所杀；**太涅都**↗人阿里斯塔高剌↗母系先
　　祖：《涅》11.37

墨勒阿格洛（*墨勒阿革洛斯）Μελέαγρος：埃陶利亚 Αἰτωλία
　　境内卡吕冬 Καλυδών（图一）王**喔纽之子**↗，邀邻邦英雄一
　　同猎杀卡吕冬封豨 ὁ Καλυδώνιος ὗς，**埃陶利人**↗与扣热人
　　Κουρῆτες 因此猎而起争执，墨勒阿格洛于战斗中阵亡：《地》
　　7.32 ↗ "培琉"

墨累西亚 Μελησίας：雅典人，著名角抵教练，受其训练得胜者有
　　涅墨亚竞赛冠军爱琴纳人**提马撒耳库**↗，涅墨亚少年组竞赛
　　冠军爱琴纳人**阿尔基米达**↗，以及第 80 届奥林匹亚竞赛少年
　　组冠军爱琴纳人**阿尔基墨冬**↗，后者所获胜利乃其所教练选
　　手第三十次获胜：《奥》8.54, 65（"他"）《涅》4.93; 6.64

墨利斯所 Μέλισσος：台拜人**太勒西亚达**↗之子，属**克勒奥内谟**↗
　　氏族，身材短小，然在涅墨亚与地峡赛会皆曾获赛马以及搏
　　击冠军，搏击教练为**俄耳色阿**↗：《地》3.9; 4.20, 62

墨利娅 Μελία：**汪洋**↗之女，台拜婼女，与阿波罗相交生底涅洛
　　Τήνερος 与河神**伊斯美诺**↗，阿波罗授前者占卜之术：《匹》
　　11.4

墨洛帕部 Μέροπες：叩斯岛 Κῶς（图一）上部落，为赫剌克勒与
　　太拉蒙↗灭特洛伊亚返程时顺道所灭：《涅》4.26《地》6.31

墨南得洛 Μέναδρος：雅典角抵教练：《涅》5.48

墨涅拉（*墨涅拉俄斯）Μενέλας：**阿特柔**↗之子，阿迦门农昆弟，
　　海伦↗之夫：《涅》7.28

墨挪提俄（*墨诺提俄斯）Μενοίτιος：爱琴纳之子，**阿喀尔琉**↗伙伴**帕特洛克罗**↗之父，曾随**阿耳戈**↗之舟出航，与**赫剌克勒**↗友善，立其崇祀于**俄浦**↗：《奥》9.70

墨斯撒纳 Μεσσάνα（图一）：珀罗之岛城邦：《匹》4.126 派生形容词："～老人"Μεσσάνιος γέρων，指**涅斯陶耳**↗：《匹》6.34/35

墨陶帕 Μετώπα：**斯潼蒂罗**↗泉水姹女，与河神**阿索波**↗生**台巴**↗，出生于台拜的诗人称之为外祖母：《奥》6.84

母 Μάτηρ：1) 地母（↗丐娅 Γαῖα；*该亚）：《奥》7.38《匹》4.73《涅》6.2 2) 居贝累（*库柏勒）Κυβέλα，小亚细亚之芙茹癸亚 Φρυγία 地区（图三）所奉自然女神：《匹》3.77

姆奈谟叙奈（*摩涅莫绪涅）Μναμοσύνα：天神**乌剌诺**↗之女，与宙斯生诗神**妙撒**↗诸女：《涅》7.15《地》6.74

牧人 Νόμιος：↗"阿里斯泰俄"

N

纳克所 Νάξος（图一）：岛名，在希腊本土东南爱琴海面中，环状群岛之最大者，以产金刚砂著称。《匹》4.88 派生形容词，"～的砺石"Ναξία ἀκόνα：《地》6.73

奈柔（*涅柔斯）Νηρεύς：**忒提**↗、**普撒马颓娅**↗等五十女儿之父，海中之神，有"海中老人"之称，因与波塞冬同为海中神明，故连同其女儿被视为赛波塞冬竞技会地峡赛会之庇佑神明：

《奥》2.29《匹》3.92《涅》3.56《地》8.42　转称："海中老人" ἅλιος γέρων：《匹》9.94　以父名女："～的女儿们" Νηρείδες (Νηρηίδες)：《匹》11.2《涅》4.65; 5.7, 36《地》6.7

尼哥克勒 Νικοκλέης：爱琴纳人，**克勒安得洛**↗从兄，盖于诗人赋《地》8 时阵亡不久，故诗人曰"心中悲悼"：《地》8.62

尼哥马库 Νικόμαχος：**克色诺克剌底**↗御夫，为其赢得地峡赛车胜利：《地》2.22

尼卡希普波 Νικάσιππος：诗人朋友，代其诵读所作赞歌于恩主面前：《地》2.47

尼考 Νικεύς：奥林匹亚首位拳击冠军：《奥》10.72

尼罗河 ** *** Νεῖλος：在**埃及**↗：《匹》4.56《地》2.42; 6.23

尼所 Νῖσος：**墨迦剌**↗传说中古王，"尼所之丘"或"山" Νίσου τ' ἐν λόφῳ 指墨迦剌：《匹》9.91　《涅》5.45

涅俄普托勒谟（* 涅俄浦托勒摩斯）Νεοπτόλεμος：**阿喀尔琉**↗之子，攻克**特洛伊亚**↗，战后自特洛伊亚泛海返还家乡**斯居洛**↗岛，不幸错过而漂泊至**艾佩洛**↗地区之城**厄福剌**↗，为**谟罗斯所人**↗之王，在**德尔斐**↗献祭时因与祭司起争执被害：《涅》4.51; 7.35, 103

涅墨亚 Νεμέα（图一）：在阿耳高利 Ἀργολίς 境内，**克勒奥乃**↗与芙利乌 Φλιοῦς 之间溪谷中，宙斯神庙所在，其地每两年举行泛希腊涅墨亚赛会以赛宙斯，赛会据传本为七雄自**阿耳高**↗远攻**台拜**↗途中至此所立；据神话曾有狻猊这此，后为**赫剌克勒**↗所戮，赫剌克勒于是更始此赛会，以之奉祀宙斯，赛会于当年夏季举行，除体育与马术比赛外，亦有音乐比赛：

《奥》7. 82; 8. 16, 57; 9. 87; 13. 98《涅》1. 7; 2. 23; 3. 18, 84; 4. 9, 75; 5. 44; 6. 12, 20; 7. 80; 10. 26《地》5. 18; 6. 3, 48, 61; 8. 5 "~赛会" Νέμεα (Νέμεια)：《奥》13. 34《涅》5. 5 "~圣月" Νεμεὰς ἱερομηνία：《涅》3. 2 "~宙斯" Νεμέαιος Ζεύς：《涅》2. 4 "~的荣耀" Νεμέαιον ἄγαλμα：《涅》8. 16 转称："狻猊空谷" λέοντος νάπα：《地》3. 12

涅斯陶耳（*涅斯托耳）Νέστωρ：匹罗↗王，安提罗库↗之父，曾随阿耳戈↗之舟出航，特洛伊亚战争中在希腊阵营：《匹》3. 112 派生形容词："~的戎车"：《匹》6. 33

诺托之风 Νότος：南风：《匹》4. 203

O

欧阿得娜 Εὐάδνα：海神波塞冬与庇塔娜↗之女，诞生后被交托埃衰托↗抚养，及长与阿波罗交欢生伊阿谟↗：《奥》6. 30, 49

欧包亚 Εὔβοια（图一）：希腊第二大岛，位于希腊本土以东，有欧里波海峡↗相隔，多有赛会举行于岛上：《奥》13. 112《地》1. 57

欧法奈 Εὐφάνης：爱琴纳人，提马撒耳库↗从外祖父，擅长歌咏：《涅》4. 89

欧蒂谟 Εὔφαμος：海神与欧罗巴↗之子，生于包奥提亚↗境内刻菲所 Κηφισός 河岸，居泰纳戎 Ταίναρον（即泰纳洛↗），随阿耳戈↗出航时，在利比亚↗境内特里陶尼↗湖畔，自海神之子**欧茹衰罗**↗手中接受其贽礼土块，受嘱应掷之于家乡泰纳洛圣地冥府入口处，然未及抵达家乡便误将此块抛入**台剌岛**↗附近海中，其第四代后裔遂殖民此岛，而后其后裔**巴特托**↗自此岛抵达**利比亚**↗，建居**热奈城**↗，故被视为**巴特托氏族**↗之祖：《四》4. 20, 43, 175, 256

欧克色诺后人 Εὐξενίδας：指爱琴纳人**索各奈**↗：《涅》7. 70

欧里波海峡 Εὔριπος（图一）：位于希腊本土与**欧包亚岛**之间：《四》11. 22

欧娄塔 Εὐρώτας：水名，在斯巴达境内：《奥》6. 28《地》1. 29; 5. 33

欧罗巴 * Εὐρώπα：1）**提图俄**↗之女，与波塞冬相交生**欧蒂谟**↗：《四》4. 46 2）地名：《涅》4. 70

欧茹衰罗 Εὐρύπυλος：海神之子，赠阿耳戈舟子**欧蒂谟**↗代表**利比亚**↗之块；《四》4. 34（28：''神明''）

欧茹斯拓（* 欧律斯透斯）Εὐρυσθεύς：斯忒涅罗（* 斯忒涅罗斯）Σθένελος 之子，**阿耳高**↗人城邦**提闰**↗之王，**赫剌克勒**↗从兄——二人皆为**珀耳修**↗之孙。赫剌克勒因疯癫而杀家人，遵神示赴提闰为欧茹斯拓服苦役十二年。欧茹斯拓先命其完成十项苦役，而后增加二项，共十二项。据荷马（《伊》15. 639），哥普柔 Κοπρεύς 为欧茹斯拓充当信使，向赫剌克勒传信，Σ 曰盖因其惧怕后者，不欲面宣增加苦役等苛刻命令。赫剌克勒死后，欲害其遗孤，后者出奔雅典。欧茹斯拓于是攻雅典，败绩，为**伊俄拉俄**↗斩首：《奥》3. 28《四》9. 81

欧茹托（* 欧律托斯）Εὔρυτος：**克太阿托**↗昆弟，波塞冬与**谟利俄奈**↗之子，赫剌克勒领**提闰**↗军队伐其从父**敖各阿**↗，曾遭兄弟二人沿路伏击，赫剌克勒为复此仇，值兄弟二人自**艾利**↗赴**地峡赛会**↗途中，双双戮之于**克勒奥乃**↗城下：《奥》10.28

欧茹亚累 Εὐρυάλα：怪物**高耳戈**↗三姊妹之一，善发哀声，雅典娜仿其声音发明笛乐：《匹》12.20 ↗ "墨兑撒"

欧吐墨奈 Εὐθυμένης：爱琴纳人，学者猜料为**匹忒亚**↗与**福拉基达**↗之舅：《涅》5.41《地》6.58

P

帕耳剌西亚人 Παρράσιος στρατός：帕耳剌西亚 Παρρασία 在阿耳卡狄亚境内：《奥》9.95

帕耳纳斯所山（*帕耳那索斯）Παρνασσός（图一）：在弗基 Φωκίς 境内，**德尔斐**↗背倚此山而立：《奥》9.43《匹》1.39；11.36《涅》2.19 派生形容词 Παρνάσσιος：《奥》13.106《匹》5.41；10.8 "~绿叶" Παρνασσὶς ποία：《匹》8.20

帕拉（*帕拉斯）Παλλάς：**雅典娜**↗附称，崇祀卫城之帕拉雅典娜女神祭仪自**洛都**↗岛上**林都**↗城邦戍楼经西西里之各拉 Γέλα 城（图二）传至**卡马里纳**↗：《奥》2.26；5.10；13.65《匹》9.97；12.7

帕里（*帕里斯）Πάρις：特洛伊亚王子，**普里阿谟**↗之子，自**墨涅拉**↗家拐走**海伦**↗引发特洛伊亚战争：《匹》6.32

帕洛岛的石头 Πάριος λίθος：汉白玉，帕洛岛 Πάρος（图一）在爱

琴海中部、环状群岛 Κυκλάδες 之一，盛产汉白玉：《涅》4.80

帕特洛克罗（*帕特洛克罗斯）Πάτροκλος：**墨挪提俄**↗之子，**阿喀尔琉**↗伙伴，后阵亡于特洛伊亚战争：《奥》9.75; 10.19

派安（若意译则为神医）Παιάν：阿波罗附称：《匹》4.270 ↗"阿波罗"

番法艾 Παμφάης：**阿耳高**↗人，**忒埃俄**↗母系先祖：《涅》10.49

番福罗 Πάμφυλος：**埃癸米俄**↗之子，杜马 Δύμας 昆弟，**多洛人**↗中番福罗氏族之鼻祖：《匹》1.62

潘 * Πάν：农牧之神：《匹》3.78

旁丐昂山 Πάγγαιον ὄρος（图一）：在希腊北方**忒赖刻**↗，朔风之神**玻惹亚**↗及其二子居于其脚下：《匹》4.180

培迦所（*珀伽索斯）Πάγασος：生翅之神马，**高耳戈**↗所生，为**贝尔勒洛丰塔**↗所有，贝死后收养于奥林波山上宙斯马厩中：《奥》13.63《地》7.44

培利昂山 Πάλιον（图一）：在**忒斯撒利亚**↗，**喀戎**↗所居之窟在其中：《匹》2.45; 3.5; 9.5《涅》4.54; 5.22

培琉（*珀琉斯）Πηλεύς：**爱琴纳**↗王**埃亚哥**↗之子，**忒提**↗之夫，**阿喀尔琉**↗之父，曾伙同兄弟**太拉蒙**↗杀害异母兄弟**萧哥**↗，事后逃离爱琴纳岛至位于**忒斯撒利亚**↗南部**缪耳米冬人**↗城邦**芙谛亚**↗以躲避惩罚。芙谛亚王、曾随**阿耳戈**↗之舟出航之欧茹谛翁 Εὐρυθίων 以女妻之。而后翁婿二人赴埃陶利亚 Αἰτωλία 之邦卡吕冬 Καλυδών（图一）参与卡吕冬封豨之猎（↗"墨勒阿格洛"）；培琉误杀妻翁，遂奔**伊阿俄尔哥**↗，为其王**阿卡斯托**↗接纳。然阿氏妻**希普波吕塔**↗

欲引诱之，不遂竟构陷于其夫面前，而培琉之妻亦因误信希氏谎言而自杀。阿卡斯托惑于妻言，盗窃培琉佩刀而弃其人于培利昂山中。培琉为**喀戎**↗所救得以幸免，且借神助而复得所失佩剑。继而返伊阿俄尔哥复仇，杀王后二人。原配死后始娶忒提，生阿喀尔琉：《奥》2.78《匹》3.87；8.100《涅》3.32；4.54；5.26《地》6.25；8.39　转称："埃亚哥诸子"：《地》6.19　派生父称："~的儿子" Πηλείδας：《匹》6.23

培聂俄河 Πηνειός：1) 河，在**忒斯撒利亚**↗：《匹》10.55 2) 河神：《匹》9.16

佩剌奈泉 Πειράνα：在**哥林多**↗戍城：《奥》13.61

佩桑得洛 Πείσανδρος：斯巴达人，同**俄惹斯底**↗共同殖民于勒斯波 Λέσβος 岛（图一）及**太涅都**岛↗，系岛上选入公府之**阿里斯塔高剌**↗先祖之一：《涅》11.33

披羊皮甲之神 Αἰγίοχος：↗"**宙斯**"；"羊皮甲"俗译因循后世西文误解误作"神盾*"

匹耳剌（*皮拉）Πύρρα：**笃卡利翁**↗之妻：《奥》9.43

匹拉逮（*皮拉得斯）Πυλάδας：茀基 Φωκίς 王**斯特洛菲俄**↗之子，**俄惹斯底**↗中表，俄父阿伽门农出征特洛伊亚期间其母**克吕泰美斯特剌**↗与**埃癸斯突**↗通奸，寄其子于斯特洛菲俄家，故二人自幼相与，情同亲弟兄，匹氏以待俄惹斯底友于情厚著称：《匹》11.15

匹罗 Πύλος（图一）：奈琉 Νηλεύς 所建城邦，在墨斯赛尼亚 Μεσσηνία 境内：指为赫剌克勒所杀的**波塞冬**↗之孙、匹罗王奈琉 Νηλεύς 之子珀里克吕墨诺 Περικλύμενος：《奥》9.31 参

与阿耳戈之航:《匹》4.174 加饰词:"神圣的~":《匹》5.72

匹忒亚 Πυθέας: 爱琴纳人兰庞↗之子, **福剌基达**↗之兄, 涅墨亚搏击全能赛冠军; 兰庞属**普撒吕喀亚得氏族**↗:《涅》5.4, 43《地》5.18, 59; 6.58

匹透 Πυθώ (Πυθοῖ, Πυθῶθεν): 位于**德尔斐**↗之阿波罗圣所, 名本占据此问谶求卜场所之巨蟒, 后因与阿波罗为敌而为其所戮, 继而成为阿波罗圣地, 在此举办赛阿波罗之竞技会("阿波罗的娱乐",《匹》5.23), 其地址或与**克里撒**↗混同, 然应在克利撒与**帕耳纳斯所山**↗之间平原上, 原本仅为音乐比赛, 后增添体育与马术比赛, 赛会举行于当年盛夏, 奖品为月桂枝冠:《奥》7.10; 13.37《匹》4.66; 10.4; 11.49《地》1.65; 7.50 原文又作 Πυθών (Πυθωνάδε, Πυθωνόθεν):《奥》2.40, 49; 6.37, 48; 9.11; 12.18《匹》3.27; 4.3; 5.105; 7.11/12; 8.61; 9.71; 11.9; 12.5《涅》6.34; 9.5; 10.25; 11.23 加饰词: "高耸的~" Πυθῶνος αἰπεινᾶς:《涅》9.5 派生形容词 Πύθιος:《奥》14.10《匹》3.73; 4.55; 10.25《涅》2.7; 3.69; 7.34《地》7.15 "~(赛会)" Πυθιάς sc. ἑορτα:《匹》1.32; 5.21; 8.83 复合词: "~得胜的" Πυθιόνικος:《匹》6.6; 8.5 "~胜者" Πυθιονίκας:《匹》9.1

匹透阿波罗 Πύθιος Ἀπόλλων: ↗"阿波罗"

匹突尼哥 Πυθόνικος: **忒剌叙代俄**↗之父:《匹》11.43

品都山 Πίνδος (图一): 在**忒斯撒利亚**↗境内:《匹》1.65; 9.16

斐玻 (*福玻斯) Φοῖβος: 阿波罗附称, 本义为炬明, ↗"阿波罗"

斐尼刻(人)的 (** 非尼基族, *** 腓尼基) Φοῖνιξ: 1) 地中海东岸今黎巴嫩沿海地区人民:《匹》1.72 "~ 的赘货" 2) = 北非迦太基(图二、图三)人, Φοίνισσα ἐμπολά:《匹》2.68 "~ 之矛" Φοινικοστόλων ἐγχέων:《涅》9.28 前474/3年, 迦太基人(即蟠尼刻人) 与**图耳撒诺人**↗ (即意大利半岛原住民厄特鲁里亚人 Etrusci) 联军为**希厄戎**↗水师大败于**居马**↗以外海域

珀尔拉纳 Πέλλανα (图一): 城名, 在亚该亚, 其地举行赛会, 奖品为羊毛大氅("抵御寒风的暖方"、"柔软的羊毛衣"):《奥》7.86; 9.97; 13.109《涅》10.44

珀耳迦谟(** 别加摩) Πέργαμος: 即**特洛伊亚**↗戍城:《奥》8.42 又作"珀耳迦米亚" Περγαμία:《地》6.31

珀耳色丰奈(* 珀耳塞福涅) Περσεφόνη = **斐耳色丰奈**↗

珀耳修(* 珀耳修斯) Περσεύς: 宙斯化身金雨与为父囚禁之**达娜婀**↗相会所生之子, 故而诗人称其为"来自自降的金雨"。**色里弗**↗岛之王**波吕德克底**↗心欢达娜婀, 然其人多诈善变, 待达娜婀如奴婢, 又伴娶**希普波达梅娅**↗, 以借婚礼收受贺仪("份子")。珀耳修因承诺任由波吕德克底索求贺仪而为其嘱杀怪物**墨兑撒**↗, 珀耳修受雅典娜引导竟斩此怪首级, 携至波吕德克底婚宴以为贺礼:《匹》10.31; 12.11《涅》10.4《地》5.33

珀里克吕墨诺 Περικλύμενος: **匹罗**↗王奈琉 Νηλεύς 之子, 随阿耳戈之舟出航, 曾反击七雄以捍卫**台拜**↗:《匹》4.175《涅》9.26

珀利亚(* 珀利阿斯) Πελίας: 波塞冬与**图娄**↗之子, **埃俄罗**↗后裔, 生**阿卡斯托**↗; 自其异父兄弟**埃宋**↗手中篡夺**伊阿俄**

尔哥↗王位，置废王于囹圄之中；埃宋于囚禁中娶妻生子**伊阿宋**↗，因惧其为珀利亚所害，秘为人携出囚牢。伊阿宋为**喀戎**↗及其家人抚养成人后，只身返还伊阿俄尔哥，向珀利亚索求归还王位，珀利亚遂遣其乘阿耳戈之舟远赴**哥尔喀人**↗居处搜求金羊毛，以为归还王位之条件。伊阿宋安全抵达哥尔喀人居地，娶哥尔喀王**埃艾底**↗女**美狄娅**↗为妻，载金羊毛以归，然珀利亚食言，不欲归还王位，遭美狄娅设计杀死。美狄娅给珀利亚之二女曰，烹老羝羊于釜中可令之返老还童。二女遂以刃解一老羝而置诸釜中，果见有幼羝自釜中跃出，信之不疑，遂以刃向父，解而置之釜中，冀其能如羝羊返老还童也，珀利亚遂遇害：《匹》4. 71, 94, 109, 134, 156, 250《涅》4. 59 转称："图娄之子" Τυροῦς γενεα：《匹》4. 136 "岩神波塞冬之子" παῖς Ποσειδᾶνος Πετραίου：《匹》4. 138

珀林乃昂 Πελινναῖον（图一）：城名，在**忒斯撒利亚**↗：《匹》10. 4

珀罗（* 珀罗普斯）Πέλοψ：**探塔罗**↗之子，少年时为**波塞冬**↗嬖幸，成年后借波塞冬之力与**喔诺马俄**↗赛车得胜，杀之而娶其女**希普波达梅娅**↗，**艾利**↗境内**庇撒**↗城邦之王，葬于奥林匹亚**阿尔斐俄**↗河畔，通用地名 "*** 伯罗奔尼撒" 希腊原文 Πελοπόννησος 本义乃 "珀罗之岛"（图一），本书中皆用后称言之，读者识焉：《奥》1. 24, 94；3. 23；5. 9；9. 9；10. 24《涅》2. 21 属格："～的定居地" Πέλοπος ἀποικία，即毗邻奥林匹亚之庇撒：《奥》1. 24 "～的土地" χῶρος Πέλοπος，指奥林匹亚：《奥》3. 23 "～的平谷" Πέλοπος πτυχαί：《涅》2. 21 派生名词："～的后裔" Πελοπηιάδαι：《涅》8. 12

普剌克西达马 Πραξιδάμας：涅墨亚赛会少年组角抵冠军**阿尔基米达**↗祖父，爱琴纳邦**巴斯西族人**↗，乃爱琴纳获得奥林匹亚冠军首人，此外五次在地峡赛会、三次在涅墨亚赛会获胜；据 Σ，其子名忒翁 Θέων，其父为**索克雷达**↗，祖父为**哈盖西马库**↗：《涅》6.16

普雷亚德诸女（*普勒阿得斯）Πλειάδες：**阿特拉**↗与普来俄奈（*普勒俄涅）Πληιόνη 所生诸女，居于**居尔累奈山**↗中，猎户**奥里翁**↗见而爱之，普氏诸女逃避其追求，先变为群鸽 πελειάδες，再变为星宿，对应于中国所谓"昴宿"：《涅》2.12↗"达耳达诺"

普里阿谟（*普里阿摩斯）Πρίαμος：**特洛伊亚**↗王，特洛伊亚城陷时为**阿喀尔琉**↗之子**涅俄普托勒谟**↗所杀：《匹》1.54; 11.20《涅》7.36

普娄太西拉 Πρωτεσίλας：**忒斯撒利亚**↗境内**福拉刻**↗之王，据荷马《伊利昂记》2.695 ff., 乃阵亡于特洛伊亚战争中首位英雄，福拉刻立竞赛会以记念之：《地》1.58

普娄托各聂娅 Πρωτογένεια：**笃卡利翁**↗与**匹耳剌**↗于洪水退后自**帕耳纳斯所山**↗上降至**俄波谐**↗（亦称**俄浦**↗）地面，遵宙斯谶语立人类最早城市焉，"建起第一所室庐"，自石中造**人**↗为民，**罗克洛**[2)]↗人即此石人之后，罗克洛贵族自称源自"百母"，即此石人也。俄波谐王室迄**罗克洛**[1)]↗，其父系皆为笃卡利翁与匹耳剌直系后裔。据 Σ，普娄托各聂娅乃**艾利**↗境内王俄波谐女，而非其同名祖母、笃卡利翁与匹耳剌之女。普娄托各聂娅嫁罗克洛而不育，宙斯恐其绝后，掠之至**麦纳利翁**↗山下与之相交，遂有子，养父罗克洛以其外祖之名称其为**俄浦**↗，及长，传之王位，后者建同名之城于**俄浦罗克洛**（东罗克洛）↗，**厄法耳谟斯托**↗据信乃属此俄浦王族，：《奥》9.42, (55/56: 笃卡利翁乃普洛墨拓 Προμηθεύς 之子，**伊阿珀托**↗之孙，故"伊阿珀托种的闺女们"含普娄托各聂娅）

普鲁托（＊普洛托斯）Προῖτος：**阿耳高**↗王，**阿巴**↗之子，阿克里西俄 Ἀκρίσιος 孪生兄弟：《涅》10.41

普撒吕喀亚得氏族 Ψαλυχιάδαι：爱琴纳望族：《地》6.64

普撒马颓娅 Ψαμάθεια：**奈柔之女**↗，其名义为海砂女神，本系普娄条 Πρωτεύς 之妻，遭**埃亚哥**↗强奸，生**茀哥**↗：《涅》5.13

普扫米 Ψαῦμις：西西里岛上**卡里马纳**↗人**阿克戎**↗之子，前452年奥林匹亚驭骡驾辂车竞赛冠军：《奥》4.11; 5.3, 22

普焘俄多洛 Πτοιόδωρος：哥林多人**忒斯撒罗**↗之父，**克色诺丰**↗祖父，**太耳普西亚**↗昆弟：《奥》13.41

Q

青春（＊赫柏）Ἥβα：赫剌克勒死后升天所娶之妻：《涅》1.71; 7.4; 10.18《地》4.77 "戴金冠的" Ἥβα χρυσοστέφανος：《奥》6.57《匹》9.110 "众神中最美的" καλλίστα θεῶν：《涅》10.18

全（泛）希腊（人）Πανέλλανες：《地》2.38; 4.47

劝谏 Πειθώ：《匹》4.219; 9.39

R

惹娅（*瑞亚）‘Ρέα：**乌剌诺**↗（天）与**丐娅**↗（地）之女，**克洛诺**↗之妻，先后生**灶神**↗、**逮美底耳**↗、**赫剌**↗、**哈伊逮**↗、**波塞冬**↗、**宙斯**↗：《奥》2.12, 76《涅》11.1 "惹娅（或作'阿瑞'）海峡（若作'阿瑞'当解为'津渡'，若读'惹娅'，则当指海峡）"‘Ρέας (vel ’Αρείας) πόρος，即**伊奥尼亚海**↗：《涅》9.41

人 Λαοί：**笃卡利翁**↗与**匹耳剌**↗播石于地，生出洪水后新人类，称之为"人"，其后裔为台拜城中贵族：《奥》9.46

日神（*赫利俄斯）’Αέλιος (Ἅλιος)：诸**提探**之一旭珀里翁（*许珀里翁）Ὑπερίων之子：《奥》7.14, 58《匹》4.241《地》5.1 别称："纯洁的神" ἁγνὸς θεός：《奥》7.59 "诞生万道锐利霞光的父" γενέθλιος ἀκτίνων πατήρ：《奥》7.70 ↗ "旭珀里翁之子"

S

撒尔蒙纽（*萨尔摩纽斯）Σαλμωνεύς：**埃俄罗**↗之子，**克热拓**↗兄弟，**珀利亚**↗祖父：《匹》4.142

撒耳培冬（*萨耳珀冬）Σαρπηδών, Σαρπαδών：宙斯之子，小亚细亚之**吕基亚**↗王，特洛伊亚战争中属特洛伊亚阵营，后于战场上为**帕特洛克罗**↗所杀，与希腊方首领**聂斯陶耳**↗并

举统指特洛伊亚战争传说:《匹》3.112

撒拉米 *** Σαλαμίς: 1) 阿提卡向南撒戎湾 Sinus Saronicus 中近岸海岛（图一），前480年，希腊城邦联盟在此击败波斯人（↗"美戴俄人"），史称撒拉米海战 Ναυμαχία τῆς Σαλαμῖνος；诗人表示可以吟咏此战以获取雅典人酬报:《匹》1.76《涅》2.13; 4.48《地》5.48（2) 居普洛↗岛上之城（图三），条克洛↗所建）

撒谟 Σᾶμος: 曼提涅亚↗人，奥林匹亚驷马之乘赛车首位冠军:《奥》10.70

色里弗 Σέριφος（图一）: 环状群岛西部之岛；珀耳修↗斩墨兑撒↗之首后携之来此:《匹》12.12;(10.49)

色墨累（*塞墨勒）Σεμέλα: 卡得谟↗之女，别称吐奥娜↗，与宙斯相交生酒神狄俄内所↗，后遭宙斯雷霆击毙:《奥》2.25《匹》11.1

闪眼女神 Γλαυκῶπις: ↗"雅典娜"

生金髪的神 Χρυσοκόμας: ↗"阿波罗"

神母: ↗"母"

声名 Φάμα:《地》4.23

胜利 Νίκα:《涅》5.42《地》2.27

时辰（*时序女神）Ὧραι, 哺育居热奈↗之子、牧神阿里斯泰俄↗:《奥》4.2; 13.16《匹》9.61 "~女主" Ὥρα πότνια, 殆同青春年华:《涅》8.1

时间 Χρόνος:《奥》10.53 别称:"万有之父" πάντων πατήρ:《奥》2.17

事后聪明 Ἐπιμαθεύς：其女名遁词↗，《匹》5.27

兽 Φήρ：指**肯弢洛**↗；加饰词："原野之～" φὴρ ἀγρότερον：《匹》3.5 "神～" φὴρ θεῖος：《匹》4.119

水仙 Ναΐς：《匹》9.15

朔外人 Ὑπερβόρεοι：朔北居民，为阿波罗所宠，有"阿波罗的仆随"之称；赫剌克勒自其中获橄榄树枝，用为奥林匹亚赛会奖品：《奥》3.16《匹》10.31《地》6.23

司命 Μοῖρα：司命运之女神，复数时指三姊妹（↗"纺娘"↗"司骰"），单数指其中之一，字本义为分／份；**a)** 单数：《奥》2.21, 35《匹》5.76《涅》7.57《地》6.17 **b)** 复数 Μοῖραι：《奥》6.42；10.52《匹》4.145《涅》7.1 与司分娩之女神**厄雷退娅**↗并提：《奥》6.42《涅》7.1 加饰词："心思深邃的～" Μοῖραι βαθύφρονες：《涅》7.1

司骰（＊拉刻西斯）Λάχεσις：司命↗三姊妹之一，其职司为掷骰子以定人生死：《奥》7.64 ↗纺娘

斯巴达＊＊＊ Σπάρτα（图一）：＝**拉科代蒙**↗：《匹》1.77；5.73《涅》8.12；10.52；11.33

斯居洛 Σκῦρος（图一）：岛名，在爱琴海中上部，北散落群岛（Βόρειες Σποράδες）之一；**涅俄普托勒谟**↗家乡，为其于特洛伊亚战后舟航返乡时错过：《涅》7.37

斯卡曼得洛河（＊斯卡曼德洛斯）Σκάμανδρος：在小亚细亚西北部之特娄阿 Τρωάς（图一），邻近**特洛伊亚**↗：《涅》9.39

斯特洛菲俄（＊斯特洛菲俄斯）Στροφίος：弗基 Φωκίς（图一）王，**匹拉逮**↗之父：《匹》11.35

斯特惹普西亚达 Στρεψιάδας：**1)** 台拜人，地峡搏击全能赛冠军，诗人同乡兼朋友：《地》7 标题 **2)** 其同名中表、**狄俄都托**↗之子，前 457 年于第一次珀罗之岛战争中雅典大败台拜之喔诺福塔 τὰ Οἰνόφυτα 战役中阵亡：《地》7.21

斯潼苇罗的城垣 Στυμφάλια τείχεα：指**阿耳卡狄亚**↗同名之城（图一）；阿瑞之子斯潼苇罗 Στύμφαλος 因丧兄而自沉于阿耳卡狄亚境内内克提谟河 Νύκτιμον，后人遂以其名改称此河，且以名其畔之城：《奥》6.98 外祖母：《奥》6.84

所吕谟人 Σόλυμοι：世居**吕基亚**↗与番福利亚 Παμφυλία（图三）之间：《奥》13.90

索各奈 Σωγένης：爱琴纳人，**忒阿里翁**↗之子，属**欧克色诺**↗氏族，涅墨亚少年五项全能赛冠军，据 Σ 乃爱琴纳人获得五项全能赛之首次：《涅》7.8, 70, 90

索克雷达 Σωκλείδας：**阿尔基米达**↗曾祖，**哈盖西马库**↗长子，**普剌克西达马**↗之父，然其本人非若其子及其昆弟，未能在竞技中有所建树：《涅》6.21

索斯特剌托 Σώστρατος：**哈盖西亚**↗之父：《奥》6.8, 80

T

塔耳塔洛（*塔耳塔洛斯）Τάρταρος：冥间：《匹》1.16

塔拉俄 Ταλαός：**阿得剌斯托**↗之父，**阿巴**↗（或曰比亚 Βίας）之子，**阿耳高**↗王；其冢近**棱考**↗与**旭珀耳美斯特剌**↗夫妇合葬墓:《涅》9.14 派生名词:"~之子"Ταλαϊονίδας:《奥》6.15 转称:"阿得剌斯托之父"πατήρ Ἀδράστοιο:《涅》10.12

塔宇各底 Ταϋγέτα: **阿特拉**↗之女, 婼女, 处女猎神**阿耳太米**↗随从, 神话多云因被宙斯追求而为阿耳太米变化为生有金角之牝鹿, 然诗人曰其献生金角之牝鹿与阿耳太米:《奥》3.29

塔宇各托山 Ταΰγετος (图一): 在**斯巴达**↗境内:《匹》1.64《涅》10.61

台巴 Θήβα: **1)** 婼女, **阿索波**↗与**墨陶帕**↗之女:《奥》6.85《地》1.1; 7.1 "御马的~" πλάξιππος:《奥》6.85 **2)** 城名 = **台拜**↗, 尤指其本城:《匹》4.299《地》3.12

台拜 (*底比斯***忒拜) Θῆβαι (图一): **包奥提亚**境内城邦, 诗人家乡:《奥》6.16; 7.84; 9.68; 13.107《涅》10.8《地》1.17; 4.25; 5.32 **a)** 加饰词: "七门~" ἑπτάπυλοι:《匹》3.90; 8.39; 9.79-80; 11.9《涅》4.19; 9.18《地》1.66-67; 8.16 "卡得谟的~" Καδμεῖαι:《地》4.70 "围养白马的" λεύκιπποι: (《匹》9.83) "熠熠的~" λιπαραί:《匹》2.3 **b)** 转称: "卡得谟的门里" ἐν Κάδμου πύλαις:《匹》8.47

台剌 (***忒拉) Θήρα (图一、图三): 位于爱琴海中心小岛, 今名圣托里尼 Σαντορίνη, 岛上居民殖民**利比亚**↗建立**居热奈城**↗:《匹》4.20; 5.76 **a)** 别称: "至美岛" Καλλίστα:《匹》4.258 "圣岛":《匹》4.7 **b)** 派生形容词 Θηραῖος:《匹》4.10 **c)** 所指不具名:《匹》4.42, 52: "此岛"

台戎 Θήρων: 前488至473年为西西里岛上**阿克剌迦**↗城邦僭主, 父名**埃奈西达谟**↗, 属阴墨尼达氏族↗, 前476年获奥林匹亚驷马之乘赛车冠军；有昆弟名**克色诺克剌底**↗，兄弟二人同获匹透竞赛冠军，盖为《匹》6所庆祝者，以及地峡驷马之乘竞赛冠军，殆即《地》2所咏赞者。自前485年起，**与叙剌古**↗**僭主希厄戎**↗结盟；有子忑剌叙代俄 Θρασυδαῖος 于其薨后继位，然残暴好杀，攻希厄戎战败而为本邦民众颠覆，出奔希腊本土而遭极刑处死：《奥》2.5, 94; 3.3, 39, 43

太耳普西库热（＊忒耳西科瑞）Τερψιχόρα：诗神**妙撒**↗诸女之一，其名义为"欣悦舞团"：《地》2.7↗ "克勒奥"↗ "卡尔利俄培"

太耳普西亚 Τερψίας：**普煮俄多洛**↗昆弟：《奥》13.42

太各阿 Τεγέα（图一）：**阿耳卡狄亚**↗境内城邦，赛阿勒娅雅典娜 Ἀθάνα Ἀλέα 赛会在此举行：《奥》10.66《涅》10.47

太拉蒙（＊忒拉蒙）Τελαμών：**埃亚哥**↗之子，**撒拉米**↗王，**培琉**↗之兄，二人合伙杀害异产兄弟**莆哥**↗后奔**爱琴纳**↗岛避害；随阿耳戈出航，**与赫剌克勒**↗友善，赫氏伐特洛伊亚城以惩其其王**拉俄墨冬**↗背信爽约时曾延其相助，抵达爱琴纳时，适值太拉蒙婚礼，赫氏于婚筵上为之乞子，即埃亚。二人又合力杀癸冈↗之一**阿尔居俄纽**↗；生有异母二子特洛伊亚战争中英雄**埃亚**↗（与**厄里包娅**↗所生）与**条克洛**↗；特洛伊亚战争后期埃亚自杀，条克洛战后只身返乡遭其驱逐：《匹》8.100《涅》3.37; 4.25; 8.23《地》6.37, 52 **a)** 转称："埃亚哥及其子孙" Αἰακοῦ παίδων τε：《地》5.34 "埃亚哥诸子"《地》6.19 **b)** 派生名词："～之子" Τελαμωνιάδας：**i)** 埃亚：《地》6.26 **ii)** 条克洛：《涅》4.47

太勒撒耳库 Τελέσαρχος：爱琴纳人**克勒安得洛**↗之父：《地》8.2

太勒西克剌底 Τελεσικράτης：居热奈↗人，前474年第29届（或曰前478第28届）匹透赛会着甲赛跑冠军，此前曾赢得居热奈多项地方赛会以及爱琴纳↗与墨迦剌↗地方赛会冠军，其母系氏族颇显赫，母舅有忒剌叙克罗↗与安提亚↗，皆曾多次获得竞技比赛冠军，因其祖先番法艾↗曾款待宙斯双子↗而特受其宠爱：《匹》9.3,99

太勒西亚达 Τελεσιάδας：台拜人墨利斯所↗之父：《地》4.63

太涅都岛 Τένεδος（图一）：在爱琴海东北部，邻近小亚细亚之西北角：《涅》11.5

太平 Εἰρήνα：《奥》13.7↗"和平"

泰纳洛 Ταίναρος：拉孔↗境内城邦，位于泰纳洛海岬 Ἀκρωτήριον Ταίναρον（图一）：《匹》4.44

贪婪 Κόρος：傲慢之子：《奥》13.10

探塔罗（*坦塔罗斯）Τάνταλος：吕狄亚↗王，珀罗↗之父，宴请诸神时其子珀罗为波塞冬掠去以为嬖幸，后因与凡夫分享神明专用之琼浆玉馔且泄露神界秘辛而遭头上悬石之惩罚，其子亦受连累遭遣返人间：《奥》1.36,55《地》8.10

忒阿里翁 Θεαρίων：爱琴纳人，索各奈↗之父：《涅》7.7,58

忒埃俄 Θε(ι)αῖος：阿耳高人乌利亚↗之子，阿耳高↗城赛赫剌牺牲竞赛会两度获角抵赛冠军，《涅》10即为此而赋，而非涅墨亚赛会胜利：《涅》10.24,37

忒安得里族人 Θεανδρίδαι：爱琴纳氏族，其族人提马撒耳库↗于涅墨亚获角抵赛冠军：《涅》4.74

忒俄格奈托 Θεόγνητος：奥林匹亚冠军，阿里斯托墨奈↗之舅：

《匹》8. 36

忒耳桑得洛 Θέρσανδρος：**波吕聂刻**↗与**阿得剌斯托**↗之女阿耳吉娅 Ἀργεία 所生之子，参预七雄之后二次攻**台拜**↗，其间阿耳高王阿得剌斯托独子埃癸亚琉 Αἰγιαλεύς 阵亡，其父伤心而亡，忒耳桑得洛作为外孙继承王位。后于希腊人袭击**缪西亚**↗时为其王**底勒弗**↗击毙；**台戎**↗与**阴墨尼达氏族**↗皆认其为祖：《奥》2. 43

忒剌普奈 Θεράπνα 或复数 Θεράπναι 忒剌普乃：斯巴达小镇，**宙斯双子**↗主祭所在焉：《匹》11. 63《涅》10. 56《地》1. 31

忒米（*忒弥斯，亦意译作"成命（女神）"）Θέμις：《奥》9. 15; 13. 8："成命"《匹》11. 11："忒米" **a)** 加饰词"并坐的"：《奥》8. 22："成命" "善出良策的～"：《地》8. 31："忒米" **b)** 关联词："宙斯的成命"：《奥》10. 24

忒米斯提俄 Θεμίστιος：爱琴纳人**兰庞**↗妻翁，属爱琴纳之**普撒吕喀亚得氏族**↗：《涅》5. 50《地》6. 66

忒斯撒利亚（*** 帖撒利）Θεσσαλία（图一）：希腊本土东北部区域：《匹》10. 2 派生名词："～人" Θεσσαλοί：《匹》10. 70

忒斯撒罗 Θεσσαλός：哥林多赛跑选手，属**俄利丐谛得家族**↗，其父名**普焘俄多洛**↗，有子名**克色诺芬**↗，奥林匹亚短跑与五项全能赛冠军：《奥》13. 35

忒提（*忒提斯）Θέτις：**奈柔**↗之女，宙斯与波塞冬皆曾欲娶其为妻，因**忒米**↗预言其将生子强大胜过其父，神明遂以妻凡夫**培琉**↗，生**阿喀尔琉**↗：《奥》9. 76《匹》3. 92, 100《涅》3. 36; 4. 50; 5. 25《地》8. 27, (32, 42), 47 事迹：与培琉二人的婚筵:《匹》3.93《涅》4.65:"奈柔女儿";5.25 忒提因嫁忒斯撒利亚人培琉而在其乡乃至其南部芙谛亚广受崇祀,有庙在**芙谛亚**↗:《涅》4.50

忒娅(*忒伊亚)Θεία:据赫西俄多《神宗》371-74,日神↗之母,与**旭珀里翁**↗生日神:《地》5.1

忑剌叙鲍罗 Θρασύβουλος:**克色诺克剌底**↗之子,**阿克剌迦**↗人,前490年获匹透并地峡赛车冠军:《匹》6.15,44《地》2.1,31

忑剌叙代俄 Θρασυδαῖος:台拜人,获前474年第29届匹透赛会少年组赛跑冠军,其父**匹突尼哥**↗亦曾获匹透竞赛冠军,另有亲属曾获奥林匹亚竞赛冠军:《匹》11.13,44

忑剌叙克罗 Θράσυκλος:阿耳高人,涅墨亚角抵赛冠军**忒埃俄**↗母舅:《涅》10.39

忑赖刻的 Θρηίκιοι:派生形容词形式,其本土名为忑赖刻 Θράκη,(***色雷斯,图一,图三),古希腊人指忒斯撒利亚(图一)以北地区:《匹》4.205

特累波勒谟 Τλαπόλεμος:**提闰**↗人,赫剌克勒与**厄福剌**↗王**福拉** Φύλας 之女**阿斯图达梅娅**↗所生之子,一时激怒棒杀**利昆尼俄**↗,因此出奔**洛都**↗岛——所谓"环海的牧场",抵达后一分其岛为三,立三城邦(图一)于其上:《奥》7.21,77

特里陶尼湖 Τριτωνίς:在古代**利比亚**↗,学者以为在今南突尼斯地区,然确切方位未详:《匹》4.21

(特里统 Τρίτων):海神之子,海中信使,亲手赠与阿耳戈舟子之一**欧蒂谟**↗代表**台剌**↗岛的土块,《匹》4.22 f. "赠与土块的神"

特洛伊亚（*特洛伊）Τροία (Τροία)：小亚细亚西北部城邦：《奥》2. 81《涅》2. 14; 3. 60; 4. 26; 7. 41 《地》4. 54b; 6. 28; 8. 25 派生名词："~人" Τρώς：《匹》11. 34 《地》5. 36 "~人，安底瑙耳的后裔" Τρώς Ἀντανορίδαι：《匹》5. 82-83 ↗ "珀耳迦谟" ↗ "伊利昂人"

提马撒耳库 Τιμάσαρχος：爱琴纳人**提谟克里托**↗之子，属**忒安得里氏族**↗，涅墨亚角抵赛冠军，教练为著名雅典人**墨累西亚**↗；得胜时其父已故，其家族于各处赛会多次获奖，其舅**卡尔利克累**↗地峡赛会得胜；其家族亦因音乐歌诗著称，其从外祖父**欧法奈**↗、其父提谟克里托，皆善咏：《涅》4. 10, 78

提谟逮谟 Τιμόδημος：涅墨亚搏击全能赛冠军，来自雅典下辖之阿耳卡纳尼亚 Ἀκαρνανία 区，**提谟诺俄**↗之子，父子皆居**撒拉米岛**↗，《涅》2所咏乃其竞技比赛首胜，据 Σ 日后复获奥林匹亚赛冠军，其家族亦多次于各地赛会获奖：《涅》2. 14, 24 派生名词："~诸子" Τιμοδημίδαι：即提氏族人，《涅》2. 18

提谟克里托 Τιμόκριτος：**提马撒耳库**↗之父，擅长歌咏：《涅》4. 13

提谟诺俄 Τιμόνοος：**提谟逮谟**↗之父：《涅》2. 6

提谟斯忒奈 Τιμοσθένης：**阿尔基墨冬**↗之兄：《奥》8. 15

提闰 Τίρυνς（图一）：城邦，位于珀罗之岛上阿耳高利 Ἀργολίς 境内，曾参与赫剌克勒伐特洛伊亚之战：《奥》7. 29; 10. 68

a) 派生名词："~人" Τιρύνθιος：《奥》7. 78《地》6. 28

b) 作形容词："~的"：《奥》10. 33

（众）提探（*提坦）Τιτᾶνες：天"乌拉诺" ↗与地"丐娅" ↗所生十二儿女，曾统治黄金时代：《匹》4.291

提图俄（*提堤俄斯）Τιτυός：宙斯与厄拉剌'Ελάρα 所生，后为**阿耳太米**↗击毙：《匹》4.46, 90

条克洛（*透克洛斯）Τεῦκρος：**撒拉米**[1] ↗岛王**太拉蒙**↗之子，**埃亚**↗异母兄弟，特洛伊亚战争后期埃亚遭**俄杜修**↗羞辱自杀身亡，战后返国遭其父审问判罪，被迫去岛别寻异邦而居，竟定居**居普洛**↗岛，兴建新邦名之曰**撒拉米**[2] ↗：《涅》4.47;（《地》5.34:"埃亚哥及其子孙"）

条忑剌 Τεύθρας：缪西亚(图一)王：《奥》9.71 ↗ "缪西亚原野"

帖惹西亚（*提瑞西阿斯）Τειρεσίας：台拜城著名卜师：《涅》1.61《地》7.8

廷达惹俄之子（*廷达里得斯）Τυνδαρίδαι：廷达惹俄 Τυνδάρεος 乃**斯巴达**↗王，娶埃陶利亚（图一）公主**累达**↗，与之生**卡斯陶耳**↗、**克吕泰美斯特剌**↗等子女，其妻与宙斯通，生**波吕笃刻**↗与**海伦**↗，泛指时皆称之为其子女;"廷达惹俄之子"原文为复数，指**宙斯双子**↗卡斯陶耳与波吕笃刻，二人主祭所在**包奥提亚**↗境内**忒剌普奈**↗：《奥》3.1, 38《匹》1.66《涅》10.37, 73《地》1.31 别称："累达的孪生双子" παῖδες Λήδας：《奥》3.35《匹》4.172《涅》10.65

透剌 Θώραξ：**忒斯撒利亚**↗境内**阿琉亚族**↗人，聘请诗人赋《匹》10, 据**赫西俄多**↗ (9.58)，有兄弟欧茹匹罗 Εὐρύπυλος 与忑剌叙呔俄 Θρασυδήιος：《匹》10.64, (69:"兄弟们"之一)

图耳撒诺人 Τυρσανοί：意大利半岛先于希腊殖民之住民厄特鲁里

亚（图三）人（Etrusci），前474年**希厄戎**↗大败图耳撒诺人暨迦太基（图二、图三）人水师于**居马**↗：《匹》1.72

图弗（*堤丰）Τυφώς：怪物，传说诞生于小亚细亚之基利基亚 Κιλικία（图三），后为宙斯镇压于**埃特纳**火山↗之下：《奥》4.7《匹》1.15 加饰词："～的图弗"Τυφὼς Κίλιξ：《匹》8.16

图娄 Τυρώ：与波塞冬相交生**珀利亚**↗：《匹》4.136

吐奥娜 Θυώνα：即**色墨累**↗，**卡得谟**↗之女，与宙斯欢好，生酒神**狄俄内所**↗，虽未得善终，然诗人视此为宙斯之宠：《匹》3.99

W

汪洋或汪洋（*俄刻阿诺斯）Ὠκεανός：《奥》5.2《匹》4.27, 251; 9.14a 派生形容词："～上的风"ὠκεανίδες αὖραι：《奥》2.71

翁珂斯托 Ὀγχηστός（图一）：城名，在**包奥提亚**↗，有波塞冬圣所及节庆：《地》4.37 派生形容词："～海岸"Ὀγχήστιαι ἀϊόνες：《地》1.33

喔奥诺 Οἰωνός：阿耳高人**利昆尼俄**↗之子，奥林匹亚短跑竞赛首位冠军：《奥》10.65

喔狄波逮（喔狄浦 Οἰδίπους 之异体字，*俄狄甫斯）Οἰδιπόδας：**台拜**↗王：《匹》4.263 转称："莱俄之子"Λάου υἱός：《奥》2.39 ↗"莱俄"

喔纽之子 Οἰνείδαι：喔纽（*俄纽斯）Οἰνεύς 乃埃陶利亚

Αἰτωλία（图一）境内城邦卡吕冬 Καλυδών（图一）之王，生子多人，诗中专指**墨勒阿格洛**↗与攻台拜之七雄之一的图笃 Τυδεύς：《地》5.31

喔诺马俄（*俄诺玛俄斯）Οἰνόμαος：**庇撒**↗王，**希普波达梅娅**↗之父：《奥》1.76, 88; 5.9; 10.51

乌剌诺（*乌拉诺斯）Οὐρανός：或意译为"天"：《奥》7.38
a) 派生名词："~之子"Οὐρανίδας，即**克洛诺**↗：《匹》3.4 复数 Οὐρανίδαι：《匹》4.194 意译："天神女" **b)** 派生形容词：Οὐράνιος：《匹》2.38

乌利亚 Οὐλίας：阿耳高人，**忒埃俄**↗之父：《涅》10.24

舞三叉戟之神 Εὐτρίαινα：海神附称：↗"波塞冬"

X

希厄戎 Ἱέρων：**戴诺墨奈**↗之子，前478-467年为**叙剌古**↗僭主，建**埃特纳**城邦↗，前476年第76届奥林匹亚赛会赛马冠军，前470年与474年第29届（？）匹透赛车冠军。前474年**居马**↗之战大败**图耳撒诺人**↗与**皤尼刻人**↗水师，建埃特纳城，以**多洛人**↗填之，与**阿克剌迦**↗僭主**台戎**↗结盟，助**罗克洛人**↗抵御热癸昂 Ῥήγιον（图二）僭主阿纳克西拉 Ἀναξίλας 攻击。诗人为其庆匹透竞赛获胜时，希厄戎身患疾病：《奥》1.11, 106; 6.93《匹》1.32, 57, 61; 2.5; 3.80 转称："埃特纳王" Αἰτναῖος βασιλεύς：《匹》1.60; 3.69 "戴诺墨涅之子" Δεινομένειος：《匹》2. 18 "叙剌古的君王" Συρακόσιος βασιλεύς：《奥》1. 23

希腊 ***（** 希利尼）Ἑλλάς：《奥》13. 113《匹》1. 75; 2. 59; 4. 218; 7. 8; 10. 19; 12. 6《涅》6. 25《地》8. 10

希腊民众 Ἕλλαν στρατός：《涅》10. 25 **a)** 相关名词："希腊人" Ἕλλανες：《奥》1. 116; 6. 71《匹》1. 49《地》4. 54b "泛希腊人" Πανέλλανες：《地》2. 38 "希腊裁判" Ἑλλανοδίκας：《奥》3. 12 **b)** 派生形容词："希腊之父" Ἑλλάνιος πατήρ：指宙斯，《涅》5. 9 "希腊子弟" Ἑλλανὶς στρατιά：《匹》11. 50

希墨剌 Ἱμέρα（图二）：西西里↗城邦，在希墨剌河↗畔：《奥》12. 2

希墨剌河 Ἱμέρας：在西西里↗，前480，西西里希腊人在此战胜迦太基人（↗"皤尼刻人"）：《匹》1. 79

希普波达梅娅（*希波达弥亚）Ἱπποδάμεια：喔诺马俄↗之女，珀罗↗之妻：《奥》1. 71; 9. 10

(希普波克剌底 Ἱπποκράτης)：雅典人墨迦克勒↗之父，仅见于《匹》7. 18a Σ

希普波克勒阿 Ἱπποκλέας：珀林乃昂↗人，前498年第23届匹透赛会少年双程短跑冠军：《匹》10. 6, 57

希普波吕塔 Ἱππολύτα：克热拓↗之女，阿卡斯托↗之妻：《涅》4. 58; 5. 26

希普帕里河 Ἵππαρις：在西西里↗，流经卡马里纳↗入海：《奥》5. 12

西居翁 Σικυών（图一）：城邦，位于珀罗之岛北部，在其地为赛阿波罗所举行之赛会亦称为匹透赛会，据诗人所云乃**阿得剌斯托**↗王西居翁时所立（《涅》9.9），然 Σ 曰系克莱斯忒奈所立（Κλεισθένης），赛会有赛车项目：《奥》13.109《涅》9.1, 53; 10.43《地》4.26

西衰罗 Σίπυλος（图一）：城名，在小亚细亚**吕狄亚**↗境内、同名之山脚下：《奥》1.37

西西里 *** Σικελία（图二、图三）：意大利半岛南端与之相隔狭窄海峡之岛，希腊人殖民地，系大希腊 Magna Graecia 之重要组成部分：《奥》1.13; 2.9《匹》1.18《涅》1.15 加饰词："盛产羖羊的～"πολύμηλος：《奥》1.12 "多产的～"ἀγλαόκαρπος：《涅》1.15

西叙弗（* 西绪福斯）Σίσυφος：**埃俄罗**↗之子，**哥林多**↗王，一说地峡赛会乃为其所立，深受哥林多人尊敬：《奥》13.52

携晨曦者 Ἀοσφόρος：即启明星（金星），《地》4.42 ↗"晨曦"

兴旺（* 塔利亚）Θαλία：**恺丽**三女神↗之一：《奥》14.16 ↗"欢娱" ↗"耀彩"

旭尔罗（* 许罗斯）Ὕλλος：赫剌克勒之子，共**埃癸米俄**↗二子杜马 Δύμας 与**番福罗**↗领导第二次**多洛人**↗南侵希腊本土及岛屿："～ 的法统"Ὑλλὶς στάθμα：《匹》1.61，指**希厄戎**↗本出自多洛人祖先，其所立**埃特纳**↗城邦宪法系遵多洛人法统

旭珀耳美斯特剌（* 许珀耳涅斯特拉）Ὑπερμήστρα：**达纳俄**↗五十女儿之一，达纳俄孪生兄弟埃圭普托 Αἴγυπτος 欲令其五十儿娶达氏五十女儿，其中旭珀耳美斯特剌当嫁**棱考**↗，达纳俄不欲嫁女与昆弟之子，遂携女奔赴阿耳高，埃圭

普托则携其众子踵之而至，达纳俄无奈佯许之，然秘嘱女儿于合卺之夕各弑其夫，五十女儿中唯旭珀耳美斯特剌未遵其嘱，"按住了鞘中的独行之剑"，其馀四十九女皆手刃其夫君：《涅》10.6

旭珀里翁之子 Ὑπεριονίδας：即**日神**↗，旭珀里翁（*许珀里翁）Ὑπερίων 乃诸**提探**之一：《奥》7.39

旭珀热泉 Ὑπερηίς：在**忒斯撒利亚**↗境内斐赖 Φεραί 附近：《匹》4.125

旭普西衷雷娅 Ὑψιπύλεια：**兰诺**岛↗人突阿 Θόας 之女，因耻笑**厄耳癸诺**↗少白头而遭其斥责：《奥》4.23

旭普修 Ὑψεύς：**培聂俄**↗河神与**地母**↗之女、水仙**克惹喔撒**↗所生，**拉庇汰人**↗之王，**居热奈**[2)] 之父：《匹》9.13

绪洛米俄 Χρόμιος：**哈盖西达谟**↗之子，**叙剌古**↗与**埃特纳**↗城邦之民，出身显赫，为赫剌克勒后人中**旭尔罗**↗族人，勇毅善战，果断乐施，据 Σ 为**希厄戎**↗姻娅，为其充任军中材官，后立为希厄戎所建埃特纳城邦之主，获**西居翁**↗匹透赛会赛车冠军，《涅》9 本为庆此胜利而赋，然为希腊化时代学者误置于涅墨亚赞歌卷中；《涅》1 所庆赛车胜利时居于**俄耳图癸亚**↗岛：《涅》1.7 (埃特纳); 9.3, 34, 52

叙剌古（**叙拉古）Συράκοσ(σ)αι（图二）：城邦，在**西西里**↗：《奥》6.6, 92《匹》2.1; 3.70《涅》1.2 派生名词："~人" Συρακόσιος：《奥》1.23; 6.18《匹》1.73

驯马之父 Δαμαῖος πατήρ：海神别称：《奥》13.69 ↗ "波塞冬"

Y

雅典 ** *** Ἀθᾶναι（图一）：阿提卡城邦：《奥》9.88《涅》5.49
《地》4.43 **a)** 加饰词："大～" μεγάλαι：《涅》2.10 "莘确的
～" κρανααί：《奥》7.82；13.38《涅》8.11 "熠熠的～" λιπαραί：
《涅》4.17-18《地》2.19 "重镇～" μεγαλοπόλιες：《匹》7.
1 "美名斐然的～" εὐώνυμοι：《涅》4.18 **b)** 派生名词："雅
典人" Ἀθαναῖος：《匹》1.76《涅》10.34

雅典娜 * *** Ἀθᾶνα：女神：《奥》7.36（原文异体字 Ἀθαναία），
叙其自**宙斯**↗头颅中出生：《匹》10.45；发明笛乐：12.7
《涅》10.84 **a)** 加饰词："大胆的～" θρασεῖα：《涅》3.51；
"骑手" ἱππία：《奥》13.82 "黄发" ξανθά：(《涅》10.7)
b) 附称："帕拉" Παλλάς，古训作"挥舞" πάλλω，指其
持矛擐甲：《奥》2.26；5.10；13.65《匹》9.97；12.7 "闪眼
女神" Γλαυκῶπις：《奥》7.50《涅》10.7 "闪眼处女"
κόρα γλαυκῶπις：《涅》7.96 "以矛激发霹雳的闺女" κόρα
ἐγχειβρόμος《奥》7.44 **c)** 代称："处女"：《匹》12.19，
谓其引导**珀耳修**↗斩杀**墨兑撒**↗ **d)** 关联词：↗ "**贺尔牢提
娅**" Ἑλλώτια，其祭仪

亚该亚人 ** Ἀχαιοί：荷马时代泛指希腊人，古典时代特指珀罗之
岛北部亚该亚 Ἀχαΐα（图一）希腊人乃至珀罗之岛全地希腊
人：《涅》10.47《地》1.31 **忒斯撒利亚**↗或芙谛奥提亚该亚（图
一）希腊人：《地》1.59 **艾佩洛**↗希腊人：《涅》7.64

亚马逊 *** (* 亚马孙) Ἀμαζών：本都海（今黑海，↗ "**不好客**

之海"）区域女子武士部落，**贝尔勒洛丰塔**↗暨**太拉蒙**↗曾与之交战：《奥》8.47《涅》3.38 "~部" Ἀμαζονίς：《奥》：13.88

亚细亚 *** (** 亚西亚) Ἀσία：指小亚细亚（图一）：《奥》7.19 "~ 之喙" Ἀσίας ἐμβόλῳ：指小亚细亚西南面对海中**洛都**↗岛之犬牙交错状海岸。

岩神波塞冬 Πετραῖος Ποσειδάν：《匹》4.138 ↗"波塞冬"

耀彩 (* 阿格拉伊亚) Ἀγλαΐα：**恺丽**三女神↗之一：《奥》14.13 ↗"欢娱"↗"兴旺"

伊阿俄尔哥 Ἰαολκός（图一）：**忒斯撒利亚**↗境内**莽奈西亚**↗地区城邦，培琉征服伊阿俄尔哥后娶**忒提**↗；阿耳戈之航自此启程：《匹》4.77, 188《涅》3.34; 4.55《地》8.40

伊阿吕所 Ἰάλυσος：**日神**↗之孙，**洛都**↗岛上同名城（图一）因之命名：《奥》7.74

伊阿谟 Ἴαμος：卜师，阿波罗与**欧阿得娜**↗之子，诞生后为蛇所哺育，及长求告波塞冬与阿波罗，得授卜术，在奥林匹亚立发布预言之圣所：《奥》6.43 派生名词："~ 氏族" Ἰαμίδαι：巫觋团，在奥林匹亚侍奉宙斯发布谶语之祭坛，声称先祖乃伊阿谟：《奥》6.71

伊阿珀托种 Ἰαπετιονὶς φύτλα：伊阿珀托 (* 伊阿珀托斯) Ἰαπετός 为诸**提探**↗之一，天（**乌剌诺**↗）与地（**丐娅**↗）之子，生**阿特拉**↗，普洛墨拓 Προμηθεύς，厄庇美拓 Ἐπιμηθεύς，**墨挪提俄**↗：《奥》9.55

伊阿宋 Ἰάσων：**伊阿俄尔哥**人↗，**埃宋**↗之子，为**喀戎**↗所抚育，后成为阿耳戈之航首领，娶**美狄娅**↗：《匹》4. 12, 119, 128, 136, 169, 189, 232《涅》3. 54

伊奥尔哥 Ἰωλκός (Ἰαολκός)：="**伊阿俄尔哥**"↗：《匹》4. 77, 188《涅》3. 34; 4. 55《地》8. 40

伊奥尼亚海 Ἰονία θάλασσα（图一、图二、图三）：在希腊与南意大利（图二）及**西西里**↗之间：《匹》3. 68《涅》4. 53; 7. 64 ↗"惹娅"："惹娅海峡"

伊达 Ἴδας：**阿法柔**↗之子，珀罗之岛西南部墨斯赛尼亚 Μεσσηνία（图一）王，**棱考**↗昆弟：《涅》10. 60, 71 ↗"宙斯双子"

伊达山的洞窟 Ἰδαῖον ἄντρον：伊达山（图一）为克热底岛（图一、图三）上最高山：《奥》5. 18

伊俄拉俄（*伊俄拉俄斯）Ἰόλαος：**伊菲克勒**↗之子，**奄菲特茹翁**↗之孙，赫剌克勒之侄兼伙伴；赫剌克勒生前为**欧茹斯拓**↗迫害，罚做苦役，死后欧氏欲谋害其子嗣，伊俄拉俄遂斩杀之。逝世后葬于其祖父冢中：《奥》9. 98《匹》9. 80; 11. 60《涅》3. 37《地》1. 15; 7. 9 加饰词 "御马的~" ἱπποσόας：《地》5. 32

伊菲各聂娅（*伊菲革涅亚）Ἰφιγένεια：阿迦门农与正妻**克吕泰美斯特剌**↗所生长女，希腊联军远征特洛伊亚出发时，因触犯**阿耳太米**↗而受惩，致风向不利于出航，后遵神示而献阿氏长女为牺牲，始得顺风；诗人以为，克氏弑夫，或因记恨女儿被杀事：《匹》11. 22

伊菲克勒 Ἰφικλῆς，词尾音译规则见"赫剌克勒"条：**奄菲特茹翁**↗与**阿尔克美奈**↗之子，与赫剌克勒序为异父孪生兄弟，

生赫剌克勒伙伴**伊俄拉俄**↗:《匹》9.88《地》1.30 派生名词:
"~之子" Ἰφικλείδας = 伊俄拉俄:《匹》11.60

伊菲墨戴娅 Ἰφιμέδεια: **奥托**↗与**厄庇亚尔底**↗之母:《匹》4.88

伊菲翁 Ἰφίων: 爱琴纳人, **阿尔基墨冬**↗之父 (?) :《奥》8.81

伊克西翁＊ Ἰξίων: **忒斯撒利亚**↗境内**拉庇泰人**↗之王, 弑母, 又弑其妻翁, 为溅洒亲戚之血之第一人, 故而疯癫; 宙斯悯之, 接上奥林波山; 伊氏不思改悔, 竟觊觎天后赫剌, 终遭宙斯严惩:《匹》2.21

伊拉 Ἴλας: **罗克洛**↗拳击手**哈盖西达谟**↗教练:《奥》10.18

伊剌撒 Ἴρασα: **利比亚**↗境内之城, 在**特里陶尼湖**↗畔, 然确切方位不详:《匹》9.106

伊利昂(的) Ἴλιος, (形容词): 伊利昂 Ἴλιον (图一) 为**特洛伊亚**↗别称:《奥》8.32

伊罗 Ἶλος: **普里阿谟**↗祖父, "伊罗之城" Ἴλου πόλις: 即**伊利昂**↗:《涅》7.30

伊瑙 (＊伊诺) Ἰνώ: **卡得谟**↗之女, 阿它马 Ἀθάμας 之妻, 生墨利科耳底 Μελικέρτης, 或以为即《匹》4.162 所云**芙里克所**↗继母, 或曰继母乃**逮谟狄刻**↗; 伊瑙后成为海中女神, "被赐予了永久时间里不会消逝的生命":《奥》2.29《匹》11.2 (《匹》4.162) 附称: "**白皙女神**" Λευκοθέα ↗:《匹》11.2

伊斯美诺 Ἰσμηνός: 1) 水名, 在**包奥提亚**↗:《涅》9.22; 11.36

2) 河神, 台拜姹女**墨利娅**↗与阿波罗所生:《匹》11.4-6 派生形容词 Ἰσμήνιον: 谓河畔阿波罗神庙,《匹》11.6

伊斯特洛河 Ἴστρος: 今名多瑙河:《奥》3.14; 8.47 "~之服"

Ἰστρία γαῖα：《奥》3.26

伊斯徐 Ἴσχυς：阿耳卡狄亚人，**厄拉托之子**[2]↗，**哥娄妮**↗情夫，为阿波罗击毙：《匹》3.31

阴墨尼达族人 Ἐμμενίδαι：**西西里**↗城邦**阿克剌迦**↗氏族，声称其祖先经由**喔狄波逮**↗之子**波吕聂刻**↗可上溯至**卡得谟**↗：《奥》3.39《匹》6.5

游牧部落 Νομάδες：**利比亚**↗部落，其生活之处近**伊剌撒**↗：《匹》9.123

远射的神 Ἑκαταβόλος：↗"阿波罗"

月神 Μήνα：或不作拟人而仅指月：《奥》3.20

云 Νεφέλα：**肯驽洛**↗生母：《匹》2.36

运道 Πότμος：拟为神：《涅》4.41；5.40《地》1.39

Z

载塔 Ζήτας：**玻惹亚**↗之子，随阿耳戈之舟出航：《匹》4.182

灶神（*赫斯提）Ἑστία：**克洛诺**↗与**惹娅**↗所生长女，为波塞冬、赫拉、宙斯之长姊，故曰"众神之首"：《涅》11.1

泽风（*仄费洛斯）Ζέφυρος：西风：《涅》7.29"泽风向罗克洛"↗：《奥》10.13；11.15《匹》12.18-19

泽风向罗克洛 Ἐπιζεφύριοι Λοκροί（图二）：希腊人于约前600年建于意大利半岛南端濒临**伊奥尼亚海**↗之城邦，传说乃希腊本土之俄浦**罗克洛人**↗所建，俄浦 Ὀποῦς 城（图一）也作**俄波谐** Ὀπόεις ↗，位于**包奥提亚**↗东北方欧包亚海湾之畔，与**欧包亚**岛↗隔海相望，故人名位于意大利半岛之后建罗克洛为"**泽风**↗（西风）向罗克洛"，以区别于位于希腊本土东部之俄浦罗克洛：《奥》10.13; 11.15《匹》2.18 f.

战神 Ἐνυάλιος，若音译当作"厄内阿利俄"，**阿瑞**↗别称：《奥》13.106《涅》9.37《地》6.53（德指格用法，指战争）

真理 Ἀλάθεια: 概念拟为神明：《奥》10.4

正义（*狄刻）Δίκα：《奥》7.17; 13.7《匹》8.1, 71

至美岛 Καλλίστα：**台剌岛**↗原名：《匹》4.258

掷三叉戟的 Ὀρσιτρίαινα：海神附称：《匹》2.12《奥》8.48《涅》4.87 ↗"波塞冬"

众邻 Ἀμφικτίονες：**1)** 专指**德尔斐**↗周边、以阿波罗圣所为核心之城邦联盟，据传说成立于特洛伊亚战争后，译作"诸邻盟部"↗，用楷体，亦有传说云此同盟名此乃因其缔造者俺菲克图翁 Ἀμφικτυών 得名，俺氏乃**笃卡利翁**↗之子、希腊人鼻祖贺楞 Ἕλλην 之昆弟，一说乃贺楞之子，先后为忒耳谟哀莱 Θερμοπύλαι（意译可作"温关"）与雅典二邦之王：《匹》4.66; 10.8 **2)** 指**地峡**↗周边，译作"邻邦"，用宋体：《涅》6.38 **3)** 指**台拜**↗周边，用宋体：《地》4.26

宙斯 *Ζεύς：《奥》1.42, 45; 2.3, 79, 88; 3.17; 6.5, 70; 7.23, 55, 61; 8.44, 83; 9.52; 10.3, 43, 95; 13.92, 106《匹》1.6, 13, 29; 2.27, 34, 40; 3.11, 95; 4.4, 107, 167, 171; 5.122; 7.13/14; 8.99; 9.53, 64, 84《涅》1.35, 72; 2.3, 23; 3.65; 4.9, 61; 5.7, 25, 35; 6.13; 7.50, 80, 105; 8.6; 9.24; 10.8, 11, 48, 55, 65, 71, 79;

11. 43《地》3. 4; 5. 14, 28, 49, 52, 53; 6. 3; 7. 45; 8. 18, 27, 35, 35a "父~" Ζεὺς πατήρ:《奥》2. 27; 7. 87; 13. 25《匹》3. 98; 4. 23, 194《涅》8. 35; 9. 31, 53; 10. 29, (76)《地》6. 42 参观:《涅》5. 9 **a)** 加饰词或附称: "披羊皮甲之神" Αἰγίοχος:《地》4. 76 "克洛诺之子~" Ζεὺς Κρονίδας:《奥》8. 44《匹》4. 171《涅》1. 72; 4. 9《地》2. 23 "克洛诺之子" Κρόνοις παῖς:《奥》2. 12 "克洛诺之子（~）" Ζεὺς Κρονίων:《匹》1. 71; 3. 57; 4. 23《涅》1. 16; 9. 19, 28; 10. 76 "克洛诺之子" Κρόνου παῖς:《奥》1. 10; 4. 6; 7. 67 "唵蒙~" Ζεὺς Ἄμμων:《匹》4. 16 "奥林波山的" Ὀλύμπιος:《奥》14. 12《涅》1. 13《地》2. 27; 6. 8 参观:《奥》13. 24-25 "埃特纳~":《涅》1. 4 "统治阿塔布里昂山脊" Ἀταβυρίου μεδέων:《奥》7. 87 "吕凯昂山的 ~" Λυκαῖος:《奥》9. 96《涅》10. 48; "涅墨亚" Νεμέαιος:《涅》2. 4 "挥舞闪光雷霆的" Ζεὺς αἰολοβρέντας:《奥》9. 42 "闪耀霹雳的" ἀργικέραυνος:《奥》8. 3 "以雷霆为矛的" ἐγχεικέραυνος:《奥》13. 76-77《匹》4. 194 "雷霆的至高无上的" ἐλατὴρ ὑπέρτατε βροντᾶς:《奥》4. 1 "不朽的" ἄφθιτος:《匹》4. 291 "霹雳震天的" βαρύγδουπος:《奥》8. 43 "轰雷的父" βαρύγδουπος πατήρ:《奥》6. 81 "声音低沉的" βαρυόπας:《匹》6. 25/26 "殷殷雷霆之父" βαρυσφάραγος πατήρ:（《地》8. 22）; 轰鸣的雷霆 ὀρσίκτυπος:《奥》10. 79-80 "操闪电的君主" στεροπᾶν πρύτανις:《匹》6. 24 f. "能积云的" ὀρσινεφής:《涅》5. 34 "不死者之王 ~" βασιλεὺς ἀθανάτων:《涅》5.

34;(10. 16)"～王"βασιλεὺς：《地》8. 18"奥林波山之主～" δεσπότας Ὀλύμπου：《涅》1. 13 参见：《奥》2. 12"掷雷霆的"：《奥》13. 76《匹》4. 194"解放者～"ἐλευθέριος：《奥》12. 1"统辖式廓的～"εὐρὺ ἀνάσσων：《奥》13. 24"广尊的～"εὐρύτιμος：《奥》1. 42"好客的"ξένιος：《奥》8. 21《涅》11. 8"救难的"σωτήρ：《奥》5. 17"成大功的～"τέλειος：《奥》13. 115"成事的～"：《匹》1. 67"至高的～"ὑπέρτατος：《奥》4.1；ὕπατος：《奥》13. 25《涅》1. 60"高高在上的～"ὕψιστος：《涅》11. 2"云间的～"ὑψινεφής：《奥》5. 17"投掷红烈霹雳的～"φοινικοστερόπας：《奥》9. 6 **b)** 转称及代称：单称"父"πατήρ：《奥》1. 57；7. 37，43；10 .45《涅》5. 33"希腊之父"πατήρ Ἑλλάνιος：《涅》5. 9"始祖"（"祖先"）γενέθλιος：《奥》8. 16《匹》4. 167"好客的父"ξείνιος πατήρ：《涅》5. 33"操闪电和雷霆的君主"στεροπᾶν κεραυνῶν τε πρύτανις：《匹》6. 24"庇佑者"σωτήρ：《地》6. 8"至优无双者"φέρτατος：《地》7. 5"最蒙福禧之士"ὁ ὄλβῳ φέρτατος：《涅》10. 13 **c)** 相关词语："～的国度"Διὸς ἀρχα：《奥》2. 58"～的成命"θέμιτες：《奥》10. 24"～哥林多斯"Κόρινθος：《涅》7. 105"～大道"ὁδός：《奥》2. 70"～之雨"ὄμβρος：《地》5. 49"～为序曲"προοίμιον：《涅》2. 3 ↗"克洛诺"↗"赫剌"

宙斯双子（*狄俄斯库里）Διόσκουροι：↗"廷达惹俄之子"↗"卡斯陶耳"↗"波吕笃刻"

诸邻盟部 Ἀμφικτιόνων：↗"众邻"

希汉对音谱

含音译专名所涉及全部音节；表中少量集中专名之外音节，皆以星号标志

辅音 \ 元音,双元音,鼻音		A	B	Γ	Δ	Z	Θ	K	Λ	M	N	Ξ	Π	P	Σ	T	Φ	X	Ψ
呼气 ʽ / 非呼气 ʼ		ἀ α																	
		阿/亚	卜	格	得	兹	忒	克	尔	姆	讷	克斯	普	耳	斯	特	芙	绪	普斯
位于复合辅音首位或音节末		α	β	γ	δ	ζ	θ	κ	λ	μ	ν	ξ	π	ρ	σ(s)	τ	φ	χ	ψ
音节末		哈	巴	迦	达	*扎	它	卡	拉	马	纳	克撒	帕	刺	撒	塔	法	恺	普撒
		ἁ	βα	γα	δα	ζα	θα	κα	λα	μα	να	ξα	πα	ρα	σα	τα	φα	χα	ψα

（续表）

韵母	∅	β	γ	δ	ζ	θ	κ	λ	μ	ν	ξ	π	ρ	σ	τ	φ	χ	ψ
AI αι	埃 αι	拜 βαι	丐 γαι	代 δαι	*罗 ζαι	汰 θαι	凯 και	莱 λαι	麦 μαι	乃 ναι		派 παι	赖 ραι		塞 ται	费 φαι	该 χαι	
AΓ αγ	*盖 αγ								莽 μαγ			旁 παγ		*散 σαγ				
AM αμ	俺 αμ							兰 λαμ				番 παμ						
AN αν	安 αν		冈 γαν	*昊 δαν	*赞 ζαν	坦 θαν		岚 λαν	曼 μαν	南 ναν	兑赞 ξαν	潘 παν		桑 σαν	探 ταν			
AY αυ			皋 γαυ	道 δαυ			*杲 καυ	劳 λαυ	*茅 μαυ	*淖 ναυ		*保 παυ		*扫 σαυ	没 ταυ			普扫 ψαυ
E ε	厄 ε	贝 βε	各 γε	德 δε	泽 ζε	忒 θε	科 κε	勒 λε	墨 με	涅 νε	克色 ξε	珀 πε	惹 ρε	色 σε	大 τε	斐 φε	柯 χε	
EI ει	哎 ει		吉 γει	戴 δει		颇 θει		雷 λει	梅 μει	妥 νει		佩 πει	瑞 ρει	塞 σει	帖 τει	*腓 φει		
EY ευ	欧 ευ			笃 δευ		拓 θευ	考 κευ	琉 λευ		纽 νευ		条 πευ	柔 ρευ	修 σευ	条 τευ	甫 φευ		普修 ψευ
EM εμ	阴 εμ								门 μεμ									

（续表）

	—	β	γ	δ	ζ	θ	κ	λ	μ	ν	ξ	π	ρ	σ	τ	φ	χ	ψ
EN	恩 εν																	
H	艾 η	*柏 βη	盖 γη	逮 δη	载 ζη	合 θη	刻 κη	累 λη	美 μη	奈 νη		培 πη	热 ρη	塞 ση	底 τη	蒂 φη	珂 χη	
HI	效 ηι			*呔 δηι				米 ληι		耐 νηι								
HM								蓝 ληµ										
HN					*尊 ζην			楞 λην										
HY				兜 δην														
I	伊 ι	比 βι	癸 γι	狄 δι		谐 θι	基 κι	利 λι	米 μι	尼 νι	克西 ξι	庀 πι	里 ρι	西 σι	提 τι	菲 φι	喀 χι	普西 ψι
IN	*印 ιν						*金 κιν	林 λιν	*敏 μιν			品 πιν	王 ριν			费 φιν		
O	俄 ο	荷 ό / 玻 βο	高 γο	都 δο		笑 θο	哥 κο	罗 λο	谟 μο	诺 νο		波 πο	洛 ρο	所 σο	托 το	弗 φο	库 χο	普所 ψο

（续表）

	OI	OΓ	ON	OY	OYN	Y	YI	YT	YM
	喔 οι	翕 οΓ	昂 ον	乌 ου	ουν	宇 υ	旭 ύ		
β	包 βοι			鲍 βου		布 βυ			
δ	兑 δοι			东 δου		杜 δυ			
θ	推 θοι		*通 θου	土 θου	退 θουν	吐 θυ			*屯 θυμ
κ	寇 κοι	*陇 κον	铿 κου	*扣 κου		居 κυ		棱 λυγ	昆 κυμ
μ	妙 μοι		*芒 μου	牟 μου		缪 μυ			仑 λυμ
ν	挪 νοι		依 νου	νου	*琨 κουν	内 νυ			
π	泊 ποι		*彭 πον	浦 που		衰 πυ			
ρ	鲁 ροι		融 ρου	若 ρου		茹 ρυ			
σ				*叟 σου		叙 συ			
τ	蒸 τοι					图 τυ			潼 τυμ
φ	幡 φοι		丰 φου			福 φυ			
χ	啼 χοι					徐 χυ			
ψ						*普 ψυ			

希汉对音谱　537

（续表）

YN									伦 λυν	闵 μυν			闰 ρυν		廷 τυν
Ω	奥 ω	*莱 βω	戈 γω	多 δω	*佐 ζω	透 θω	甲 κω		牢 λω		瑙 νω		娄 ρω	索 σω	陶 τω	弗 φω
ΩI	奥伊 ω														*韬 τω	
ΩN	翁 ων	*浜 βου	贡 γου	冬 δων	迹 ζων	同 θων	孔 κων	隆 λων	蒙 μων	农 νου	庞 πων	戎 ρων	宋 σων	统 των	芬 φων

希汉对音谱与专名音译说明：

1. 谱中横向顶栏依次列出古希腊文所有辅音字母，共十七个；纵向最左栏依次列出所有七个单元音字母 α、ε、η、ι、ο、υ、ω，以及绝大多数双元音组合（即单元音 + ι 或者 υ）和元音 + 鼻音（μ、ν、γ）组合。

2. 谱中横向正数第二栏以汉字标出各辅音字母本身读音；纵向左侧第二栏则以汉字标出元音、双元音以及带鼻尾音的单元音及元音组合读音。

3. 横向与纵向栏中元音与辅音交汇形成各个音节。

4. 由此产生的各音节以及上述独立辅音与元音和元音组合都有特定且唯一的汉字对应，所选汉字尽可能依从以梁德润《希腊罗马神话和圣经小辞典》为代表的通用音译法，在可能的情况下也尽量依从其他常见通译法。然而《小辞典》等通译由于皆本现代欧洲语言对希腊文的转写，故而元音长短有别者如 ε 与 η，o 与 ω，一律不分，而且在转写时一字多用、一音多用非常普遍，造成辅音流音（liquid）λ、ρ 往往不分，单辅音与重复辅音（例如 λ 与 λλ）一律不分，清浊音例如 τ 与 θ 往往不分，双元音则更无固定对应译法，此外还有他类种种不精确，故而本谱所提供的音节注音字以及由此生成的专名音译不可能与通行译法处处相同。

5. 创造这样一个希音汉字对音表，是为了在转写希腊文语音时做到尽可能精确。必须指出的是，希汉音差异至大，音译转写精确其实不在于、也不能奢求所选汉字的读音与对应希腊文音节的读音具有高度近似，而是指从系统性上在希腊文字音与音节和汉字之间建立起唯一的、可逆推的关系。

6. 中古佛经在音译中其实已经相当严格地遵循了这样一种梵汉对音谱模式，先贤们的尝试也是译者纂造本谱的模范，关于梵汉对音谱读者可详见俞敏《后汉三国梵汉对音谱》，《俞敏语言学论文集》页一至六十三（北京：1999）。

7. 相对于古希腊语中丰富的元音和辅音及其合成的音节，现代汉语普通话元音、辅音及其合成音节样数相对较少。针对那些在普通话中明显没有对应音素的希腊字音，在选择对应汉字时考虑了上古和中古汉语发音，例如尽量选择声母属透母（th）的汉字对应含 θ 的音节，鼻音 m 为尾音的音节可选择侵母（əm）和谈母（am）字，普通话发作唇齿音的番、弗等字当依古音读作双唇音（分别为 phuan 与 put）等等。然而这种作法不可能是完全的、一致的，特别是还要考虑符合上古中古音韵的字是否过于生僻以至于造成阅读顺畅上的困难，是否过于常用以至于容易被误读为有实义的普通字等等因素。所以所选用于音译的汉字并非是全部都考虑了古音，而是往往要优先考虑其现代普通话发音以及其通用程度。

8. 品达所使用多里亚方言短音 α 与长音 ā 皆书作 α。在阿提卡方言中 ā 则转写为 η。现代欧洲语言转写古希腊专名殆皆依阿提卡方言将长音 ā 所对应之 η 转写为 e（其实 = ē）。本谱尽量区别短音 α 与长音 ā，例如多里亚方言形态之 Δᾱλος（阿提卡方言：Δῆλος），转写不作"达罗"，亦不从来自英文等现代语言转写 Delos 之提洛，而作"逮罗"，以此类推。在实际译名中大多遵循此区别，然由于古希腊语方言及其转写复杂多样，译名不奢望完全体现此方言语音差别。

9. α 位于字头转写为"阿",于词中如在 ι 或 υ 后则或作"亚"。实际译名中为迁就通译专名而不遵此对音表者,如"亚马逊""亚细亚"等,不在此列。

10. ς(包括 ξ 与 ψ)接词干(Stamm)之后位于词尾者,其音于转写时省略。

11. 多里亚方言名词主格词尾为 -εης 者,-ης 为主格标志后缀,音译时不转写,转写只及 -ε。

12. 神人等专名,如所指为女性,且尾音节含 α、o 或 ι,则所用转写汉字加部首女或艹,例如阿 → 婀,亚 → 娅,纳 → 娜,俄 → 娥或婀,尼 → 妮,等等。岛、城等专名如指其拟人形象,亦依此,例如爱琴纳 → 爱琴娜;如以第三人称代词指涉,若所指主意在于其拟人形态,则用"她",余则作"它"。

13. 谱中字前有星号 * 者表示此音节未出现于品达集中所含专名之中,然别见于荷马等其他希腊古典中专名,多于引得释文中语及。

品达作品专用古代地图

刘皓明　绘制

图　例

爱琴海，撒戎湾，包比亚湖	海、湾、湖
环状群岛	群岛
台剌岛	海岛、海岬
▲ 奥林波山	山峰
忑赖刻，阿提卡	国、区域
◎ 雅典	大城邦
• 缪克乃	城邦，地点
■ 阿惹推撒泉	泉
———	国界
- - - - -	区域界

Road Transportation Safety
道路安全运输

预防疲劳驾驶！

交通运输部运输服务司 审定
交通运输部公路科学研究院 编写

Fatigue Driving Prevention

人民交通出版社股份有限公司
China Communications Press Co.,Ltd.

编写组

主　编：吴初娜
副主编：周　炜　曾　诚
成　员：孟兴凯　夏鸿文　王雪然
　　　　罗文慧　张国胜　董　轩
　　　　刘宏利

致驾驶员朋友

当您翻阅这本口袋书的时候,也许您在服务区短暂休息,或闲坐家中,正享受与亲人团聚的幸福时光……无论何时何地,请接受我良好的祝愿,祝您工作平安、身体健康、生活幸福。同时,我很高兴在此跟驾驶员朋友说一说心里话。

我要向全国道路运输驾驶员道一声问候和感谢,您们辛苦了。道路运输在保障经济和社会发展、满足城乡客货运输需求、方便人民群众便捷出行等方面发挥着重要作用。因为有大家的辛勤付出,一车车新鲜农副产品送达城市的每个餐桌,一件件生活必需品快递至每家每户,一批批急盼与亲人团聚的乘客平安到家,一群群观光旅客领略着祖国的大好河山……近些年来，道路运输行业涌现出越来越多像陆文俊、薛仲婕、吴斌这样感动中国的行业楷模，他们忠于职守、爱岗敬业、诚实守信、无私奉献，始终把安全驾驶、用心服务放在心上，我深受感动，也由衷地为驾驶员朋友们感到自豪。

习近平总书记指出，"各级党委和政府要牢固树立安全发展理念，坚持人民利益至上，始终把安全生产放在首要位置，切实维护人民群众生命财产安全"。驾驶员是安全行车的重要影响因素。疲劳驾驶会严重损害驾驶员的感知、判断和操作能力，导致反应迟钝、操作失误，极易发生道路交通事故。每当看到因疲劳驾驶导致的交通事故造成人员伤亡时，我都无比心痛。这些冰冷数字的背后，是无数个鲜活生命的消逝和幸福家庭的破碎。驾驶员肩负着保障乘客生命财产安全的重任，一定要安全出行，避免疲劳驾驶。

愿驾驶员朋友们，从每一次出车做起，心中

有安全，处处讲安全，自觉规范自身行为，自觉杜绝疲劳驾驶，多一份对生命的敬畏与呵护，共同维护安全和谐的道路交通环境，为人民群众提供安全优质的运输服务。

祝您车行万里，永远平安！

交通运输部副部长：刘小明
2019年4月9日

目录

一、血的教训···1

二、什么是疲劳驾驶？·······································8

三、疲劳驾驶的表现和危害有哪些？··············13

四、导致疲劳驾驶的因素有哪些？··················17

五、如何预防疲劳驾驶？·································26

六、疲劳驾驶相关法律法规····························36

七、预防疲劳驾驶打卡计划····························42

一 血的教训

大家都知道酒后驾驶严重影响行车安全，且醉酒驾驶已被作为危险驾驶罪列入《中华人民共和国刑法》。类似于酒后驾驶，疲劳驾驶也会对驾驶员的感知、判断和操作产生影响，严重威胁行车安全。但由于目前尚缺乏像呼吸式酒精检测仪式的客观检测手段检测驾驶员疲劳程度，因此疲劳驾驶还未引起驾驶员和道路运输企业足够的重视。

道路安全运输 预防疲劳驾驶

疲劳驾驶严重影响行车安全!

据统计,2017年因疲劳驾驶引发的道路运输事故达531起,占事故总数的1.51%,造成415人死亡和655人受伤,占事故死亡总人数的2.31%和受伤总人数的2%。换言之,每发生一次疲劳驾驶事故,就大约造成1人死亡、1人受伤。疲劳驾驶导致的事故,无论是事故起数、死亡人数还是受伤人数,均是酒后驾驶的3倍多。

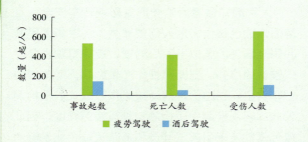

疲劳驾驶导致的事故往往比较严重,致死率

（致死率=死亡人数/伤亡总人数）高达38.8%。因为驾驶员疲劳后，尤其是当疲劳积累到一定程度，出现困倦状态时，驾驶员控制车辆的能力会急剧下降甚至丧失。

实际上，驾驶员疲劳驾驶的现象远比统计数据体现得严重，很多重大交通事故，浅表层分析，是由于驾驶员的违法行为导致的，但更深层次的原因则是驾驶员疲劳驾驶。

疲劳驾驶导致的事故，其典型特征主要有：

（1）撞固定物，如撞护栏、撞静止车辆等；

（2）驶出行驶车道，如坠崖、坠河、与对向车辆发生碰撞；

（3）发生事故前没有制动痕迹。

 典型案例1

陕西安康京昆高速公路"8·10"特大道路交通事故

2017年8月10日14时01分，驾驶员冯某驾驶大型客车（核载51人，实载41人，含2名驾驶员和1名乘务员），从四川省成都市城北客运中心出发前往河南省洛阳市。行驶途中，先后停车上客9人。20时28分，车辆从陕西省汉中市南郑出口下高速公路至客车服务站用餐，并下客1人。

21时01分，车辆更换驾驶员，由王某驾驶车辆从汉中南郑口驶入京昆高速公路（核载51人，实载49人）。23时30分，该车行驶至京昆高速公路秦岭1号隧道南口1164千米加867米处时，正面冲撞隧道洞口端墙，导致车辆前部严重损毁变形，座椅脱落挤压，造成36人死亡、13人受伤，直接经济损失达3533余万元。

事故原因：

该案例中，大型客车驾驶员王某疲劳驾驶是导致事故发生的主要原因。

据事后调查，自2017年8月9日12时至事故发生时，王某没有落地休息，事发前已在夜间连续驾驶2小时29分。且7月3日至8月9日的38天时间里，王某只休息了一个趟次（2天），其余时间均在执行从成都往返洛阳的长途班线运输任务，长期跟车出行，休息不充分，过度疲劳驾驶，导致车辆失控，引发事故。发生碰撞前，王某未采取转向、制动等任何安全措施，处于严重疲劳状态。

法律责任：

在后续的事故调查中，肇事大型客车驾驶员王某、冯某和乘务员席某均因涉嫌交通肇事罪而需承担相应的法律责任，因三人在事故中死亡而免于追究其刑事责任，但他们也为此付出了昂贵的生命代价。

▶ *典型案例2*

连霍高速公路甘肃瓜州段"8·26"重大道路交通事故

2014年8月25日，驾驶员马某驾驶大型客车（核载55人，实载61人，其中有7名儿童），从新疆乌鲁木齐市米东区车站驶往宁夏固原市。8

月26日12时14分，马某驾驶车辆行至连霍高速公路甘肃省酒泉市瓜州县境内时，车辆突然向左冲破道路中央隔离护栏，驶入对向车道，与对向行驶的重型半挂汽车列车相撞，造成15人死亡，35人受伤，直接经济损失约950万元。

事故原因：

该案例中，大型客车驾驶员马某疲劳驾驶是导致事故发生的主要原因。

据事后调查，大型客车驾驶员马某从2014年8月16日至26日作为车辆主要驾驶人员往返新疆维吾尔自治区与宁夏回族自治区单程5趟，行程达2万多千米，长期高强度驾驶大型客车，造成马某睡眠严重不足，长期疲劳驾驶，导致车辆失控，引发事故。

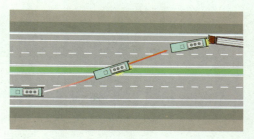

法律责任：

在后续的事故调查中，肇事大型客车驾驶员马某因涉嫌交通肇事罪而需承担相应的法律责任，因马某在事故中死亡而免于追究其刑事责任，但马某也为此付出了昂贵的生命代价。

二、什么是疲劳驾驶？

人体工作过程中，工作效能随着时间发生变化，变化过程可分为四个阶段：工作启动阶段—最大能力阶段—能力下降阶段—工作结束阶段。

（1）工作启动阶段：工作刚开始时，人体各组织的活动水平较低，趋于逐渐适应工作任务状态，工作能力随着工作时间增加逐渐提高。

（2）最大能力阶段：人体经过适应过程后，各组织的活动水平提升，进入稳定期，工作能力达到最高，并持续保持一段时间。

（3）能力下降阶段：经过一定时间的最大能力阶段后，人体开始出现疲劳现象，工作能力逐渐下降。

（4）工作结束阶段：当疲劳累积到一定程度时，人体的工作能力下降到零，工作被迫停止。

当人体开始工作时，疲劳就随着工作时间不断积累，在工作启动阶段和最大能力阶段，不会出现疲劳现象。经过最大能力阶段，疲劳积累到一定程度后，人体的自我保护机制发挥作用，开始出现疲劳现象。

疲劳不是突然出现的，是随着工作的进行而不断积累、逐渐出现的。医学家认为，疲劳不是一种病态，是肌体的一种防御性反应，是因体力、脑力过度活动而造成暂时性人体反应能力减弱、工作效率下降的一种生理和心理现象。

按照疲劳的性质，疲劳分为生理疲劳和精神疲劳。

（1）生理疲劳：当从事体力劳动时，工作活动

二、什么是疲劳驾驶？

主要由身体的肌肉承担，体内大量能量被消耗时，会造成血糖降低，脑部供血不足，体内乳酸堆积，此时产生的疲劳称之为生理疲劳。生理疲劳通常表现为乏力、动作协调性和灵活性降低、操作速度减慢、操作错误率上升等。

（2）心理疲劳：当从事脑力劳动时，往往有大量兴奋冲动传到大脑皮层的有关区域，频繁使这些区域处于兴奋状态。当兴奋持续一定时间后，大脑会产生抑制性保护作用，使得这些区域由兴奋转变为抑制状态，此时产生的疲劳称之为心理疲劳。心理疲劳通常表现为思维迟缓、注意力不集中、反应速度降低、情绪低落，同时伴有工作效率降低，错误率上升等。

按照恢复程度的快慢，疲劳可分为急性疲劳和慢性疲劳。

（1）急性疲劳：通过适当时间的休息身体能完全恢复的疲劳，称之为急性疲劳。急性疲劳是人体工作活动过程中一种正常的生理反应。

（2）慢性疲劳：发生急性疲劳时得不到适当恢复，当急性疲劳持续累积到超出人体极限时，会转变为慢性疲劳。慢性疲劳产生时，人的身心各方面会受到不可逆的伤害。

不同类型的疲劳是相互关联的。生理疲劳容易导致心理疲劳，反之亦如此。

驾驶操作是脑力劳动和体力劳动的结合。驾驶员在驾驶过程中，需要通过感觉器官不断接收

二　什么是疲劳驾驶？

环境信息，通过手和脚的反复操作实现车辆驾驶。因此，驾驶员如果长时间连续驾驶，也会产生生理和心理疲劳，导致生理和心理机能下降，进而引起感觉器官的感知迟钝、中枢神经系统的决策偏差以及肢体动作准确性和反应速度下降。驾驶员在疲劳状态下继续驾驶即为疲劳驾驶。

在驾驶过程中，生理疲劳和心理疲劳并不一定同时产生，有时身体并不感到疲劳，但单调的驾驶环境会造成心理疲劳；有时长时间驾驶，虽然身体感到十分疲劳，但复杂的驾驶环境反而使心理感觉不到疲劳。

疲劳驾驶的表现和危害有哪些？

根据疲劳程度不同，疲劳驾驶可分为三种：轻度疲劳驾驶、中度疲劳驾驶、重度疲劳驾驶。

驾驶员处于轻度疲劳时，往往会出现以下症状：

（1）频频打哈欠；

（2）眼皮沉重；

（3）肌肉僵硬。

轻度疲劳驾驶时，会造成驾驶员注意力分散、感知能力下降，导致驾驶员无法将注意力有效地分配在相关的道路交通信息上，无法准确获取驾驶车辆所需的信息，且无法及时发现前方的危险情况。

驾驶员处于中度疲劳时，往往会出现以下症状：

（1）眼睛灼痛、视线模糊；

（2）腰酸背痛、手脚发胀；

（3）注意力不集中，容易走神；

（4）无法回忆起前几秒的情形；

（5）调整转向盘的次数减少，调整幅度变大；

（6）无法准确判断与其他车辆的间距。

中度疲劳驾驶时，驾驶员注意力分散，感知能力、判断能力大幅下降，信息处理速度降低，反应时间延长，容易出现信息判断错误或无法准确判断与其他车辆的间距等情况，同时也会造成驾驶员的操纵能力下降，导致动作准确性和稳定性降低，动作连贯性变差，发生操作错误的概率增加，如转向盘转动幅度过大等。

驾驶员处于重度疲劳时,往往会出现以下症状:

(1)浑身发颤、出冷汗;
(2)无缘故地偏离车道;
(3)下意识地采取制动操作;
(4)无法保持固定车速;
(5)不自觉地睡着几秒,然后突然醒来。

重度疲劳驾驶时,驾驶员的感知、判断和操纵能力基本丧失,往往是下意识驾驶,此时基本上对车辆失去了控制能力。

疲劳驾驶导致的交通事故往往比较严重,因为驾驶员疲劳后,反应迟缓或注意力不集中,驾驶能力降低,一旦出现异常情况,驾驶员往往不能及时采取措施规避险情。如果疲劳积累到一定程度以至驾驶员出现困倦状态时,驾驶员将完全

失去对车辆的控制,面对出现的意外无法采取任何避让措施,最终导致悲惨事故的发生。

四、导致疲劳驾驶的因素有哪些？

导致疲劳驾驶的因素有很多，主要有以下几种：

（1）连续驾驶时间过长；

（2）一定时间内累计驾驶时间过长；

（3）睡眠质量低下；

（4）"红眼"驾驶；

（5）服用刺激或抑制中枢神经的药物；

（6）患有阻塞性睡眠呼吸暂停综合征、高血脂等疾病。

1 连续驾驶时间过长

大多数驾驶员连续驾驶4小时开始出现疲劳现象。以下因素会降低驾驶员连续驾驶时对疲劳的耐受性，导致不足4个小时就出现疲劳现象：

（1）年龄过大；

（2）出现感冒发烧等身体不适现象；

（3）家庭关系不和睦、工作不顺心等原因导致情绪低落；

(4)饮食过饱或过饥;

(5)驾驶室内通风不良,温度过高、噪声过大;

(6)不熟悉路况;

(7)驾驶操作不熟练;

(8)长时间在高速公路驾驶;

(9)长时间在山区、城市等复杂交通环境驾驶。

当驾驶员连续驾驶时间接近4小时或者虽未接近4小时，但已感到疲倦时，应及时停车休息片刻或补充一定的能量。我国相关法律法规也对此做出了规定。

有些驾驶员容易因为堵车、急于完成运输任务等原因连续驾驶超过4小时，由于其自身没感到非常困倦，因此常常对超长时间驾驶不以为然。但是实际上潜在的疲劳已经造成了驾驶能力降低，影响到行车安全。

相关研究表明，长时间不睡觉，驾驶员的生理和心理机能会显著下降，感知、判断决策和操作能力类似于酒后驾驶。人体持续处于醒觉状态18小时，相当于体内BAC（血液中酒精浓度）为0.05；人体持续处于醒觉状态24小时，相当于体内BAC为0.1。驾驶员18小时以上不睡觉，发生交通事故的概率高达65%。

2 一段时间内累计驾驶时间过长

睡眠占据个人生活1/3的时间，当人体渴望睡觉时，无论在什么环境，无论在做什么，大脑都会迫使身体休息。因此，每天充足的睡眠时间对人体的生理和心理健康至关重要。

四、导致疲劳驾驶的因素有哪些？

因个体差异，每个人的睡眠时长和睡眠习惯不同，但大多数成年人平均每晚需要8小时的睡眠时间，中午则需0.5小时的小睡。如果不能保证充足的睡眠，人体就会欠下"睡债"。睡眠时间越少，"睡债"越多，身体会越渴望睡觉，人体的困倦感就会越强烈。

有些驾驶员，为追求经济效益，长时间高强度执行运输任务，每天只睡3~4小时，以为只要在驾驶过程中，进行短暂休息就能缓解疲劳，这种想法是错误的。短暂的休息只能暂时缓解疲劳，只有充足的睡眠才能根本上解决疲劳问题。

如果一段时间内累计驾驶时间过长，多次疲劳得不到休息补偿，"睡债"持续累积到超出人体极限，则会产生慢性疲劳，人的身心会受到不可逆的伤害。

3 睡眠质量低下

优质的睡眠是指长时间处于深度睡眠中，而不是辗转反侧，似睡非睡。睡得过早或过晚、就寝环境嘈杂、心事重重等原因都会影响睡眠质量。

相关研究表明，人体最佳的就寝时间是晚上10点左右。有些驾驶员，尤其是年轻男性驾驶员，喜欢通宵打牌、唱歌等娱乐活动，这样即使睡眠时间达到8小时，睡眠质量也不高。

有些驾驶员因为夫妻吵架、子女上学、工作不顺心等因素，晚上睡觉时辗转反侧，难以入睡或似睡非睡，严重影响睡眠质量。

如果驾驶员前一晚睡眠质量低下，第二天驾驶时，极易出现困倦现象。

4 "红眼"驾驶

人体自身的生理规律设定为白天工作晚上睡觉，也就是我们平常所说的生物钟。生物钟根据时间调控我们的体温、心率、血压、消化、荷尔蒙分泌、睡眠等周期，且24小时重复一次。

上午9点至11点是生物钟的高潮点，是人体一天中觉醒水平最高的时段，精力最旺盛。晚上12点至早上6点以及下午1点至3点左右是生物钟的低潮点，人体的觉醒水平较低。当处于生物钟的低潮点时，驾驶员的新陈代谢减慢、生理机能下降，容易出现疲劳嗜睡现象，很多道路交通事

四、导致疲劳驾驶的因素有哪些？

故都是在这个时间段发生的。

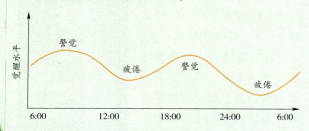

所谓"红眼"驾驶,是指在晚上 12 点至早上 6 点时段驾驶。据统计,约有 10% 以上的道路交通事故是在该时段发生的。我国相关规章也明确指出,长途客运车辆凌晨 2 时至 5 时应停止运行或实行接驳运输。

5 服用刺激或抑制中枢神经的药物

部分药物会对中枢神经系统产生刺激或抑制作用,驾驶员服用后,会出现视敏度降低、注意力减弱、困倦、昏沉、嗜睡等症状,进而产生疲劳现象。

1980 年 12 月 1 日,世界医疗保健机构提出以下 7 种药物驾驶员在

服用后不准驾驶车辆。

名称	作用
解热镇痛类药物	治疗感冒、发烧、各种炎症
镇静安眠类药物	消除沮丧、不安、紧张、激动等情绪的镇静剂和治疗失眠的安眠药
抗组胺类药物	晕车药、抗过敏药、镇咳药、平喘药
降血压类药物	治疗高血压
心脏病类药物	治疗心脏病
降血糖类药物	治疗糖尿病
抗抑郁和焦虑类药物	治疗抑郁症

6 患有阻塞性睡眠呼吸暂停综合征、高血脂等疾病

患有阻塞性睡眠呼吸暂停综合征患者的一个明显特征是睡觉打鼾。临床睡眠分析发现，经常打鼾的人，尤其是中重度打鼾者，基本上不存在深度睡眠，浅度睡眠者居多。因为此类患者一旦进入深度睡眠状态，鼾声又会将其带入浅度睡眠状态。同时睡眠时频繁憋气、缺氧等也会导致憋醒、微醒，脑细胞无法充分休息等情况，导致睡眠质量不高，在第二天更容易瞌睡。此类患者在驾驶过程中，会出现昏昏欲睡、注意力不集中、反应迟钝等症状。

四 导致疲劳驾驶的因素有哪些？

道路安全运输 预防疲劳驾驶

我国驾驶员,每100人中有9人患有阻塞性睡眠呼吸暂停综合征,而阻塞性睡眠呼吸暂停综合征患者发生交通事故的概率是正常驾驶员的7.2倍。

 ▶ 典型案例1

驾驶员刘某在开车过程中,突然感觉失去知觉,等他回过神的时候,车辆已经开进道路边沟。交警认定此次交通事故的原因为刘某疲劳驾驶,但实际上刘某前一天晚上睡了七八个小时。

刘某感觉自己可能生病了,在神经科、内分泌科、耳鼻喉科等做了十几项检查,始终没查出当时"秒睡"的原因。直到一次医生无意中问起,他才说出自己夜里打鼾较为严重,经过睡眠科医生检查后,刘某被确诊为"睡眠呼吸暂停综合征"。

当驾驶员患有高血脂时,血液黏稠度增加。如果血液太黏稠,会影响血液循环和身体各器官的供血量,容易出现短暂性缺氧现象。在驾驶过程中,驾驶员一般表现为视力模糊、眼胀、犯困头晕、气短胸闷、疲劳乏力、肢体麻木等。

四 导致疲劳驾驶的因素有哪些?

▶ 典型案例2

杨师傅是一名开了11年公交车的老驾驶员,安全行车100万千米。某天,杨师傅发现自己身体出现异常,主要表现为头晕,只要上车开2小时就开始犯困。后来,经医院检查,杨师傅血液中甘油三酯水平达到21.39毫摩尔/升,高出正常值10倍多,是典型的高血脂,这也是导致他开车犯困的直接原因。

五 如何预防疲劳驾驶？

1 合理安排行车计划

驾驶员应根据运输任务安排，在实施运输任务前几天，通过互联网查询等手段，制订合理的行车计划。制订行车计划时应考虑以下内容：

（1）根据运输任务和运输距离，按照驾驶时间、休息时间、通行道路的限速等相关规定，合理安排运输全程每一天的工作量和休息时间，以及中途休息场所等。

（2）确定实际行驶路线和备用行驶路线，了解行驶路线的交通状况、限速情况、气候条件、沿线安全隐患路段情况。

（3）因为夜间、凌晨、午后等时段，人体容易困倦，因此尽量避免安排在上述时段行车。

（4）客运车辆（9座以上）夜间（22时至次日6时）行驶速度不得超过日间限速80%，因此客运驾驶员制订计划时还应考虑夜间行驶速度的问题。

（5）长途客运车辆凌晨2时至5时停止运行或实行接驳运输，因此长途客运驾驶员制订计划时应考虑夜间休息的场所或接驳运输的地点。

如果运输企业制订的行车计划与通行道路的限速要求或驾驶时间、休息时间等规定相冲突,驾驶员应主动与企业进行沟通,调整行车计划。

若运输企业拒绝调整行车计划,驾驶员则有权拒绝执行。

2 保证精力充沛,心情愉悦

出车前一晚,驾驶员应选择安静舒适的环境,在晚上 10 点左右上床就寝,保证在出车前有 7～8 小时高质量的睡眠时间,使身体得到充分的休息。

出车前,驾驶员应保证身体健康、精力充沛、心情愉悦、不过饥过饱。

如果驾驶员存在以下情况，则应及时与企业进行沟通，调整运输任务安排，待生理、心理状况恢复正常后再执行运输任务：

（1）出现头晕、恶心、发烧等身体不适现象；

（2）出现心情烦躁、焦虑、低落等不良情绪。

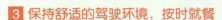
保持舒适的驾驶环境，按时就餐

行车过程中，驾驶员应保持驾驶室空气畅通、温度适宜。若驾驶室温度过高，驾驶员应及时选择安全区域停车休息，待温度适宜后再驾车行驶。

同时驾驶员在行车过程中应不定时喝水，正点就餐，不要空腹开车，但也不要吃得过饱。

4 及时停车休息，缓解疲劳

当驾驶员行车接近 4 小时或感到疲倦时，应

五、如何预防疲劳驾驶？

及时选择安全区域停车休息,并采取以下缓解疲劳的措施:

(1)洗个冷水脸,提神醒脑;

(2)下车呼吸新鲜空气,振奋精神;

(3)做点简单的伸展运动,如抖抖手臂、扭扭脖子、拉伸身体、以适当的力度拍打头部等,促进新陈代谢和气血循环;

(4)适度吃点东西,补充能量;

(5)在车内睡个短觉。

目前,交通运输部在部分高速公路服务区、普通国省干线公路服务区、骨干物流通道货物集散地、物流园区等地设立了"司机之家"，可以为驾驶员提供优惠的餐饮休息、停车安保、洗漱洗浴等服务，让驾驶员"吃一口热饭、喝一口热水、睡一个好觉"。因此当驾驶员行车中感觉疲倦时，也可以到"司机之家"休息和用餐，缓解疲劳。

缓解驾驶疲劳的误区

行车中，有的驾驶员为预防疲劳驾驶，采取了一些不可取的措施，反而在一定程度上会加大驾驶风险。常见的错误方法有：

（1）听音乐：高分贝的音乐刺激只能使驾驶员短时间兴奋，兴奋过后反而会增加疲劳感。音乐还会导致驾驶员注意力分散、听不见其他车辆的鸣笛声。

（2）嚼口香糖：嚼口香糖只能使驾驶员短时间兴奋，长时间嚼口香糖反而会更疲劳。

（3）喝咖啡：研究发现，足以起到提神作用的咖啡因摄入量是每天100～200毫克，也就是2～4小袋速溶咖啡，如果过度喝咖啡，驾驶员在短时间兴奋之后会更加昏昏欲睡。

5 正确对待智能驾驶辅助系统的提醒

随着智能化技术的发展,智能驾驶辅助系统在道路运输车辆,尤其是"两客一危"车辆,得到了广泛应用。智能驾驶辅助系统通常集成了疲劳驾驶预警、前碰撞预警、车道偏离预警等功能,能够帮助驾驶员提前发现危险,有效提升驾驶员的行车安全。相关研究表明,智能驾驶辅助系统可以帮助驾驶员避免43.4%的事故。

43.4%可避免的事故

因此,驾驶员要爱护智能驾驶辅助设备,不要恶意毁坏或遮挡设备。

1)疲劳驾驶预警

疲劳驾驶预警系统检测到驾驶员处于疲劳驾驶状态时,系统会进行语音提示,提醒驾驶员注意安全。此时驾驶员应及时将车辆停靠在安全区域，进行调整和休息。

2）前碰撞预警

当驾驶员因疲劳等原因，过快地接近慢行或停止的前方车辆或过近地跟随车辆时，系统会进行语音提示，提醒驾驶员注意安全。此时驾驶员应及时降低行驶速度，避免与前方车辆发生碰撞。

3）车道偏离预警

当驾驶员因疲劳等原因,偏离自身行驶车道,出现骑线行驶、驶出车道或驶入对向车道时,系统会进行语音提示,提醒驾驶员注意安全。此时驾驶员应及时回归到自身行驶车道,避免驶出道路或与对向车辆发生碰撞。

6 养成良好的生活习惯

首先,驾驶员要积极参加有益身心的锻炼活动,养成良好的运动习惯,保持健康的身体。其次,驾驶员要按时吃饭,不要饥一顿饱一顿,也不

要过早过晚吃饭,睡前6小时不要饮用咖啡、茶水等。最后,驾驶员要选择舒适的起居环境,按时上床就寝,规律作息,白天睡觉时长不要超过1小时,晚上睡觉时间不要晚于12点,入睡前可以进行洗浴、阅读等轻松活动。

7 营造和谐的家庭氛围

驾驶员与家庭成员之间要相互关爱、相互理解,努力营造和睦的家庭关系、和谐的家庭氛围,保持愉悦的心情。

六 疲劳驾驶相关法律法规

1 对疲劳驾驶提出明确要求的相关法律法规与规章

《中华人民共和国劳动法》第三十六条规定：国家实行劳动者每日工作时间不超过八小时、平均每周工作时间不超过四十四小时的工时制度。

《中华人民共和国道路交通安全法》第二十二条规定：机动车驾驶人应当遵守道路交通安全法律、法规的规定，按照操作规范安全驾驶、文明驾驶。

饮酒、服用国家管制的精神药品或者麻醉药品，或者患有妨碍安全驾驶机动车的疾病，或者过度疲劳影响安全驾驶的，不得驾驶机动车。

任何人不得强迫、指使、纵容驾驶人违反道路交通安全法律、法规和机动车安全驾驶要求驾驶机动车。

《中华人民共和国道路交通安全法实施条例》第一百零四条规定：机动车驾驶人有下列行为之一，又无其他机动车驾驶人即时替代驾驶的，公安机关交通管理部门除依法给予处罚外，可以将其驾驶的机动车移至不妨碍交通的地点或者有关部门指定的地点停放：

（一）不能出示本人有效驾驶证的；

（二）驾驶的机动车与驾驶证载明的准驾车型不符的；

（三）饮酒、服用国家管制的精神药品或者麻醉药品、患有妨碍安全驾驶的疾病，或者过度疲劳仍继续驾驶的；

（四）学习驾驶人员没有教练人员随车指导单独驾驶的。

六 疲劳驾驶相关法律法规

《中华人民共和国道路运输条例》第二十八条规定：客运经营者、货运经营者应当加强对从业人员的安全教育、职业道德教育，确保道路运输安全。

道路运输从业人员应当遵守道路运输操作规程，不得违章作业。驾驶人员连续驾驶时间不得超过4个小时。

《道路旅客运输及客运站管理规定》（交通运输部令2016年第82号）第四十六条规定：客运经营者应当加强对从业人员的安全、职业道德教育和业务知识、操作规程培训。并采取有效措施，防止驾驶人员连续驾驶时间超过4个小时。

客运车辆驾驶人员应当遵守道路运输法规和道路运输驾驶员操作规程，安全驾驶，文明服务。

《道路货物运输及站场管理规定》（交通运输部令2016年第35号）第二十条规定：道路货物运输经营者应当按照国家有关规定

在其重型货运车辆、牵引车上安装、使用行驶记录仪,并采取有效措施,防止驾驶人员连续驾驶时间超过4个小时。

《道路运输从业人员管理规定》(交通运输部令2016年第52号)第三十八条规定:经营性道路客货运输驾驶员和道路危险货物运输驾驶员不得超限、超载运输,连续驾驶时间不得超过4个小时。

《道路旅客运输企业安全管理规范》(交运发〔2018〕55号)第三十八条规定:客运企业在制定运输计划时应当严格遵守客运驾驶员驾驶时间和休息时间等规定:

(一)日间连续驾驶时间不超过4小时,夜间连续驾驶时间不得超过2小时,每次停车休息时间应不少于20分钟;

(二)在24小时内累计驾驶时间不得超过8小时;

(三)任意连续7日内累计驾驶时间不得超过44小时,期间有效落地休息;

六 疲劳驾驶相关法律法规

（四）禁止在夜间驾驶客运车辆通行达不到安全通行条件的三级及以下山区公路；

（五）长途客运车辆凌晨2时至5时停止运行或实行接驳运输。

客运企业不得要求客运驾驶员违反驾驶时间和休息时间等规定驾驶客运车辆。

2 对疲劳驾驶做出明确处罚的相关法律法规

《中华人民共和国刑法》第一百三十三条规定：违反交通运输管理法规，因而发生重大事故，致人重伤、死亡或者使公私财产遭受重大损失的，处三年以下有期徒刑或者拘役；交通运输肇事后逃逸或者有其他特别恶劣情节的，处三年以上七年以下有期徒刑；因逃逸致人死亡的，处七年以上有期徒刑。

《中华人民共和国道路交通安全法》第九十条规定：机动车驾驶员违反道路交通安全法律、法规关于道路通行规定的，处警告或者20元以上200元以下罚款。

《机动车驾驶证申领与使用规定》（公安部令第139号）规定：连续驾驶中型以上载客汽车、危险物品运输车辆超过4小时未停车休息或者停车休息时间少于20分钟的，一次记12分。驾驶其他机动车超过4小时未停车休息或者停车休息时间少于20分钟的，一次记6分。

六、疲劳驾驶相关法律法规

七 预防疲劳驾驶打卡计划

驾驶员朋友们!

有人说,21天可以养成一个习惯;有人说,21天可以改变自我。让我们21天遇见更好的自己,拒绝疲劳驾驶,从今天开始做起!

每日打卡之前,我们先来做个小测试,请您按照当前的身体状态,在下列条目中选择符合自己的选项,测一测您的生理疲劳程度和精神疲劳程度。

生理疲劳程度自测表

题　目	分值	
	是	否
你有过被疲劳困扰的经历吗？	1	0
你是否需要更多的休息？	1	0
你感觉到犯困或昏昏欲睡吗？	1	0
你在着手做事情时是否感到费力？	1	0
你着手做事时不感到费力，但当你继续进行时是否感到力不从心？	1	0
你感觉到体力不够吗？	1	0
你感觉到你的肌肉力量比以前减小了吗？	1	0
你感觉到虚弱吗？	1	0
总得分		

精神疲劳程度自测表

题　目	分值	
	是	否
你集中注意力有困难吗？	1	0
你思考时头脑像往常一样清晰、敏捷吗？	1	0
你在讲话时是否出现口头不利落的情况吗？	0	1
讲话时，你觉得找到一个合适的字眼很困难吗？	1	0
你现在的记忆力像往常一样吗？	0	1
你还喜欢做过去习惯做的事情吗？	0	1
总得分		

七　预防疲劳驾驶打卡计划

分值越高,说明您当前的疲劳程度越严重。如果您今日的生理疲劳程度自测表和精神疲劳程度自测表均为 0 分,则在下图对应的天数前打"√"。

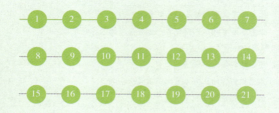